'그 날'

제2권

세상을 향한 하나님의 심판

그 날 제2권
세상을 향한 하나님의 심판

- 초판 1쇄 인쇄 2022년 10월 18일
- 초판 1쇄 발행 2022년 10월 27일

- 지은이 윤정혁
- 펴낸이 조유선
- 펴낸곳 누가출판사

- 등록번호 제315-2013-000030호
- 등록일자 2013. 5. 7.
- 주소 서울특별시 공항대로 59다길 276(염창동)
- 전화 02-826-8802 팩스 02-6455-8805

- 정가 20,000원
- ISBN 979-11-85677-76-7 03230

● 요한계시록 강해 ●

제2권

세상을 향한 하나님의 심판

Glory day Community
Glory day End-time Institute

윤정혁 지음

추천사

1962년, 서울에서 전도사로 사역하다 포항에 있는 모 교회에 부임하기 전 박윤선 박사님의 요한계시록으로 부흥회를 하였는데 은혜받은 자들이 많아 1회로 그치지 않았고 재요청에 의해 일주일 동안 계시록의 은혜를 나누며 교회의 영적 부흥을 경험한 적이 있다. 나의 스승이신 존경하는 박윤선 박사님은 요한계시록을 통째로 외우고 계셨다는 사실을 아는가? 요한계시록은 그만큼 박윤선 박사님께도, 나에게도 이 시대를 살아가는 교회들에게도 은혜의 말씀이며 살아있는 소망의 지식인 것이다.

윤정혁 목사님의 완성된 하나님의 나라를 통독했다.

이 책은 개혁자들의 강령이었던 **"성경에서 성경으로"**를 절대적으로 채택하여 요한계시록을 해석한 탁월한 모범서로 요한계시록을 통전적 시각으로 바라보며 계시록에 기록된 말씀을 **"교회를 향한 하나님의 사랑"**과 **"세상을 향한 하나님의 심판"**으로 양분하여 계시록 전체의 이해를 돕고 있다. 특히 눈에 띄는 것은 계시록 주제를 해석함에 있어 신, 구약 전체에 흩어져 있는 동일한 주제의 말씀을 찾아 논증하므로 계시록의 진리성을 강화하는 해석이 되었다. '종말과 계시의 구조를 복음의 구조로 이해'했으며 각 장을 이해하도록 돕는 구조를 통하여 종말에 대한 하나님의 마음을 깨닫게 하며 특별하고 새로운 말씀의 은혜를 발견하고 누리게 하는 책이다. 예수님의 재림이 임박한 이때 마지막 때 교회가 알아야 할 절대 지식을 제공하는 책이기에 강력하게 추천하는 바이다.

2022. 6
전 총신대학교 총장, 전 대신대학교 총장
정성구 박사

내가 '시초부터 종말을 알리며' 아직 '이루지 아니한 일을 옛적부터 보이고 이르기를' 나의 뜻이 설 것이니 내가 나의 모든 기뻐하는 것을 이루리라 하였노라
사 46:10

성경으로만 요한계시록을 해석해야겠다는 갈망을 준 말씀이다. 인간을 비롯한 피조 세계의 종말 시간에 대하여는 창세기부터 예고된 것이라는 사실을 적시하고 있다. 대표적으로 첫째 날과 둘째 날의 창조가 그것이다. 첫째 날의 창조는 빛이다. 이 빛은 넷째 날의 가시적 빛과 다른 비가시적인 진리의 빛을 의미한다. 고전 4:6절이 근거이다.

'어두운 데에 빛이 비치라 말씀'하셨던 그 하나님께서 예수 그리스도의 얼굴에 있는 '하나님의 영광을 아는 빛'을 우리 마음에 비추셨느니라 고후 4:6

둘째 날의 창조는 심판을 생각하시는 하나님의 슬픔이 근거이다. 이는 창 1:6-8절에 나타나는 궁창의 창조 기사에서 드러나며 여섯 날의 창조 가운데 '보시기에 좋았더라'는 하나님의 만족에 대한 표현이 제외된 데서 하나님의 슬픔이 전제된다. 왜 하나님의 기쁨에 대한 표현이 없을까? 궁창 위의 물과 궁창 아래의 물로 홍수 심판을 행하셨기 때문이다. 이는 창 7:121-12절이 증거 한다.

11 노아가 육백 세 되던 해 둘째 달 곧 그 달 열이렛날이라 그 날에 '큰 깊음의 샘들'
이 터지며 '하늘의 창문들이 열려' *12* 사십 주야를 비가 땅에 쏟아졌더라 창 7:11-12

'깊음의 샘'은, 땅 아래의 물을, '하늘의 창문들이 열려 쏟아지는 물'은 궁창 위의 물을 의미한다. 이렇게 구원과 심판을 첫째 날과 둘째 날에 위치시킨 창세기의 기록이 이 시대 곧 종말의 시간이 임박한 이 세대와 시대를 향해 부르짖는 소리에 대하여 예수님의 재림을 기다리는 자들은 많은 물소리와 같이 들을 것이며 그렇지 않은 자는 여전히 귀를 닫고 자신을 위한 일에 함몰되어 살다가 도적같이 오시는 주님을 영접하지 못하는 인생이 될 것이다. 이 경고가 곧 필자의 책이 외치는 소리이다.

나이 마흔에 신학생이 되고 성경을 연구하다 가장 관심을 가졌던 책이 창세기, 레위기, 아가서, 이사야서, 사도행전, 계시록이었는데 이유는 네 권의 구약성경 안에는 공통적으로 강하고 수준 높은 묵시적 내용들이 혼란스럽지만 내 마음을 빼앗았고 사도행전은 교회 부흥을 위한 하나님의 강력함이 사도들을 통하여 여과 없이 나타나 있어 내 호기심을 자극했기 때문이며 그리스도인의 산 소망에 대한 분명한 메시지를 깨닫게 하는 것이 요한계시록이었기 때문이다. 나중에 깨닫게 된 사실이지만 네 권의 구약성경 속에는 하나님 나라의 시작과 끝이 명료하게 기록되어 있어 성경 전체를 통하여 나타나는 하나님의 사랑을 이해할 수 있는 배경이 되었다.

아이러니 하지만, 나로부터 이 책을 헌정 받아야 할 주인공은 유사종교 '신천지' 인듯싶다. 그들을 향하여 헌정되지 못함이 안타깝지만 분명한 사실은 신천지로 인하여 요한계시록의 열정이 불타올랐다는 것은 사실이다. 2011년! 신천지로 향하는 사람들과 무너지는 교회를 보며 가만히 있을 수 없어 잠시 그런 사람들의 회복을 위해 사역하는 시간이 있었다. 요한계시록에 관심을 가지고 이해를 위해 다가갔지만 시원하게 이해가 되지 않아 고민하던 때였고 기독교 유사 종교인 신천지가 주장하는 십사만 사천, 증거 장막 성전 등 계시록의 단어들을 채용하여 유사종교의 교리를 진리화하는 것과 온 대한민국 교회를 무더운 여름, 주먹으로 수박을 깨듯 깨뜨려 진리를 가진 교회가 창피하게도 붉은 속살을 내보이며 피 흘리는 모습을 안타까운 마음으로 지켜볼 수밖에 없다는 사실이 너무나 마음이 아팠고 목사로서 이 상황을 바라보며 무엇을 해야 할 것인지를 고민하는 것은 당연한 일이었다. 신천지에 미혹되었다가 상담과 예배를 통하여 회복된 몇 사람의 간증을 들은 후 신천지의 주장들을 반박하고 더 많은 사람들을 구하기 위해 요한계시록 연구를 결단했다. 하나님의 은혜를 구하는 삼일의 금식을 끝내고 시작한 지 올해 12년째, 7년 암 투병 중 가장 힘들었던 4년을 빼면 8년을 계시록을 붙들고 몸부림을 쳤던 것이 이 책을 발간하게 된 이유이다. 사탄이 계시록 출판을 알고 나를 7년 동안 사망의 골짜기로 이끌었을까? 마지막 때의 지식을 전하는 사명이 결코 녹녹한 것이 아니란 것을 깨닫게 된다.

계시록 연구를 위해 결정한 방향과 방법은 고등학교 시절 S.F.C 활동을 하며 암송했던 강령, 개혁주의 신앙고백! '성경 중심'이었다. 수많은 사람들이 요한계시록을 연구할 때 그 분야의 유명한 전문가들의 견해를 참고하여 주석을 달고 계시록을 해석하지만 성경이 가장 완벽한 해석의 자료이며 완전체라 믿기에 누가 뭐라든 성경의 해석이 주는 유익을 소박하게 욕심내 보기로 하고 시작했다. 교회 역사나 현재적 상황에 대한 이해를 중심으로 해석하는 방법으로는 결코 요한계시록에 기록된 하나님의 마음을 이해할 수 없으며 요한계시록 해석의 모토가 될 수 없다고 결론 내리고 오직 하나님의 계획이 적힌 신, 구약성경 말씀 안에서 해석하는 것이 가장 인정받을 수 있는 완전한 해석이라 여겼기 때문이다.

성경의 말씀을 사모하는 성도!
성경의 주인공이신 예수님을 사모하는 교회!
인간의 생각을 벗어나 오직 말씀으로 돌아가려는
마틴 루터의 영성을 닮으려 하는 자!
뛰는 심장을 하나님께 드리고 싶었던
요한 칼빈의 마음을 성경 연구의 뿌리로 삼는 목회자!

이런 자들이라면 마지막 때에 대한 궁극적 지식에 대하여 열정적으로 반응하며 오직 성경을 통하여 주님의 마음을 이해하고 계명을 따라 마지막 때를 살아가므로 이기는 자가 되어 천년왕국의 시간! 예수님 안에서 함께 평강을 누리는 자가 될 수 있을 것이다.

이 책의 출간을 위해 아가서와 계시록을 모두 추천해 주신 정성구 박사님과 교정에 함께하며 수고를 아끼지 아니한 사랑하는 아내와 둘째 아들 지표, 그리고 재정과 기도로 함께해 주신 성도님들, 마지막 시대를 살아가며 하나님의 지식을 알고 주님을 따르는 이 땅의 모든 그리스도의 신부들과 함께 완성된 하나님의 나라가 주는 하나님의 영광을 나누는 바이다.

목차

프롤로그

마지막 때의 지식을 사모하며 이 책을 읽는 분들에게!

이 책을 읽는 분들을 위해 요한계시록이 좀 더 쉽게 이해되도록 고민했고 집필의 방향성을 정하는데 있어 가장 관심을 가진 것이 독자를 위한 계시록 이해의 구조였다. 전체의 이해 구조는 첫 번째, 2~3장에 나타나는 일곱 교회를 이해하기 위한 다섯 가지 프레임이며 이는 1장, 21장, 22장과 함께 **'교회를 향한 하나님의 사랑이 강조'**되어 있는 구조이다. 두 번째 구조는 6~20장에 나타나는 6설 6사 프레임이다. 이는 요한계시록의 심판을 이해하는 핵심적 구조라 할 수 있으며 **'세상을 향한 하나님의 심판이 강조'**되어 세상 죄악의 근원과 과정과 이유와 결과를 이해하도록 돕는 묵시문학의 특징을 가진 구조이다.

❶ 프레임으로 설명되는 일곱 교회와 전체구조 '6설 6사'이다.

6설 6사 구조는 심판의 흐름을 분명하게 인식하도록 설명하며 사건이 나타나는 구조를 주신 하나님의 배려를 설명한다. 아모스 선지자는 이러한 하나님의 일하시는 방식에 대하여 우리를 가르치고 있다.

주 여호와께서는 '자기의 비밀'을 그 종 '선지자들에게 보이지 아니하시고는 결코 행하심이 없으시리라' 암 3:7

하나님의 뜻을 쉽게 알게 하시려는 하나님의 마음과 배려가 나타나는 행간이다. 이 말씀이 계시록 연구를 위한 동력이 되어 이러한 이해의 프레임에 있어 확신을 가질 수 있게 한다.

❷ 계시를 말씀으로 설명하는 마지막 때에 대한 성경적 논증 중심의 구조이다.

요한계시록을 연구하며 주시는 감동과 은혜를 책으로 전해야겠다는 마음을 가지면서 필자의 가장 큰 고민은 어떻게 성경을 통하여 가장 쉽게 전달하느냐의 문제였으며 그 고민의 끝은 결국 '**성경으로 돌아가자**'였다. 그래서 필자의 해석을 뒷받침하는 것은 다른 연구자들의 견해보다 그 설명이나 사건, 정황을 설명하고 있는 구약성경과 신약성경 전체에 흩어진 증거들을 수집하고 비교하여 설명하는 구조 중심으로 쓰여지게 된 것이다.

❸ '7E15S' 이해가 핵심이다.

'7E15S'란? 짐승의 출현으로 시작되는 7년 End-time으로부터 영원한 하나님의 나라가 완성되는 시간을 지칭하는 Eternal time까지 이르는 시간 동안 이루실 하나님의 15가지 Schedule계획을 설명하는 주제가 '7E15S'다. 필자가 이 주제를 요한 계시록의 중심주제로 삼은 이유는 교회의 산 소망으로 주어진 이 주제가 성경을 중심으로 연구되고 논증되어야 할 계시록의 본질이지만 그 본질에 집중하는 책은 많지 않다. 마지막 때의 지식으로 요한의 계시록에 담겨져 그 시간을 이기도록 방법을 담아두신 그분의 마음을 다 전하지 못하고 있다는 것이다. 교회를 향한 하나님 아버지의 완전하신 계획은 고난을 통과한 교회가 영원한 나라에서 영원의 시간을 함께 살아가며 영광을 받으시는 것이며 그 시간에 이르기 위한 가장 힘든 시간이 바로 End-time의 시간이며 이 시간을 통과하여 하나님의 소망이요 교회의 영원한 소망을 성취하는 시간에 이르는 완성된 하나님 나라에 이르기까지의 모든 하나님의 행하실 계획을 전하는 것이 '7E15S'이다. 신학을 시작하기 전 평범한 성도로 40년의 시간을 살며 하나님 나라를 소망하라는 설교에서의 권면은 있었으나 15가지의 스케줄 이후에 도착하는 세계가 곧 '완성된 하나님 나라다'라는 가르침은 기억에 없다. 어린 양의 혼인 잔치라는 표현은 수도 없이 들었으나 그 시간에 이르는 과정과 그곳에서 살아가야 할 성도의 생활에 관하여 성경이 가르치는 지식을 들은 적도 양육 받은 적도 없다. 천년왕국이 있다는 말은 하지만 천년왕국에 대한 구체적 가르침은 부재였으며 일부 신학자들은 천년왕국의 실재에 대하여 결국은 '없다'로 결론 내리는 의미 없는 천년왕국이 되어 예수님이 다스리는 천 년은 성경에 있지만 실재하지 않는 나라로 전락하였고계 1:1 예수님은 거짓말쟁이가 되어버렸으며 성경을 살피면 너무나 선명하게 보이는 천년왕국이지만 없다고 말하는 자들에게 천년왕국의 기사는 진리가 아닌 종교가 되어 휴지처럼 버려졌다. 흰 보좌 심판이 있을 것에 대하여 들은 기억은 있으나 구체적 설명은 전혀 없는 성경 지식에 대한 궁금증을 느끼며 살다가 신학을 시작하며 그 문제를 해결하고 싶은 마음에 계시록을 살폈고 신천지로 인하여 구체적 열정이 촉발되어 하나님께 간구하며 계시록을 연구하기 시작했으며 이제는 부르심의 사명이 되었다. '7E15S'는 우리를 향한 하나님의 계획이며 그 시간을 소망하는 교회에게 그 시간을 보여 주는 거울이 될 것이다. 이 책과 7E15S가 중요한 이유는 왜 신앙생활을 잘해야 하는지! 성경대로 살아야 할 이유가 무엇인지! 하나님의 계명과 내 뜻 사이에서 정함 없는 자세로 적당히 살면 안 되는 이유가 무엇인지! 죄를 지으며 사는 삶을 끝내고 거룩하게 살아야 할 하나님 백성 된 정체성이 어떤 것인지! 하나님 나라에 산 소망을 두고 사는 의미가 무엇인지! 그리고 그렇게 신실하게 살아야 할 이유가 무엇인지를 알게 하는 것이 이 책을 지식으로 받아야 할 이유이며 그중에서 '7E15S'를 이해해야 할 특별한 이유라는 사실을 깨닫게 될 것이다.

그러므로 '7E15S'란?
그리스도인의 산 소망에 관하여 교회를 깨우는 힘이다

❹ 반복되는 설명이 주는 유익들이다.

이 책의 특징 중 하나이기도 하다. 주요 설명들에 대한 반복을 가미한 이유는 기억을 위해서다. 중요한 관점에 대하여 반복되는 것에 대하여 필자의 다분한 의도임을 이해하고 내용을 숙지하다 보면 그 내용에 대한 이해는 빨라질 것이다. 모호함을 해결하는 유일한 방법이 반복이기 때문이다.

호세아 선지자를 향한 하나님의 애타는 탄식을 기억하는가!

> '내 백성이 지식이 없으므로 망하는도다' 네가 지식을 버렸으니 나도 너를 버려 내 제사장이 되지 못하게 할 것이요 네가 네 하나님의 율법을 잊었으니 나도 네 자녀들을 잊어버리리라 호 4:6

계시록에 기록된 마지막 때에 대한 지식과 소망을 연구하라. 그 안에 예수님의 구원이 있다. 그 안에 나를 사랑하시는 하나님의 마음이 넘쳐난다. 이 지식 속에는 내가 싸우며 나아가야 할 궁극적인 목적과 목적지가 선명하다. 하나님의 백성은 하나님의 말씀에 대한 지식이 없으면 망한다. 극단적 표현을 빌리면 마지막 때에 대한 모든 지식을 거부한다는 것은 하나님을 버리는 것과 같다. 이에 대한 하나님의 반응은 분명하다. 짐승에게 허락된 마흔두 달 동안의 극심한 교회 시험의 시간에는 지식 없는 나도, 내 자녀도 미혹에 속아 구원받을 수 없을 수도 있다는 것을 분명히 하시는 말씀이다. 마지막 때에 대한 지식에 집중하라! 하나님의 명령이며 복이다 계 1:2-3.

Glory day
Community
Glory day
End-time Institute

제 8 장

1 일곱째 인을 떼실 때에 하늘이 반 시간쯤 고요하더니 2 내가 보매 하나님 앞에 일곱 천사가 서 있어 일곱 나팔을 받았더라 3 또 다른 천사가 와서 제단 곁에 서서 금 향로를 가지고 많은 향을 받으니 이는 모든 성도의 기도와 합하여 보좌 앞 금 제단에 드리고자 함이라 4 향연이 성도의 기도와 함께 천사의 손으로부터 하나님 앞으로 올라 가는지라 5 천사가 향로를 가지고 제단의 불을 담다가 땅에 쏟으매 우레와 음성과 번개와 지진이 나더라 6 일곱 나팔을 가진 일곱 천사가 나팔 불기를 준비하더라 7 첫째 천사가 나팔을 부니 피 섞인 우박과 불이 나와서 땅에 쏟아지 매 땅의 삼분의 일이 타 버리고 수목의 삼분의 일도 타 버리고 각종 푸른 풀도 타 버렸더라 8 둘째 천사가 나팔을 부니 불 붙는 큰 산과 같은 것이 바다에 던져지 매 바다의 삼분의 일이 피가 되고 9 바다 가운데 생명 가진 피조물들의 삼분의 일이 죽고 배들의 삼분의 일이 깨지더라 10 셋째 천사가 나팔을 부니 횃불 같이 타는 큰 별이 하늘에서 떨어져 강들의 삼분의 일과 여러 물샘에 떨어지니 11 이 별 이름은 쓴 쑥이라 물의 삼분의 일이 쓴 쑥이 되매 그 물이 쓴 물이 되므로 많은 사람이 죽더라 12 넷째 천사가 나팔을 부니 해 삼분의 일과 달 삼분의 일과 별들의 삼분의 일이 타격을 받아 그 삼분의 일이 어두워지니 낮 삼분의 일은 비추임이 없고 밤도 그러하더라 13 내가 또 보고 들으니 공중에 날아가는 독수리가 큰 소리로 이르되 땅에 사는 자들에게 화, 화, 화가 있으리니 이는 세 천사들이 불어야 할 나팔 소리가 남아 있음이로다 하더라

[8 장]

8-9장, 첫 번째 사건

나팔 심판의 시작 시간에 시간대(후 삼년 반) : 두 짐승에 의한 극심한 교회 시험의 시간대

계 13:1, 11 단 9:27 계 16:1-19:11-21 계 20:7-10 계 21:1-20

계 11:15 단 12:11 욜 3:2/마 25:31-46 계 20:4-6, 사 25:6-8 계 20:11-15 계 21:21-22:5

7년 환난 / 한 이레의 언약		대접 심판	여.론.심판 양.염.심판	천.년.왕.국	흰 보좌 심판	영원한 나라
후 삼년 반, 두 짐승과의 싸움	후 삼년 반, 나팔 심판					

1260일 ⇨ 1260일 ⇨ 30일 ⇨ 45일 ⇨ 1000년 ⇨

짐승 출현

Jr 성전 점령

일곱 나팔
공중 재림
교회의 휴거

지상 재림
두 짐승의 처단
사탄…무저갱

무저갱 해제
만국 미혹
예루살렘 점령

사망의 부활
새 예루살렘
혼인 연회

⇨하나님 나라 완성

8장의 개관

8장은 6장의 여섯인 중에 셋째 인이 떼어지며 설명된 구원에 대한 약속과 다섯째 인이 떼어지며 설명된 심판 계시가 드디어 성취되는 시작의 장이며 짐승이 예루살렘 성전을 점령하고 난 후부터의 시간을 예언하고 있다. 예수님은 짐승이 성전에 앉아 자신을 하나님이라고 선포하며 교회를 시험하고 박해하는 것을 더 이상 묵과하지 않고 심판하시는 시간이다. 6장에 나타나는 심판 계획에 대한 설명이 끝난 후 7장에서 요한에게 보이셨던 이스라엘의 신약교회 십사만 사천 명의 인침과 종려나무 가지를 손에 든 셀 수 없이 많은 흰옷 입은 무리인 이방교회의 구원의 약속에 대한 설명인 '세 번째 인의 약속에 대한 성취가 시작되는 시간'이기도 하다. 7장의 그 약속 성취에 대한 확신을 주시고 난 후에야 8장에서 나팔 심판을 실행하시며 심판을 시작하는 동력은 6장의 다섯째 인의 설명에 나타나는 환난과 순교, 박해에 대하여 억울함을 강청하는 기도가 그 동력이라는 것을 알게 하시는 것이 8:3-5절에 나타나는 금향로에 담긴 기도와 향연에 대한 설명이다. 이는 6장의 강청하는 기도에 답하는 응답이라 이해하면 된다. 8-9장에 나타나는 나팔 심판의 특징은 자연에 대한 심판으로 시작하여 점진적으로 인간의 심판으로 나아가는 순차적 형태를 가진다는 것이며 인간 심판에서도 즉시 죽음으로 심판하시는 것이 아니라 고통으로부터 시작하여 죽음과 대량 학살의 심판으로 나아가는 점진적 심화 구조를 취하고 있다. 이러한 두려운 시간을 거쳐 심판에 이르게 하는 심판 구조는 행한 대로 보응하시는 하나님의 약속롬 13:4, 렘 17:10 에 따른 것으로 악인들이 세상과 하나님의 백성들에게 자행했던 과거의 행동을 그대로 보응하시겠다고 하셨던 말씀의 성취이다.

일곱 나팔 계 8:3-5절

8, 9장은 요한계시록에 있어 심판의 시작으로서의 중요성을 가진다. 시작에 있어 중요한 내용 중 하나는 전 장에 나타나는 내용과의 연관성 이해이다. 연관성의 단서는 3-5절에 나타나는 '**금 향로의 향**'인데, 특히 금 향로에 담긴 '향'의 중요성은 심판 전의 교회가 가지는 사명인 '기도'와 연관성을 가지므로 마지막 때 교회가 감당해야 할 사명으로서 예수님의 재림을 갈망하는 기도에 대한 교훈적 가치가 크다.

> **계 8:3-5** ³ 또 다른 천사가 와서 제단 곁에 서서 '**금 향로**'를 가지고 많은 향을 받았으니 이는 '**모든 기도와 합하여 보좌 앞 금 제단에 드리고자 함**'이라 ⁴ '**향연**'이 성도의 기도와 함께 '**천사의 손으로부터 하나님 앞으로 올라가는지라**' ⁵ 천사가 향로를 가지고 '**제단의 불**'을 담아다가 땅에 쏟으매 '**우레와 음성과 지진**'이 나더라

본 행간에 나타나는 그림 언어 중에서 중요한 '관전 포인트는 세 가지'이다.

첫 번째, **향**과 **성도의 기도**에 대한 의미이다.

구약시대 성전에는 언제나 향이 피워져 있었다. 그 향의 냄새가 연기로 하나님께 드려지는 것을 향연이라 표현하는데 요한의 계시에 나타나는 이러한 제의적 관점은 하나님 백성의 기도가 하나님께 드려지고 있다는 사실을 인식하도록 도우며 우리의 현재적 기도를 하늘에 계신 하나님께서 받으신다는 가르침이 실제로 이루어지고 있다는 사실에 대하여 마음을 집중하게 한다. 이러한 가르침에 대한 의미는 성도의 기도에 대한 예표적 가르침이라는 사실이다. **향연**이 있어야 기도가 하나님께 올라가

하나님의 보좌를 향기로 자극하고 하나님의 응답이 그분의 경륜 가운데서 섭리 된다는 응답의 구조를 가지는 것이다. 궁극적으로 가장 사랑하시는 하나님의 자녀인 우리를 위해 '향연'이 필요하다는 것을 깨닫게 하며 이 향연은 우리의 기도가 하나님 아버지께 닿을 수 있도록 돕는 예수님의 **'중보'**를 의미하는 것이다. 우리의 기도가 아버지께 닿는 이유는 더러운 죄와 정욕으로 정결하지 못한 기도라 할지라도 예수님의 중보를 거쳐 아버지께 닿아 응답되는 구조를 가지고 있는 하나님의 법이다. 사람과 사람 사이에도 이러한 하나님 나라의 법이 적용되고 있다는 사실을 아는가? 우리의 중보는 하나님을 알지 못하는 연약한 자들의 기도를 예수님께 닿게 하는 능력의 기도가 된다는 사실을 알고 중보에 임해야 한다, 우리는 예수님께서 행하시는 그 일을 행하고 있는 예수님의 신부임을 알고 강한 믿음의 확신과 열정으로 중보에 임해야 하며 영혼과 육신을 살리고 생명을 일으키는 능력의 존재가 바로 나임을! 세상 속에서 내가 그런 가치 있는 존재임을 인지하고 살아가야 한다. 이것이 성도의 자존감에 의한 성숙한 자존심이 되어야 하며 계 8:3-5절의 말씀 속에 나타나는 하나님의 사랑을 바탕으로 우리의 기도가 가지는 중요성에 대한 의미를 새겨야 한다. 마지막 때 교회가 환난의 상황 앞에서 당황하며 힘들어 하기보다 왜 하나님의 얼굴을 구하는 기도욜 1:13-20를 해야 하는지 본 행간을 통해 기도하라고 가르치시던 예수님의 마음을 알게 하신다.

심판의 시작은 하나님의 제단 아래서 이 땅 교회를 핍박하고 잔해하며 성도의 생명을 해하는 숨겨진 원수 사탄 마귀를 벌하여 원수를 갚아 달라고 강청하는 여인으로 나타나는 교회의 기도눅 18:3와 순교한 영혼들이 제단 아래서 외치는 기도가 끊임없이 올려져서 금 향로에 가득 채워질 때 예수님의 중보에 의해 천사가 그것을 하나님 아버지께 드리고 그 기도를 취하신 하나님 아버지의 계획하심을 따라 빈 향로에 모든 것을 태우는 심판의 불을 담아 이 땅에 쏟아부음으로 심판의 도구인 '**우레와 음성과 번개와 지진**'으로 심판의 시작을 알리실 것이다. 성령님과 네 생물_{예수님의 사역의 본성}과 함께하심으로 세상을 향한 심판의 시작을 알리는 내용이 8:3-5절의 의미이다.

두 번째, 심판 시작의 동력인 '**기도에 대한 예고**'가 '**다섯 번째 인**'에서 설명되었다는 것이다. 6:9절은 죽임당한 순교자의 영혼들이 하늘 제단 아래에서 기도하는 내용이 6:10절에 기록되어 있는데 '**땅에 거하는 자들을 심판하여 우리의 피를 갚아주지 아니하시기를 어느 때까지 하시려 하나이까?**'라고 현재에도 부르짖고 있다는 것을 공지하고 있다.

흥미로운 것은 '**속히 그 시간을 정해달라는 부르짖음**'이라는 것이다. 그 시와 때에 대하여는 예수님의 가르침에서 '**오직 아버지만 아시느니라**'라는 가르침이 계 8:5절에서 성취되고 있는 것이며 곧 기도의 향로가 채워지고 향연과 함께 드려짐으로 다섯째 인에 나타나는 기도가 성취되어 심판이 시작된다는 심판 시작의 구조를 이해하는 것이 그 관전 포인트이다. 이렇듯 8장의 시작은 성실하시고 신실하신 예수님의 이 계시에 대한 이해가 6, 7장과 연결되어 조금도 어긋남이 없이 심판의 길을 알도록 인도하고 계신다는 사실을 알 때 계시록의 사실성과 현실 속에서 성취될 것에 대한 이해는 더 뚜렷해지는 것이다. 그래서 요한은 요한계시록 1:1절에서 '**반드시 속히 이루어질 일**'이라 강하게 확신하며 주상하는 것이나.

세 번째, 향로에 담긴 불을 땅에 쏟았을 때 나타나는 현상이다.

우레와 번개와 음성과 지진이 그것이다. 자연 현상에서 우기에 가끔씩 볼 수 있는 장면이지만 심판 때 경험할 우레와 번개와 음성과 지진은 가끔씩 경험하는 수준이 아니라는 사실이 심각하다. 나팔 심판을 알리는 '**일곱 번째 인**'이 떼어질 때는 심판이 우레와 음성과 번개와 지진으로 나타날 것인데 이러한 자연 현상이 현재 우리의 일상에서 경험되는 모습이 아니라 실제 심판 속에서 나타날 현실은 인간이 피하거나 감당할 수 있는 수준이 아니라는 사실을 알아야 한다. 예수님이 재림하시는 시간, 자연의 거대한 흔들림과 심판 앞에서의 공포는 사람의 정신을 쇠약하게 사 19:3 하고 우상을 섬기는 자들의 정신을 미치게 하는 수준이 될 것이며 대륙이 옮겨지고 산이 사라지고 평지가 되며 도시가 지진으로 인하여 땅속으로 사라지는 엄청난 환난이 지구촌을 뒤덮는 실상황이 될 것이다 사 19:1-3, 사 29:6, 40:15, 계 6:14, 16:18,20.

첫째 천사의 나팔 소리 계 8:7-12절

계 8:7 피 섞인 우박과 불이 나와서 땅에 쏟아지매 '**땅의 삼분의 일**'이 타버리고 '**수목의 삼분의 일**'도 타 버리고 각종 푸른 풀도 타 버렸더라

불은 생명을 위협하는 심판의 도구라는 사실을 알도록 이끈다. 피 섞인 우박이란 생명을 죽이는 우박이라는 묘사이며 심판의 불이 내려 땅, 수목, 푸른 풀에 한정되어 '**삼분의 일**'이 타고 훼손되는 심판이 시작될 것을 알리고 있는데 나팔 심판은 첫째 ~ 넷째 나팔 까지는 자연에 대한 심판이며 다섯째 나팔부터 사람을 고통스럽게 하는 심판이라는 사실이 흥미롭다. 땅의 심판은 인간에 의해 더러워져 그 해악이 다시 사람에게로 가기 때문에 땅은 심판의 대상이 되는 것이다. 짐승은 더럽히지 않는다. 허락하신 본능대로만 살아간다. 욕심내지 않으며 죄짓지 않는다. 그러나 인간은 하나님이 만드신 이 땅을 죄악으로 더럽힌 존재이므로 인간이 심판의 궁극적 목표가 될 수밖에 없는 것이다.

둘째 천사의 나팔 소리 : 바다 심판 계 8:8-9절

계 8:8-9 ⁸ 불 붙는 큰 산과 '같은 것'이 '바다'에 던져지니 바다의 '삼분의 일'이 피가 되고 ⁹ 바다 가운데 생명 가진 피조물들의 삼분의 일이 죽고 '배'들의 삼분의 일이 깨지더라

이 행간은 매우 관념적이고 비유적인 표현들로 가득하다.

첫째, '불 붙는 큰 산과 같은 것'에 대한 의미는 '불 붙는' 이라는 현재적인 사실 묘사가 주는 의미와 함께 현재 심판을 받아 불타고 있는 '**큰 산과 같은 무언가가 있다**'라는 의미를 전하는 묘사이다. 큰 산과 같은 것이라는 비유적 표현은 '**실제로 큰 산이 아니라 그와 같은 어떤 것**'이라는 의미다. 이는 성경 속에서 나라를 산으로 묘사하기에 나라의 권위에 필적할 만한 공동체, 곧 한 국가와 같은 정도의 권세나 영역에 비교될만한 공동체라는 의미이다. 이는 계 17:12절에 나타나는 '**열 왕과 동일한 묘사**'이며 최후의 적그리스도와 연합하는 열 가지 세계 기구들로 그 공동체의 무너짐을 의미한다고 이해하면 행간에 대한 해석적 접근이 수월하다.

둘째, '산'에 대한 성경적 의미는 전통적으로 '나라와 왕'에 대한 비유로 묘사되었다는 것을 기억하고 해석에 임하면 이해가 수월할 것이다.

셋째, '바다'는 전통적으로 '세상'에 대한 비유적 표현이지만 이 행간의 바다는 특정된 세상의 영역, 곧 열 왕의 통치 가운데 있는 자연의 영역들을 의미한다. 왜냐하면 둘째 천사의 나팔 소리로 인한 심판의 영역을 자세히 살피면 '**불 붙는 큰 산이 속한 특정된 바다의 영역에 대한 심판**'이라고 구분하고 있기 때문이며 그 영역의 세상, 그들과 연관된 세상, 그들만의 세상을 심판한다는 의미이기 때문이다. 그 영역이 바다 가운데 던져

짐으로 인한 피해는 당연히 그 바다를 배경으로 살아가는 피조물들의 죽음이다. 참고로 이 영역의 심판은 인간 외 그들의 손에 통치되는 모든 것들의 영역들이다. 이 영역의 심판에서 인간이 제외되는 이유는 심판이 심화되는 과정에서 사람의 죽음이 있을 때는 반드시 사람의 죽음이 있다고 강조되고 있는데 이는 점진적으로 심화되어가는 심판의 초점이 하나님을 거부하며 세상을 더럽힌 인간에게 맞춰져 있기 때문이다. '**행한 대로 보응하리라**'는 하나님의 심판 기준을 따라 인간은 고통을 준 만큼 고통을 겪고 죽을 인생들이기 때문에 다른 피조물들처럼 죽음이 자유롭다면 그것은 은혜를 입었다 표현해야 한다. 이러한 심판의 기준 이해가 하나님을 외면하는 모든 인류를 향해 구약성경과 신약성경을 통하여 끊임없이 하나님께서 강조하신 내용이라는 사실을 안다면 이 행간은 이해가 쉬워질 수 있다.

> 나 여호와는 심장을 살피며 폐부를 시험하고 각각 그의 '**행위와 그의 행실대로 보응**'하나니 렘 17:10

> 여호와여 주께서 그들의 '**손이 행한 대로 그들에게 보응**'하사 애 3:64

> 이제는 네게 끝이 이르렀나니 내가 내 진노를 네게 나타내어 네 '**행위를 심판**'하고 '**네 모든 가증한 일을 보응**'하리라 겔 7:3

> 여호와께서 유다와 논쟁하시고 '**야곱을 그 행실대로 벌**'하시며 그의 '**행위대로 그에게 보응**'하시리라 호 12:2

> 하나님께서 각 사람에게 그 '**행한 대로 보응**'하시되 롬 2:6

기억해야 할 것은 하나님의 백성이라도 하나님의 이 약속의 선언에는 열외가 없다는 사실이다. 열외가 있다고 여긴다면 그 사람은 성경에 나타나는 하나님의 말씀을 알지 못하고 하나님의 마음을 이해하려 하지 않는 자일 것이다. 왜냐하면 열외가 없는 것이 하나님의 심판 공의이기 때문이다.

넷째, '배'는 성경에 나타나는 관념적이고 종말론적 의미에 부합되는 해석으로 계 18장에 나타나는 내용인 멸망하는 바벨론이 행한 **'영혼 거래의 무역'**과 관계되는 묘사이다. '배들의 삼분의 일'이 깨어졌다는 것은 심판의 불길에 휩싸인 사탄의 나라가 세상 가운데 재앙으로 떨어져 모든 영혼 무역의 영역과 그 범위의 삼분의 일이 파괴됨을 의미하는 것으로 계 18장에서 완전히 무너지는 바벨론을 설명하듯 나팔 심판의 때에 삼분의 일이 파괴될 것에 대한 관념적이고 비유적인 의미를 종말론적 관점으로 전하고 있는것이다. 쉽게 말하면 **'18장의 대접 심판의 시간대에 완전한 멸망에 이를 사탄의 나라 삼분의 일이 나팔 심판 때 이미 깨어져 멸망의 전조 현상을 보게 하셨다'**라는 의미로 해석하면 이해가 쉬워진다.

셋째 천사의 나팔 소리 : 강과 물 샘, 심판과 사람의 죽음
계 8:10-11절

> **계 8:10-11** [10] **'횃불같이 타는 큰 별'**이 하늘에서 떨어져 강들의 삼분의 일과 '여러 물샘'에 떨어지니 [11] 이 별 이름은 '쓴 쑥'이라 물의 '삼분의 일'이 쓴 쑥이 되매 ~ '많은 사람이 죽더라

이 행간에서 주요한 단어는 **'큰' '별' '쓴 쑥' '쓴 물' '여러 물 샘'**이다. '크다'에 해당하는 형용사는 헬) **'메가스'**인데 본문의 의미상 부정적 의미로 **'강력한'**powerfull이라는 의미로 적용되는 단어이며 한 개가 아닌 여러 개로 심판에 사용 되어지는 **'사탄'**을 지칭하는 표현이다. 10절은 강들의 삼분의 일과 여러 물 샘에 떨어진다고 묘사하는데 샘이라는 표현

은 심판의 대상이 죄의 근원이라는 것을 의미한다. 이 별의 이름을 쓴쑥이라 부른다. '**쓴쑥**'큰 고통에 대해서 잠 5:4절은 '**쑥 같이 쓰고 두 날 가진 칼같이 날카로우며**'라는 하나님이 사용하시는 심판의 도구로 나타나며, 렘 9:15절과 애 3:15절은 이스라엘의 고난을 상징하고 있다. '**별 = 쓴쑥**'으로 별은 곧 '**심판의 도구**'에 대한 관념적 표현이라고 할 수 있다. 하늘의 별, 곧 '사탄'과 그들의 졸개들인 귀신들을 심판의 도구로 사용하신다는 의미이다. 이 의미는 다섯째 나팔이 불리게 될 때 '**무저갱의 사자들**'이라 묘사된 자들을 지칭하는 표현과 동일하다는 사실을 기억하면 될 것이다. '**쓴 물**'이란? 먹을 수 없는 저주의 물로서 삼분의 일이 쓴 물이 되어 이 물을 먹거나 취할 때 사람이 고통하거나 죽게 되는 심판의 방법을 설명하고 있다. 이때 사람이 죽는 것은 예수님의 직접적 심판이 아닌 자연의 영향력에 의한 죽음이다. '**여러 물 샘**'이라는 표현이 주는 긴박감은 세상의 많은 죄악을 만드는 근원적 장소에 이러한 죽음을 의미하는 핏물의 역사가 나타날 것이다.

넷째 천사의 나팔 소리 계 8:12절

> **계 8:12** 넷째 천사가 나팔을 부니 '해 삼분의 일'과 '달 삼분의 일'과 '별들의 삼분의 일'이 타격을 받아 그 삼분의 일이 '어두워지니' 낮 삼분의 일은 '비추임'이 없고 밤도 그러하더라

해, 달, 별의 삼분의 일이 어두워져 빛을 잃게 되는 일이 일어나 이 땅은 예수님의 재림에 합당한 환경이 조성될 것을 말한다. 예수님의 재림의 시간에는 땅과 하늘이 어둡게 조성될 것인데 이유는 모든 세상의 사람들이 영광의 빛으로 오시는 그분을 보고 예수님의 재림과 심판에 대한 교회의 증거가 사실임을 알도록 하시기 위해 빛으로 오실 것이라고 마

24:29-30절이 이렇게 전한다.

> [29] 그날 환난 후에 즉시 '해가 어두워지며 달이 빛을 내지 아니하며 별들이 하늘에서 떨어지며' 하늘의 권능들이 흔들리리라 [30] 그 때에 인자의 징조가 하늘에서 보이겠고 그 때에 '땅의 모든 족속들이 통곡'하며 그들의 '인자가 구름을 타고 능력과 큰 영광으로 오는 것'을 보리라 마 24:29-30

이때 세상 사람들은 돌이키기에 이미 늦었다는 것을 알고 땅을 치며 후회하게 될 것이다. 계 1:7절이 **"각 사람의 눈이 그를 보겠고"**라고 증언하는 것은 한 사람도 빠짐없이 예수님을 보도록 하시겠다는 의미인데 다니엘은 이러한 예수님의 재림에 대하여 그 의미를 이해하도록 말씀으로 도우고 있다. **'매일 드리는 제사를 폐하며 멸망하게 할 가증한 것을 세울 때 부터 천이백구십 일을 지낼 것이요'** 이 예언의 이해는 매일 드리는 제사를 폐하는 때가 있을 것인데 한 이레칠 년의 절반삼 년 반의 시기에 있을 것이라는 가르침이다단 9:27. 계 13:1절에 등장하는 바다에서 나오는 짐승최후의 적그리스도 이 칠 년의 평화조약을 맺은 기간의 절반이 지났으니 삼 년 반이 남는데 이것을 날짜로 바꾸면 1260일이다. 그런데 1290일을 기다리라 했으니 30일의 차이가 있는 셈이다. 삼 년 반의 시간이 지나면 환난의 시간인 칠 년이 끝나고 예수님이 재림하시는 일곱 번째 나팔이 울릴 것이다. 이 시간으로부터 1290일까지의 남은 30일의 시간은 예수님께서 구름을 타시고 공중에서 영광의 퍼레이드로 온 세상의 사람들이 그분을 보고 재림을 알도록 알리실 것이며 30일 동안의 이 시간 동안 온 땅으로 행진하시며 대접 심판을 행하실 것이다. 둥근 지구에서 예수님의 재림 장면을 모르는 이가 없도록 알 수 있는 방법은 예수님께서 구름을 타시고 온 지구를 돌며 재림의 행진을 하시는 것이다. 이때 세상에서 이마와 오른손에 짐승의 표를 받지 않고 메시아를 기다리던 유대인들은 그들의 사상인 시오니즘을 따라 예루살렘의 메시아를 향해 이동하기 시작할 것이다. 흩어져 있던 모든 유대인들이 메시아의 재림을 보고 성경의 말씀대로 한 사람도 이방 땅에 남기지 아니하고 그들의 고토로 돌아오게 하실 것이라는 예언겔 39:28이 이루어질 것이다. 이것이 슥 13:1절과 함께 유대인 구원에 대한 하나님 약속의 성취이다.

> 전에는 내가 그들이 사로잡혀 여러 나라에 이르게 하였거니와 후에는 내가 '그들을 모아 고국 땅으로 돌아오게' 하고 '그 한 사람도 이방에 남기지 아니하리니' 그들이 내가 여호와 자기들의 하나님인 줄을 알리라 겔 39:28

화, 화, 화의 의미 계 8:13절

> **계 8:13** 내가 또 보고 들으니 공중에 날아가는 '**독수리**'가 큰 소리로 이르되 땅에 사는 자들에게 '**화, 화, 화**'가 있으리니 이는 '**세 천사들이 불어야 할 나팔**' 소리가 남아 있음이로다

'**독수리**'는 하나님의 말씀을 전하는 선지자에 대한 묘사이다. 예수님의 사역의 본성으로 역할하는 네 생물 중에 독수리의 모습이 있다고 가르친다겔 1:5,10. '**나팔 심판의 시작**'은 교회의 7년 환난 중 전 삼 년 반이 지난 후 한 이레7년의 조약을 깨뜨리는 '**후 삼 년 반의 시간부터 시작**'될 것이다단 9:27, 계 13:5. 독수리의 화에 대한 선포의 의미는 지금까지는 자연적 변화에 의한 심판이었으나 다음 나팔부터는 다를 것이라는 예고적 의미를 가진다. 이후에 닥쳐올 또 다른 심판의 국면, 곧 무저갱이 열리는 더 강한 심판의 환난을 예고하는 예언적 선포이다.

8장의 끝에서 나타나는 13절에 담긴 의미는 두 가지다.

첫째, 넷째 천사가 부는 나팔 심판은 자연을 향한 것이었으나 이제부터는 사람을 향한 것이 될 것이라는 의미이다. 둘째, 화가 세 번이나 선포되는 이유는 인간을 대상으로 하는 심판이 세 번이나 남아 있다는 의미로 인간을 향한 다섯 번째 나팔 심판과 여섯 번째 나팔 심판, 그리고 예수님의 공중 재림과 인간을 향한 마지막 대접 심판을 알리는 일곱 나팔이 그것이다. 독수리의 다음 심판에 대한 예언적 선포로 8장이 끝난다.

요한계시록
제 9 장

1 다섯째 천사가 나팔을 불매 내가 보니 하늘에서 땅에 떨어진 별 하나가 있는데 그가 무저갱의 열쇠를 받았더라 2 그가 무저갱을 여니 그 구멍에서 큰 화덕의 연기 같은 연기가 올라오매 해와 공기가 그 구멍의 연기로 말미암아 어두워지며 3 또 황충이 연기 가운데로부터 땅 위에 나오매 그들이 땅에 있는 전갈의 권세와 같은 권세를 받았더라 4 그들에게 이르시되 땅의 풀이나 푸른 것이나 각종 수목은 해하지 말고 오직 이마에 하나님의 인침을 받지 아니한 사람들만 해하라 하시더라 5 그러나 그들을 죽이지는 못하게 하시고 다섯 달 동안 괴롭게만 하게 하시는데 그 괴롭게 함은 전갈이 사람을 쏠 때에 괴롭게 함과 같더라 6 그 날에는 사람들이 죽기를 구하여도 죽지 못하고 죽고 싶으나 죽음이 그들을 피하리로다 7 황충들의 모양은 전쟁을 위하여 준비한 말들 같고 그 머리에 금 같은 관 비슷한 것을 썼으며 그 얼굴은 사람의 얼굴 같고 8 또 여자의 머리털 같은 머리털이 있고 그 이빨은 사자의 이빨 같으며 9 또 철 호심경 같은 호심경이 있고 그 날개들의 소리는 병거와 많은 말들이 전쟁터로 달려 들어가는 소리 같으며 10 또 전갈과 같은 꼬리와 쏘는 살이 있어 그 꼬리에는 다섯 달 동안 사람들을 해하는 권세가 있더라 11 그들에게 왕이 있으니 무저갱의 사자라 히브리어로는 그 이름이 아바돈이요 헬라어로는 그 이름이 아볼루온이더라 12 첫째 화는 지나갔으나 보라 아직도 이 후에 화 둘이 이르리로다 13 여섯째 천사가 나팔을 불매 내가 들으니 하나님 앞 금 제단 네 뿔에서 한 음성이 나서 14 나팔 가진 여섯째 천사에게 말하기를 큰 강 유브라데에 결박한 네 천사를 놓아 주라 하매 15 네 천사가 놓였으니 그들은 그 년 월 일 시에 이르러 사람 삼분의 일을 죽이로 준비된 자들이더라 16 마병대의 수는 이만 만이니 내가 그들의 수를 들었노라 17 이같은 환상 가운데 그 말들과 그 위에 탄 자들을 보니 불빛과 자줏빛과 유황빛 호심경이 있고 또 말들의 머리는 사자 머리 같고 그 입에서는 불과 연기와 유황이 나오더라 18 이 세 재앙 곧 자기들의 입에서 나오는 불과 연기와 유황으로 말미암아 사람 삼분의 일이 죽임을 당하니라 19 이 말들의 힘은 입과 꼬리에 있으니 꼬리는 뱀 같고 또 꼬리에 머리가 있어 이것으로 해하더라 20 이 재앙에 죽지 않고 남은 사람들은 손으로 행한 일을 회개하지 아니하고 오히려 여러 귀신과 또는 보거나 듣거나 다니거나 하지 못하는 금, 은, 동과 목석의 우상에게 절하고 21 또 그 살인과 복술과 음행과 도둑질을 회개하지 아니하더라

[9 장]

8-9장, 첫 번째 시건

나팔 심판의 시작 시건대후 삼 년 반 : 두 짐승에 의한 극심한 교회 시험의 시간대

계 16:1-19:11-21

계 11:15 단 12:11   욜 3:2/마 25:31-46계 20:4-6, 사 25:6-8

계 20:7-10

계 21:1-20

계 20:11-15   계 21:21-22:5

| 대접 심판 | 여름 심판 / 앙염 심판 | 천 · 년 · 왕 · 국 | 흰 보좌 심판 | 영원한 나라 |

사망의 부활 ⇨ 하나님 나라 완성

새 예루살렘 혼인 연회

무저갱 해제 / 만국 미혹 / 예루살렘 침공

지상 재림 / 두 짐승의 처단 / 사단 ···› 무저갱

입곱 나팔 / 공중 재림 / 교회의 추거

⇨ 30일 ⇨ 45일 ⇨ 1000년

| 7년 환난 / 한 이레의 언약 |
| 후 삼 년 반, 나팔 심판 |
| 전 삼 년 반, 두 짐승과 인 심판 |

1260일   단 9:27   1260일

Jr 상전 점령

짐승 출현

계 13:1, 11

9장의 개관

이 난해한 Chapter에 대한 이해를 정리하기란 참으로 쉽지 않지만 구약시대와 신약시대를 살아가는 자기 백성을 사용하시는 하나님의 섭리를 살피면 이 문맥들을 이해하는 것이 그리 어렵지만은 않다. 9장에 나타나는 이해의 핵심은 황충에 대한 이해가 될 것이다. 황충에 대한 이해가 중요한 이유는 그들이 영적인 존재라는 의미를 이해하도록 이끌고 있으며 그들이 마지막 때 이 땅에서 현실적 도전자로 교회 앞에 존재감을 드러내어 현실 속에서 마지막 영적 싸움을 싸우는 것으로 이해되어야 한다. 분명한 것은 묵시 문학적 표현 속에 감춰진 의미는 마지막 시대의 악한 짐승을 이해하도록 이끄시는 하나님의 의도가 분명하게 느껴진다는 사실이며 그들을 심판하시는 것이 마지막 심판이라는 사실을 이해해야 한다. 8-19장을 이해하지 못한다 할지라도 믿는 자들의 구원에는 특별한 영향을 미치지 않을 것이나 환난을 주도하는 두 짐승의 만행에 대처하는 준비와 전략은 달라질 수 있기에 심판을 행하시는 하나님의 계획은 선명하게 이해하는 것이 유익할 것이다. 두 짐승은 세상 심판의 핵심이기에 8-19장에 이르는 세상을 향한 하나님의 심판과 두 짐승에 대한 지식의 문제가 얼마나 중요한가라는 사실을 그 시간에 이르러서야 깨닫는다면 믿음이 연약한 자들은 배교할 수밖에 없는 벼랑 끝에 서게 될 것이다. 그래서 요한의 계시록은 환난의 마지막 시간을 이기는 복된 가르침, 곧 마지막 때의 구원의 복음이 될 수밖에 없다는 사실을 인식하고 본문 9장이 마지막 세대를 향한 외침에 귀를 기울여 듣고 이해하여 이 세대를 향해 외칠 수 있는 구비된 마지막 때의 리더가 될 수 있기를 요청하는 바이다.

9장은 8장에서 시작된 나팔 심판의 연장선상에 있는 사건이 나타나는 장이다. 8장과 동일한 나팔 심판의 장이지만 8장과 9장의 차이는 뚜렷하다. 8장은 첫 번째 천사의 나팔부터 네 번째 천사가 부는 나팔을 인하여 부어지는 자연을 향한 심판의 시간이며 9장은 다섯 번째 천사의 나팔 소리와 여섯 번째 천사의 나팔 소리와 함께 심판이 부어지는데 다섯 번째 나팔의 심판은 사람을 죽이는 것이 아닌 괴롭게만 하는 심판이며 그 괴로운 정도가 죽기를 구할 정도이지만 죽음이 그들을 피할 것이라 증거 하므로 악인들의 괴로움을 목적으로 하는 심판임을 알 수 있다. 흥미로운 사실은 그 괴로움의 시간이 '**다섯 달**' 동안이라고 밝히고 있는데 이는 후 삼년 반 곧 마흔두 달의 시간 중 '**다섯 번째 나팔이 울리고 난 후 여섯 번째 나팔이 울릴 때까지의 시간 간격이 오 개월**'이 될 것을 이해하도록 이끈다. '**8-9장의 시간대**'는 위의 시간표에서 나타나듯 ❶ 칠 년 중, 후 삼 년 반의 시간이 될 것이며, ❷ 적그리스도의 예루살렘 점령 이후의 시간이며 ❸ 나팔 심판이 부어지는 시간대이다. 이 시간에 두 짐승은 ❹ 세계 정복을 위한 그들의 행보를 본격화하며 세상을 향한 온갖 환난의 강도를 증가시키는 시간으로 세상에는 전쟁, 기근, 질병과 각처에 지진이 있을 것이라는 마 24장의 말씀대로 이루어지는 시간이 될 것이며 그들의 야욕을 성취하기 위해 ❺ 지옥의 영에 빙의 되어 이마에 하나님의 인침을 받지 못한 사람 삼분의 일을 죽이는 엄청난 살육을 진행하는 시간이 될 것이다. 이 시간은 계 13:11-18절에 나타나는 거짓 선시사의 핵심적 사명인 짐승의 우상을 세우고 온 세상으로 우상을 경배하게 할 시간이며 특히 교회를 향해서는 미혹의 시험에 순응하지 않는 자들을 대상으로 살육을 자행하는 시간이 될 것이다. 교회에게 이 시간은 매우 특별한 시간이 될 것인데 살후 2:3절에 나타나는 예수님을 향한 배교의 행위가 그것이다. 이 시간을 대 배교의 시간이라 하는 이유는 기독교가 생겨난 이래 이때와 비교할 수 있는 배교의 예를 찾아볼 수 없을 정도로 배교가 성행할 것이라는 의미이며 그만큼 믿음을 지키기가 어려운 환경이 다가올 것이다. 예수님께서 마 6:25절의 산상수훈을 가르치실 때 **'목숨을 위하여 무엇을 먹을까 무엇을 마실까 몸을 위하여 무엇을 입을까 염려하지 말라'**고 가르치셨다. **'이는 다 이방인들이 구하는 것'**이라고 말씀하시는 이유는 계 13:1-5절에 기록되어 바다에서 나오는 짐승이라고 묘사된 온 세상을 짓밟을 자, 최후의 적그리스도에게 주어지는 마흔두 달의 시간, 곧 후 삼 년 반의 시간과 상관관계를 가진다. 이 시간에 있을 교회를 향한 두 짐승의 시험은 바로 먹는 것, 마시는 것, 입는 것으로 시험할 것이기 때문이다. 목숨과 삶을 지탱하는 이 세 가지 조건을 가지고 짐승의 우상에게 경배하도록 미혹하는 상황에 처한다면! 그리고 현재의 삶 속에서 먹는 것, 마시는 것, 입는 것과 반대되는 삶을 가르치는 6:33절의 말씀 **'먼저 그 나라와 의를 구하라'**라는 말씀 속에 감추어진 예수님의 마음을 이해하지 못하고 가장 기본적이고 낮은 수준의 삶을 극복하지 못하는 삶을 살아간다면! 그 시간에 배교의 무리 가운데 서 있을 것을 주님은 아시고 높은 도덕성으로 준비되어 후 삼 년 반의 시간을 이겨내라는 의미로 가르치시는 말씀이 마 6:25절의 말씀인 것이다. 하나님의 백성이 아닌 자들처럼 육신적 삶의 필요들을 기도하며 살아가는 인생이라면 믿음을 지키려는 이유만으로 수많은 순교자가 속출하는 시험의 시간을 이기지 못할 것은 자명한 일이다.

●●● **'이러한 고난의 시간을 사랑하는 교회에게 허락하시는 이유'**에 대한 온전한 이해가 매우 중요하다. 교회를 향한 환난의 시간이 필요한 이유는 예수님 자신이 누가 나를 배반하고 누가 나를 끝까지 붙들어 승리하는 자가 될지 알지 못하시기 때문에 이 시간을 준비하신 것이 아니다. 하나님의 의도는 모든 그리스도인들 스스로 내가 정말 예수님을 사랑하는 그분의 신부의 자격이 있는지를 깨닫게 하시기 위함이며 심판 앞에서 내 죄성과 내 패역함을 보고 항변할 수 없도록 하시는 하나님의 완전성에 기초하고 있는 것이다. 그러므로 성도는 구원 앞에서 겸손해야 한다. 구원은 오직 하나님의 선택이므로 부름 받은 자는 창조주의 모든 계획에 감사와 찬양으로 반응하고 마지막 때의 구원을 기다리며 은혜에 떨어지지 않기 위하여 준비해야 한다.

피조물로서 감히 나를 창조하신 조물주의 계획 앞에서 내 자존심, 내 지식으로 하나님을 대적하거나 불평하거나 거역하는 자세는 심판받기에 합당한 자의 모습이 됨을 현재의 삶 속에서 잊지 말아야 할 것이다.

9장은 계시록 가운데 이해의 난이도가 거의 정점에 있는 매우 흥미로운 Chapter 이므로 이해하기가 까다로운 장이지만 9장을 이해하는 방법은 관념적이고 상징적이며 묵시 문학적 묘사들과 표현들을 어떻게 해석하느냐가 관건이다. 본문 각 절에 나타나는 어휘들에 대한 원어의 이해와 성경적 근거들을 통하여 논증하는 방법으로 황충에 대한 형이상학적 표현에 대한 이해에 접근해 볼 것이다.

먼저 9장 본문을 나누어 분석한 후 한 가지의 관점으로 통일해야 하므로 9장의 내용을 다섯 가지의 관점으로 분류하면 다음과 같다.

❶ 1-6절 : 무저갱의 황충이 땅으로 나오는 경위와 황충의 임무 이해
❷ 7-11절 : 황충들의 모양과 그들의 왕에 대한 설명 이해
❸ 12-16절 : 여섯째 천사의 나팔 소리와 그 시간에 있을 일들 이해
❹ 17-19절 : 말들과 그 위에 탄 자들에 대한 이해
❺ 20-21절 : 여섯째 나팔 심판에서 살아남은 자들의 본성 이해

이러한 다섯 가지 관점 가운데 가장 핵심적 논점을 가진 행간은 ❷번, 황충들의 모양과 그 왕에 대한 설명 부분이며 ❹번, 전쟁을 위해 준비한 말과 같은 황충의 모양을 설명하는 행간이다. 이 두 행간이 9장의 핵심이 되는 이유는 황충과 말 탄 자들의 정체가 하나로 이해되어 설명하기가 쉽지 않기 때문이다. 이 문제를 해결하려면 순서에 따라 ❶번, 무저갱에서 나오는 황충의 존재를 이해하고 난 후 황충의 모양을 분석하고 말과 말

탄 자를 분석하면 온전한 이해에 이를 수 있을 것이다. 세 가지 관점 이해를 위해 표를 통해 정리하면 다음과 같다.

❶ 1-6절 : 무저갱의 황충이 땅으로 나오는 경위와 황충의 임무 이해

[무저갱의 존재와 땅의 존재 구분]

구 분	말 씀 내 용	의 미		증 거
무저갱 존재	무저갱에서 나오는 황충	무저갱의 영적 존재	지옥의 영	9:3
	말들에 비유된 황충들			9:7
땅의 존재	그 위에 탄 말 탄 자들	이땅의 육신적 존재	두 짐승	9:11
	이 말들의 힘			9:19

위의 표로부터 도출되는 결론은 황충이 올라오는 무저갱의 영역은 이 땅의 영역이 아니라 영의 영역임을 전제할 때 무저갱에서 올라오는 황충은 메뚜기 떼처럼 모든 것을 황폐시키는 파괴적인 영을 가리켜 황충이라 묘사하는 것이며 이 무저갱의 존재들이 말에 비유되는 이유는 말이란 성경 신학적으로 말 탄 자들의 전쟁을 수행하게 하기위해 공급된 힘을 가리킨다. 이스라엘을 향한 이사야서의 가르침은 도움을 구하러 애굽으로 가는 자는 화를 당할 것사 31:1이라 경고하는데 이 말씀의 의미에 대하여 '**말을 의뢰하며 병거의 많음과 마병의 강함을 의지하는 행동**'이기 때문이라고 설명하는 대목에서 알 수 있다. 전쟁의 승리와 영광에 대하여 이스라엘의 하나님보다 말의 강한 힘과 병거의 능력이 전쟁을 수행하는 힘이라고 이해했기 때문인데 이러한 이해와 인식을 황충과 연관 짓는다면 황충은 ❹번으로 분류된 17-19절에 나타나는 말 탄자와 연결되어 '**황충 = 말 = 전쟁을 수행하는 힘과 능력**'으로 이해되고 '**육신을 가진 말 탄 자의 힘과 능력이 되는 영적인 것이 무엇인가?**'라는 질문이 만들어진다. 만약 말

탄 자들이 '두 짐승이라는 전제'를 가지고 '말과 말 탄 자'를 설명한다면 심판받을 두 짐승을 움직이는 근원은 곧 심판 받을 수밖에 없는 **사고방식이나 판단과 의지'** 곧 그들의 **'멘탈리티'**mentality라고 설명할 수밖에 없을 것이며 마지막 때 두 짐승의 멘탈을 사로잡는 근본이 이들을 심판에 이르게 할 지옥의 영, 곧 무저갱에서 올라오는 황충인 것이다.

그러므로 **황충이란?** 두 짐승과 모든 짐승 군대의 의식과 사고를 하나로 결속시키는 **'무저갱에서 올라오는 영'**을 지칭하는 표현이며 이 영을 황충이라 표현하는 성경 신학적 근거는 파괴의 주범이요 황폐화시키는 강력한 능력으로 작용하는 황충메뚜기의 일종, 욜 1:4을 들어 자기 백성의 죄악에 대한 보응의 수단으로 사용하셨던 하나님의 심판의 도구이기 때문이다. 마지막 때 무저갱의 영들을 황충 같이 사용하여 온 세상의 생명들을 파괴시키는 도구로 이미 결정하신 것이며 **'두 짐승에게 파괴적 힘의 동역자 말과 말 탄 자의 관계로 혼연 일체가 되어 일하게 될 것'**이기에 결론적으로 **'황충'**은 마지막 때 세계 정복과 하나님의 교회를 멸절시키려는 **'두 짐승의 멘탈리티**mentality. 사고방식. 심리상태**의 주체인 무저갱의 영'**을 지칭하는 표현이 되는 것이다. 예수님의 심판 계획 속에서 다섯 번째 나팔이 울릴 때 두 짐승의 살육적 광기를 극대화하기 위해 무저갱의 열쇠를 가진 무저갱의 관리자를 보내어 지옥을 열 것이며 그곳의 영들을 땅으로 보내실 것인데 9:16절은 두 짐승의 군대로 사람 삼분의 일을 숙이는데 농원별 이만 만의 군대들에게도 동일한 광기를 가지게 하실 것에 대하여 ❷번과 ❹번의 관점으로 이해하도록 돕는다. 이유없이 개인의 야망을 위해 사람 삼분의 일을 죽이는 엄청난 일이 과연 정상적 생각을 가진 사람에게 가능한 일이겠는가? 뭔가 강한 영의 작용에 의해 결정된 파괴적 행동의 근원! 그것이 황충이다.

황충이라는 존재에 대한 이해를 위해 만든 표를 통하여 기록된 말씀의 의미를 이해하는 데 있어 집중할 것은 '~같고, ~같은, ~같으며'라는 표현들이다. '**황충과 유사한 어떤 것**'이나 '**황충과 비교할 수 있는 그 무엇**'에 대한 의미로 이해하면 된다. 이러한 관점으로 '~같고'라는 표현의 대상을 이해할 수 있는 근거는 9:11절이다. 무저갱에서 올라오는 황충들에게 그들을 통치할 왕이 있다는 것이며 그 이름은 '**파괴자**'라는 의미를 가진 이름 헬) '**아폴뤼온**'이다. 무저갱의 사자, 곧 무저갱의 지배자이며 무저갱의 사망 메시지를 가진 자라는 의미이다. 심판받을 자들에게 그 무저갱의 사자는 곧 두 짐승이다. 그들은 육신을 가진 인간이지만 이미 평범한 생각이나 평범한 능력이 아님을 알리는 계시록의 증언은 '**용으로부터 받은 권세와 능력으로 무장된 초자연적 능력자**'계 13:1이므로 곧 무저갱에서 올라오는 모든 영들에 대한 주권을 부여받은 자이며 계 13장은 이러한 짐승에 대하여 두 짐승을 하나처럼 묘사하고 있다계 9:17, 13:1-14. 특히 9:17절의 표현은 이러한 무저갱의 영과 짐승의 하나된 모습을 설명하는 의미를 전하고 있다. '**말들과 그 위에 탄 자들**'이라는 묘사인데 황충 위에 올랐다는 것은 전쟁을 위해 '**말과 기수가 하나**'가 되었다는 의미이다. '말 탄 자'라고 할 때 '탄'이라고 표현된 동사 헬) '**카데마이**'는 '**타다**'라는 의미와 함께 '**앉다**'라는 또 다른 의미를 가진다. 두 의미 모두 짐승의 권위와 상관관계를 가지는데 타다라는 동사인 카데마이가 본 행간에서 두 가지의 의미를 동시에 수반하는 동사가 된다는 것이다. **❶ 다섯 달 간의 일들을 시작하기 위해 무저갱의 영과 하나가 되어 임무를 수행할 준비를 마쳤다**'가 되지만 또 다른 의미는 앉다와 상관되어 **❷ 세상의 군주로서 세계 정복을 위한 통치자로 스스로 살육의 통치 왕좌에 앉았다**'로 해석할 수 있는 것이다. 9장 논제의 주요 핵심은 이것이다. '**이마에 하나님의 인 침이 없는 자들을 향한 살육을 허락받아 일할 수 있도록 무저갱의 영과 멘탈리티의 통일이 이루어져 하나가 되었다는 것**'이 핵심이다. 표에 나타나는 황충에 대한 표현들과 그 표현 이해와 합하여 아래 표에 나타나는 말들과 말 탄 자들에 대한 이해와 연결하면 9장의 온전한 이해에 이르게 될 것이다.

❷ 7-11절 : 황충들의 모양과 그들의 왕에 대한 설명이 주는 의미 이해

[다섯 달 동안 전갈의 권세를 받은 황충 이해]

구분	9:7-11 황충에 대한 표현	황충에 관한 표현 이해
❶ 문 단 황 충 들	❶ 전쟁을 위하여 준비한 말들 '같고'	파괴와 황폐화에 사용되는 말과 유사 정체성
	❷ 머리에 금'같은' 관 비슷한 것을 썼으며	사탄을 닮은 황충의 유사 정체성 (계 12:3, 13:1)
	❸ 얼굴은 사람의 얼굴 '같고'	사람에게 들어갈 황충의 유사 정체성
	❹ 여자의 머리털 '같은' 머리털이고	하나님을 대적하는 여자, 음녀와의 유사 정체성
	❺ 이빨은 사자의 이빨 '같으며'	생명을 죽이는 사자의 이빨과 유사한 짐승의 정체성
	❻ 철호심경 '같은' 호심경이 있고	짐승의 마흔두 달 동안 생명 주권의 정체성
	❼ 날개들의 소리는 말들이 전쟁터로 달려들어가는 소리 '같으며'	파괴를 위해 달리는 두 짐승의 정체성
	❽ 전갈과 '같은' 꼬리와 쏘는 살	'전갈'괴롭게하는 권세 '꼬리'거짓 선지자 예표, 사 9:15와 '살'거짓 복음, 활은 거짓 선지자의 영적무기
	❾ 다섯 달 동안 사람을 해하는 권세	두 짐승이 사람 삼분의 일을 해하는 시간

❹ 17-19절 : 말들과 그 위에 탄 자들에 대한 이해

구분	9:17-19 표현	말들과 말 탄 자들에 대한 표현의 의미
❷ 문 단 말 들 과	❶ 불빛과 자줏빛과 유황빛 호심경이 있고	빛: '헬) 퓌르' 파괴적인 빛 유황빛·자줏빛: 피, 유황, 심판
	❷ 말들의 머리는 사자머리 같고	황충의 머리인 짐승과 유사 정체성
	❸ 입에서는 불과 연기와 유황이 나오더라	사람에게 들어갈 황충의 유사 정체성
	❹ 세 재앙 곧 자기들의 입에서 나오는	파괴, 피흘림, 스스로 심판자가 되어 세상을 혼란에 빠뜨리는 짐승의 주권적 행동
	❺ 불, 연기, 유황으로 사람 삼분의 일이 죽더라	생명을 죽이는 사자의 이빨과 유사한 짐승의 정체성

탄자들	❻ 이 말들의 힘은 입과 꼬리에 있으니	세상을 파괴하는 힘의 근원은 짐승이 행하는 신성모독하는 거짓 선지자의 미혹 계 13:4-18에서 비롯되는 것이라는 의미
	❼ 꼬리 거짓 선지자, 사 9:15는 뱀같고'	거짓 선지자의 세상 미혹은 하와를 미혹했던 그 뱀, 곧 사탄의 것이라는 의미
	❽ 꼬리에 있는 머리로 해함	거짓 선지자의 모든 권세는 적그리스도가 근본이라는 의미
결론	말들 / 황충의 정체성, 그 위에 탄 자들 / 적그리스도와 거짓 선지자, 꼬리 / 거짓 선지자	

표를 통하여 이해되는 9장의 난이도 문제를 해결하는 주제들은 다음과 같다.

● 심판 계획이 적힌 두루마리에 기록된 때, 곧 여섯 나팔의 시간에 열리는 무저갱 9:1
● 무저갱에서 올라와 전갈의 권세를 받는 황충 9:2,3
● 이마에 하나님의 인침이 없는 자만 괴롭게 하는 오 개월의 임무 부여 9:4
● 두 짐승에 빙의된 무저갱의 영에 의한 살육 멘탈 충전 9:17
● 이만 만의 군대를 지휘하여 사람 삼분의 일을 죽이는 살육의 리더십 9:18 등의 핵심 논제가 이해의 핵심이다.

9장 이해를 위한 10가지 주제
❶ 하늘에서 떨어진 별, 무저갱의 열쇠를 받은 자 9:1절

계 9:1 다섯째 천사가 나팔을 불매 내가 보니 '하늘에서 땅에 떨어진 별 하나'가 있는데 그가 '무저갱의 열쇠'를 받았더라 하늘에서 떨어진 별 하나를 향하여 '그'라는 삼인칭을 사용하는 이유는 긍정적 표현과 부정적 표현이 대비를 이루는 의미다. 별이란 히) '아스테르'의 역어이며 성경의 용례에 있어 긍정적 의미로는 메시아이신 예수님을 묘사할 때마 2:2, 계 22:16, 일곱 교회의 상징으로계 1:20 부정적 관점으로는 멸망할 거짓 형제로유 1:13, 또는 사탄의 행동에 대한 상징적 묘사로 나타나는 계 12:4절 **'그 꼬리가 하늘의 별 삼분의 일을 끌어다가 땅에 던지니라'**는 표현에 기록된 별 등이다. 계시록 9장의 행간에서 사용되는 **'땅에 떨어진 별'**과 **'붉은 용으로 묘사된 사탄이 던진 별'**은 어둠의 영역에 있는 존재, 곧 어둠의 영이며 이 영이 예수님의 명령을 따라 이 땅에 두 짐승의 활동을 시작하는 시그널을 주기 위하여 파송되는 것을 의미한다. 이 별이 예수님의 심판을 수종 드는 천사가 아닌 이유는 나팔과 대접 심판에 열네 번이나 등장하는 다른 심판들처럼 '천사'라는 심판 수종자에 대한 표현을 했을 것이기 때문이다. 그러므로 본문에 나타나는 하늘에서 떨어진 별은 하나님께서 사용하시는 어둠의 영이라는 의미를 가진다. 또 다른 증거는 **'무저갱의 열쇠를 받는 자'**라는 표현으로 **'무저갱의 관리자'**를 가리키는 표현이라는 사실을 알게 한다. 무저갱의 관리자! 그는 당연히 **'사탄'**이다. 이에 대한 논증은 계 12장에서 사탄이 땅으로 내어 쫓기는 장면으로 설명되는데 이는 마지막 대접 심판을 앞두고 이스라엘 구약교회가 예수님을 출산하는 장면으로 설명되는 역사 Review에서 발견된다. 계 12:7-17절까지의 설명이 그것이다. 다시 말하면 계 12장은 예수님의 초림으로부터 종말의 심판까지 이스라엘의 역사에 대한 단편적 리뷰이며 이스라엘 교회의 역사를 설명하는 내용 중 계 9:1절의 내용은 계 12장의 End-time 리뷰의 시간대에 속하여 설명 되고 있는 것이다.

● 참고로 12장은 8, 9장의 일곱 나팔 심판이 끝나고 16장에서 시작되는 재림에 있어 마지막 진노인 일곱 대접이 부어질 시간 사이에 위치하는

내용으로 죄악과 함께 존재했던 지구 최후의 시간을 앞두고 이스라엘 교회와 예수님, 그리고 사탄을 중심으로 치열하게 전개되어왔던 역사를 돌아보는 마지막 역사 리뷰이며 이스라엘을 중심으로 지구촌의 역사를 이끌어 오신 하나님의 인도하심을 환기시키는 내용이라 기억하고 살핀다면 12장의 의미가 온전히 이해될 것이다.

❷ 무저갱에서 나오는 황충에 대한 의미 9:2-3절

> **계 9:2-3** ² 그가 '무저갱을 여니' 그 구멍에서 큰 화덕의 '연기 같은 연기'가 올라오매 '해와 공기'가 그 구멍의 '연기'로 말미암아 '어두워지며' ³ 또 '황충이 연기 가운데로부터 땅 위에 나오매' 그들이 '땅에 있는 전갈'의 권세와 같은 '권세'를 받았더라

무저갱. 연기 같은 연기

'무저갱'은 헬) '아빗소스'의 역어로 심연, 곧 깊은 곳이라는 뜻을 가진다. 어근이라 할 수 있는 형용사 '호빗소스'는 깊이를 잴 수 없는, 밑바닥이 없는 이라는 뜻을 가지며 한글 성경은 무저갱이라 표현한다. 후기 헬라어에 이르러 '태초의 깊음' '죽은 자의 세계'를 표현하는 단어가 되었다고 한다. 신약성경에서 아빗소스는 '영들의 감옥'이며계 20:1, 3 '무저갱의 사자인 아바돈, 아볼루온에 의해 통치되는 곳'이다. 그것이 열려지는 때가 있을 것인데 그때가 나팔 심판의 때이며 명확하게 표현하면 계 9장 본문의 때, 곧 다섯 번째 나팔이 울릴 때이며 이때 무저갱이라 표현된 지옥이 열리고 사망이 춤추는 시간이 이르게 되는 것이다. 그렇다면 첫 나팔부터가 심판인데 왜 다섯 번째 나팔에 무저갱이 열리는 것일까? 그것은 넷째 나팔까지는 자연을 향한 심판이었기 때문이며 셋째 나팔 때에도 많

은 사람이 죽는다고 기록하고 있으나 이것은 자연 심판에 의한 간접적인 죽음을 의미한다. 그러나 황충에 의한 죽음부터는 환난과 재앙 수준의 죽음으로 그 수적 차이가 있을 뿐만 아니라 이마에 하나님의 인침을 받지 아니한 사람들만 구별하여 죽이는 계획된 심판을 행하실 것인데 그 살육의 주범들은 심판의 수종자 예수님의 천사들이 아닌 무저갱에서 나오는 황충들에게 빙의된 이 땅에 있는 짐승의 군대에 의한 살육을 의미한다. 살육의 군대로 선택된 이 악인들은 계 9:4절에 나타나듯 예수님의 계획하심을 따라 두 짐승의 명령대로 살육을 감행할 것인데 이러한 섭리에 대한 의미를 말씀을 통하여 확인한다면 시편 34:21절의 증언이다.

악이 악인을 죽일 것이라 의인을 미워하는 자는 벌을 받으리로다 시 34:21

　　예수님의 심판은 나팔 심판 동안에는 직접 나서서 분노하시지 않을 것이다. 일곱 번째 나팔이 불릴 때 공중에 나타나실 것이며계 10:7, 11:15, 19 예수님의 첫 번째 사역은 공중에 머무르실 때 교회를 휴거시켜 마 24:22절에 나타나는 교회를 향한 위로의 말씀대로 이 땅에 부으실 대접 심판의 환난을 면하게 하실 것이며, 교회의 휴거 이후에 이 땅에는 예수님의 분노가 직접적으로 부어지는 대접 심판이 시작될 것이다. 그러므로 나팔 심판 전에 사람을 심판하는 방법은 예수님의 보혈을 성령으로 이마에 인침을 받지 아니한 악한 인간늘에 대하여는 나섯 번째 나필이 울리고 난 후부터 악한 짐승의 군대로 하여금 악한 인간을 심판하도록 하는 창조주의 심판이 시편의 말씀대로 이루어질 것이다. 이러한 말씀은 구약시대 이스라엘을 보호하시는 하나님의 전쟁에서 흔히 나타나는 그들끼리 서로 싸움으로 자멸하게 하시는 하나님의 행하심과 동일한 의미이다.

　　'연기'는 헬) '카프노스'의 역어로 사 6:4절에서는 하나님의 현현의 표시이며 사 34:10절에서 하나님의 복수를 나타내는 표현이며 사 51:6절에서는 세계의 종말에 대하여 사용되었다. 이사야서와 요엘서^{행 2:19에서 인용}에 나타나는 하나님의 말씀 속에서의 용례는 이러하다.

> 너희는 하늘로 눈을 들며 그 아래의 땅을 살피라 하늘이 '연기 같이 사라지고' 땅이 옷 같이 해어지며 거기에 사는 자들이 하루살이 같이 죽으려니와 나의 구원은 영원히 있고 나의 공의는 폐하여지지 아니하리라 사 51:6

> 내가 이적을 하늘과 땅에 베풀리니 곧 '피와 불과 연기' 기둥이라 욜 2:30

같은'은 헬) '**호스**'이며 ～와 비슷한, ～처럼이라는 의미로 본 행간의 의미로는 '화덕에서 올라오는 연기와 유사한 연기'라는 의미이다. 9장 행간의 특이점 하나를 꼽자면 '**～같은**'이라는 형용사의 사용이 빈번하다는 것이다. 이 의미는 모두 '**비유하자면 이러하다**'라는 의미가 될 것인데 9장에 나타나는 ～같다라는 용례에 대한 표를 살펴보고 그 온전한 의미에 대한 이해에 이르기를 바란다.

해와 공기가 그 구멍의 연기로 말미암아 어두워지며

해는 빛의 주체이므로 '해가 그 구멍의 연기로 어두워진다'는 것은 구멍에서 올라오는 황충으로 인하여 선명하고 분명한 밝음이 사라져 혼란과 혼돈이 있을 것이라는 관용적 표현이며 공기가 연기로 인하여 어두워진다는 의미는 심판의 상황으로 인하여 숨쉬기조차 힘들 정도의 상황이 된다는 의미이다.

황충이 연기 가운데로부터 땅 위에 나오매 땅에 있는
전갈의 권세와 같은 권세를 받았더라

무저갱에서 땅으로 올라와 전갈의 권세를 받는 '황충'은 문맥상에서 이 땅의 존재가 아닌 지옥에서 올라오는 영적 존재라는 것을 의미한다. 그러나 7-11절과 17-19절의 기사를 보면 '말들을 탄 자들'이라는 표현 때문에 무저갱에서 나온 황충이 영적인 존재가 아니라 이 땅의 존재에 대한 설명인 듯 느껴지기도 한다. 무저갱에서 올라오는 존재와 땅에 있는 존재에 대해 달리 생각할 방법이 없는 이러한 표현상의 두 존재가 하나 되어 사람을 죽이게 되는 상황을 설명할 수 있는 방법은 오직 mentality의 식, 사고방식, 심리상태라는 단어로 밖에는 설명할 길이 없다. 인간의 의식이 갑자기 바뀌어 사람을 죽이는 상황을 설명한다면 '귀신에 붙잡혔다'라고 표현할 수 있는 '영적 지배' 현상이 그 이유가 될 것이다. 다시 말해 이 땅의 어떤 존재들이 무저갱지옥에서 나오는 영에 사로잡혀 이 땅의 사람 삼분의 일을 죽이는 엄청난 일 계 9:15,18을 저지른다면 그건 제정신이 아니라 지옥의 권세에 사로잡힌 상태라 생각한다면 쉽게 이해할 수 있을 것이다.

다섯째 나팔이 불리고 난 후 다섯 달 동안 괴롭게만 하다가 여섯째 나팔이 불리는 여섯째 달 어느 때인가 그들은 사람을 죽이는 야수로 돌변할 것에 대하여 가르치고 있다. **'이러한 일을 하는 두 짐승의 멘탈리티** mentality, 의식, 사고방식, 심리상태**가 어디서 왔느냐'**를 설명하는 것이 바로 **'무저갱에서 올라오는 황충'**이다. 황충이라 묘사된 지옥의 영이 빙의된 이 땅의 두 짐승을 통하여 악한 사람들을 죽이시는 예수님의 심판 방법이라 여기면 되도록 9:5절이 우리를 인도하고 있다. 그러므로 **'무저갱에서 올라오는 황충은 곧 지옥의 영'**이라 설명할 때 완성도 있는 해석이 된다. 이 땅의 두 짐승의 생각을 주장하여 쏘는 살로 아프게 하는 것은 거짓 선지자의 거짓 복음에 의한 고통, 즉 신성 모독하는 말을 믿으며 짐승의 우상을 경배하도록 미혹할 때 그를 따르는 자들을 향한 예수님의 심판이 될 것이다. 죽고 싶어도 죽음이 그들을 피할 정도의 고통이 임할 것이라는 가르침의 의미이다. 이후에 나타나는 황충에 대한 여러 가지 형이상학적 설명은 상징적이고 묵시 문학적인 설명으로 독자로 하여금 혼란하게 하고 이해할 수 없는 관점에서 헤매이게 하지만 무저갱의 귀신들과 악인들의 정체성으로 이해할 수 있는 충분한 성경신학적 근거로 설명될 수 있는 존재들이다. '연기'는 심판의 상황을 상징하는 묵시 문학적인 상황 용어이다. **'연기 가운데로부터 땅 위에 나오매'**라는 표현은 심판의 시간 속에서 무저갱에 있던 영들이 심판주이신 예수님의 명령을 따라 임무수행을 위해 이 땅 짐승의 군대와 연합하여 파괴적인 활동을 시작함을 알리는 관념적 표현이며 **'땅에 있는 전갈의 권세를 받았더라'**라는 표현을 통하여 이 땅 전갈의 특징대로 행할 것에 대한 묘사이다. 황충에 대한 일반적 지식을 살펴보자.

황충은 메뚜기의 일종이다. 그들이 떼지어 지나간 자리는 모든 것이 황폐하게 된다. 출애굽기의 재앙출 10:5과 요엘서 1장에 나타나는 내용에서 이스라엘이 네 나라에 의해 황폐화될 것을 예언할 때 사용된 네 곤충 가운데 **'마지막에 나타날 곤충'**이며 **'End-time에 나타날 짐승의 나라 바벨론'**으로 나타날 곤충이다. 이에 대한 요엘서의 예언은 이러하다.

> 팥종이가 남긴 것을 **메뚜기**가 먹고 메뚜기가 남긴 것을 **느치**가 먹고 느치가 남긴 것을 **황충**이 먹었도다 욜 1:4

이 행간에 나타나는 곤충들은 모두 메뚜기 종류에 대한 표현이지만 원어적 의미를 분석해 보면 어린 메뚜기가 성체 황충으로 자라가는 과정을 말하고 있으며 이 곤충을 하나님 앞에서 죄악을 범한 이스라엘의 운명과 관련된 예언 속에서 사용된 표현이라는 사실을 문맥적 의미 속에서 알게 될 것이다. 또한 표를 통하여 어린 메뚜기가 성체 황충으로 자라가는 각 과정을 통하여 이스라엘을 징계하시는 하나님의 도구로 사용된 나라들을 의미한다는 사실을 깨닫게 될 것이다.

[팥종이, 메뚜기, 느치, 황충이 나타내는 의미]

구분	히브리 원어적 의미	고대 이스라엘과 적대적 국가 평가
팥종이 바벨론	히) 가잠 : 날개 없이 기는 메뚜기	'바벨론'은 바사에게 날개 없는 팥종이 수준
메뚜기 바사	히) 아르베 : 어근 '라바' - 무수한 것	'바사'는 바벨론을 이기는 성체 수준
느치 헬라	히) 옐레크 : 어린 애벌레의 상태	'헬라'는 로마에게 비교할 때 애벌레 수준
황충 로마	히) 하실 : 메뚜기의 일종, 완전한 성체	'로마'는 가장 강력한 황충의 수준

바사와 로마를 성체 수준의 메뚜기와 황충으로 표현하시는 이유는?

강성제국 바벨론을 무너뜨린 '바사'의 위상을 통해 하나님의 뜻을 이루어 예루살렘 성과 성전을 건축하게 하는 하나님의 뜻을 세운 나라로서의 역할에 대한 표현이며 '로마'는 세계를 정복하고 하나님이신 예수님을 십자가에 못 박은 강력한 사탄의 나라에 대한 표현이다. 요엘서에 나타나는 이스라엘 백성들을 향한 이 예언은 문맥에 나타나는 내용상 하나님 나라의 농사를 망치는 주변 국가들의 침공에 대하여 심판하실 계획을 알리시는 예언적 선포이지만 궁극적으로 영적 이스라엘인 온 세계의 교회가 추수를 행할 때 열방의 추수를 방해하며 마지막 때 자기 백성들의 영혼을 사고파는 영적 무역행위를 서슴치 않는 계 18장에 나타나는 음녀의 나라 바벨론을 향해 예수님의 재림으로 인한 심판이 이를 때까지 후손들에게 잊지 않도록 내 뜻을 전하라고 말씀하시며 요엘에게 주시는 모든 시대와 세대를 아우르는 교회를 향한 예언이다.

> 2 '늙은 자들'아 너희는 이것을 들을지어다 땅의 '모든 주민들'아 너희는 귀를 기울일지어다 너희의 날에나 너희 조상들의 날에 이런 일이 있었느냐 3 너희는 이 일을 '너희 자녀에게 말하고' 너희 자녀는 '자기 자녀에게 말하고' 그 자녀는 '후세에 말할 것'이니라 욜 1:2-3

자기 백성을 힘들게 했던 역사 속의 네 나라들을 추수를 망치는 벌레와 곤충에 비유하며 열거하여 하나님을 배역할 때 주어지는 심판을 알게 하신다. 이 예언을 기억하여 전해야 할 사명의 대상에 대하여 분명하게 지정하시는 것에 집중해야 할 것은 '늙은 자들'이라 표현된 '부모 세대'에게 부여하시며 '자녀의 자녀'들과 라는 표현을 통하여 마지막 심판의 때까지 후손의 후손들에게 전하도록 주문하신다는 사실이다. "팥종이는 요엘 시대의 바벨론을, 메뚜기는 그 다음에 올 바사를, 느치는 그 다음의 헬라를, '황충'은 그 마지막에 나타날 '로마'와 마지막 때의 로마를 아울러 일컫는 표현이다." 로마는 바벨론과 함께 성경 역사 속에서 하나님의 나라와 백성을 예표하는 이스라엘의 흥망성쇠와 깊은 상관관계를 가지며 철저하게 하나님의 백성을 죄 아래 노예화하는 가장 큰 대적이요 원수로 묘사된다. 이러한 사실에 대한 표적이 상징적으로 나타난 사건이 AD 70년의 성전 훼파와 이스라엘이라는 나라가 세상에서 사라지고 그 민족이 온 세상에 흩어지는 사건이다. 이 사건의 주범인 로마는 **근원적으로 세상의 두 짐승**계 13:1, 11**으로 묘사된 두 짐승을 출산할 야벳 족속인 유**

럽을 대표하며, 두 번째 나타나는 땅에서 올라오는 짐승으로 표현된 거짓 선지자를 품은 마지막 때의 '큰 성'인 종교적 총 본산을 예표하는 상징성을 가진다. 니느웨를 세운 니므롯의 아들 담무스를 태양신으로 만든 사탄이 세운 나라 바벨론, 인간 역사 속에서 인간이 만든 태양신, 이 강력한 세상의 신을 유일신 하나님과 함께 성전에서 섬기는 불경젤 8,9장을 저지른 이스라엘 백성들은 그 결국에 이르러 자기들이 섬긴 태양신의 나라 바벨론의 노예로 70년을 살아가는 불행한 역사를 맞는 아이러니를 경험하게 되며 예수님시대 예수님을 신성모독 죄로 십자가에 참수하게 하는 자기 백성들의 무지한 배교를 집행하는 나라가 또한 사탄의 나라인 황충 로마이며 이 로마는 마지막 때 짐승의 나라 큰 성 바벨론이라 일컬어질 그 나라이다. 고대에 태양신은 전 세계의 신이었다는 사실은 인간 역사가 증명하고 있다. 바벨론과 로마의 주된 신 또한 태양신이었다는 사실과 바벨론에서 시작하여 로마까지 이스라엘을 대적하는 모든 나라는 곧 사탄의 나라였다는 의미로 인식한다면 그것이 진리의 깨달음이다. AD 70년을 기점으로 이스라엘의 역사는 현대에 이르기까지 약 이천 년 동안 인간 역사 속에서 사라진다. 그러나 그 시간에 하나님께서는 성령님과 함께 흩어진 유대인들을 통하여 새로운 일을 시작하신 것이 세계 복음화인 것이다. 말씀과 역사를 보면서 하나님의 백성인 우리는 그렇게 이스라엘을 흩어 새로운 이스라엘인 이방 교회를 만들어 가시는 하나님의 지혜를 깨닫고 배우게 되는 것이다. 로마는 고대와 중세를 넘어 현세에도 존재하는 유일한 이름과 정통성을 가진 나라이며 마지막 때 사탄에게 사용될 이 땅에 남은 최후의 바벨론이 될 것이다. 사도 요한은 그의 계시록에서 마지막 때 '**사탄의 나라**'가 무너지는 것을 계 18장, '**바벨론의 멸망**'이라 기록하고 있으며 놀랍게도 베드로 사도는 로마에 있는 교회를 향해 '**바벨론 교회**'라 불렀다벧전 5:13는 사실이 흥미롭다. 로마는 사탄이 세운 나라 바벨론이며 예수님이 오시는 마지막 때의 바벨론이라는 의미이다.

❸ 황충의 사명과 시간에 대한 묘사 9:4-6절

계 9:4-6 ⁴ 그들에게 이르시되 땅의 풀이나 푸른 것이나 각종 수목은 해하지 말고 '오직 이마에 하나님의 인침을 받지 아니한 사람들만 해하라' 하시더라 ⁵ 그러나 그들을 '죽이지는 못하게 하시고' '다섯 달 동안 괴롭게만 하게 하시는데' 그 괴롭게 함은 전갈이 사람을 쏠 때에 괴롭게 함과 같더라 ⁶ 그 날에는 사람들이 죽기를 구하여도 죽지 못하고 '죽고 싶으나 죽음이 그들을 피하리로다' 오직 이마에 하나님의 인침을 받지 아니한 사람들만 해하라

오직 이마에 하나님의 인침을 받지 아니한 사람들만 해하라

이 행간은 매우 흥미로운 사실을 직시하게 한다. 짐승의 군대인 황충의 임무이다. 그들은 이마에 인침을 받은 하나님이 백성이 아니다. 이들의 임무는 인침을 받지 아니한 자들을 해하는 것이며 그들의 활동 기간은 오 개월이라는 한정된 시간이라 알게 하는 행간이다.

죽이지는 못하게 하시고 '다섯 달 동안 괴롭게만 하게 하시는데' 그 날에는 사람들이 죽기를 구하여도 죽지 못하고 죽고 싶으나 죽음이 그들을 피하리로다

황충으로 표현된 짐승의 군대들은 9:4절에 나타나는 **'이마에 하나님의 인침을 받지 아니한 자들'**을 향하여 **'다섯 달 동안 해하는 권세'**를 받아 **'죽이지는 아니하고 괴롭게만 하는 임무'**를 수행할 것이며 오 개월의 시간 동안 인침을 받은 교회는 해할 수 없도록 보호받는 시간이 될 것이다.

❹ 황충들의 모양과 정체성에 대한 설명 9:7-9절

> **계 9:7-9** [7] '황충들의 모양은 전쟁을 위하여 준비한 말들 같고' 그 '머리에 금 같은 관 비슷한 것'을 썼으며 그 '얼굴은 사람의 얼굴 같고' [8] 또 '여자의 머리털 같은 머리털'이 있고 그 '이빨은 사자의 이빨 같으며' [9] 또 '철 호심경 같은 호심경'이 있고 그 '날개들의 소리는 병거와 많은 말들이 전쟁터로 달려 들어가는 소리 같으며'

❷ 7-11절을 설명하는 표 : 황충들의 모양과 그들의 왕에 대한 설명이 주는 의미
이해의 표를 참조 할 것

황충들의 모양은 전쟁을 위하여 준비한 말들 '같고'

전쟁을 위한 '**말들 같고**'라는 표현은 실제의 말이라는 것이 아니라 '**말과 같은 역할을 하는 정도의 해석**'을 필요로 한다. '**전쟁의 도구로 무장된 모습**'을 일컫는 표현이다. 황충들은 지옥에서 올라온 마지막 때의 살육과 전쟁의 도구들이다. 성경 신학적으로 '말'은 언제나 전쟁도구와 전쟁을 수행하는 능력을 상징하는 의미로 나타난다. 하나님의 뜻을 따라 사탄의 권세를 가진 짐승의 의지로 조종될 황충은 곧 파괴적 존재인 두 짐승_{최후의} _{적그리스도와 거짓 선지자}의 뜻대로 움직이는 전쟁 도구라는 의미이다.

머리에 금 '같은' 관 비슷한 것

황충의 머리에 있는 관을 설명하는데 '**금 같은 관**'이라 묘사한다. 주어는 관이다. 금과 비슷하지만 실제 금이 아닌 것으로 '가짜 왕관'이라는 의미다. '**금관은 왕의 정체성**'을 나타내는 표현이다. 그러나 황충의 관은 금

으로 된 것이 아니라 왕의 관을 흉내 낸 관으로 용의 정체성을 닮은 존재, 곧 살후 2:4절의 말씀대로 성전에 앉아 자기를 하나님이라고 내세우는 가짜 왕이요 가짜 하나님이라는 것을 나타내는 표현이다.

> 그는 대적하는 자라 신이라 불리는 모든 것과 숭배함을 받는 것에 대항하여 그 위에 자기를 높이고 '하나님의 성전에 앉아 자기를 하나님'이라 내세우느니라 살후 2:4

여자의 머리털 같은 머리털, 이빨은 사자의 이빨 '같으며'

여자는 성경적 관점에서 긍정적으로는 예수님의 '**신부인 교회**'를 나타내는 표현이며 부정적으로는 '음녀'를 지칭하는 표현이다. 여자의 머리'**털과 같은 머리털**'이란? 정체성에 대한 묘사이며 예수님의 교회와 비슷한 정체성을 가진 다원주의 공동체의 정체성, 곧 마지막 때의 기독교회와 비슷한 정체성을 가진 종교를 중심으로 연합할 종교다원주의 세력을 의미하는 것으로 거짓 선지자와 함께 할 그들의 정체성이 예수님의 교회와 흡사하다는 의미를 나타내는 표현이다. 삼위일체를 인정하는 기독교라 자처하지만 예수님의 말씀보다 인간의 교리를 따르는 집단, 예수님의 말씀과 인간의 칙령을 동일한 권위에 두는 집단, 그들이 연합하는 지점은 기독교에만 구원이 있는 것이 아님을 천명하며 그들의 하나님을 만들어 섬기는 다원주의 연합을 이룰 것이다. 이들의 연합은 마지막 때 거짓 선지자와 바다세상 짐승의 강력한 추종 세력이 될 것이다. 이빨은 그들의 살육의 야욕을 상징한다. 우상화와 그들의 의도에 반하는 자들은 몇이든 다 죽일 것이라고 증거 하는 계 13:14-15절에 나타나는 증거대로 행하게 될 것이며 사자와 같이 대적할 수 없는 절대 강자의 야욕을 묘사하고 있다.

철 호심경 '같은' 호심경

호심경이란 이들이 가진 강력한 동력을 의미한다. 호심경은 가슴으로 부터 배에 이르는 부위를 보호하는 전쟁의 장구이다. 생명을 보호하는 장비의 소재가 철이라는 것은 생명을 보호하는 단단한 장구라는 의미로 칼과 창으로 싸우던 그 시대에 있어 철이란 대적할 수 없는 그들의 강력한 능력을 이미지화시킨 표현이라 할 것이다. 그러므로 '철 호심경'이라는 표현은 **'대항할 수 없는 강한 힘을 가진 존재'**에 대한 묘사가 된다.

날개들의 소리는 병거와 많은 말들이 전쟁터로 달려 들어가는 소리 '같으며'

'날개'는 하늘의 제왕 독수리가 가진 날개에 대한 묵시 문학적 표현으로 공중권세를 잡은 영적 존재에 대한 의미를 전하는 묘사이며 황충을 말하는 영적 존재, 곧 귀신을 말한다. 이 황충은 두 짐승을 위해 준비된 존재들이며 두 짐승에게 빙의 되는 영적 존재이기에 짐승의 습성과 동일하다. '날개들의 소리란?' 선지자의 소리, 곧 짐승의 명령을 따라 전쟁을 수행하는 황충의 존재적 정체성에 대한 표현인데 이들에게 있는 날개들의 소리가 '전쟁터로 달려 들어가는 소리'와 같다라는 의미는 날개소리가 살육에 함몰된 함성소리와 같다는 의미이다.

❺ 꼬리, 머리, 살에 대한 이해 9:10절

계 9:10 또 '전갈과 같은 꼬리와 쏘는 살'이 있어 그 '꼬리에는 다섯 달 동안 사람들을 해하는 권세'가 있더라

전갈과 '같은' 꼬리와 쏘는 살이 있어

이 행간의 핵심은 **전갈과 같은 '꼬리'와 쏘는 '살'**이다. 꼬리는 '사 9:15절'에서 **거짓말을 가르치는 선지자**라고 증언하며 살은 활과 함께 사용되는 것으로 영적 전쟁의 도구로 사람의 생명을 끊는 화살을 의미한다. 그러므로 이 행간에서 말하는 '살'은 영적 전쟁의 무기인 '활' 시위를 떠나 영을 죽이는 '거짓 복음'을 상징하는 표현이다. 거짓 복음은 하나님을 향한 신성모독을 일삼는 '꼬리로 표현된 거짓 선지자'의 사역이며 '계 6:2절의 활을 가지고 흰말 탄 자'와 동일한 인물이다. 곧 짐승의 우상을 세우고 경배하도록 미혹하는 그의 특성을 드러내는 의미로 꼬리와 살에 함의된 사실을 통하여 마지막 때 영적 전쟁에 있어 전문가로 활약할 이 땅의 종교전문가, 마지막 때 현존하는 종교의 수장, 거짓 선지자의 활동을 나타내는 표현이다. 이사야를 통하여 거짓 선지자에 대한 비유를 알게 하신다.

그 머리는 곧 장로와 존귀한 자요 그 꼬리는 곧 '거짓말을 가르치는 선지자'라 사 9:15

꼬리에는 다섯 달 동안 사람들을 해하는 권세가 있더라

황충과 함께 다섯 달 동안 행할 거짓 선지자의 활동에 대하여 설명하고 있는 내용이다. 그들이 전하는 거짓 복음 곧, 적그리스도의 우상을 세우고 경배하게 하는 그 일을 의미하며 이 일의 추종자들을 다섯 달 동안 죽기를 원하여도 죽을 수 없는 고통으로 심판하시고 여섯 번째 나팔이 울리고 난 후 두 짐승의 지휘하에 네 천사와 이만 만의 군대가 동원되어 오직 거짓 선지자의 '화살을 맞으므로' 거짓 복음에 미혹된 이마에 인을 받지 못한 자들 중에 삼분의 일은 자신들을 미혹한 그들의 입에서 나오는 명령에 죽임을 당하게 될 것이다. 이것이 구원받지 못할 자들의 최후가 될 것이다.

❻ 황충의 근본과 소속 11절

계 9:11 '그들에게 왕이 있으니 무저갱의 사자'라 히브리어로는 그 이름이 '아바돈'이요 헬라어로는 그 이름이 '아볼루온'이더라

그들_{황충들}에게 왕이 있으니 무저갱의 사자,
그들의 왕 아바돈 히) 아밧돈, 과 아불루온 헬) 아폴뤼온

'그들'이란? 무저갱에서 나오는 짐승의 군대 황충들을 지칭한다. 그들을 통치하고 다스리는 자는 '아폴뤼온', 즉 '파괴자'라는 뜻을 가진 '바다에서 나오는 짐승'계 13:1인 '최후의 적그리스도'이다. 무저갱에서 나오는 '황충'은 영적 존재인 '귀신'을 의미한다. 그들은 전쟁을 위해 이 땅에 예수님의 계획을 따라 부름을 받았지만 표면적으로는 적그리스도의 권세로 행할 무저갱에서 나오는 영적 존재들이며 이들이 육을 가진 짐승의 군대가 될 수 있는 이유는 마지막 때 짐승도 사탄의 권세를 받아 초자연적 권세를 드러낼 것이다. 마지막 때의 거짓 선지자도 하늘에서 불을 내리는 초자연적 권세를 통하여 수많은 사람들을 미혹할 것이므로 짐승의 권세는 곧 사탄의 강력한 권세로 무저갱의 영적 군대를 지배하는 지배자가 될 것이다. '아폴뤼온'이라는 단어의 의미대로 파괴의 신 아폴론의 역할을 온전히 행하게 될 것이다. 마지막 때의 사탄의 나라 바벨론을 상징하는 로마신화 속의 신 아폴론이 메뚜기를 만들었다는 신화 그대로 하나님의 심판을 의미하는 저주의 곤충 황충의 조종자가 되어 사람 삼분의 일을 죽이는 파괴자의 면모를 여지없이 드러낼 것이다. 그러므로 신화는 하나님이 아닌 마지막 때 사용되고 멸망할 사탄에 대한 프로필이라 해도 무방하다.

❼ 이후에 이를 화 두 가지 12절

계 9:12 첫째 화는 지나갔으나 보라 아직도 이 후에 '화 둘'이 이르리로다

'화 둘'이란? 일곱 나팔과 함께 이루어지는 예수님의 재림은 심판받을 세상에게는 화가 될 것이라는 의미와 함께 남아있는 대접 심판이 세상에게는 극도의 화가 될 것이라는 예고이다.

❽ 네 뿔에서 나는 음성과 살육을 위한 이만 만의 마병대 출현 예고 13-15절

계 9:13-16 [13] 여섯째 천사가 나팔을 불매 내가 들으니 하나님 앞 '금 제단 네 뿔'구원의 뿔에서 한 음성이 나서 [14] 나팔 가진 '여섯째 천사'에게 말하기를 큰 강 '유브라데에 결박한 네 천사를 놓아 주라' 하매 [15] 네 천사가 놓였으니 그들은 그 년 월 일 시에 이르러 '사람 삼분의 일을 죽이기로 준비된 자들'이더라 [16] 마병대의 수는 '이만 만'이니~

금 제단 네 뿔 구원의 뿔

네 뿔이란? 구원의 뿔을 의미한다. 성막 안 지성소에 있는 법궤 위 속죄소라 일컫던 네 모퉁이에 세워진 네 개의 뿔을 지칭하며 네 뿔 사이에 하나님의 현현이 있어 이곳을 속죄소라 일컬었다 출 25:22. 구원의 뿔 사이에서 소리가 들린다는 의미는 구원의 하나님께서 구원을 위해 말씀하신다는 의미이며 하나님께서 속죄소에 임하신다는 의미와 함께 구원을 선포하시는 상황을 설명하는 것이다. 이것은 곧 하나님은 사람을 거룩하게 하시기 위해 우리를 만나신다는 것을 알게 하시는 것이며 하나님을 만나 그분의 얼굴을 대할 때 인간에게 구원이 임하기 때문이다 시 80:3, 19. 그곳

에서 여섯 번째 나팔을 가진 천사에게 말씀하시는 음성은 하나님의 음성이며 구원을 향한 다음 심판을 진행하라는 지시를 받는 내용을 요한이 듣고 기록하고 있는 것이다.

유브라데에 결박한 네 천사를 놓아 주라

유브라데, 곧 유프라테스 강은 마지막 때 아마겟돈 전쟁을 수행하기 위해 집결하는 이스라엘 동쪽에 위치한 모든 나라의 왕들, 곧 두 짐승과 연합하여 아마겟돈 전쟁에 참여하는 동방의 왕들을 위해 길이 열리는 강이다. 이 강은 계 16:12절에 나타나는 내용 중 여섯 번째 대접이 부어질 때의 아마겟돈 전쟁의 시점을 위해 준비되는 강이다. 여섯 번째 나팔이 울리고 난 후 사람 삼분의 일을 죽이기 위하여 결박한 네 천사를 놓아 그 일을 행하도록 하시는 하나님의 명령을 전하는 것이다. 이들과 이만 만의 군대와 말들과 그 위에 탄 자의 관계는 어떻게 이해해야 할까? 표를 보며 살펴보자.

구 분	셋 의 관 계
유브라데 네 천사	두 짐승을 도와 이만 만의 군대와 함께 사람 삼분의 일을 살육하도록 도와 예수님의 심판을 돕는 영들이다.
이만 만의 군대	짐승의 입에서 나오는 명령에 죽고 사는 두 짐승의 아바타 군대들로 그 수가 이억 명이 될 것이다. 이들은 이마에 인침을 받지 아니한 자들을 죽이기 위해 동원될 군대이며 여섯 번째 대접이 부어질 때 짐승의 군대로 아마겟돈 전쟁에 참여하게 될 것이며 그곳에서 예수님께 심판 받아 죽을 자들이다.
말과 말 탄 자들	유브라데 강에 놓인 천사와 이만 만의 군대를 지휘할 두 짐승과 열 왕을 의미한다.

세 그룹은 서로 연합하는 동질적 공통분모를 가진 관계이며 이들을

통치하는 자는 말과 말 탄 자들, 곧 그들의 리더인 두 짐승이 될 것이다. 17-19절에서 명확하게 규명 되겠지만 이들은 하나님을 대적하는 특징을 가지고 그들이 심판의 주권자 인양 세상의 생명들을 예수님의 섭리하에 주어진 그들의 임무를 수행하게 될 것이나 그들이 하는 일에 대하여 알지 못할 것은 그들의 행하는 일이 곧 예수님의 약속에 근거하는 것이기 때문이다. 시 34:21절에 기록된 것처럼 '악이 악인을 죽일 것이라 의인을 미워하는 자는 죄를 받으리로다'라는 약속의 말씀을 스스로 행하게 될 것이다.

년 월 일 시에 이르러

하나님께서 정하신 그 시간을 의미한다. 중요한 것은 이 시간은 여섯 번째 나팔이 울리고 난 이후 어느 시점에 일어날 사건이며 년, 월, 시라는 표현을 통하여 하나님의 분명하고 완전한 계획에 의거 실행되는 심판임을 알 수 있게 한다.

❾ 말 탄 자들의 모습과 행동 17-19절

> **계 9:17-19** [17] 이같은 환상 가운데 그 '말들과 그 위에 탄 자들'을 보니 '불빛과 자줏빛과 유황빛 호심경이 있고' 또 '말들의 머리는 사자 머리 같고' 그 '입에서는 불과 연기와 유황이 나오더라' [18] 이 세 재앙 곧 자기들의 입에서 나오는 '불과 연기와 유황으로 말미암아 사람 삼분의 일이 죽임을 당하니라' [19] 이 '말들의 힘은 입과 꼬리에' 있으니 '꼬리는 뱀 같고 또 꼬리에 머리가 있어 이것으로 해하더라'

말들과 그 위에 탄 자들 이해

이 행간은 황충들과 말 탄 자들을 이해하는 극적인 단서를 제공받는 행간이다. 말들과 말 탄 자들이라는 표현이 두 존재의 연합을 의미하기 때문이다. 위의 표에서 말들이란 황충들의 모양에 대한 묘사이며 황충은 무저갱에서 나오는 영에 대한 묘사라 이해했다. 말 탄 자들이라는 표현에서 '타다'에 해당되는 '탄'이라는 단어는 헬) **'카데마이'**의 역어로 '**앉다**'라는 의미를 갖는 단어라 했다. 앉는다는 것은 명예와 권위의 표현으로 통치권을 전제하고 있는 단어이며 왕이 신하들의 알현을 받기 위해 왕좌에 앉는 것을 의미한다. 또한 법관이 판결을 위해 앉는 것을 의미하는데 동일한 의미를 전달하는 히브리어로는 **'야샵'**이 있으며 이는 왕이 통치의 '**보좌에 앉다**'라는 의미를 갖는다. 그러므로 말 탄 자들이 황충들의 모양인 말들 위에 앉는다는 것은 '**그들의 통치자로 그들을 보좌삼아 말과 같은 황충과 연합하였다**'에 대한 관념적 표현이 된다. 정리하면 복수로 표현된 말 탄 자들인 두 짐승이 복수로 표현된 황충들의 말들 위에 앉아 '**그들의 야욕을 실현하기 위해 하나가 되었다**'라는 상황을 설명하고 있는 것이다. 이것이 계 9:7-11, 17-19절 이해에 있어 모호한 난해 관점 이해의 포인트이다.

불빛과 자줏빛과 유황빛 호심경이 있고

17-19절에 나타나는 세 가지 빛을 내는 호심경에 대하여는 이 행간을 이해함에 있어 원어적인 이해를 통한 도움이 필요하다.

'**불 빛**' : 헬) **'퓌리노스'**의 역어이며 '**불 같은**'fiery이라는 의미를 가지며 불같이 뜨거운 것들, '불로 되어 있는 모든 물체들'을 뜻한다. 이 단어는 17절 후반에 나타나듯 말 탄 자의 입에서 나오는 불과 연기와 유황과 관련하여 파괴에 사용되는 단어임을 알게 한다. 불로 되어 있는 그들의 정체성을 알리는 퓌리노스라는 표현은 그들의 정체성이 그들의 행동으로 환원된 표현이라 여기면 된다. 그들 자체가 모든 것을 태우는 심판의 행태를 취하며 그 행태가 행동으로 나타날 때 마치 심판하시는 예수님처럼 행동한다는 의미이다.

'자줏 빛' : 헬) **'휘아킨디노스'** 의 역어이며 **'검붉은 색'**을 가리키는데 흥미로운 것은 이 단어의 유래가 휘아킨도스, 곧 검붉은 색의 히야신스 꽃에서 유래했다는 사실이다. 이것은 전쟁에서 흘리는 핏빛을 상징하는 표현으로 악한 그들의 행동에 의한 참담한 결과를 설명하는 그림언어요, 색상언어라 할 수 있다. 묵시록의 특성상 당연히 그들의 살육 결과에 대한 묘사라 해석해야 옳을 것이다.

'유황 빛' : 헬) **'데이오데스'**의 역어이다. **'유황은 심판의 물질'**이며 불과 함께하는 심판의 도구에 속하는 것으로 성경에 나타난다. 화산의 폭발과 함께 분출되는 유독 가스와 용암의 뜨거운 물질구성 중 핵심적인 요소로 생명을 해하는 유해한 물질이며 창 19:24절에 소돔과 고모라를 심판하실 때 유황과 불을 비같이 내리셨다고 묘사하며 시편 11:6절은 악인에게 내리는 잔의 소득이 불과 유황이라고 말씀하신다. 눅 17:29절에서는 롯이 소돔에서 나가던 심판의 날에 대하여 하늘에서 불과 유황이 비오듯하여 그 성의 백성들을 멸하였다고 회고하고 있다. 그러므로 세 가지 단어들의 의미를 살펴볼 때 모두 심판과 관련된 의미를 전하는 단어들이라는 특징을 가졌다는 사실이 명백하므로 말 탄 자들이 입고 있는 흉패, 곧 그들의 심장부를 가리는 불같이 생긴 갑옷은 그들의 입에서 나오는 불에 휩싸인 갑옷이라는 의미이며 이것은 마흔두 달 동안 그들에게 주어진 일할 권세로 인하여 나타나는 파괴적 행위를 나타내는 그들의 본성이나 악마적 행동을 나타내는 의미가 되는 것이다. 특히 말 탄 자라는 의미가 생소하지 않은 이유는 6장의 인 설명에서 네 마리의 말을 탄 자가 등장하는 것에 대한 이해를 바탕으로 두 짐승이 말 탄 자로 나타나는 시간과 겹쳐지는 내용과 동일 시간으로 이해하면 된다. 계시록 6장의 흰말과 붉은 말은 두 짐승의 시간대를 의미하며 그 시간이 바로 나팔 심판의 시간 안에서 무저갱에서 나오는 영들인 황충, 곧 지옥의 영들과 두 짐승이 하나 되어 이 땅에 피를 흘리는 시간에 대하여 묘사하는 것이 이 행간이다. 정리하면 '**인 설명에서 둘째 인을 떼며 설명했던 그 내용이 성취되는 시간이 곧 9장의 시간대이며 특히 9:17-19절의 시간**'이라고 이해하면 온전한 이해가 된다.

말들의 머리는 사자 머리 같고 입에서는 불과 연기와 유황이 나오더라

그들의 행동에 기인한 결과를 예측하게 하는 표현이다. 사자는 감당할 수 없는 절대적 힘과 능력을 묘사하는 동물이라는 이해를 바탕으로 말들의 '**머리**'가 사자머리 같다는 의미는 황충의 머리가 사자를 닮았다는 의미가 아니다. 그들의 머리인 '**황충들의 왕**'이라 이름하는 '**아폴뤼온**'을 지칭하는 것으로 '**짐승이 그들의 머리이며 지배자**'라는 의미인 것이다. 계 13:2절이 증거 한다.

'**내가 본 짐승**'은 '표범과 비슷'하고 그 '발은 곰의 발' 같고 그 '입은 사자의 입' 같은데 '용이 자기의 능력과 보좌와 권세'를 그에게 주었더라 계 13:2

짐승이 가진 특성을 표범과 곰과 사자에 비유하는 묘사로 설명하고 있다. 표범은 은밀하게 자신을 감추고 숨기는 특성을 가지며, 곰의 발은 짓밟아 부수고 파괴하는 힘을 가지며, 사자는 모든 것을 이기는 백수의 왕이라고 표현하는 그 특성을 그대로 가진 짐승이라고 소개하고 있는 것이다. 사탄이 이러한 특성을 가진 짐승을 아바타로 삼아 그에게 권세를 주어 사탄의 테슈카_{갈망}를 이루는 존재로 삼았다는 의미이다. '**사자의 입을 닮았다**'는 의미는 짐승의 악마적 권세와 혀의 위용은 잔인하고 강력하여 한 번 물리면 빠져나올 수 없다는 상징적 의미에 대한 이해를 제공한다. 또한 그의 입에서 '불과 연기와 유황'이 나온다는 것은 황충의 입이 아니라 짐승의 입에서 나오는 마흔두 달 동안 권세를 받아 행하는 짐승의 주권 행위를 설명하는 묘사이다. '불과 연기와 유황'은 짐승의 입에서 나오는 살육의 명령을 의미하는 표현으로 그의 입에서 나오는 말이 곧 죽음의 법이 되어 세상의 심판주처럼 행세한다는 의미이다. 짐승은 최후에 나타날 적그리스도이며 이 땅에 있을 중동 전쟁의 중재자로서 난세를 구할 영웅으로 등장할 것이다. 그는 근본적으로 인간이라는 의미이다. 인간인 그의 입에서 불_{파괴}이 나오고 연기_{파괴와 살육의 흔적}가 나오고 사람을 죽일 정도의 유황_{살육의 명령}이 나올 것이라는 생각이 온당한 이해가 될 수 없다. 그가 인간으로서의 한계를 벗어날 수 없기에 사탄은 그에게 지옥의 영을 빙의시켜 사람 삼분의 일을 죽일 수 있는 광인으로 변화시킬 것인데 이것은 오늘날에도 흔히 볼 수 있는 초자연적 현상을 보이는 '**강신무**'_{신내림을 받은 무당}가 그 예이다. '**악한 영이 빙의 된 상태**'로 초자연적 행동을 할 수 있는 것인데 마지막 때의 짐승은 사탄의 영에 빙의된 아바타가 되어 엄청난 살육을 감행할 수 있는 존재로 미친 듯 활동하게 할 것이다. 그러므로 9:17-19절의 이 행간은 두 짐승의 혼적 변화에 대한 설명을 하고 있는 행간이 된다.

불과 연기와 유황으로 말미암아 사람 삼분의 일이
죽임을 당하니라

무저갱의 영들과 연합한 짐승의 군대는 9:10, 18절에 기록된 대로 세상을 향하여 우상을 앞세운 강력한 미혹과 지배를 위하여 전쟁을 행할 것인데 예수님의 재림을 알지 못함으로 세상 지배를 향한 야욕을 드러내며 구원받지 못할 자들과 하나님이 개입하시지 않는 그들만의 전쟁을 계속할 것이다. 이때 짐승의 군대와 하나님을 믿지 않는 그들만의 전쟁으로 사람 삼분의 일이 살육을 당하는 끔찍한 살육의 전쟁이 감행될 것에 대하여 9:18절이 예언하고 있는 것이다.

말들의 힘은 입과 꼬리에 있으니

말들은 지옥에서 올라온 영, 황충을 지칭한다. 이 영이 이만 만의 군대에게 빙의되어 사람을 죽이는 일들에 미치광이처럼 동참하게 될 때 그들에게 주어지는 권세는 곧 짐승의 명령에 의한 것이기에 두 짐승의 살육의 권세가 그들에게 주어질 것에 대하여 설명하는 내용이다. 말들의 힘이 '꼬리와 입'에 있다는 의미는 '꼬리는 거짓 선지자의 권세를' '입은 용의 권세를 받은 짐승의 신성 모독하는 입술'계 13:2, 5이라는 의미이다. 두 짐승의 권세를 살피면 동일한 권세이다. 이 의미는 그들의 목적과 사람을 죽이는 이유 모두가 하나님을 대적하는 것이라는 의미이며 하나님의 공의 앞에서 심판 받을 수밖에 없는 악한 의도를 가진 자들임이 증명된다.

꼬리는 뱀 같고 또 꼬리에 머리가 있어 이것으로 해하더라

꼬리가 거짓 선지자에 대한 묘사사 9:15이며 머리가 적그리스도아폴뤼온.

계 9:11에 대한 묘사라면 거짓 선지자는 태초에 하와를 미혹했던 존재, 곧 죄를 짓도록 이끄는 영혼의 미혹자 뱀에 해당하는 자이다. 성경은 그를 거짓 선지자라 부르며 마지막 때의 종교전문가 유사 기독교의 수장을 일컫는다. 그의 '**머리**'는 계 13:1절의 바다에서 나오는 짐승인 최후의 적그리스도이며 미혹하는 거짓 선지자는 사 9:15절의 가르침처럼 '**꼬리**'이며 그의 '**몸**'은 짐승의 '**다원주의 공동체와 그의 모든 추종자들로 구성된 바벨론**'을 지칭한다. 이러한 이해를 근거로 살펴보면 이 행간은 그들의 통치 권력의 시스템을 설명하고 있는 내용이며 거짓 선지자가 이 땅을 해하는 권세의 출처는 최후의 적그리스도라고 설명하는 것과 같은 의미가 된다.

❿ 이만 만의 군대에게 죽지 않고 살아남은 자들의 정체 20절

> 20 '이 재앙에 죽지 않고 남은 사람들'은 손으로 행한 일을 회개하지 아니하고 오히려 여러 귀신과 또는 보거나 듣거나 다니거나 하지 못하는 금, 은, 동과 목석의 우상에게 절하고 21 또 그 살인과 복술과 음행과 도둑질을 '회개하지 아니하더라' 계 9:20-21

이 내용은 일곱 나팔이 불려 예수님의 재림과 휴거가 이루어지기 전의 상황이므로 휴거된 교회의 숫자를 포함하여 삼분의 이는 죽지 않고 살아남을 것인데 그 중에 구원받지 못할 자들을 지칭하여 '**재앙에 죽지 않고 살아남은 자들**'이라고 구분하고 있다. 이들 중에 교회가 포함되지 않는 이유는 회개하지 않는 자들, 귀신과 금, 은, 동과 목석으로 만든 우상에게 절하며 살인 복술 음행 도둑질을 회개하지 않는 자들이라고 설명하고 있기 때문이다. 구원받지 못할 자는 회개하지 않는다는 것을 증명하는 것으로 이는 곧 예정되지 못한 자들이라는 의미이다.

Glory day
Community
Glory day
End-time Institute

요한계시록
제 10 장

1 내가 또 보니 힘 센 다른 천사가 구름을 입고 하늘에서 내려오는데 그 머리 위에 무지개가 있고 그 얼굴은 해 같고 그 발은 불기둥 같으며 2 그 손에는 펴 놓인 작은 두루마리를 들고 그 오른 발은 바다를 밟고 왼 발은 땅을 밟고 3 사자가 부르짖는 것 같이 큰 소리로 외치니 그가 외칠 때에 일곱 우레가 그 소리를 내어 말하더라 4 일곱 우레가 말을 할 때에 내가 기록하려고 하다가 곧 들으니 하늘에서 소리가 나서 말하기를 일곱 우레가 말한 것을 인봉하고 기록하지 말라 하더라 5 내가 본 바 바다와 땅을 밟고 서 있는 천사가 하늘을 향하여 오른손을 들고 6 세세토록 살아 계신 이 곧 하늘과 그 가운데에 있는 물건이며 땅과 그 가운데에 있는 물건이며 바다와 그 가운데에 있는 물건을 창조하신 이를 가리켜 맹세하여 이르되 지체하지 아니하리니 7 일곱째 천사가 소리 내는 날 그의 나팔을 불려고 할 때에 하나님이 그의 종 선지자들에게 전하신 복음과 같이 하나님의 그 비밀이 이루어지리라 하더라 8 하늘에서 나서 내게 들리던 음성이 또 내게 말하여 이르되 네가 가서 바다와 땅을 밟고 서있는 천사의 손에 펴 놓인 두루마리를 가지라 하기로 9 내가 천사에게 나아가 작은 두루마리를 달라 한즉 천사가 이르되 갖다 먹어 버리라 네 배에는 쓰나 네 입에는 꿀 같이 달리라 하거늘 10 내가 천사의 손에서 작은 두루마리를 갖다 먹어 버리니 내 입에는 꿀 같이 다나 먹은 후에 내 배에서는 쓰게 되더라 11 그가 내게 말하기를 네가 많은 백성과 나라와 방언과 임금에게 다시 예언하여야 하리라 하더라

[10 장]

두 번째 설명 10:1-11:13

10장의 시간대 : 여섯 번째 나팔 후 일곱 번째 나팔에 대한 의미 설명

계 16:1-19:11-21
계 20:7-10   계 21:1-20
단 9:27   욜 3:2/마 25:31-46 계 20:4-6, 사 25:6-8   계 20:11-15   계 21:21-22:5
계 11:15 단 12:11

7년 환난 / 한 이레의 언약	대접 심판	여.곡.심판 양.염.심판	천·년·왕·국	흰 보좌 심판	영원한 나라
두 짐승과 나팔 심판					

전 삼 년 반, 두 짐승과 인 심판

계 13:1, 11

⇩ 1260일 ⇩ 30일 ⇩ 45일 ⇩ 1000년 ⇩

짐승 출현
Jr상전 점령

일곱 나팔
공중 재림
교회의 휴거

지상 재림
두 짐승이 처단
사탄 …. 무저갱

무저갱 해제
만국 미혹
예루살렘 침공

⇩ 사망의 부활 ⇩ 하나님 나라 완성

새 예루살렘
혼인 연회

10장의 개관

10장은 '예수님의 공중 재림'이 있을 '일곱 나팔의 시간에 대한 가르침'이 핵심이 된다. 여섯 나팔이 불리고 난 후 일곱 번째 나팔은 예수님의 재림이 있을 것에 대하여 선포하며 선지자들에게 전하신 복음과 같이 하나님의 비밀이 이루어지는 시간이라고 전한다. 또한 요한의 사명이요 오늘을 살아가는 교회와 교회에 파송된 목회자의 사명은 마지막 때에 대한 지식인 계시록의 복음을 전해야 할 사명에 대하여 분명하게 각인시키고 있다계 10:11.

> 그가 내게 말하기를 '네가 많은 백성과 나라와 방언과 임금에게 다시 예언하여야 하리라' 하더라 계 10:11

요한은 자신의 사명을 계시록이라는 책으로 남기므로 분명 자신의 사명을 완수하고 주님 곁으로 갔다. 그렇다면 계 10:11절은 누구를 향한 명령인가? 당연히 다음 세대인 우리임을 알아야 한다. 이것은 사명이다. 모든 나라와 언어가 다른 모든 민족들에게 전해야 할 이 시대와 세대에 부름 받은 우리! 사도 바울은 고린도 교회를 향하여 보내는 서신의 서두에 이렇게 기록하고 있다.

> 5 이는 너희가 '그 안에서' 모든 일 곧 모든 '언변과 모든 지식에 풍족'하므로 6 '그리스도의 증거'가 너희 중에 견고하게 되어 7 너희가 모든 '은사에 부족함이 없이' 우리 주 '예수 그리스도의 나타나심을 기다림'이라 8 주께서 너희를 우리 '주 예수 그리스도의 날에 책망할 것이 없는 자'로 끝까지 견고하게 하시리라 고전 1:5-8

그리스도 안에서 성도로 부름받아 하나님의 말씀에 대한 깨달음을 가진 자들에게는 언변과 지식에 풍성함을 주시고 은사를 주셔서 예수님이 나타나실 때 책망할 것이 없는 자로 견고하게 하신다고 가르친다. 중요한 것은 우리의 반응이다. 교회의 리더로 부름받은 자들은 주님의 책망을 받지 않도록 계 10:21절의 말씀을 기억하고 하나님의 백성들을 양육하도록 부름받은 사명 앞에서 마지막 때의 복음으로 구비시켜 시험의 시간에 배교에 참여하지 않도록 인도하여 책망받지 않는 자로 주님 앞에 설 수 있어야 한다.

힘센 천사의 정체 10:1-3절

계 10:1-3 [1] 내가 또 보니 '**힘센 다른 천사**'가 구름을 입고 하늘에서 내려 오는데 그 '**머리 위에 무지개**'가 있고 그 '**얼굴은 해 같고**' 그 '**발은 불기둥 같으며**' [2] 그 '**손에는 펴 놓인 작은 두루마리**'를 들고 그 '**오른발은 바다를 밟고**' '**왼발은 땅을 밟고**' [3] 사자가 부르짖는 것같이 큰 소리로 외치니 그가 외칠 때에 일곱 우레가 그 소리를 내어 발하더라

힘센 천사는 예수님을 나타내는 표현이며 확신의 이유는 그의 모습 때문이다.

❶ '**머리 위에 있는 무지개**'는 언약의 중보자이신 예수님에 대한 표식이다. 창세기의 노아 홍수 이후의 심판 약속에서 나타난 무지개_{창 9:12-13}는 계 4:3절의 보좌에 둘려진 무지개 묘사를 통해 구원 약속에 신실하신 하나님의 성품에 대한 표식이라는 것을 알 수 있게 하신다.

❷ '**얼굴이 해 같고**'라는 묘사는 시 19:5절이 증거 한다. '**해**_{신랑, 예수 그}_{리스도}**는 그의 신방에서 나오는 신랑과 같고 그의 길을 달리는 장사 같아서**_{심판을 향해 달려가는 지치지 않는 능력}'라고 예수님은 진리의 주체이며 심판의 주권자라는 것을 알게 하는 말씀을 통해서다.

❸ '**그 발은 불기둥 같다**'라는 묘사는 서 있는 발과 다리의 모습이 불기둥 같다 라는 의미로 시 110:1절의 증언이 이해를 돕는다. '**여호와께서 내 주에게 말씀하시기를 내가 네 원수들로 네 발판이 되게 하기까지 너는 네 오른쪽에 앉아 있으라 하셨도다**' 이 말씀은 아버지께서 독생자 예수로 하여금 사탄과 사망과 음부_{지옥}까지 모두 유황 불 못에_{계 20:10-15} 던질

때까지재림, 심판의시간 하늘에서 하나님 아버지의 우편에서 대기하실 것에 대한 하나님의 심판 시간표를 알리시는 말씀으로 이 땅에 임하사 불로 심판하실 시간에 대한 표현이다.

❹ '예수님의 손에 들린 작은 책'은 곧 심판의 계획이 수록된 계시의 책, 요한이 기록한 책의 내용인 심판계획이 기록된 책이다.

❺ '오른발은 바다를 왼발은 땅을 밟고' 있는 묘사는 예수님의 심판의 발을 묘사하는 표현으로 적그리스도가 나오는 '세상의 전 영역'을 나타내는 '바다'계13:1와 거짓 선지자의 '종교적 영역'을 묘사하는 '땅'계 13:11을 모두 심판하실 것에 대한 묘사이다. 두 영역을 심판하시는 예수님의 심판 주권과 승리의 모습을 묘사하고 있는 것이다.

❻ '사자가 부르짖는 것 같은 큰 소리'는 예수님의 왕적 권세가 나타나는 선포를 의미한다. 예수님의 선포를 사자에 비유하는 이유는 계 5:5절에서 예수님을 유대 지파의 사자라 묘사하고 있는 것이 그 이유이다. 동물의 왕인 사자의 위엄찬 포효를 예수님의 심판의 소리에 비유하고 있다. 이사야 7장을 거쳐 마태의 기록에서 아기 예수로 출생하시고 십자가에 죽으심과 부활과 행 1:9-11절의 승천, 그리고 심판주로 다시 오실 것에 대한 시편 110:1절의 예언과 계시록 10:7절의 예고대로 계 11:15절의 일곱 나팔의 시간에 하나님의 비밀, 곧 예수님의 부활과 심판이 말씀대로 성취될 것을 알 수 있게 하신다.

예수님의 재림에 대한 예고와 성취의 의미 계 10:7절

> **계 10:7** 일곱째 천사가 소리 내는 날 그의 나팔을 불려고 할 때에 하나님이 그의 종 선지자들에게 전하신 복음과 같이 '**하나님의 그 비밀**'이 이루어지리라

하나님의 비밀은 무엇일까? 7절의 예고적 관점은 선지자들이 전한 복음에 있어 '**예수님의 재림과 심판은 세상이 알지 못하는 것이기에 비밀**'이 된다. 예수님의 재림은 종말론적 결과에 대한 경고로 세상이 생겨난 시초부터 정하시고 전하여진 하나님의 계획이었으나 세상은 이 경고를 무시하고 돌아섰다가 모두가 망하는 결과인 홍수 심판과 소돔과 고모라, 바벨론과 로마에 의한 이스라엘의 멸망을 통해 역사 속에서 지속적으로 인류에게 경고하여 오셨다. 이사야 선지자는 이러한 하나님의 뜻을 사 46:10절에서 이렇게 전하고 있다.

> 내가 '**시초부터 종말을 알리며**' 아직 이루지 아니한 일을 옛적부터 보이고 이르기를 나의 뜻이 설 것이니 내가 나의 모든 기뻐하시는 것을 이루리라 하였도다 사 46:10

심판은 창조의 시간 창 1:3, 6-8부터 시작된 하나님의 경고이며 인류가 죄와 함께 이 땅을 살아가면서 피할 수 없는 하나님의 경고의 등불이다. 이사야의 이러한 경고는 창세기 1장에서 분명하게 드러난다. 첫째 날의 창조와 둘째 날의 창조 기사가 그것이다.

> 3 빛이 있으라 하시니 빛이 있었고~, 7 하나님이 **궁창**을 만드사 궁창 아래의 물과 궁창 위의 물로 나뉘게 하시니 그대로 되니라 창 1:3, 7

창 1:3절에 나타나는 첫째 날 빛의 창조가 넷째 날 큰 광명체인 태양의 창조와 다른 이유를 질문해야 한다. 첫날에 창조된 빛은 비가시적 빛으로 독생자의 얼굴에서 발견할 수 있는 하나님의 영광을 아는 빛, 곧 진리의 빛이며 구원의 빛이라고 시 80:3, 9절과 고후 4:6절의 말씀을 통하여 가르치고 있다.

> 어두운 데에 빛이 비치라 말씀하셨던 그 하나님께서 예수 그리스도의 얼굴에 있는 하나님의 영광을 아는 빛을 우리 마음에 비추셨느니라 고후 4:6

또한 시 67:1절과 80:3, 19절은 진리의 빛이며 구원의 빛이라는 사실에 대하여 분명한 논증으로 확신하게 한다.

> 하나님은 우리에게 은혜를 베푸사 복을 주시고 그의 얼굴 빛을 우리에게 비추사 시 67:1

> 하나님이여 우리를 돌이키시고 주의 얼굴빛을 비추사 우리가 구원을 얻게 하소서 시 80:3

첫 날의 빛은 예수님의 얼굴에 있는 하나님의 영광을 아는 빛으로 곧 진리의 빛 고후 4:6이라고 사도 바울은 증거 한다. 또한 7절에 나타나는 궁창을 창조하신 것에 대한 기사는 여섯 날의 모든 창조에 대하여 '하나님 보시기에 좋았더라'는 표현이 둘째 날에만 없는 이유에 대하여 궁창 위의 물의 용도가 홍수심판에 사용될 것이기에 자신의 손으로 창조하신 피조물을 심판하는 도구인 궁창을 만드시고 기뻐할 수 없는 하나님의 마음을 짐작케 한다. 그러므로 둘째 날의 창조는 곧 심판을 위한 창조라는 사실을 알 수 있게 한다. 결론적으로 하나님의 창조에 있어 첫 날에 창조된 빛과 둘째 날에 창조된 궁창 위의 물과 아랫물은 구원과 심판에 대한 의미를 함의하고 있는 것으로 더 적극적 표현으로는 인간에게 주신 자유 의지적 선택으로 이루어질 죄와 의에 대하여 **첫 날에는 '구원'**을 **둘째 날에는 '심판'**을 창조하신 것이라 깨닫게 하신다.

7절이 주는 성취의 의미

'일곱째 천사가 소리를 내는 날'에 일어날 부활 사건에 대한 내용은 계 11:15절에서 성취된다. 그런데! 이 행간에 나타나는 예수님의 재림에 대한 분위기는 우리가 기대하는 것처럼 시끌벅적하지 않지만 있어야 할 핵심은 다 나타나 있다. ❶ 나팔이 불렸다11:15는 사실과 ❷ 세상 나라가 성부와 성자의 나라가 되어 세세토록 왕 노릇 하실 것11:17과 ❸ 이십사 장로의 경배계 11:16와 ❹ 죽은 자 심판20:12-13과 ❺ 주의 이름을 경외하는 자들에게 상 주심과 ❻ 멸망하게 하는 자들을 심판하실 때11:18라는 설명은 '예수님이 이 땅에 재림하셨다'라는 선언만 빼고 다 설명한다. 문제는 이 내용에서 재림하셨다는 증언이 확실하지 않다는 불만은 이 행간을 재림에 대한 확실한 증거로 받아들이기 쉽지 않도록 하는 이유이다. 이러한 주장에 대한 설명은 분명하며 재림은 두 단계로 이루어질 것이기 때문이다. 일곱 나팔이 불리는 때는 예수님의 공중 재림의 시간을 의미하기 때문에 이 행간의 내용을 자세히 보면 완료가 아닌 미완료의 상황으로 묘사되어 있다는 것을 알 수 있을 것이다. 이는 재림의 과정이 두 단계, 곧 공중재림과 지상재림으로 나타날 것이기 때문이다.

첫 번째 단계, 공중 재림

❶ 살전 4:15-17절의 논증

> [15] ~주께서 **'강림하실 때'**~ [16] ~**'하나님의** 나팔 소리'**로 친히 하늘로부터 강림하시리니 **'그리스도 안에서 죽은 자들이 먼저 일어나고'**~ [17] **'그 후에 살아남은 자들'**도 그들과 함께 **'구름 속으로** 끌어 올려 **공중에서 주를 영접'**하게 하시리니 **'그리하여 우리가 항상 주와 함께'** 있으리라

이 말씀 속에는 예수님의 재림으로 이 땅에서 어떤 놀라운 일이 벌어질지 예고하는 가르침이다. 분명한 순서를 나열하고 있는 다섯 가지 이해의 포인트를 짚어보자.

① 주께서 '강림하실 때'라는 전제 제시
예수님께서 강림하실 때 나타날 현상은? 예수님의 재림의 시간에 있을 순서를 바라보게 한다.

② '하나님의 나팔 소리'로 친히 하늘로부터 강림
나팔 소리와 함께 하늘에 나타나실 것이라고 예수님의 등장 시점의 현상을 진하고 있으며 예수님께서 공중에 나타나실 때 이 땅에서 일어날 일들은 예수님을 믿고 죽어 무덤에서 잠자던 사람들이 지진으로 깨어진 무덤에서 일어날 것이라 가르치고 있다. 바울 사도는 데살로니가 교회의 성도들에게 쓴 편지 속에서 하나님이 예수님과 함께 데리고 온 잠자는 영혼들이 육신과 연합하여 온전한 부활의 몸으로 홀연히 변화될 것에 대하여 이렇게 가르친다.

> 우리가 예수께서 죽으셨다가 다시 살아나심을 믿을진대 이와 같이 '예수 안에서 자는 자'들도 '하나님이 그와 함께 데리고 오시리라' 살전 4:14

이 말씀을 이해하는 데 또 하나의 중요한 포인트는 **하나님 아버지와 함께 하시는 재림**이라는 사실이다. 이러한 사도 바울의 가르침은 다니엘의 환상을 통하여 이미 예언된 것이며 하나님이 예수님과 함께 이 땅으로 오신다는 생소한 관점은 필자의 주장이 아니라 마지막 때에 관한 성경 신학적 관점이며 단 7장은 우리의 End-time의 지식을 새롭게 환기시킨다.

> 13 내가 또 밤 환상 중에 보니 '인자 같은 이'가 하늘 '구름을 타고 와'서 '옛적부터 항상 계신 이'에게 나아가 그 앞으로 인도되매 14 '그에게 권세와 영광과 나라를 주고' 모든 백성과 나라들과 다른 언어를 말하는 모든 자들이 그를 섬기게' 하였으니 그의 권세는 소멸되지 아니하는 '영원한 권세'요 '그의 나라는 멸망하지 아니할 것'이니라 단 7:13-14

예수님을 구원주로 믿다가 죽은 모든 잠자는 육신들이 부활의 시간에 무덤에서 일어나되 에스겔에게 보이신 마른 뼈 환상의 장면 그대로 오랜 시간 무덤 속의 육체가 썩어 흙으로 돌아갔지만 창 3:19 재림의 시간 뼈에 근육과 살이 덮히고 신경조직이 살아날 것이며 겔 37:7-9 온전히 형성된 육체에 하나님께서 예수님과 함께 데리고 온 영혼들이 형성된 자기 육체에 생기로 들어가 온전한 몸으로, 홀연히 변화된 육체로 일어날 것이라고 겔 37:7-9절은 증언하고 있다.

> 7 이에 내가 명령을 따라 대언하니 대언할 때에 소리가 나고 움직이며 '이 뼈, 저 뼈가 들어 맞아 뼈들이 서로 연결'되더라 8 내가 또 보니 그 '뼈에 힘줄이 생기고 살이 오르며 그 위에 가죽이 덮이나' 그 속에 '생기는 없더라' 9 또 내게 이르시되 인자야 너는 생기를 향하여 대언하라 생기에게 대언하여 이르기를 주 여호

> 와께서 이같이 말씀하시기를 '생기야 사방에서부터 와서 이 죽음을 당한 자에게 불어서 살아나게 하라' 하셨다 하라 겔 37:7-9

이것이 부활의 적나라한 과정이다. 부활과 관계된 또 다른 상식적 이해를 위한 질문이 가능하다. 무덤이 열리고 부활의 몸이 일어날 것인데 무덤을 여는 방법은 무엇일까?라는 질문이다. 답은 지진이 될 것이다. 예수님께서 심판의 방법으로 지진을 사용하시는 이유는 자기 백성을 부활시키는 하나님의 지혜인 것이다. 이러한 현상을 설명하는 말씀이 마 27:50-53절이다.

> 50 '예수께서 다시 크게 소리 지르시고 영혼이 떠나시니라' 51 이에 '성소 휘장'이 위로부터 아래까지 찢어져 둘이 되고 '땅이 진동하며 바위가 터지고 52 무덤들이 열리며 자던 성도의 몸이 많이 일어나되' 53 '예수의 부활 후'에 그들이 '무덤에서 나와서' 거룩한 성에 들어가 '많은 사람에게 보이니라' 마 27:50-53

의심 많은 신학자들은 이 장면이 후대에 삽입된 내용이라 주장하며 사실로 인정하지 않으려 한다. 복음주의 교회에서조차 이 말씀을 부활절 설교에 적극적으로 인용하거나 주제로 선택하기를 꺼려한다. 마태의 이 증거는 너무나 리얼리티가 강하고 선명하여 부활에 대한 이 장면을 자신있게 설명하고 선포하기에는 경험하지 못한 이 말씀의 절대적 선명함과 우리의 불확실한 믿음과 대비되어 부담스럽기 때문이라는 생각을 할 정도로 그 과정에 대한 설명이 구체적이고 생생하다. 그러나 이러한 불신은 아모스 선지자에게 말씀하셨던 구약시대 예수님의 가르침을 알지 못함이다.

> 주 여호와께서는 '**자기의 비밀**'을 그 '**종 선지자들에게 보이지 아니하시고는 결코 행하심이 없으시리라**' 암 3:7

하나님은 예수님의 죽음의 순간에 부활하실 것에 대하여 가장 분명하고 확실한 방법으로 알게 하셨다. 성경이 완전하신 하나님의 진리의 경전으로 편찬되어 우리 손에 있는 지금! 인류 역사 속에서 하나님의 역사하심을 한눈에 볼 수 있도록 하심으로 온 땅 자기 백성이 듣고 하나님께 나아올 수 있도록 행하신 지혜임을 알아야 한다.

③ 그리스도 안에서 '죽은 자들이 먼저 일어나고'라는 관점이다

예수님께서 공중에 재림하시는 시간, 살아 있는 자들과 함께 공중에서 주를 영접하기 위해서는 그들이 먼저 무덤을 열고 일어나야 함을 설명한다. 살아 있는 자가 먼저 휴거 되는 일은 없을 것이라는 전언이다. 예수님의 다시 오심을 영접함에 있어 누구는 먼저, 누구는 나중이 있을 수 없는 것이다. 부활이 있고 난 후 휴거가 있을 것이라는 가르침이다.

④ 그 후에 살아남은 자들도

그 시간에 살아남은 자들은 신실한 교회이다. 그들은 나팔 심판의 시간과 두 짐승의 미혹으로 수많은 사람들이 육신의 먹고 마시며 입는 것을 위하여 표를 받고 우상에게 경배하며 예수님을 배신하는 배교의 시간을 견디고 이긴 자들로서 온전한 신부로 준비된 다섯 처녀에 속하는 자들이다. 신실한 교회는 무덤이 열리고 믿음의 선진들이 부활하는 모습을 목격하게 될 것이며 그들 또한 홀연히 변화되는 과정을 거쳐 공기보다 가벼운 몸으로 부활한 선진들과 함께 공중으로 휴거 되어 왕이요 신랑이시며 교회를 구원하러 오신 재림의 예수님을 구름 위에서 영접하게 될 것이다.

⑤ 구름 속으로 끌어 올려 공중에서 주를 영접하게 하시리니

예수님께서 공중에 재림하셨을 때 구름 속으로 '끌어올리다'라는 의미를 가진 헬라어 단어가 '휴거'이다. 우리가 휴거를 받는 것은 두 가지 이유 속에서 생각하도록 성경은 이끌어 준다. 첫째, 사도 바울의 가르침처럼 주를 영접하기 위함이며, 둘째, 곧이어 이 땅에 부어질 엄청난 환난의 시간을 감하시기 위함이다. 환난의 시간을 감하신다는 의미에 대한 설명은 그 날 1권의 마 24:22절의 말씀 설명을 참조하기 바란다.

⑥ 그리하여 우리가 항상 주와 함께 있으리라

재림하신 예수님살전 4:14은 이 땅에서 천 년의 시간을 거치며 이 땅을 에덴으로 다시 회복하실 것이다. 천 년의 끝에서 사탄과 사망과 지옥, 그리고 구원받지 못하고 죽어 이 땅을 죄의 몸으로 더럽힌 그들의 육신들마저 모두 영원한 불못으로 던져질 심판을 위해 사망의 부활을 하게 될 것이며요 5:29, 계 20:13, 거룩하지 못한 모든 것들을 다 정결케 하신 후 천 년의 시간 동안 회복된 이 땅에 하늘에서 내려오는 거룩한 성 새 예루살렘과 이 땅의 연합이 이루어질 것이며, 그 성안에서 어린 양의 혼인 연회를 베푸실 것이다. 그 시간은 곧 모든 죄와 그 근원이었던 사탄이 심판을 받아 사라진 이 땅에서 하나님께서 그토록 원하시던 비전! 교회와 영원히 함께 하시는 영원한 하나님 나라에서 영원의 시간을 함께 하실 것이다. 고전 15:24

두 번째 단계, 지상 재림

❶ 계 19:11–21절의 논증

¹¹ 또 내가 ① '하늘이 열린 것'을 보니 보라 백마와 그것을 탄 자가 있으니 그 이름은 충신과 진실이라 그가 공의로 심판하며 싸우더라 ¹² 그 눈은 불꽃 같고 그 머리에는 많은 관들이 있고 또 이름 쓴 것 하나가 있으니 자기밖에 아는 자가 없고 ¹³ 또 그가 피 뿌린 옷을 입었는데 그 이름은 하나님의 말씀이라 칭하더라 ¹⁴ ② '하늘에 있는 군대들이 희고 깨끗한 세마포 옷을 입고 백마를 타고 그를 따르더라' ¹⁵ 그의 입에서 예리한 검이 나오니 그것으로 만국을 치겠고 친히 그들을 철장으로 다스리며 또 친히 하나님 곧 전능하신 이의 맹렬한 진노의 포도주 틀을 밟겠고 ¹⁶ 그 ③ '옷과 그 다리에 이름을 쓴 것이 있으니 만왕의 왕이요 만주의 주라 하였더라' ¹⁷ 또 내가 보니 한 천사가 태양 안에 서서 ④ '공중에 나는 모든 새를 향하여 큰 음성으로 외쳐 이르되 와서 하나님의 큰 잔치에 모여 ¹⁸ 왕들의 살과 장군들의 살과 장사들의 살과 말들과 그것을 탄 자들의 살과 자유인들이나 종들이나 작은 자나 큰 자나 모든 자의 살을 먹으라 하더라' ¹⁹ 또 내가 보매 그 ⑤ '짐승과 땅의 임금들과 그들의 군대들이 모여 그 말 탄 자와 그의 군대와 더불어 전쟁을 일으키다가 ²⁰ 짐승이 잡히고 그 앞에서 표적을 행하던 거짓 선지자도 함께 잡혔으니' 이는 짐승의 표를 받고 그의 우상에게 경배하던 자들을 표적으로 미혹하던 자라 이 둘이 산 채로 유황불 붙는 못에 던져지고 ²¹ 그 나머지는 말 탄 자의 입으로부터 나오는 검에 죽으매 모든 '새가 그들의 살로 배불리더라'

이 행간에서 5가지의 지상 재림에 대한 설명이 나타나는 것을 발견할 수 있다.

① 하늘이 열린 것

② '하늘에 있는 군대들이 희고 깨끗한 세마포 옷을 입고 백마를 타고 그를 따르더라'

③ 옷과 그 다리에 이름을 쓴 것이 있으니 만왕의 왕이요 만주의 주라

하였더라

④ 공중에 나는 모든 새를 향하여 큰 음성으로 외쳐 이르되 와서 하나님의 큰 잔치에 모여 왕들의 살과 장군들의 살과 장사들의 살과 말들과 그것을 탄 자들의 살과 자유인들이나 종들이나 작은 자나 큰 자나 모든 자의 살을 먹으라 하더라

⑤ 짐승과 땅의 임금들과 그들의 군대들이 모여 그 말 탄 자와 그의 군대와 더불어 전쟁을 일으키다가 짐승이 잡히고 그 앞에서 표적을 행하던 거짓 선지자도 함께 잡혔으니

이러한 다섯 가지 정황적 내용의 특징은 이 땅으로 내려온 상황을 설명하고 있다.

특히 눈여겨보아야 할 '19:17-21'절은 16장에서 시작되는 대접 심판의 끝에서 이루어질 아마겟돈 전쟁의 승리에 대한 기사이며 아마겟돈, 곧 므깃도 평야에서의 전쟁에서 패한 적그리스도와 거짓 선지자, 그리고 그의 추종세력들이 더 이상 도망할 곳이 없음을 알고 예루살렘으로 도망하여 은둔해 있을 것이며 이에 대한 설명이 19절과 20절의 행간이다. 그러나 계시록에는 아마겟돈 전쟁이 끝났다는 표현은 있으나 전쟁에서 패한 두 짐승과 그의 추종세력들이 예루살렘으로 도망하여 은둔하는 과정에 대한 설명이 없어 이해에 공백이 생긴다. 이 공백을 메워줄 과정에 대하여 '슥 14:2-4'절이 답하고 있다. 스가랴서를 주제에 따라 구분하면 세 가지 상황을 설명한다는 사실을 알 수 있다.

첫 번째 상황, 2절

> 2 내가 '이방 나라들을 모아 예루살렘과 싸우게' 하리니 '성읍이 함락'되며 가옥이 '약탈' 되며 부녀가 '욕'을 당하며 성읍 '백성이 절반이나 사로잡혀' 가려니와 '남은 백성'은 성읍에서 끊어지지 아니하리라

　예수님의 재림이 삼 년 반이 남은 시간! 정치적이고 세상적인 야망으로 살아가는 이스라엘의 지도자들이 짐승과 열국이 마시는 진노의 포도주를 함께 마시며 짐승과 한 이레의 언약을 맺고 그들과 함께할 것이다. 이러한 정치세력에 대한 하나님의 분노가 유대인의 제3성전의 점령 사건으로 나타날 것이며 이 시간에 대한 묘사가 슥 14:2절이다. **이방 나라들을 모아 예루살렘과 싸우게** 하신다는 설명을 통하여 짐작할 수 있는 사실은 예루살렘과 성전의 함락이 하나님의 진노의 결과물이라는 사실이며 예루살렘의 함락과 약탈과 수욕을 당하며 성읍 백성의 절반이 사로잡혀 인근 국가들로 팔려 가는 진노의 대상이 될 그 시간에 있을 예루살렘의 죄악을 알게 한다. 그러나 '**남은 백성**'을 거론하시는 이유는 그 환난 가운데서도 '**그들이 예루살렘을 위하여 남겨두실 유다 백성이며 구원받을 신실한 백성**'이라는 것을 알도록 이끄신다. 이것은 이스라엘을 향한 하나님의 변하지 않는 약속이다왕상 11:13, 32, 사 62:1.

두 번째 상황, 3절

> 3 '그 때'에 여호와께서 나가사 그 '이방 나라들'을 치시되 '이왕의 전쟁 날에 싸운 것 같이' 하시리라

　이어지는 3절의 상황 묘사는 짐승이 성전을 점령하는 시간에 성전 보호를 위해서 이방인들과 싸우신다는 의미가 아니다. 제삼 성전이 점령되

고 난 후 삼 년 반 이후의 상황을 설명한다. 성전의 점령이 있고 삼 년 반 후에 예수님의 재림이 있을 것인데 곧 일곱 나팔이 불리고 공중 재림으로 자기 백성의 영접을 받으시기 위해 휴거가 이루어질 것이며 이후 30일 동안의 대접 심판의 끝에서 아마겟돈 전쟁을 수행하시는 장면이 3절이다. 그러므로 2절과 3절 사이의 간격은 3년 반 + 30일이 되는 것이다. 이것이 '그 때'라는 시제적 표현으로 시작되는 3절이 갖는 의미이다. 또한 예수님이 치시는 그들의 군대조직에 대한 이해이다. 그들의 연합은 한 나라가 아닌 열국의 백성들이라는 의미다. 수많은 나라들의 연합으로 이루어진 군대라는 표현이며 짐승과 연합하는 열국의 군대들인 것이다. 그러므로 이 시간은 짐승이 세계 정복의 야욕을 드러내며 성전을 빼앗고 하나님의 보좌에 앉아 자기를 하나님이라고 높이는 살후 2:4의 장면과 부합되는 시간이다. 이러한 그들과 싸우시는 예수님의 분노는 전쟁의 날에 인간이 인간을 죽이는 모습처럼 그들을 무섭게 처단하실 것이라 전하고 있는 것이다. 이는 아가서 8장을 통하여 마지막 때 사랑하는 교회를 향한 진노가 곧 하나님의 사랑에 의한 질투의 분노로 표현된 것과 동일하다.

> 너는 나를 도장 같이 마음에 품고 도장 같이 팔에 두라 **'사랑은 죽음 같이 강하고 질투는 스올 같이 잔인하며'** 불길 같이 일어나니 그 기세가 여호와의 불과 같으니라 아 8:6

세 번째 상황, 4절

> [4] '그 날'에 '그의 발이 예루살렘 앞 곧 동쪽 감람 산에' 서실 것이요 '감람 산은 그 한가운데가 동서로 갈라져' 매우 큰 골짜기가 되어서 산 '절반은 북으로, 절반은 남으로 옮기고' [5] 그 산 골짜기는 아셀까지 이를지라 '너희가 그 산 골짜기로 도망'하되 유다 왕 웃시야 때에 지진을 피하여 도망하던 것 같이 하리라 '나의 하나님 여호와께서 임하실 것'이요 '모든 거룩한 자들이 주와 함께 하리라' 슥 14:4-5

이 장면을 자세히 살피면 지금 예루살렘 성안에 어떤 일이 일어나고 있다는 것을 느낄 수 있게 한다. 그 어떤 일이 예수님께서 감람산을 남북으로 갈라놓으실 이유이다. 당연히 방법은 지진이며 이미 이스라엘 구약 역사 속에서 웃시야 왕 때의 지진을 소환하여 설명하고 있기 때문이다. 왜 지진으로 감람산을 둘로 쪼개야만 하는가? 성안에 있는 자기 백성의 구원을 위해서이다. 겔 43:2, 4절은 구원의 하나님께서 영광으로 오시는 방향을 소개하는 하나님의 영광이 임하시는 방향, 궁극적 의미인 재림 때 예수님께서 오시는 방향이며 동쪽 문을 통해 들어오실 것이라 가르치고 있다. 예수님이 예루살렘 성으로 들어오실 방향도 감람산으로부터 오실 때 들어오는 동문이 될 것이다. 예루살렘의 동쪽 산이 감람산이며 인류의 구원을 위해 기도하시던 곳이 동쪽의 감람산이었던 것을 기억한다면 마지막 때 예수님이 감람산에 서셔서 감람산을 남북으로 쪼개신다면 당연히 도망의 길이 만들어지는 방향은 동쪽이 될 것이므로 생명을 살리는 길이 동쪽, 곧 예수님의 구원이 있는 방향이라는 '생존 메타포'가 됨으로 '지진의 이유는 구원을 위함이다'라는 의미를 확정할 수 있는 것이다. 또 한 가지의 질문을 던지며 깊이 인식해야 할 내용은 '자기 백성의 생존을 위한 이러한 일들이 왜 필요하지?'라는 질문이다. 예루살렘 안의 상황이 어떠하길래 지진을 통한 길을 만들어야 한다는 것일까? 를 생각해 본다면 예루살렘 안의 상황은 분명 자기 백성을 예루살렘에서 탈출시켜야할 이유와 명분이 분명하다는 상황을 설명하는 것이다. 어떤 상황일까? 에 대한 답은 명백하게 하나밖에 없다. 아마겟돈 전쟁에 패한 짐승이 자기를 하나님이라고 선언하고 자신의 보좌를 두었던 예루살렘에서 하나님의 백성들을 인질 삼아 그곳에 은둔하고 있다는 사실이며 그곳에 있는 자기 백성들을 피신시키고 예루살렘으로 입성하셔서 계 19:19-21절에 나타나는 두 짐승과 아류들을 심판하시기 위함이다. 그전에 자기 백성들을 피신시키는 탈출의 방법이 지진을 통하여 통제된 예루살렘의 성곽과 성문을 부수고 탈출의 루트를 만들어 가시는 예수님의 지혜가 담긴 말씀이 슥 14:4-5절의 행간이 된다.

다음은 지진 후에 나타나는 정황에 대한 언급이다. '**나의 하나님 여호와께서 임하실 것**'이요 라는 정황적 설명과 '**모든 거룩한 자들이 주와 함께 하리라**'라는 정황적 의미이다.

감람산을 두 방향으로 쪼개고 자기 백성을 구원하시는 일을 행하신 후 일어날 사건에 대한 순차적 과정을 설명하고 있다. 예루살렘 성안에 두 가지 정황이 나타날 것인데 ❶ 예수님께서 예루살렘 성으로 입성하실 것이며 이때, 입성을 노래하는 십사만 사천 명의 이스라엘 신약교회의 찬송이 울려 퍼질 것이다. 이는 계 14:1절에 나타나는 설명과 상관되는 말씀으로 대접 심판의 끝에서 있을 아마겟돈 전쟁이 끝남과 함께 두 짐승과 그의 아류들이 처단되는 천년왕국 직전의 상황이 설명되고 있는 것이다. 예수님의 입성과 함께 계 19:19-21절의 두 짐승이 유황 불 못에 던져지고 그와 함께했던 모든 왕들과 예루살렘에 남은 추종자들이 죽을 것이며 이들의 시신으로 성을 더럽히지 않기 위해 하늘의 새들에게 이들의 시신을 먹이로 주심으로 땅을 더럽히지 않도록 하실 것인데 이는 마 24:28절과 겔 39:17절에 나타나듯 죽은 자들의 시신으로 예루살렘을 더럽히지 않으시는 예수님의 지혜이다. ❷ 대접 심판에서 살아남은 유대인들과 휴거 된 자들과 부활한 모든 거룩한 하나님의 백성들이 천년왕국의 왕으로 우리를 다스리실 예수님과 함께 할 것이라는 가르침이 '**모든 거룩한 자들이 주와 함께 하리라**'는 설명이다.

1 또 내게 지팡이 같은 갈대를 주며 말하기를 일어나서 하나님의 성전과 제단과 그 안에서 경배하는 자들을 측량하되 2 성전 바깥 마당은 측량하지 말고 그냥 두라 이것은 이방인에게 주었은즉 그들이 거룩한 성을 마흔두 달 동안 짓밟으리라 3 내가 나의 두 증인에게 권세를 주리니 그들이 굵은 베옷을 입고 천이백육십 일을 예언하리라 4 그들은 이 땅의 주 앞에 서 있는 두 감람나무와 두 촛대니 5 만일 누구든지 그들을 해하고자 하면 그들의 입에서 불이 나와서 그들의 원수를 삼켜 버릴것이요 누구든지 그들을 해하고자 하면 반드시 그와 같이 죽임을 당하리라 6 그들이 권능을 가지고 하늘을 닫아 그 예언을 하는 날 동안 비가 오지 못하게 하고 또 권능을 가지고 물을 피로 변하게 하고 아무 때든지 원하는 대로 여러 가지 재앙으로 땅을 치리로다 7 그들이 그 증언을 마칠 때에 무저갱으로부터 올라오는 짐승이 그들과 더불어 전쟁을 일으켜 그들을 이기고 그들을 죽일 터인즉 8 그들의 시체가 큰 성 길에 있으리니 그 성은 영적으로 하면 소돔이라고도 하고 애굽이라고도 하니 곧 그들의 주께서 십자가에 못 박히신 곳이라 9 백성들과 족속과 방언과 나라 중에서 사람들이 그 시체를 사흘 반 동안을 보며 무덤에 장사하지 못하게 하리로다 10 이 두 선지자가 땅에 사는 자들을 괴롭게 한 고로 땅에 사는 자들이 그들의 죽음을 즐거워하고 기뻐하여 서로 예물을 보내리라 하더라 11 삼 일 반 후에 하나님께로부터 생기가 그들 속에 들어가매 그들이 발로 일어서니 구경하는 자들이 크게 두려워하더라 12 하늘로부터 큰 음성이 있어 이리로 올라오라 함을 그들이 듣고 구름을 타고 하늘로 올라가니 그들의 원수들도 구경하더라 13 그 때에 큰 지진이 나서 성 십분의 일이 무너지고 지진에 죽은 사람이 칠천이라 그 남은 자들이 두려워하여 영광을 하늘의 하나님께 돌리더라 14 둘째 화는 지나갔으나 보라 셋째 화가 속히 이르는도다 15 일곱째 천사가 나팔을 불매 하늘에 큰 음성들이 나서 이르되 세상 나라가 우리 주와 그의 그리스도의 나라가 되어 그가 세세토록 왕 노릇 하시리로다 하니 16 하나님 앞에서 자기 보좌에 앉아 있던 이십사 장로가 엎드려 얼굴을 땅에 대고 하나님께 경배하여 17 이르되 감사하옵나니 옛적에도 계셨고 지금도 계신 주 하나님 곧 전능하신 이여 친히 큰 권능을 잡으시고 왕 노릇 하시도다 18 이방들이 분노하매 주의 진노가 내려 죽은 자를 심판하시며 종 선지자들과 성도들과 또 작은 자든지 큰 자든지 주의 이름을 경외하는 자들에게 상 주시며 또 땅을 망하게 하는 자들을 멸망시키실 때로소이다 하더라 19 이에 하늘에 있는 하나님의 성전이 열리니 성전 안에 하나님의 언약궤가 보이며 또 번개와 음성들과 우레와 지진과 큰 우박이 있더라

[11 장]

두 번째 섬멸 계10:1-11:13

11장의 시간대 : 두 증인의 죽음과 부활 + 일곱 나팔 + 예수님의 공중 재림 + 휴거

계 13:1, 11
단 9:27
계 11:15 단 12:11
계 16:1-19:11-21
욜 3:2/마 25:31-46 계 20:4-6, 사 25:6-8
계 20:7-10
계 20:11-15
계 21:1-20
계 21:21-22:5

전 삼년 반, 두 짐승과 인 심판	후 삼년 반, 나팔 심판	대접 심판	여름심판 응응심판	천·년·왕·국	흰 보좌 심판	영원한 나라

7년 환난 / 한 이레의 언약

1260일 1260일 30일 45일 1000년

⇨ 짐승 출현
Jr성전 점령

⇨ 일곱 나팔 공중 재림 교회의 휴거

⇨ 지상 재림 두 짐승의 처단 사탄…무저갱

⇨ 무저갱 해제 만국 미혹 예루살렘 점공

⇨ 사망의 부활 새 예루살렘 혼인 연회

⇨하나님 나라 완성

11장의 개관

11장의 핵심은 '두 증인'에 대한 설명과 '**예수님의 공중 재림**'과 '**휴거**'가 일어나는 시간을 함축하고 있는 Chapter이다. 두 증인은 천이백육십 일, 곧 삼 년 반 동안의 영적 전쟁을 감당하는 자들이며 이들은 이스라엘 신약교회와 이방의 신약교회를 대표하는 예언자들이다. 그들은 하나님으로부터 사명을 받아 예루살렘에서 하나님의 백성들을 향한 핍박이 이루어지는 시간 동안 이스라엘 백성들을 지키는 자들이며 예수님께서 공중에 재림하실 때까지 그들을 보호하기 위한 부르심을 받고 그들을 지키는 자들이다. 예루살렘은 하나님의 백성을 정결하게 하는 유일한 보호의 장소가 될 것인데 그 보호의 방법은 하늘로부터 두 증인에게 부어지는 능력으로 감당하게 하실 것이다. 적그리스도가 감당할 수 없는 능력을 입어 계 11:5절의 증거대로 누구든지 그들을 해하고자 하면 두 증인의 입에서 불, 곧 심판하시는 성령님의 능력의 불이 나와 그들의 원수를 삼킬 것이라 가르치고 있으며 그들이 죽었다 살아나 하늘로 들림을 받은 직후 예수님의 공중 재림이 이루어지는 시간적 메시지를 던지고 있는 본문이다.

마흔두 달 동안 이방인에게 짓밟힐 성전 측량 1:1-2절

계 11:1-2 [1] 또 내게 지팡이 같은 갈대를 주며 말하기를 일어나서 하나님의 '**성전과 제단과 그 안에서 경배하는 자**'들을 '**측량**'하되 [2] 성전 바깥 마당은 측량하지 말고 그냥 두라 이것은 '**이방인**'에게 주었은즉 그들이 '**거룩한 성을 마흔두 달 동안**' 짓밟으리라

　　본 행간의 의미는 크게 두 가지이다. 성전과 성에 대한 관점이다. 성전에 대한 관점에 있어 중요한 의미는 성전과 제단과 그 안에서 경배하는 자들은 보존될 것을 의미하는데 이 말씀은 신약시대를 살아가는 교회가 믿는 교리와는 이질감이 있다. 현재 없는 성전이 마지막 때 세워진다는 관점과 그 안에서 제사를 지내는 자들이 분명 구약의 율법 백성인데 그들이 보호받아 구원을 받는다는 유대인 구원의 관점은 선뜻 이해하기 힘들다. 반드시 다루어야 할 두 가지의 상충되는 문제는 '**마지막 때 성전의 유무**'와 '**유대인의 구원의 관점**'인데 먼저 마흔두 달 동안 짓밟히는 제단 바깥 마당과 성에 대한 관점을 다룰 것이다. 이 행간에서 눈에 띄는 것은 마흔두 달간 짓밟히는 성에 대한 기록이다. 칠 년 한 이레의 절반인 삼 년 반이 지나고 나면 성전 점령의 사건이 있을 것이라고 단 9:27절이 예언한다. 짐승에게 성이 짓밟힌다면 당연히 성전도 짓밟힐 것인데 성전을 측량하라는 명령은 있으나 성전이 짓밟힌다는 표현이 나타나지 않는다. 이는 유대인의 손으로 지은 성전은 하나님이 거하시는 온전한 성전이 될 수 없음을 드러내시는 의미이다. 온전한 성전은 하나님 자신이기에 유대인의 성전은 내가 온전한 성전으로 여기지 않을 것이라는 의미이다. 오직 성전의 본질에 대한 가치를 보존하시는 하나님의 마음이 나타나 있다. 예수님의 보좌가 있는 성전은 오직 교회이며 거룩한 교회는 계 21장에서 거룩한 성 새 예루살렘으로 묘사되기에 당연히 그 성안에는 성

전이 없을 것이며 이는 '하나님과 어린 양이 곧 성전이기 때문'이라 가르치는 계 21:22절의 말씀에 근거하는 것이다. 그런데 요한에게 전하시는 말씀을 살피면 하나님의 '성전과 제단과 그 안에서 경배하는 자들을 측량하라' 말씀하시는데 이는 유대인의 성전을 인정하시는 것이 아닌가? 여기에 대한 이해는 측량이라는 단어에 대한 원어적 의미를 살펴보면 이해가 가능하다. '측량'이라는 단어는 헬) '메트레오'의 역어로 '측량하다'라는 의미와 함께 '평가하다, 판단하다'라는 의미를 동시에 갖는다. 계시록에 11:1-2절의 행간에서는 측량이라는 단어 속에서 우여곡절 끝에 회복된 유대인의 성전에서 그들이 사모하던 여호와의 은총을 갈망하며 희생의 제물을 드리는 구약의 자기 백성에 대한 온전한 평가와 판단을 요한에게 맡기고 계시는 예수님의 마음을 발견할 수 있다. 이는 성전, 제단, 경배하는 자들은 '척량의 대상'이 아니라 '측량의 대상'이며 측량이라는 단어 '메트레오'에서 세 가지 측량의 대상이 갖는 본질적 의미를 깨닫기 원하시는 하나님의 마음이 묻어나는 명령이기 때문이다. 과연 '그들이 옳은 예배를 내게 드리고 있는지를 평가하고 판단해 보라'는 의미이며 성전 마당과 성은 사탄에게 밟힌다 해도 사탄의 심판 후에 다시 회복할 수 있지만 '성전과 제단과 자기 백성은 더 이상 더럽히거나 짓밟히고 싶지 않은 하나님의 소유이기에 구분하고 싶은 하나님의 마음'을 읽을 수 있는 대목이다. 신약성경에 나타나는 사도 바울의 예언은 정확하게 성과 성전이 짐승의 수중에 들어갈 것에 대하여 가르치고 있으며 사도의 예언이 성취될 것에 대하여 요한의 계시록은 마흔두 달 동안 그에게 합법적 시간이 주어질 것이라고 계 13:5절과 살후 2:4절을 통하여 마흔두 달 동안 성전과 성의 상황에 대하여 기록하고 있다.

이처럼 마지막 때의 짐승은 유대인의 성전을 점령하고 성전에 앉아 자기를 하나님이라 천명하므로 성전에 계셨던 구약의 여호와를 모방하여 자기를 높일 것인데 그러한 필요 이상의 행동에는 어떤 의미가 있을까? 여기서 잠시 본문 탐구의 방향은 아니지만 성전을 필요로 하는 사탄의 심리에 대하여 조금의 지면을 할애할 필요가 있을 것 같다. 성전에 대한 하나님과 사탄의 관점의 차이는 무엇일까?

● 사탄에게 구약의 성전이 필요한 이유 이해 ●

이유는 '성전의 필요에 대한 사탄과 하나님의 관점의 차이' 때문이다. 예수님께서는 창세 전에 생명책에 예정엡 1:4하여 기록하신 모든 자기 백성을 구원하시기 위해 십자가에 죽으시고 삼일 만에 부활하사 영생을 주시는 하나님의 은혜에 대하여 믿음으로 영접하는 사를 구원하시고 그들의 몸엡 1:22-23을 성전으로 삼으셨다고전 3:16-17, 6:19-20. 사람의 손으로 지은 성전이 무너질 것이라고 예언마 24:2 하셨던 예수님의 새 시대를 향한 비전적 선언과는 반대로 사탄은 자신의 아바타인 한 인물을 내세워 오히려 유대인들을 통하여 성전을 완성하도록 도울 것인데 성전으로 인하여 촉발된 중동전쟁을 그 시점에 나타난 외교의 영웅으로 인하여 평화조약이 체결되어 평화적 공존을 이루게 될 것이다. 그는 세상의 영웅으로 평가될 것이며 세계적 지도자로 인정받게 될 것인데 그가 곧 최후의 적그리스도가 될 것이며 그는 평화조약 체결 후 전 삼 년 반의 어느 시점에 완성된 그 성전을 후 삼 년 반이 시작되는 시간에 성전을 점령단 9:27하고 자기를 하나님으로 천명할 것이다살후 2:4. 그의 행동이 의미하는 것은 분명 하나님과는 다른 시각의 차이를 보이는 것이기에 질문의 주제가 된다. 성전이 건축된 이후 이 성전을 점령하는 이유는 무엇일까? 사탄은 구약시대의 여호와시며 인류의 구원을 위해 이 땅에 오신 예수님처럼 자기를 죽여 **'새로운 형태의 제사인 신약시대 믿음의 예배 방식'**을 통하여 높임을 받으려 하지 않고 **'구약시대 성전의 주인되신 하나님께서 받으시던 그 방식'**을 택하기 위해 예루살렘을 점령하는 이유가 궁금하지 않은가? 구약의 형식을 빌어 자기를 하나님으로 인정을 받으려는 이유는 간단하다. **'사탄은 삼위의 하나님처럼 사랑의 본질을 가진 존재가 아니기에 하나님이 받으시는 믿음의 예배를 취할 수 없다는 것이 그 이유'**이다. **'하나님의 본질인 사랑이 없이는 예수님처럼 인간을 향한 자기 희생이 불가능'**하며 인간을 위한 **'자기 희생이 불가능한 사탄'**은 결코 **'예수님처럼 십자가의 희생을 통과할 수 없기에 믿음으로 드리는 영광의 예배를 받는 존재가 될 수 없는 것'**이다. 그렇다면 세상은 왜 그를 따를까? 마지막 때의 사람들 역시 사랑을 상실한 사탄의 기질로 타락할 것이기 때문이다. 딤후 3:1, 2절 이후에는 말세에 고통하는 때 이 땅에 나타나는 현상들에 대하여 설명한다.

> [1] 너는 이것을 알라 '말세에 고통하는 때'가 이르러 [2] 사람들이 '자기를 사랑**하며**' '돈을 사랑'**하며** '교만'하며 '비방'하며 '부모를 거역'하며 '감사**하지 아니하며**' 딤후 3:1-2

고린도전서 13장이 사랑에 대하여 왜 그토록 상세하고 분명하게 정의를 내리는지를 이해하도록 이끄는 본문이다. 말세에 고통하는 때가 이를 때 그리스도인들과 세상 사람들을 구별하는 가장 큰 기준은 사랑이 될 것이다. 역으로 세상에서 사랑의 결핍 현상으로 인하여 사랑에 굶주린 자들을 사랑으로 품을 수 있다면 그들을 변화시킬 수 있다는 역설적 복음 환경에 대한 확신도 가능하다. 마지막 때 악한 세상의 환경 속에서 사랑으로 복음에 대한 상황화Contextulization를 이루어 주심으로 메마른 마지막 때의 상황 속에서 구원받을 자를 변화시키라는 마지막 추수를 향한 예수님의 메시지로 분별해야 한다. 마지막 때 교회가 나타내는 하나님의 사랑은 분명 회복과 구원의 능력이 될 것이며, 예수님의 구원을 위한 십자가 사랑에 대한 가치를 인정하고 예수님께로 나아오는 일들이 있을 것이다. 교회를 부르실 때 '**내 사랑아**'라고 이름하시는 아 6:4절의 의미가 예수님의 사랑이 교회에게 부어짐으로 십자가를 지신 희생의 사랑이 곧 교회의 희생과 사랑으로 나타나야 할 것에 대한 가르침으로서의 호명이며, 예수님이 가르치시는 계명의 전부가 요 15:12절에 기록된 '**내가 너희를 사랑한 것과 같이 너희도 서로 사랑하라**'라는 가르침에 담겨져 마지막 때 사랑이 얼마나 거룩한 가치를 발휘할지에 대하여 이해할 수 있게 한다. 마지막 때, 교회가 가지는 본질인 사랑은 마지막 추수를 이루는 가장 강력한 능력이 될 것이다. 그러나 '**사탄은 이러한 자기 희생의 능력이 없다**' 오직 '**죄의 본성에 의해서만 움직이는 악의 근본이기 때문에 자기 희생이 불가능한 존재**'이다. 그가 할 수 있는 것은 오직 삼위일체 하나님을 모방하여 유혹과 미혹으로 자기의 뜻을 관철시키는 악한 본성을 가진 타락한 존재이기 때문에 '**그가 하나님이 되기 위해 선택할 수 있는 방법**'은 오직 '**하나님이 예루살렘 성전에 계신다**'는 세상의 인식에 의존하여 이미 버린바 된 **옛 것인 성전을 붙들고 있을 수밖에 없는 차선적 선택인 것이다**. 그러므로 믿음의 구원을 받은 성도는 하나님 자녀의 사랑을 확신하며 이웃을 섬기라는 예수님의 명령을 따라 희생과 헌신의 마음을 확정하고 버려야 할 옛 습관을 버리고 새 사람이 되어 새로운 은혜를 새 부대에 채우는 지혜의 삶을 살아가는 자가 되어야 한다.

마지막 때의 성전과 살후 23:4절
유대인의 구원 관점 이해 슥 12:10-13:1절

그는 '대적하는 자'라 '신이라고 불리는 모든 것과 숭배함을 받는 것에 대항'하여 그 위에 '자기를 높이고' '하나님의 성전에 앉아 자기를 하나님'이라고 내세우느니라 살후 2:4

'그 날'에 '죄와 더러움을 씻는 샘'이 다윗의 족속과 예루살렘 주민을 위하여 '열리리라' 슥 13:1

　　마지막 때 세워질 유대인의 성전 관점에 대한 학자들의 견해는, 사라진 성전의 측량에 대한 표현을 문자 그대로 믿으면 안 되고 신약교회에 대한 은유로 해석해야 한다는 주장이다. 이천 년 동안 신약교회의 주류를 이루었던 이 주장은 대체 신학이라는 신학적 기류를 타고 사실처럼 인식되었고 교회는 이 문제로 인한 부작용으로 해석되지 않는 많은 성경 신학적 문제로 인하여 계시록의 연구는 답을 찾지 못하는 상태가 되어 이스라엘의 모든 권위가 이방의 신약교회에 부어졌다는 어이없는 해석이 주류가 된 것이라 이해된다. 그러나 성경의 말씀이 진리라 믿는다면 구약시대 이스라엘에게 주신 하나님의 약속이 신약교회로 부어졌다는 엉뚱한 생각이 아니라 하나님의 말씀대로 이스라엘을 향한 약속 또한 성취될 것을 믿어야 하며 구약성경에 나타나는 이방 구원의 메타포 역시 선교학적 관점 속에서 현재와 같이 성취되어 오늘의 우리가 하나님의 자녀로 부르심을 받은 것이다. 구약성경에 나타나는 여호와가 신약의 예수님이라는 사실을 믿는다면 구약의 예수님과 신약의 예수님이 동일한 분이신데 한 입으로 두 말하실 분이 아니시지 않는가? 하물며 진리라고 인정하는 성경 속에서! 신명기를 통하여 가르치시는 하나님은 **'사람이 아니시니 거짓말하지 아니하시느니라'** 하셨다. 그러므로 마지막 때 예수님의 예루살렘 통치에 대한 구약성경의 성전에 대한 가르침으로 천년왕국의 통치 수도가 예루살렘이 될 것은 자명하다. 사 62:1, 겔 43:7, 겔 47:1-12, 미 4:1-3절 등은 예루살렘의 성전에 거하시는 예수님과 천년왕국에서의 예루살렘 성전 통치의 시간에 대하여 증거 하고 있다. 특히 살후 2:4절 **'그는 대적하는 자라 신이라고 불리는 모든 것과 숭배함을 받는 것에 대항하여 그 위에 자기를 높이고 하나님의 성전에 앉아 자기를 하나님이라고 내세우느니라'**라고 하는 사도 바울의 **'성전에 대한 언급'**은 오늘의 **'교회를 의미하는 것이 아니라 반드시 마지막 때 세워질 손으로 지은 유대인의 성전을 지칭'**하는 예언으로 반드시 성취될 것이다. 천년왕국이 지나고 계 21:1절이 말하는 새 하늘과 새 땅에 내려오는 거룩한 성 새 예루살렘은 완성된 성전이며 손으로 지은 성전이 아닌 이 땅의 교회가 섬김과 희생으로 먼저 그 나라와 의를 구하여 하늘에 보화를 쌓아 만든 정금과 각종 보석으로 이루어진 거룩한 하나님의 처소가 될 것이며 더 이상 옮겨 다니는 하나님의 장막성전이 아니라 하나님께서 영원히 거하실 완성된 성전으로서의 처소인 완성된 하늘 교회가 바로 계 21:1~3절 이후 하늘에서 내려오는 거룩한 성 새 예루살렘으로 불리우게 될 것이다. 성 안에는 성전이 별도로 존재하지 아니할 것이며계 21:22 구원받은 하나님 백성들의 거룩하고 존귀한 섬김과 헌신으로 이루어져 완성된 새 예루살렘 성이 곧 성전이 되어 그 안에 영원히 거하실 것이다. 이때의 거룩한 성 새 예루살렘이 임하는 장소는 창세 때의 성소시 78:54 이삭창 22:2과 다윗삼하 24:18과 솔로몬대하 3:1 그리고 골고다의 예수님을 통해 의미를 부여하시고 성취하심으로 성전이 세워진 곳이며 예수님께서 죽으심으로 몰약의 향이 땅을 덮었던 곳, 창세 때 하나님의 능력의 손으로 지으시고 성소의 영역시 78:54으로 결정하셨던 곳, 곧 골고다마 27:33의 시온 산이다. 이곳에 세워진 성전이 예수님의 예언 마 24:2으로 다 무너졌으나 예수님이 오실 때쯤 유대인들의 손에 의해 다시 세워져 희생 제물을 드리는 예루살렘으로 다시 회복될 것이다. 천년왕국의 상황에 대하여 나타내는 겔 47:1-12절과 욜 3:18절의 말씀을 통해 발견되는 성전의 모습 또한 마지막 때 주님의 통치 장막으로서의 보좌가 있을 장소가 확정되고 있으며 유대인의 구원에 대한 구체적 방법과 의미를 설명하기 위한 성전으로 표현되고 있다.

> ¹ 그가 나를 데리고 '성전 문'에 이르시니 성전의 앞면이 동쪽을 향하였는데 그 '문지방 밑'에서 물이 나와 동쪽으로 흐르다가 성전 오른쪽 제단 남쪽으로 흘러 내리더라 ² ~'물이 발목에 ³ ~물이 무릎에 ⁴ ~물이 허리에 ⁵ ~물이 가득하여 헤엄칠만한 물'이 되더라 겔 47:1-5

예루살렘 성전에서 스며 나오는 물의 수량이 점점 불어나 헤엄칠만한 물로 증가 되어 가는 장면을 묘사한다. 이 말씀과 욜 3:18절이 연결된다.

> '그날에' '산들이 단 포도주'를 떨어뜨릴 것이며 작은 '산들이 젖'을 흘릴 것이며 '유다 모든 시내가 물을 흘릴 것'이며 여호와의 '성전에서 샘이 흘러나와서 싯딤 골짜기에 대리라' 욜 3:18

성전에서 흘러나온 물이 싯딤 골짜기에 이른다는 이 말씀이 의미하는 바를 이해하면 마지막 때 돌아오는 유대인들의 구원에 대한 이해에 더 가까워질 수 있다. 요엘서 전체가 심판에 대한 가르침인데 특히 3장은 여호사밧 골짜기의 재림 심판에 대하여 자세히 설명하며 14절부터 또한 심판에 이어 천년왕국의 시작에 앞서 있을 유대인들의 구원을 위해 성전에서부터 회개의 샘이 흘러나와 싯딤까지 흐를 것을 말씀하고 있다. '싯딤'에 관한 지리적 의미는 성경적으로 End-time의 기사에서 상당한 의미를 가지는 지역이다.

❶ 싯딤은 지리적으로 예루살렘 동쪽 35km에 위치하며 **'요단강' 서쪽 8킬로 지역**으로 강의 끝 부분에 위치하며 하류에서 보면 동쪽으로 12킬로 지점에 위치한다.

❷ **'싯딤'**이라는 이름의 의미는 **'아카시아 나무숲'**이라는 의미로 가시나무과의 아카시아 숲을 일컫는다. 가시가 있는 나무로 향기가 짙은 아카시아는 달콤한 꿀을 따는 나무이며 세상적 문화와 가치로 충만한 사람들이 숲을 이루고 사는 땅이라 이해할 수 있다.

❸ 싯딤에서 **모압 여인들과의 음행**으로 하루 이만사천 명이 염병으로 죽는 민 25:1-9절의 비극이 나타나는 땅으로 하나님을 버리고 살아가는 음행의 땅으로 예표된다.

❹ 여호수아가 가나안으로 들어가기 전 **정탐꾼을 보냈던 장소**이며 이는 **'하나님의 나라로 들어가는 경계선'**이라는 의미를 부여할 수 있는 땅이기도 하다.

❺ 이스라엘 백성이 **'가나안으로 들어가기 전 마지막 진지를 구축'**했던 '관문'이었다민 33:49. 이 의미는 하나님 나라로 들어가는 마지막 관문과 같다는 영적 의미를 부여할 수 있을 것이며 마지막 때, 마지막 **유대인의 구원과 연결된 요단강과 상관관계**를 가진 지역이다.

다섯 가지 내용에서의 공통분모를 찾는다면 **'죄와 타락의 땅이며 하나님 나라와 세상의 경계선'**이라는 관점이다. 싯딤은 하나님 나라의 영역이 아니라 하나님 나라와 가장 근접된 관문으로서의 땅이다. 하나님의 백성이 살아가도록 하나님께서 택하신 가나안 밖의 땅이며, 세상적 가치로 온전히 덮여 멸망당했던 여리고와 가까운 지역으로 세상적 영역이다. 또한 그곳은 음란으로 인한 민족적 비극이 있었던 곳이기도 하다. 그 땅은 약속의 땅으로 들어가기 전 그 땅을 살펴 마지막 준비를 했던 땅으로 정탐 중에 택함이 없는 이방인이었던 라합 일가를 구원하는 이방인 구원의 기적의 땅이었다. 하나님 나라로 들어가는 관문과 같았던 이 땅에서 하나님의 나라로 들어가는 마지막 준비를 했던 땅의 관점은 신약시대가 도래하기 직전 예수님의 길을 예비하는 세례 요한의 외침이 있던 준비의 땅이며 그곳에 흐르는 요단강에서 세례를 받고 하나님의 나라로 들어가는 기적을 이루었던 준비의 땅이었다. 구약의 기사들에서 보듯이 하나님의 나라로 들어가는 마지막 관문으로서의 요단강이 있는 땅! 구원을 위한 마지막 관문! 구원을 위해 그 나라를 살피고 나를 살피는 마지막 관문의 의미는 욜 3장의 싯딤과 연결되어 마지막 때의 유대인 구원과 하나의 맥락에서 이해되어지도록 인도하고 있음이 놀랍기만 하다. 슥 12:10-13:1절은 마지막 때 온 땅에서 메시아의 오심을 보고 고토로 돌아온 자들을 향하여 신약의 교리에 의하면 구원이 불가능한 그들을 구원하시는 방법을 제시하신다. 하나님은 이스라엘로 돌아온 그들을 구원하실 것이라는 약속을 지키시기 위해 이미 에스겔을 통해서도 말씀을 주셨듯이겔 47:1-12 예루살렘의 성전으로부터 구원의 생수를 흘려 능히 헤엄칠 만큼 요단강으로 넘치게 하여 세례 요한 시대에 있었던 그 회개의 구원이 유대인들에게 부어지도록 인도하는 것이 하나님의 뜻이라는 사실을 알도록 이끄신다. 겔 47:1-12절과 슥 12:10-13:1절이 이러한 약속을 논증해 주는 말씀이다.

내가 '다윗의 집과 예루살렘 주민'에게 '은총과 간구하는 심령'을 부어주리니 그들이 '그 찌른 바 그를 바라보고' 그를 위하여 '애통'하기를 독자를 위하여 애통하듯 하며 '그를 위하여 통곡하기를' '장자를 위하여 통곡하듯' 하리로다 슥 12:10

'그날에 죄와 더러움을 씻는 샘'이 '다윗의 족속과 예루살렘 주민'을 위해서 '열리리라' 슥 13:1

성경을 기록하는 구조상 12장의 끝 소절과 13장의 첫 소절로 연결되는 두 구절 중 슥 12:10절은 메시아이신 초림의 예수님을 죽인 이스라엘의 죄악에 대한 회개를 예언하고 있으며 13:1절은 그렇게 하면 구약 백성과 신약 백성 모두가 샘을 통하여 죄를 씻고 구원을 얻도록 하시겠다는 의미이다. 슥 13:1절의 말미에 나타나는 '**열리다**'라는 원어의 의미를 통하여 이 말씀이 유대인의 구원에 대한 말씀인 것을 알게 한다. '**열리리라**'에 해당하는 히브리어는 '**파타흐**'이며 **풀어주다, 해방하다, 벗기다, 풀다**라는 의미로 사용되기 때문이다. 흥미롭게도 이 예언의 대상은 스가랴 시대의 사람들이 아닌 End-time의 이스라엘 백성들이지만 정작 예수님을 십자가에 못 박는 죄를 범한 사람들은 1세기의 유대인들이었다. 그런데 하나님은 12:10절의 회개가 요구되는 대상이 스가랴 시대의 사람들도 아니요 1세기에 예수님을 못 박은 초림의 유대인들도 아닌 End-time의 이스라엘 백성들을 향한 예언이다. 왜? 초림의 예수님과 상관없는 그들에게 회개를 요구하실까? 조상들로 인하여 자신들이 이방 땅에서 유리하며 방황했다는 사실을 깨달아 조상들처럼 자신도 초림의 예수님을 메시아로 인정하지 못하고 살았던 것을 회개하라는 의미이다. 조상의 죄에 대하여 회개하지 아니하고 율법을 섬기며 하나님의 아들이요 메시아이신 예수님을 믿지 않고 살아온 것에 대한 회개이기도 할 것이다. 13절에 나타나는 그들의 회개의 내용은 아버지 하나님께서 독생자의 죽음의 순간에 아파하셨던 것을 생각하며 회개하도록 인도하시고 있는 것 또한 특별한 표현이다. 이 의미는 하나님의 아픔을 생각하고 하나님의 마음을 이해하며 자신의 죄악을 인정하는 것이 회개의 의미라고 가르치시는 듯하다. 겔 39:28절의 약속인 '**~그 한 사람도 이방에 남기지 아니하고 다 돌**

아오게 하리라'는 그 약속을 신실하게 지키시므로 돌아온 유대인들의 죄를 성전으로부터 흘러내리는 정결한 샘물로 씻으시되 세례 요한을 통해 베풀었던 회개의 세례를 마지막 때 싯딤 골짜기까지 채운 요단강에서 베푸실 것을 예언한 것이다. 이러한 유대인 구원에 대한 이해가 가지는 분명한 성경적 근거는 물세례가 예수님께서 만드신 유일한 회개의 세례이기 때문이며눅 3:3 이러한 구원의 교리는 교회 역사를 통하여 증거 된 성경의 가르침이기에 구원을 받을 수 있는 다른 길을 생각할 수 있는 방법이 현재로는 없다. 이방의 땅에서 약속의 메시아를 기다리며 살던 그들은 마 24:30-31절의 재림의 때 '**인자가 구름을 타고 능력과 큰 영광으로 오는 것을 보리라 ~하늘 이 끝에서 저 끝까지 사방에서 모으리라**'는 말씀과 겔 39:28절을 통하여 가르치시는 '**~그 한 사람도 이방에 남기지 아니하리니**'라는 말씀과 계 1:7절의 '**~그가 구름을 타고 오시리라 각 사람의 눈이 그를 보겠고**'라는 말씀에 나타나듯 세상의 모든 유대인들은 그들이 흩어진 곳곳에서 메시아의 재림을 보게 될 것이며 휴거는 받지 못했으나 메시아 재림을 확신하며 짐승의 표와 우상에게 경배하므로 주어지는 잠깐의 평안과 호사에 대한 미혹을 이기고 대접 심판 시간의 두려움과 혼돈의 시간을 견디며 오직 메시아만 바라보는 일념으로 견딘 자들만 돌아올 것이며 돌아온 유대인들은 예수님이 계시는 예루살렘 성으로 들어가기 전 하나님의 긍휼을 입어 성전에서 흘러내려 싯딤 골짜기까지 이르는 요단강 물에 물세례를 받아 죄를 씻음 받고 욜 3:1-2절에 나타나듯 여호사밧 골짜기에서 심판하시는 예수님의 판결을 받을 것이며 생명책에 기록된 이름을 확인하고계 13:8, 17:8 양과 염소마 25:31-46 가운데 예수님의 오른쪽으로 분류되는 정결한 양으로 인정받아 천년왕국으로 들어갈 것이다. 돌아온 유대인들은 천년왕국에 들어가 아버지와 예수님과 성령님에 대하여 더 깊이 신약의 복음으로 양육되어 변화될 것이다사 2:1-3. 이러한 일들이 천년왕국 안에서 이루어질 것에 대하여 이사야 선지자는 이렇게 증거 한다.

내 거룩한 산 모든 곳에서 해 됨도 없고 상함도 없을 것이니 이는 **'물이 바다를 덮음 같이 여호와를 아는 지식이 세상에 충만할 것'**임이니라 사 11:9

이러한 유대인들의 구원 약속은 출 19:6절의 말씀을 따라 예수님이 통치하시는 천년왕국의 시간에 제사장의 나라가 되어 예루살렘에서 예수님을 섬기는 나라의 권위를 인정사 66:20-21받게 될 것인데 이러한 지위의 인정은 시 126편이 증언하듯 성전으로 올라가는 다윗의 찬양에서 드러난다. 나라의 패망으로 인하여 눈물을 흘리며 씨를 뿌리러 나가는 자로 묘사된 흩어진 이스라엘 백성의 삶은 마침내 예수님의 재림의 때 그 열매를 인정받게 될 것임을 환상을 통하여 알게 되어 마지막 때의 자기 민족을 보고 기쁨으로 노래하는 다윗의 노래가 126편이다. 사도 바울은 롬 11장 전체를 통하여 유대인 구원의 사실성과 그들의 권위와 그들이 이방 구원의 근본 됨을 설명하고 있다. 이스라엘의 구약 백성의 구원에 대한 사도 바울의 논증에 대한 관점들을 살펴보자.

❶ 인류 구원을 위한 이스라엘 백성의 역할

롬 11:11-12절 그러므로 내가 말하노니 그들이 **'넘어지기까지 실족하였느냐 그럴 수 없느니라'**일어나지 못하도록 넘어졌느냐 아니라 하나님께서 약속대로 구원하실 것이라 그들이 **'넘어짐으로 구원이 이방인에게 이르러 이스라엘로 시기나게 함'**선민에 대한 이스라엘 구약교회의 교만한 정체성이 이방교회의 축복을 알고 시기하는 마음 때문에 돌아올 것 **'그들의 넘어짐이 세상의 풍성함'**그들의 넘어짐으로 인한 하나님의 진노에 의해 이방 땅이 하나님을 알게 되어 알곡으로 추수됨이 되며 **'그들의 실패가 이방인의 풍성함'**율법적 삶의 실패로 인하여 이방 땅에 복음의 예수님이 전파되어 풍성한 추수가 이루어짐이 되거든 **'하물며 그들의 충만함이리요'**그들이 하나님의 은혜를 알게 된다면 당연히 구원 받을 것.

❷ 세상의 구원을 위해 잠시 버림받은 이스라엘의 거룩성

롬 11:15-16절 '그들을 버리는 것이 세상의 화목'세상을 하나님과 화목하게 하시기 위해 온 세상에 이스라엘을 흩으심이 되거든 그 '받아들이는 것이 죽은 자 가운데서 살아나는 것'신실하게 메시아를 기다리며 온 세상에서 돌아오는 자들을 구원하기 위함이 아니면 무엇이리요 제사하는 '처음 익은 곡식 가루가 거룩한즉 떡 덩이도'구약 교회가 거룩하기에 신약교회도 그러하다 그러하고 '뿌리가 거룩한즉 가지도'구약교회의 거룩 = 신약의 교회의 거룩 그러하니라.

❸ 예수님의 재림의 시간 이스라엘의 회복과 구원이 있을 것

롬 11:24-27절 네가 '원 돌감람나무에서 찍힘'이방인의 본성에서 변화되어 이방인의 본성을 버리도록 부르심을 받고 '본성을 거슬러 좋은 감람나무에 접붙임'본성이 변화를 받아 하나님의 형상으로 변화 받음. 거듭남을 받았으니 원 가지인 '이 사람들이야 얼마나 더 자기 감람나무에 접붙이심을 받으랴'너희도 변화되어 하나님의 자녀가 되었는데 그들이 변화되어 구원을 받는 것은 당연한 일 형제들아 너희가 스스로 지혜 있다 하면서 이 신비를 너희가 모르기를 내가 원하지 아니하노니 '이 신비는 이방인의 충만한 수가 들어오기까지 이스라엘의 더러는 우둔하게 된 것'그들의 교만을 꺾기 위해 그들의 지혜를 거두신 것이라 '그리하여 온 이스라엘이 구원을 받으리라'교만과 불순종의 삶을 내려놓을 때 구원 기록된 바 '구원자가 시온에서 오사 야곱에게서 경건하지 않은 것을 돌이키시겠고'예수님의 재림이 있을 때 구약 백성이 돌이키게 될 것, 욜 12:10-13:1 내가 '그들의 죄를 없이 할 때에 그들에게 이루어질 내 언약이 이것이라'그들의 회개를 들으시고 정결하게 하실 때 성경의 약속대로 그들을 구원하실 것 함과 같으니라. 롬 11장의 이 말씀은 신약성경에 나타나는 말씀 중에서 율법 백성을 향한 명확한 구원계획이 설명된 사도 바울의 가르침이다. 이러한 가르침은 이사야 선지자와 요엘 선지자의 예언에 대한 완전한 논증이다.

두 증인 11:3-13절

두 증인에 대한 여러 견해 역시 모호하고 이해하기 쉽지 않은 주제이다. 그러나 두 증인에 대한 온전한 이해의 초점은 두 증인이 활동하는 시점과 끝 지점을 살피면 두 증인의 정체를 더 쉽게 이해할 수 있는 지식이 넉넉해 질 것이다. 먼저 그들이 부여받은 사명과 정체에 대한 말씀을 살펴보자.

> **계 11:3-6** [3] '내가 나의 두 증인에게 권세를 주리니' 그들이 '굵은 베옷'을 입고 '천이백육십 일을 예언'하리라 [4] 그들은 '이 땅의 주 앞에 서 있는 두 감람나무와 두 촛대'니 [5] 만일 누구든지 그들을 해하고자 하면 그들의 입에서 불이 나와서 그들의 원수를 삼켜 버릴 것이요 누구든지 그들을 해하고자 하면 반드시 그와 같이 죽임을 당하리라 [6] 그들이 권능을 가지고 하늘을 닫아 그 예언을 하는 날 동안 '비가 오지 못하게' 하고 또 권능을 가지고 '물을 피로 변하게' 하고 아무 때든지 원하는 대로 여러 '가지 재앙으로 땅을 치리로다'

두 증인의 사명과 정체성

❶ 사명과 능력

하나님께로부터 권세를 받아 **'천이백육십 일 동안 예언할 사명'**을 받은 자들이다. 그 권세는 누구도 해할 수 없는 권세이며 입에서 불을 뿜어 원수를 삼키고 죽이는 무소불위의 능력을 부여 받았다. 이러한 묘사는 실제 인간의 입에서 불이나와 사람을 죽이는 화력을 의미하는 2차원적 사고로는 이해가 불가능하다. 이러한 이해는 영체가 아닌 육체를 가진 인간 이해에 있어 하나님의 인간 창조의 상식과 지식을 벗어나는 이해이다. 성령의 능력으로 마지막 때 하나님의 백성을 죽이려는 도살꾼들을 징벌하는 말씀의 권세가 심판의 불로 역사하시는 성령의 능력으로 사역하는 것을 묘사한다. 하늘을 닫아 비가 내리지 못하도록 하는 권세가 나타날 것이며 물을 피로 변하게 하는 능력을 나타낼 것이며 원하는 대로 재앙을 사용하며 짐승의 권세에 대항할 것이다. 그들의 능력으로 예루살렘에 있는 하나님의 백성들을 보호하며 예수님의 재림 사흘 반 전에 무저갱에서 올라오는 사탄에게 죽임을 당하는 것으로 그 사역이 끝이 날 것이다. 그들은 누구일까?

❷ 두 증인의 정체

여기에 대한 힌트는 '**굵은 베옷**'을 입었다는 것과 주 앞에 서 있는 '**두 감람나무**'와 '**두 촛대**'라는 것이 전부다. 먼저 '**굵은 베옷**'이 의미하는 바는 죽음을 슬퍼하는 '**상복**'이라는 의미다. 죄로 인하여 죽은 하나님의 백성들의 죽음에 대한 슬픔을 나타내는 표현이며 다른 의미는 회복을 위하여 기도할 때 입는 애통하는 자의 의복이다. 두 사람이 굵은 베옷을 입었다는 것은 하나님의 백성들이 악인들에 의해 죽은 슬픔을 나타내는 의미이면서 회복의 때를 기다리는 자기 백성의 정체성을 나타내는 회복을 향한 비전의 옷이기도 하다. 두 증인은 짐승에 의해 죽임당한 순교의 영혼들을 대변하는 인물이며 하나님의 분노를 드러내는 자들이며 하나님의 보호를 예표하는 자들이며 '**감람 나무**'와 '**촛대**'의 대표이다. 성경이 말하는 감람나무와 촛대에 대한 용례는 이러하다.

<h3 style="text-align:center">'나무'는 '사람'에 대한 비유</h3>

> 네 집 내실에 있는 네 아내는 결실한 포도나무 같으며 네 상에 둘린 자식은 어린 감람나무 같으리로다 시 128:3

나 여호와가 그 이름을 일컬어 좋은 행실 맺는 아름다운 푸른 감람나무라 하였었으나 큰 소동 중에 그 위에 불을 피웠고 그 가지는 꺾였도다 렘 11:16

곡식 종자가 오히려 창고에 있느냐 포도나무, 무화과나무, 석류나무, 감람나무에 열매가 맺지 못하였었느니라 그러나 오늘부터는 내가 너희에게 복을 주리라 학 2:19

¹¹ 내가 그에게 물어 이르되 등잔대 좌우의 두 감람나무 사람 는 무슨 뜻이니이까 하고 ¹² 다시 그에게 물어 이르되 금 기름을 흘리는 두 금관 옆에 있는 이 감람나무 두 가지교회는 무슨 뜻이니이까 하니 ¹³ 그가 내게 대답하여 이르되 네가 이것이 무엇인지 알지 못하느냐 하는지라 내가 대답하되 내 주여 알지 못하나이다 하니 ¹⁴ 이르되 이는 이니 온 세상의 '주 앞에 서 있는 자'라 하더라 슥 4:11-14

슥 4장의 말씀에 나타나는 용례를 통해 두 증인의 정체를 명확히 알 수 있다.

'등잔대' 좌우의 두 '감람나무'

'등잔대'는?

불을 밝혀 보이기 위해 켜진 등잔을 올려놓는 곳! 곧 진리의 말씀으로 세상을 밝히는 등잔대인 교회를 의미하는 묘사이다. 신약시대에 이르러 감람나무에 대한 의미 변화는 계 2-3장에 나타나는 **'일곱 교회'**를 향해 계 1:20절은 **'일곱 촛대'**라 지칭함으로 정의된다.

'감람나무'는?

나무에 대한 성경적 이해는 이사야 5:7절을 통하여 **'사람'**으로 증거하며, 감람나무는 감람유를 생산하는 나무로 곧 성령의 기름 부으심을 함축하고 세상을 향해 흘려보내는 신약교회의 성도를 지칭하는 표현이다. 곧 등잔대를 교회라 해석한다면 좌, 우의 두 감람나무는 두 사람, 곧 각 교회를 대표하는 '**두 명의 대표자**'에 대한 묘사이다. 감람나무에 대한 설명의 끝에 나타나는 슥 4:14절의 결론은 '**기름 부음 받은 자 둘**'과 '**주 앞에 서 있는 자**'라는 표현을 통하여 두 감람나무의 정체가 곧 '**두 사람**'을 의미한다는 것을 알 수 있도록 힌트를 제공하고 있다.

감람나무와 촛대에 대한 결론

등잔대를 교회로, 감람나무를 사람으로 증거하는 스가랴서의 성경적 근거를 토대로 해석된 두 증인에 대한 온전한 이해는 예수님의 재림 직전 예루살렘에서 구원받을 남은 자를 보호하기 위해 '**이스라엘 신약교회와 이방의 신약교회를 대표하여 부름 받은 두 사람의 예언자**'를 지칭하는 표현임을 알 수 있도록 이끈다.

두 증인이 예언을 마칠 때의 상황 계 11:7-10절

계 11:7-10 [7] 그들이 그 '**증언을 마칠 때**'에 무저갱으로부터 올라오는 '**짐승이 그들과 더불어 전쟁**'을 일으켜 그들을 이기고 '**그들을 죽일 터인즉**' [8] 그들의 '**시체가 큰 성 길**'에 있으리니 '**그 성은 영적으로 하면 소돔이라고도 하고 애굽**'이라고도 하니 곧 그들의 '**주께서 십자가에 못 박히신 곳**'이라 [9] '**백성들과 족속과 방언과 나라 중에서**' 사람들이 그 시체를 '**사흘 반**' 동안을 보며 '**무덤에 장사하지 못하게**' 하리로다 [10] 이 두 선지자가 땅에 사는 자들을 괴롭게 한 고로 땅에 사는 자들이 그들의 죽음을 즐거워하고 기뻐하여 서로 예물을 보내리라 하더라

두 증인이 사명을 마칠 때는 예수님의 재림을 알리는 '**일곱 나팔이 불리기 사흘 반 전**'이 될 것이다. 무저갱으로부터 올라오는 사탄이 그들을 죽일 것이며 그들의 시체는 온 세상의 구원받지 못할 자들의 분노를 인하

여 장사하지도 못하게 할 정도로 교회를 지키기 위해 사력을 다한 자들이며 예수님의 재림을 전하고 짐승을 대적하며 예루살렘에서 사역하는 자들이다. 그들은 하나님이 주신 능력으로 하나님의 백성들을 보호하고 짐승을 대적할 것이며 엄청난 능력으로 죽음 앞에서 두려움 없이 행하여 짐승의 추종자들이 혀를 내두를 정도의 강한 능력으로 사역했기에 무저갱의 사탄으로 인한 두 증인의 죽음 앞에서 심판받을 자들은 서로 예물을 보내며 축제를 즐기듯 기뻐할 것이라고 그 때의 상황을 예언하고 있다.

두 증인의 죽음의 시간 '사흘 반' 11:9절

두 증인이 사망권세 속에 있는 '**사흘 반**'이라는 시간을 성경에 명시한 이유는 무엇을 가리키며 어떤 교훈을 주시는 가르침일까? '**사흘**'과 '**반**'에 대한 성경적 근거를 통한 이해는 분명하다. '**사흘**'은 사망 권세에 붙잡혀 있던 예수님의 죽음의 시간을 예표하는 의미이며 '**반**'은 하루의 절반을 의미하는 표현으로 정오를 의미한다. '**정오**'는 그림자가 없는 시간을 나타내는 심판에 대한 묵시 문학적 표현으로 시편에 나타난다.

네 '**의를 빛 같이**' 나타내시며 네 '**공의를 정오의 빛 같이**' 하시리로다 시 37:6

성경은 공의를 하나님의 심판의 기초라 말한다. 하나님께서는 공의로 심판하신다. 레위기와 시편과 이사야를 통하여 선포하시는 말씀은 이러하다.

너희는 '**재판**' 할 때에 불의를 행하지 말며 가난한 자의 편을 들지 말며 세력 있는 자라고 두둔하지 말고 '**공의**'로 사람을 재판할지며 레 19:15

'**의와 공의가 주의 보좌의 기초**'라 인자함과 진실함이 주 앞에 있나이다 시 89:14

> 이스라엘이여 네 백성이 바다의 모래 같을지라도 남은 자만 돌아오리니 **'넘치는 공의로 파멸이 작정'** 되었음이라 사 10:22

하나님의 공의는 말 그대로 치우치지 않는 공평한 의로 나타난다. 마지막 때 세상을 향한 하나님의 심판 역시 하나님의 공의로운 성품으로 나타날 것인데 곧 말씀에 기록하신 그대로 성취되는 것을 의미하는 것이다. **공의로운 심판에 있어 하나님의 기준은 "열매로 알리라"** 마 7:20, 렘 17:10 **"행한 대로 보응하리라"** 롬 2:6이다.

그러므로 '정오'에 대한 의미는 태양이 머리 위에 위치하므로 '그림자가 없는 시간'과 의미가 연결 되고 그림자는 어둠과 비견되어 심판과 그 이미지와 의미를 설명하고 있으므로 정오에 대한 의미는 심판에 대한 묵시 문학적 표현이며 예수님의 심판의 시간을 지칭하는 표현이다. 그러므로 하루의 절반을 의미하는 정오를 표현하는 단어 '반'이 심판의 시간에 대한 의미로 해석될 때 **'삼 일 반'**은 **'사망과 심판의 시간'**이라고 해석되므로 예수님이 사망을 이기시고 구원을 이루신 것과 같이 두 증인 또한 사망 권세를 이기고 부활하는 시간이 곧 심판의 시간이며 심판을 통하여 완전한 구원에 이르게 하시는 휴거의 시간과 맞물려 죽음을 이기시고 영생을 주시는 예수님이 행하실 **'구원의 능력에 대한 완전한 성취로서의 삼 일 반'**이 강조 되고 있는 것이다.

두 증인의 부활과 휴거 11:11-12절

계 11:11-12 [11] '삼 일 반 후'에 '하나님께로부터 생기가 그들 속에 들어가매' 그들이 발로 일어서니 구경하는 자들이 크게 두려워하더라 [12] 하늘로부터 큰 음성이 있어 '**이리로 올라오라**' 함을 그들이 듣고 구름을 타고 하늘로 올라가니 그들의 원수들도 구경하더라

두 증인은 죽은 후 삼 일 반이 지나면 생기를 받아 부활할 것이며, 예수님의 음성을 듣고 구름 위로 휴거 될 것이다. 두 증인의 부활 시간은 일곱 나팔이 불리기 직전이며 예수님의 공중 재림이 있을 때 그들의 수고를 아시는 하나님의 은총을 입어 삼 일 반 후에 살아나 휴거 될 것인데 이 시간은 일곱 번째 나팔소리가 들리는 그날이 될 것이다. 이러한 해석의 근거는 '**그 때**'라고 전하는 13절과 '**일곱 번째 나팔**'이 불리는 15절에 근거하며 두 단어를 합하여 해석하면 '**일곱 번째 나팔이 울리는 그 때**'가 되므로 두 증인의 부활은 일곱 나팔이 불릴 때 죽은 자들과 함께 부활할 것이 분명한 해석이 되는 것이다. 이 행간은 예수님의 공중 재림의 시간에 일어날 일들에 대하여 표적으로 제시하고 있다.

표적을 함의한 표현들	의 미
삼 일 반	반 = 정오의 시간 = 대접 심판 시간
생기가 그들 속에 들어가매	부 활
이리로 올라오라	휴 거

일곱 나팔이 울린 후 대접 심판 직전의 시간대에 있을 공중 재림과 휴거가 이루어지는 시간에 일어날 사건들을 함의하고 있다.

두 증인의 휴거 후 지상 환경, 지진

계 11:13절 / 일곱 번째 나팔이 울릴 때

> **계 11:13** '그 때에 큰 지진'이 나서 '성 십분의 일'이 무너지고 '지진에 죽은 사람이 칠천'이라 그 '남은 자들'이 두려워하여 '영광을 하늘의 하나님께 돌리더라'

'그 때'에 큰 지진이 나서

그때는 두 증인이 살아나 휴거 된 직후 시간을 의미하며 두 증인의 부활은 모든 교회의 부활에 대한 전조현상이 될 것이라 여겨진다. 두 증인의 부활과 휴거 후 이 땅 상황은 지진이 임할 것에 대하여 증거 한다. 지진의 필요는 무덤을 열고 잠자는 교회를 일으키기 위함이다. 마 27:50-53절에 예수님의 죽음 때 보였던 부활에도 '**지진**'이 동반되었다는 사실을 말씀을 통해 보이시는 것은 부활을 온전히 이해하도록 인도하시는 하나님의 배려이며 암 3:7절의 가르침대로 미리 알게 하시는 하나님의 배려이며 두 증인이 일어나 휴거 된 직후 시간에 지진이 나타날 것을 말하는 것은 삼년 반 동안의 수고를 아시는 하나님의 은총이며 그들의 부활과 휴거를 시작으로 모든 교회의 부활과 휴거가 일어날 것에 대한 전조적 현상으로 보이시는 것이다. 지진으로 땅이 흔들려 무덤이 열리고 죽은 자들이 일어나 함께 휴거될 것이며 곧이어 살아있는 성도들, 곧 End-time 교회의 휴거가 시작 되는 것이다살전 4:16-17. 계 11:19절의 말씀은 '**성전이 열리니**'라는 표현을 통하여 예수님께서 성전에서 나오셔서 이 땅으로 오시는 공중 재림의 시간을 알리는 것과 함께 부활과 휴거가 함께 선언되는 묘사이다. 또한 재림의 시간에는 나팔 심판이 시작될 때 제단 숯불을 향로에 담아 땅에 쏟으므로 나타나듯 동일한 심판의 증거들인 번개와 음성들과 뇌성과 **지진**과 큰 우박이 시작되어 휴거 된 교회와 함께 구름 위에서 이 땅을 향한 본격적인 대접 심판의 시간이 시작될 것이다. 나팔 심판이 끝이 나는 일곱 번째 나팔이 불리면 예수님의 공중 재림과 함께 부활과 휴거가 일어나고 곧바로 구름을 타시고 영광의 빛으로 온 세상에 메시아의 영광스러운 재림을 알리실 것이며 예수님께서 직접 행하시는 30일 간단12:11의 대접 심판이 시작되는 것이다.

성 '십분의 일'이 무너지고 지진에 죽은 사람이 '칠천'이라

여기서 성은 시온 산의 **예루살렘 성**을 의미한다. 두 증인이 활동하는 곳은 계 11:8절을 통하여 '**주께서 십자가에 못 박히신 곳**'이라 전하고 있기 때문이다. 13절의 이 상황은 11-12절의 상황과 연결된 내용이므로 두 증인은 부활과 구름을 타고 공중으로 끌어 올려질 때 일어나는 현상임을 알 수 있다. 예루살렘 성 십분의 일이 무너지고 성안에 있는 칠천 명의 사람이 죽는 지진의 이유는 두 증인의 휴거와 동시에 시작되는 것이 이 땅에 잠자는 교회의 휴거를 위해 무덤을 여는 엄청난 규모의 지진이라는 사실이다. 하나님의 백성이 살아나는 시간 죽는 자들이란 구원을 받지 못하고 심판받을 백성들임은 자명한 일이다. 십분의 일과 칠천이라는 숫자는 십일조가 구원에 대한 감사라는 의미와 함께 모든 것의 대표라는 의미를 감안 한다면! 모든 심판받을 자 중에 일부를 의미하는 바 곧 있을 대접 심판의 시간에 이렇게 심판받게 될 것이라는 경고 수준의 맛보기 메시지가 될 것이며 칠천이란 숫자적 메시지는 천년왕국 전에 있을 완전한 심판이 곧 있을 것에 대한 경고의 메시지로 이해하면 될 듯하다. 이러한 이해의 근거와 전제는 11장의 위치가 대접 심판 직전이라는 사실에 근거한다.

둘째 화가 갖는 의미 14절

화란? 악인에게 미칠 재앙을 일컫는 표현이다. 본 행간이 말하는 둘째 화란? 심판 진행의 과정에서 두 증인이 부활하고 구름을 타고 하늘로 올라간 후 곧바로 일어나는 '**큰 지진으로 인하여 성 십분의 일이 무너지고 칠천의 사람이 죽는 지진 사건**'을 의미하며 이때의 지진에 대하여 슥 14:4절이 전하고 있는 예루살렘 동편 감람산의 지진과는 무관한 지진이 될 것이다. 스가랴서에 나타나는 감람산의 지진은 아마겟돈 승리 후 예루살렘으로 피신한 적그리스도와 그를 따르던 자들이 통치하는 예루살렘을 심판하고 자기 백성들을 그곳에서 도망하도록 기회를 주시는 지진이 될 것이며 그곳에 머무는 '**악한 이스라엘 백성들과 적그리스도에게 속한 악인들**'에게는 엄청난 재앙의 시간이 될 것인데 이들에게 닥치는 심판의 재앙이 '**둘째 화**'이다. 그렇다면 심판의 진행상 '**첫 번째 화**'는 '**나팔 심판**'이 될 것이며 앞으로 속히 이르게 될 '**세 번째 화**'는 악인들에게 부어지는 재앙의 사건을 의미하는 것으로 예수님의 공중 재림 이후 일어날 '**대접 심판**'의 시간에 대한 설명이 되는 것이다.

● 참고로 심판에 의해 부어지는 재앙을 일컬어 화라고 표현한다면 인을 떼는 것은 심판이 될 수 없다는 것을 이해할 수 있을 것이며 심판이 아니라면 인이란 '심판 계획에 대한 설명' 이라는 관점으로 이해되어야 한다.

일곱 번째 나팔 소리와 하늘의 선포

> **계 11:15** '일곱째 천사가 나팔'을 불매 하늘에 큰 음성들이 나서 이르되 '세상 나라가 우리 주와 그의 그리스도의 나라가 되어 그가 세세토록 왕 노릇' 하시리로다 하니

일곱 번째 나팔이 불릴 때 하늘의 음성은 '**세상 나라**'가 '**우리 주**'와 '**그의 그리스도**'의 나라가 되어 그가 세세토록 '**왕 노릇 하시리로다**'라는 선포이다. 이 선포는 지금까지 사탄이 임금요 12:31이었던 이 땅의 나라가 이제 곧 예수님과 아버지 하나님의 나라가 될 것고전 15:24이라는 선포이다. 이 선포는 예수님의 천년왕국을 거쳐 영원한 하나님의 나라로 들어가는 전 과정이 시작됨을 선포하는 것이다. '**세상 나라**'사탄이 임금인 이 땅의 나라가 '**우리 주**'성부 하나님와 '**그의 그리스도의 나라**'아버지의 독생자 그리스도가 된다는 것은 곧 있을 대접 심판의 시간을 거쳐 만국을 심판욜 3:1-2하시고 난 후 사탄이 임금으로 다스리던 이 땅이 예수님께서 다스리시는 천년의 왕국으로 회복될 시간이 이르렀음을 알리는 선포이다. 11:15절이 예수님의 재림에 대한 선포의 설명이라 하기에는 뭔가 시원하고 분명한 메시지가 없고 저자의 설명이 부족하다는 느낌을 지울 수 없는 이유는 예수님께서 구름을 타고 행하실 대접 심판을 위해 지상이 아닌 공중에 재림하신 상황을 묘사하고 있기 때문이다.

1. 예수님의 공중 재림

예수님은 이 땅으로 곧바로 오시지 않을 것이다. 이유는 온 세상의 백성들이 아닌 정결한 자기 신부인 교회의 구별된 영접을 받으시기 위함이며 이 땅에 대접 심판을 쏟아부으실 때 자기 백성을 대 환난의 시간인 대

접 심판에서 구하시기 위해서이다. 이에 대한 논증은 마 24:22절 말씀에 나타난다.

> 그 '날들을 감하지 아니하면 **모든 육체가 구원을 얻지 못할 것**'이나 그러나 '**택 하신 자들을 위하여 그 날들을 감하시리라**' 마 24:22

대접 심판의 엄위함은 육체가 구원을 얻지 못하도록 환난으로 부어지는 심판이 될 것에 대하여 증거 한다. 예수님의 날들을 감하시는 이 약속은 너무나 엄청난 환난의 시간을 피하는 방법이며 심판을 피하도록 자기 백성을 구름 위로 끌어 올리는 휴거를 단행하실 것에 대한 의미다. 얼마나 엄청난 환난인지 그 시간을 끊지 아니하면 모든 육체가 구원을 얻지 못할 정도라 말씀하시며 환난의 날을 신실한 신부들에게는 감하신 것이 휴거로 인하여 대접 심판의 30일을 피하도록 하시는 약속의 말씀이다. 사도 바울은 휴거 되는 이유에 대하여 이렇게 밝힌다.

> '**그 후**'에 우리 '**살아 남은 자들**'도 그들과 함께 '**구름 속으로 끌어 올려 공중에서 주를 영접**'하게 하시리니 그리하여 우리가 항상 주와 함께 있으리라 살전 4:17

우리를 공중으로 끌어 올리시는 이유는 '**예수님을 영접하기 위함**'이라 가르친다. 이것이 예수님을 위하여 교회가 휴거받는 이유이며, 예수님의 교회를 향한 은총은 환난의 날을 감하시기 위함인 것이다. 계 16:18절은 이때의 지진에 대하여 '**사람이 땅에 있어 온 이래로 이같이 큰 지진이 없었더라**'고 요한은 증거 한다. 지진 뿐만이 아니고 우박의 무게가 한 달란트 23킬로~30킬로 사이나 될 것이며 해일, 원자력 발전소에서의 방사성 물질의 유출이나 폭발, 유전 폭발 등 엄청난 재난의 시간이 될 것이며 사람의 정신이 미치는 일이 발생될 정도의 환난이 될 것이라 성경은 경고한다.

이러한 맹렬한 심판의 두려움은 실로 놀라울 것이다.

> [1] '애굽에 관한 경고'라 보라 '여호와께서 빠른 구름을 타고 애굽에 임하시리니' 애굽의 우상들이 그 앞에서 떨겠고 애굽인의 마음이 그 속에서 녹으리로다 [2] 내가 애굽인을 격동하여 애굽인을 치리니 그들이 각기 형제를 치며 각기 이웃을 칠 것이요 성읍이 성읍을 치며 나라가 나라를 칠 것이며 [3] '애굽인의 정신이 그 속에서 쇠약할 것'이요 그의 계획을 내가 깨뜨리리니 그들이 우상과 마술사와 신접한 자와 요술객에게 물으리로다 사 19:1-3

세상에서 심판받을 모든 사람들이 예수님의 심판 앞에서 두려움으로 인하여 엄청난 고통을 겪을 것이나 믿는 자들을 향한 하나님의 사랑은 더욱더 영광을 발할 것이다. 이 시간에 대한 상황 이해는 사도 바울의 예언적 가르침으로 충족된다.

> [15] 우리가 주의 말씀으로 너희에게 이것을 말하노니 주께서 강림하실 때까지 우리 '살아 남아 있는 자도 자는 자보다 결코 앞서지 못하리라' [16] 주께서 호령과 천사장의 소리와 하나님의 '나팔 소리로 친히 하늘로부터 강림'하시리니 그리스도 안에서 '죽은 자들이 먼저 일어나고' [17] 그 후에 우리 '살아 남은 자들도 그들과 함께 구름 속으로 끌어 올려 공중에서 주를 영접'하게 하시리니 그리하여 우리가 항상 주와 함께 있으리라 살전 4:15-17

사도 바울의 이 가르침은 예수님의 새림이 하늘에서 곧 비로 이 땅으로 내려오셔서 일사천리로 심판을 진행하시는 것이 아님을 가르치고 있는데 예수님의 이 땅 재림의 과정은 구름을 타고 오셔서 예수님이 계시는 구름 위로 교회를 휴거시키신 후 곧바로 30일 간의 대접 심판을 시작하실 것에 대하여 가르치신다. 휴거 이전의 삼 년 반에 삼십 일을 더한 시간에 대하여 다니엘은 이렇게 가르친다.

'**매일 드리는 제사를 폐한다**'는 의미는 7년 평화조약을 이끌어낸 난세의 영웅이던 짐승이 돌변하여 환난의 절반에 평화조약의 파기와 함께 희생 제사를 드리는 예루살렘 성전을 점령하고 유대인들의 제사를 폐할 것이며 그곳에 가증한 경배의 우상을 세우는 두 짐승의 행동을 가리키는 표현이다. 희생 제사를 폐하는 그때부터 후 삼 년 반의 시간, 곧 '**천이백육십 일 동안 나팔 심판**'이 부어진 후 '**삼십 일의 대접 심판**' 기간을 합쳐 '**천이백구십 일**'이라 표현하는 것이다. 칠 년 중 후 삼년 반, 곧 1260일이 끝날 때가 곧 일곱 나팔이 불릴 때이며 이때 예수님의 재림이 있을 것이다. 그 후 30일의 대접 심판이 부어질 것이며 그 기간에 대하여 1290일이라는 예언적 시간표를 제시하고 있는 것이다. 이에 더하여 다니엘은 12절에서 '**대접 심판 이후의 시간**'에 대해서도 언급하는데 '**천이백구십 일에서 사십오 일을 더한 천삼백삼십오 일**'까지 이르는 자는 복이 있다고 말한다. 이 예언적 시간에 대한 의미는 욜 3:2절에 예언된 만국을 향한 모든 심판 마 25:31-46, 양과 염소 심판 기간이 45일이다. 그리고 이 심판 이후부터는 완전한 구원의 시간! 천년왕국의 시간이 시작될 것이다. 이 시간에 대하여 다니엘서는 이렇게 기록한다.

천삼백삼십오 일 이후는 거룩한 성도에게 약속하셨던 예수님께서 통치하시는 하나님 나라가 시작될 것을 의미하며 천 년 이후 완성될 하나님의 나라와 그 나라에 임할 거룩한 성 새 예루살렘에서 베풀어질 어린 양의 혼인 연회를 향한 출발의 시간이며 영원한 안식으로 들어갈 시간여행을 시작하는 때를 예언하고 있는 것이다.

재림과 심판의 때에 대한 이십사 장로들의 선언과 하늘 보좌 앞에서 행하는 경배 11:16-18절

> **계 11:16-18** [16] 하나님 앞에서 자기 보좌에 앉아 있던 '**이십사 장로**'가 엎드려 얼굴을 땅에 대고 하나님께 경배하여 [17] 이르되 감사하옵나니 옛적에도 계셨고 지금도 계신 주 하나님 곧 전능하신 이여 친히 큰 권능을 잡으시고 '**왕 노릇**' 하시도다 [18] 이방인들이 분노하매 주의 '**진노**'가 내려 '**죽은 자를 심판**' 하시며 종 선지자들과 성도들과 또 작은 자든지 큰 자든지 '**주의 이름을 경외하는 자들에게 상**' 주시며 또 '**땅을 망하게 하는 이들을 멸망시키실 때**'로소이다 하더라

'**이십사 장로**' '**권능을 잡으시고**' '**왕 노릇**' '**이방인들이 분노**' '**진노**' '**죽은 자를 심판**' '**주의 이름을 경외하는 자들에게 상 주심**' '**땅을 망하게 하는 자들을 멸망시키실 때**' 등의 모든 어휘들이 나타내려 하는 것은 '**심판에 대한 간구와 심판의 때가 지금**'임을 강조하는 의미를 가진다.

'**이십사 장로**'는 땅을 대표하는 자들로 거룩한 성 새 예루살렘 성의 구원의 문인 12지파의 대표 족장계 21:12들과 새 예루살렘 성의 기초석인 12사도계 21:14들을 의미한다. '**권능을 잡으시고**'라는 표현은 사탄의 권세를 멸하시고 라는 의미와 동일하며, '**왕 노릇**'은 천년왕국의 왕권을 빌으신 예수님의 통치권단 :13-14, 계 20:5을 묘사하는 표현이며, '**이방인들의 분노**'는 마지막 때, 구원받지 못할 인간들의 하나님을 향한 원망과 대적을 묘사시 2:1하며, '**진노**'는 하나님의 심판을 묘사하는 구약적 표현이며, '**죽은 자의 심판**'은 천년왕국 이후 있을 흰 보좌 심판 때 있을 사망의 부활계 20:12-13 후 영원한 불 못 심판을 일컫는 표현이며, '**주의 이름을 경외하는 자들에게 상**'은 대접 심판 이후에 이루어질 성도들의 심판에서 있을 상

급 계 20:5-6, 마 25:31-46을 의미한다. **'땅을 망하게 하는 자들을 멸망시킬 때'** 라는 표현은 대접 심판 이후 적그리스도와 거짓 선지자의 심판을 가리키는 대접 심판의 끝인 계 19:20-21절에 대한 표현이다.

심판의 때를 알리는 도구들 11:19절

> **계 11:19** 이에 하늘에 있는 하나님의 **'성전이 열리니'** 성전 안에 하나님의 **'언약 궤가 보이며'** 또 **'번개와 음성들과 우레와 지진과 큰 우박'**이 있더라

'성전이 열리니' **'언약궤가 보이며'** **'번개와 음성들과 우레와 지진과 큰 우박'**에 대한 표현에 있어 공통점은 심판을 위해 일어나시는 예수님과 심판의 시작을 알리는 신호Signal, Sign를 묘사한다.

❶ **'성전이 열리니'**

성전이 열린다는 표현은 지금까지 닫혀져 있었음을 동시에 나타내는 표현이며 이제 하나님의 계획이 실행되는 때가 되었음을 알리는 것이다. 성전이 열리는 것은 하늘의 모든 천사와 천군들이 지상의 심판과 아마겟돈 전쟁을 시작할 것임을 알게 하는 것이다. 지금까지 닫혀져 있던 성전의 문이 열리고 예수님과 모든 심판의 일꾼들이 추수를 위해 일어나 심판과 아마겟돈 전쟁의 승리, 자기 백성의 구원을 위해 공중 재림의 시작을 알리는 표현이다. 시편 기자는 이러한 시작에 대하여 **'일어나신다'**고 묘사한다.

> 여호와의 말씀에 **'가련한 자의 눌림과 궁핍한 자의 탄식을 인하여'** **'내가 이제 일어나'** 저를 그가 원하는 **'안전 지대'**에 두리라 하시도다 시 12:5

❷ 언약궤가 보이며

언약궤는 십계명의 돌판이 들어있는 궤에 대한 표현이다. 이는 하나님의 말씀이 기록된 언약대로 이제 구원을 실행하려 한다는 신호와 같다. 이것이 보이는 의미는 말씀의 기준에 따라 심판할 것이라는 하나님의 약속의 근거를 보이시는 것과 동일하다. 요한이 예수님의 재림으로 구원의 성취에 대한 약속을 본 것을 우리는 기록된 말씀으로 요한과 동일한 관점으로 이해하면 될 것이다. 심판에 의해 완성될 구원에 대한 가르침 가운데 다양한 대상들을 향한 **심판의 기준**은 이러하다.

하나님의 백성을 향한 심판 교훈

네가 말하기를 나는 그것을 알지 못하였노라 할지라도 '마음을 저울질 하시는 이'가 어찌 통찰하지 못하시겠으며 '네 영혼을 지키시는 이'가 어찌 알지 못하시겠느냐 그가 '각 사람의 행위대로 보응' 하시리라 잠 24:12

이러므로 그들의 '열매로 그들을 알리라' 마 7:20

구약교회와 신약교회에 대한 심판 교훈

그러므로 내가 너희에게 이르노니 하나님의 나라를 '너희는 빼앗기고' 그 나라의 '열매 맺는 백성이 받으리라' 마 21:43

악인들을 향한 심판 교훈

악이 악인을 죽일 것이라 '의인을 미워하는 자는 벌'을 받으리로다 시 34:21

세상 모든 사람을 향한 심판 교훈

> 나 여호와는 '심장'을 살피며 '폐부'를 시험하고 '각각 그의 행위와 그의 행실대로 보응'하나니 렘 17:10

> 하나님께서 각 사람에게 그 '행한 대로 보응'하시되 롬 2:6

❸ '번개와 음성들과 우레와 지진과 큰 우박'

번개와 우레와 지진과 우박은 하나님의 임재에 대한 징조요 심판의 도구들로 나타난다. 즉 재림으로 이 땅을 심판할 때에 대한 시간을 알리는 묘사이다.

2. 지상 재림

지상 재림은 어떤 과정을 통해 이루어지며 성경은 이 문제에 대하여 어떻게 가르치는가? 를 아는 것은 중요한 의미가 있다. 성경은 이 땅에 오시는 예수님에 대하여 곳곳에서 분명한 소리를 내며 전하고 있는데 항상 마지막 때를 증언하는 구절이나 문맥 속에서 오시는 장면을 표현하고 있다는 것이다. 성경이 말씀하시는 지상 재림에 대한 기사는 시간적 간격에 따라 정리하면 가장 먼저 도착하실 곳은 **시내 산**신 33:1이라고 신명기를 기록한 모세는 증언한다.

하나님의 사람 모세가 죽기 전에 이스라엘 자손을 위하여 '축복'함이 이러하니라 그가 일렀으되 여호와께서 '시내 산'첫 언약의 산**에서 오시고 '세일 산'**에서의 자손 호리족속의 땅, 바랄의 예언은 이 땅이 마지막 때 이스라엘의 유업이 될 것으로 예언 - 민 24:17-19**에서 일어나시고**히) 자라흐, 나타나다 **'바란 산'**이스라엘 백성이 시내산을 떠나 처음 이른 곳**에서 비추시고** 히) '야파' '빛을 비추다' 구원의 빛 **일만 성도 가운데에 강림하셨고 그의 오른손에는 그들을 위해 번쩍이는 불** 히) 에쉬다트. 문자적으로 '율법의 불' 심판의 기준이 말씀**이 있도다** 신 33:1-2.

이 말씀은 이스라엘을 향한 축복 메시지의 맥락에서 검토되어야 온전한 이해에 이를 수 있다. 다시 말하면 행간에 나타나는 모든 산은 이스라엘에게 출애굽으로부터 가나안에 이르는 과정과 관련된 산이라는 의미이다. 왜냐하면 예수님께서 자기 백성을 구원하시기 위해 심판의 주로 오시는 것이기 때문이다. 이 의미는 마지막 때 재림과 심판을 통하여 자기 백성을 구원하시는 이유와 관계되는 산이 된다는 의미이다. 본문에 나타나는 의미 가운데 두 가지의 주제가 발견되는데 '**심판의 시제와 예수님의 동선**'이다.

❶ 심판에 대한 시제

심판에 대한 시제로 읽히는 행간은 그의 '**오른손**'심판의 주권과 능력 의미에는 그들을 위해 '**번쩍이는 불**' 히) 에쉬다트. 율법의 불=말씀의 불=심판의 불**이 있도다**'라는 묘사인데 심판의 주권과 하나님의 심판능력을 묘사하는 표현이며 '**번쩍이는 불**'에 대한 묘사를 통하여 하나님의 백성의 축복을 위해 행하시는 온전한 심판 메시지라는 사실을 깨닫도록 이끄신다.

❷ 두 단계로 이루어질 예수님의 재림 – 공중 재림과 지상 재림

예수님의 재림 행진은 인류 역사의 마지막을 향해 나아가는 그분의 행보 가운데 아버지의 계획대로 행하신 모든 일들, 특히 구원과 심판과 관련하여 나타내셨던 모든 기념할 곳들을 재차 확인하시며 심판의 끝을 향해 달려오실 것인데 이유는 인류가 하나님의 창조로부터 심판 계획까지의 완전하신 지혜를 알게 하시기 위함이다. 나팔 심판을 행하시며 예루살렘으로 오시는 과정에 대하여 성경에 나타나는 내용들을 순서대로 나열

해 본다면 다음과 같은 심판의 길이 그려진다.

[심판을 행하시며 예루살렘으로 오시는 예수님의 동선]

"시내 산"신 33:1, 첫 언약의 장소

⇩

"애굽"사 19:1, 430년 이스라엘의 생장을 도운 공로를 보응하심, 사 9:16-25

⇩

"바란 산"신 33:1, 합 3:3 이스라엘이 시내산을 떠나 처음 이른 곳

⇩

"세일 산"신 33:1, 에돔의 땅, 야곱과 형제의 관계 문제 심판, 옵 1:10-15

⇩

"데만 남쪽 의미, 합 3:3 과 보스라"사 63:1, 34:6 '전 에돔'을 가리키는 시적 표현, 사 34:4-15, 사 63:1-6

⇩

"아마겟돈 전투 현장"삿 4장, 계 19:11-21 군대를 모을 수 있는 장소 므깃도, 바락-번쩍이다, 번개 섬광, 심판 상징

⇩

"감람 산"슥 14:2-4

⇩

"예루살렘 입성"아 3:6

시내 산에 가장 먼저 오시는 이유는 무엇일까? 아마 이스라엘과 언약하셨던 장소이기 때문일 것이다. 시내 산에서 출애굽의 시간에 있었던 그 언약의 완전성에 대하여 확정하신 후 이스라엘의 출애굽 경로를 따라 행하시며 그 모든 과정이 내 계획을 따라 이루어졌다는 것을 온 세상에 선포하시듯 애굽에서부터 시작하여 예루살렘에 이르는 모든 출애굽 시대에 진행하셨던 자기 백성의 행로를 따라 확정하시듯 예루살렘까지의 행보를 이어가실 것이므로 언약 사건의 현장 시내 산 다음 행선지는 애굽이 될

것이며 이에 대하여 사 19:1-25절에 기록하고 있다. 애굽에 대한 심판과 구원을 이루시고 오실 것에 대한 묘사이며 사 19장 전체와 연관되어 마지막 때 애굽의 심판과 구원 상황에 대하여 설명한다. 사 19:18-21절은 '**애굽의 구원 기사**'에 대하여 이렇게 예언하고 있다.

> [18] 그날에 '**애굽 땅**'에 '**가나안 방언**'을 말하며 만군의 '**여호와를 가리켜 맹세하는 다섯 성읍**'이 있을 것이며 그중 하나를 멸망의 성읍이라 칭하리라 [19] 그 날에 '**애굽 땅 중앙**'에는 '**여호와를 위한 재단**'이 있겠고 여호와를 위하여 '**기둥**'이 있을 것이요 [20] '**이것이 애굽 땅에서 만군의 여호와를 위하여 징조와 증거**'가 되리니 이는 그 압박하는 자들로 말미암아 여호와께 부르짖겠고 여호와께서는 그들에게 '**한 구원자를 보내사 그들을 건지실 것**'임이라 [21] 여호와께서 '**자기를 애굽에 알게 하시리니 그날에 애굽이 여호와를 알고 제물과 예물을 그에게 드리고 경배할 것**'이요~

예수님의 재림 행진은 시내 산에서 애굽으로 향할 것이며 애굽을 구원하실 것이다. '**애굽을 향한 하나님의 구원과 관심의 이유**'가 무엇이겠는가? 행한 대로 갚으심이 이유이다. '**사 19:24-25절에 나타나는 애굽을 향한 하나님의 애정**'은 '**출애굽기에 나타나는 하나님의 마음**'과는 너무도 달라 우리를 당혹하게 하지만 창 16:15절에서 밝히듯 아브라함의 후손들을 사대만에430년, 출 12:40 가나안으로 돌아올 때까지 70명창 46:26-27의 히브리인 가족을 200만역사학적 추정의 국가를 이룰 군대로 자랄 때까지 고센 땅을 내어주었고 떠날 때 광야에서 하나님을 섬김에 있어 성막을 세우며 모든 기물과 옷과 성막 안에 있어야 할 모든 기물, 곧 법궤와 떡상과 촛대 등을 제작할 수 있는 금, 은 보화와 모든 보석과 필요를 내어주었던 애굽을 향해 신세를 갚으시는 하나님의 선물일 것이다. 성경에 기록된 말씀처럼 '**행한 대로 보응**'사 1:24, 렘 17:10, 호 12:2, 롬 2:6 하시는 하나님의 약속대로 이루시는 것으로 이해할 수 있다. 마지막 때의 애굽! 성령께서 그 시간에 행하실 일들을 우리는 알지 못하지만 마지막 때 애굽을 향한 하나님의 긍휼이 어떻게 부어질지 기대가 된다.

그 다음은 바란 광야에 있는 바란 산과 에서의 나라 에돔을 심판하실 것인데 에돔 땅의 데만과 보스라로 행진하셔서 그들이 행한 대로 보응하실 것이다 사 34장, 사 63:1-6. 세일 산 창 32:3,33:16이라는 표현은 에돔의 나라라는 의미이다. 특히 '사 34장과 63:1-6절'은 에돔의 심판에 대하여 처참한 묘사가 나타나는데 모두 마지막 때의 관점으로 다루는 시제라는 점에서 마지막 심판에 대한 하나님의 엄위하심에 대한 의미를 분명하게 드러내신다. 에서의 나라에 대하여 이렇듯 처참할 정도로 심판을 하시는 이유를 어떻게 설명해야 할까! 그들이 한 배에서 난 형제로서 전혀 이스라엘을 돌아보지 않았다는 무정함에서 기인한다. 오바댜 1:10-16절에서 밝히고 있는 내용을 살피면 10절은 에돔이 영원히 멸절될 것에 대하여, 15절은 만국을 벌하실 날이라는 표현을 통해 에돔의 심판에 대한 오바댜의 예언적 선포의 시제가 마지막 재림의 때에 맞춰져 있다는 사실과 이사야서의 예언과 오바댜서의 예언이 하나의 시제, 곧 End-time의 시간 속에서 다루어지고 있다는 사실을 분명하게 이해하도록 이끈다.

창 49장, 유다를 향한 예언과 예수님의 재림 심판의 관계

● 여기서 잠시 '에돔의 심판과 관련된 창세기 49장 유다를 향한 야곱의 예언과의 연결점'에 대하여 살펴봄으로 하나님의 심판 계획에 대한 유익을 취할 수 있기를 바란다.

8 '유다'야 너는 네 '형제의 찬송'이 될지라 ~ 9 '유다는 사자 새끼'로다 ~ 10 '규' 통치권위 가 유다를 떠나지 아니하며 '통치자의 지팡이'하나님의 능력 가 떠나지 아니하기를 '실로가 오시기까지'예수 그리스도 이르리니 그에게 모든 백성이 복

종하리로다 [11] 그의 '나귀하나님 나라의 일꾼인 구약의 율법 교회를 포도 나무에'구약의 여
호와께 매며 그의 '암나귀 새끼이스라엘 신약교회를 아름다운 포도나무에'예수 그리스
도에게 '맬 것'히) '아사르' 속박하다(서원이나 맹세의 의무에 대하여)이며 또 그 '옷을 포도주
에'예수님의 보혈로 의롭게 함 빨며 그의 '복장을 포도즙히) '담' 피, 예수님의 흰 옷을 피로 물
들임, 사 63:2-3에' 빨리로다 [12] 그의 '눈은 포도주로 인하여 붉겠고'심판 주 예수님의
구원을 위한 심판의 열정 묘사 그의 '이는 우유로 말미암아 희리로다'구원의 복음으로 인
한 열정, 창 49:8-12

　　유다 지파의 구원주로 오실 예수님의 심판에 대하여 이스라엘의 아버
지 야곱이 유다 지파를 향하여 전하는 축복 예언에서 이미 나타나고 있다
는 사실이다. 유다 지파를 향한 예언이 초림과 재림을 아우르는 예언이라
는 의미 앞에서 하나님의 경륜과 섭리의 완전함을 찬양하게 하는 놀라움
을 경험하게 된다. 본문은 창 49:8-12절에 기록되어 있다. 셋째 아들 유
다를 향한 이 예언은 곧 유다 지파의 후손으로 오실 예수님의 행적에 대
한 예언이다. 8절의 유다라는 단어의 의미가 '찬송'인 이유는 하나님을 찬
송하도록 지음 받은사 43:21 구원받은 모든 자가 예수님께 속한 형제 유다
지파이며 구원받은 자의 사명은 곧 찬송이라는 사 43:21절의 증거가 유
다라는 이름에 함의되어 있다. 9절에 '유다는 사자 새끼'라고 묘사하는
것은 계 5:5절에서 증거 하듯 유다 지파가 성숙될 때 이 땅에 유다 지파
에 속한 자로 예수 그리스도가 이 땅에 오실 것이라는 사실에 대하여 마
지막 계시의 말씀 속에서 논증되고 있는 것이다. 10절에 나타나는 **'장차
오실 실로'**는 **'예수님'**을 의미한다. **'실로'**는 **'안식처'**라는 의미로 **'안식을
주는 자'**라 해석될 수 있다. 신약에 나타나는 예수님의 **'규'**통치하심는 그가
재림하실 때까지 이어질 것에 대하여 10절이 증거 하는 것이다. 11-12절
은 유다를 향한 예언의 하이라이트다. 심판에 대하여 증거하는 이 행간
은 초림과 재림의 때 일어날 일들이 함의되어 있다. 이 말씀에 대한 세부
적이고 이면적 의미들을 고찰해보면 흥미롭다. 구약시대를 넘어 신약시

대를 열기 위하여 오신 예수님을 예언하고 있으며 동시에 신약시대를 넘어 마지막 End-time의 시대에 있을 믿지 않는 자들을 향한 심판과 구원받은 하나님의 교회와 백성들에 대하여 묘사하고 있는 예언이다. 특히 포도주와 포도즙에 대한 예언 이해는 구원을 위한 희생제물의 의미를 함의하고 있지만 영생을 위한 희생을 의미하는 포도주와 구원받을 자들을 위한 사망의 절망적 희생에 대한 의미인 포도즙에 대한 원어 히) '담'은 영) blood, 피라는 의미이다. 이는 심판의 시간 구원받을 하나님의 백성들을 위해 악한 자들이 흘릴 피, 곧 희생 제물로서의 죄를 의미하며 사 43:3절의 이해는 이 행간을 이해하는 하이라이트이다. 이 예언 행간에 나타나는 어휘에 대한 구체적 이해는 표와 같다.

주 제	주제의 의미	비 고
나귀	구약의 이스라엘교회	
암나귀 새끼	성령의 인침을 받는 신약교회	
포도 나무	유다사람 구약교회	사 5:7
아름다운 포도나무	신약의 성도	신약교회
옷, 복장	성도의 행실	계 19:8
포도주	구원을 주시는 예수님의 보혈	
포도즙	심판받는 자가 흘리는 피	히) 담, blood
포도주로 ~ 붉겠고	구원열정에 취한 모습	
이	복음을 먹는 능력	
우유	정결한 영양음식, 복음	
희리로다	복음으로 의롭게 된 상태	정결함

이러한 의미의 예언은 한마디로 예수님에 의해 이루어질 구원에 대한 메타포이다. 창세기 49:11절의 심판과 구원에 대한 메타포에 등장하는 '포도즙에 빨며'라는 묘사는 심판 때 뿌려져 예수님의 흰 세마포 옷을 더

럽히는 피와 관련되는 표현으로 '사 63:12-3절이 증거하는 마지막 때의 에돔 심판'과 관련되어 있으며 이 장면은 마지막 때 에돔을 심판하시는 예수님의 흰 세마포 옷이 심판의 피로 물든 상태를 의미한다.

> [1] 에돔에서 오는 이 누구며 붉은 옷을 입고 보스라에서 오는 이 누구냐 그의 화려한 의복 큰 능력으로 걷는 이가 누구냐 그는 나이니 '공의를 말하는 이요 구원하는 능력을 가진 이니라 [2] '어찌하여 네 의복이 붉으며 네 옷이 포도즙틀을 밟는 자 같으냐 [3] 만민 가운데 나와 함께 한 자가 없이 내가 홀로 '포도즙 틀'을 밟았는데 내가 노함으로 말미암아 무리를 밟았고 분함으로 말미암아 짓밟았으므로 그들의 '선혈이 내 옷에 튀어' 내 의복을 다 더럽혔음이니 사 63:1-3

신명기 33:2절에 나타나는 '바란 산'은 시나이 반도 광야에 있는 산이며 애굽에서 '바란 산을 지나 예루살렘으로' 오시는 행진 과정의 중간 지점이지만 예수님의 재림 행진에 있어 바란 산이 가지는 상관성에 대한 성경적 근거는 민 13:3절의 기사에서 이곳은 모세가 하나님의 명령을 따라 축복의 땅 가나안을 살피기 위해 정탐꾼을 보냈던 장소였으며 다윗이 사무엘이 죽고 난 후 사울의 낯을 피해 거하던 장소이기도 하다. 흥미로운 것은 삼상 25장에 나타나듯 나발을 만난 장소이기도 하지만 이로 인하여 아비가일을 아내로 맞이하는 이유가 된 곳이기도 하다. '아비가일은 다윗과 결혼한 후 다윗의 통치에 가장 긍정적인 영향을 가장 많이 끼친 여인이라고 한다.' 에디드 진의 책 '성경의 여인들' 중에서 성경 속에서 하나님의 백성으로서의 여인은 곧 교회를 의미한다. 다윗이 예수님의 예표라면 아비가일은 그의 신부인 교회를 예표하므로 성경 속에서 다윗과 아비가일의 만남 메타포는 '어리석음으로 인하여 나발이 죽고 남편이 없는 신부인 아비가일을 왕의 권세로 구원하시는 교회의 구원교리'를 가르치시는 것이다. 그러므로 심판을 위한 재림 행진의 과정에 나타나는 '바란 산에서 오시고'

에 대한 상관성 이해는 하나님의 구원 계획에 대한 완전성을 검증하시는 의미가 된다.

재림 행진의 끝, 예루살렘의 여호사밧 골짜기 심판 욜 3장

이 심판은 예수님의 공중 재림으로부터 나팔 심판과 대접 심판의 끝에 있을 아마겟돈 전쟁과 예루살렘으로 입성하셔서 적그리스도와 거짓 선지자를 유황 불 못으로 던지신 후 행하실 심판으로 살아남은 만국의 백성들을 불러 모아 행하시는 천년왕국의 시작을 위한 심판이다. 이때는 이 땅에 살아남은 모든 자는 여호사밧 골짜기에서 예수님의 얼굴을 마주 대하고 심판을 받을 것이다. 마 25:31~46절에 나타나는 오른쪽으로는 양. 왼쪽으로는 염소를 구별하여 세우시고 심판을 행하시는 시간이다. 욜 3장에 나타나는 여호사밧의 골짜기는 여호사밧이 모압, 암몬, 에돔 연합군을 물리친 골짜기를 지칭하는 것으로 기드론 골짜기라고도 부르는 예루살렘 성이 있는 시온 산을 둘러싼 골짜기이며 이 골짜기의 서쪽을 힌놈의 골짜기라 부른다. 동, 서, 남쪽의 골짜기 전체를 통칭하는 이름이 여호사밧 골짜기인데 요엘과 다니엘 선지자는 종말에 일곱 대접 심판 후 이곳에서 만국의 살아 남은 자를 불러 모아 45일 동안 심판하실 것에 대하여 증거 하고 있다. 다니엘은 그 시간에 대하여 단 12:12절에서 이렇게 증거 한다.

기다려서 **천삼백삼십오 일**까지 이르는 그 사람은 복이 있으리라 단 12:12

기준은 7년의 전반기 1260일 = 마흔두 달 = 삼 년 반이 지나고 칠 년의 중간 지점에 이르는 시간에 새로 세워진 유대인의 성전을 짐승이 점령 살후 2:4 하고 내가 하나님이라고 선언하는 때이다. 후반기 1260일의 시간이 끝나는 시간에는 일곱 나팔이 울리며 예수님의 재림이 있을 것이다.

칠 년 중 전반기 1260일이 지나고 후반기 1260일이 끝난 시점으로부터 1290일에 이르는 30일 동안은 대접 심판의 시간단 12:11이며 1290일이 지난 시점으로부터 천삼백삼십오 일을 계산할 때 나오는 45일의 시간은 여호사밧 골짜기 심판의 시간양과 염소 심판의 시간, 마 25:31-46이며 이때까지 이르는 사람이 복이 있다는 다니엘의 예언은 안식의 시간, 곧 천년왕국이 시작되기 때문이다. 그러므로 만국의 백성들을 모아 여호사밧 골짜기에서 행해지는 심판의 날짜는 45일이 된다. 7년 이라는 기간의 중요성은 심판의 대상인 짐승의 출현 시점과 예수님의 재림이라는 두 가지 명제를 위함이다. 다시 말하면 짐승이 출현하는 시점으로부터 7년 후에 예수님의 재림이 있을 것이라는 사실을 함의한 예언적 시간인 것이다. 이러한 시간들에 대하여 다니엘의 예언적 시간표를 기준으로 계산하면 다음과 같다.

'매일 드리는 제사'제삼 성전과 함께 부활 된 희생 제사를 '폐하며'짐승의 성전점령으로 인하여 '멸망하게 할 가증한 것을 세울 때'7년 조약의 시점부터 절반, 곧 1260일이 지난 시점 성전을 점령한 예루살렘 성전에 세워질 짐승의 우상 계 13:14-15 부터 '천이백구십 일을 지낼 것'1260일 - 1290일의 시점 = 30일이요 기다려서 '천삼백삼십오 일까지 이르는 그 사람은 복'1290일 – 1335일 = 45일의 시까지 살아 남은 자는 복된 자이 있으리라 단 12:11-12

다니엘의 예언을 바탕으로 계산된 7년+30일+45일에 대한 이해

예언적 표현	예언의 시간과 시점 이해
한 이레의 언약으로 짐승 출현	7년의 시작
짐승의 성전 점령	한 이레의 언약으로부터 1260일 삼 년 반 후
나팔 심판	성전 점령 후의 시간, 후 삼 년 반의 어느 시점
일곱 나팔과 예수님의 재림, 교회의 휴거	나팔 심판과 대접 심판의 사이
대접 심판의 기간	1260일이 지나고 1290일에 이르는 시간 = 30일
여호사밧 골짜기 심판의 시간	1335-1290=45일

7년의 끝에서 일곱 번째 나팔이 울릴 것이며 예수님의 재림은 두 단계 곧 '**공중 재림과 지상 재림**'으로 나뉘어 이루어질 것이며 나팔 심판의 끝에 재림하신 주님은 홀연히 변화되어 휴거 된 우리와 함께 구름 위에서 대접 심판을 행하실 것이며 아마겟돈 전쟁의 때, 승리를 위해 지상으로 재림하셔서 최후 승리를 선포하시고 예루살렘으로 입성하실 것이다. 19장에서 나룰 최후 승리의 내용은 예수님의 재림에 대한 더 깊은 이해를 도우게 될 것이다.

예수님의 행하실 시간에 대한 이러한 지식은 마지막 때인 오늘날의 교회가 어떤 마음으로 지금의 때를 바라보아야 하며 어떤 믿음의 결단으로 최종 소망의 시간을 준비해야 할 것에 대하여 고민하며 기름을 준비한 다섯 처녀의 의미를 현재적 관점으로 인식하고 동일한 삶을 살아가도록 힘쓰게 될 것이다. 그 때를 기다리며 구체적이고 실천적인 관점에 대한 고민은 오직 그 시간에 대한 지식이 있어야만 가능한 것이다. 그런데! 이러한 교회의 지식을 공급하는 생수의 근원을 송두리째 틀어막고 마지막 때의 지식과 은혜를 틀어막는 이유가 말씀이라는 '아이러니'다. 이는 말씀이 잘못된 것이 아니라 '**말씀을 연구조차 하지 못하도록 오해하게 하는 사탄의 전략**' 때문이다. 한마디로 교회가 "**속았다**"라는 의미다. 기막힌 것은 그 말씀을 하신 분이 예수님이시며 사탄이 그 말씀을 오해하도록 전략적으로 이끈 것은 그만큼 그 말씀에 함의된 하나님의 계획이 사탄과 관계된 엄청난 종말론적 관점이기 때문이다. 사탄의 전략은 2000년의 시간 동안은 유효하게 계시록의 지식을 덮어 자신을 방어할 수 있었으나 하나님은 더 이상 덮어두기를 원하지 않으신다. 그 때가 임박했기 때문이다. 많은 사람이 세상의 면면들을 살피며 나타나는 징조가 마지막 때를 알리는 현상이라고 확신하는 이유는 너무나 성경대로 이루어져 가고 있기 때문이다.

사탄이 교회로 하여금 마지막 복음에 무관심하도록 자기방어기제로 사용했던 예수님의 가르침을 살펴보자. 마 24:36절이 그 핵심이다.

> 그러나 그 '날'과 그 '때'는 아무도 모르나니 **하늘의 천사들도, 아들도 모르고** 오직 **아버지만** 아시느니라 마 24:36

사탄은 이 말씀을 병풍 삼아 요한계시록의 가르침에 대하여 함구를 외외치도록 전략적 방해를 했다. 교회와 부름받은 목회자들은 하나님만 아시는 그 때에 대하여 관심을 두지 말라는 일종의 연구하지 않는 게으름에 대한 자기 변론으로 일관하며 몇몇 학자들이 말하는 분명하지 않은 혼란스러운 지식들을 자기 지식으로 삼았고 사탄은 이를 이용해 '다미선교회'와 같은 이단적 무리를 등장시켜 한국 교회 스스로 염려의 올무에 갇혀 요한의 계시록에 대한 위험성을 강조하기 시작한 것이 지금까지 영향을 미치고 있는 것이다. 그러나 예수님이 가르치신 이 본문에 대한 원어적 의미를 살피면 결코 그런 말을 할 수가 없다. 두 가지 단어에 대한 원어적 이해가 필요한데 '**날**'과 '**때**'라는 단어에 대한 이해이다.

'날' 헬) '**헤메라**'이며 날day을 의미한다.
헤메라는 기본어 이며 히) '**욤**'의 역어이며 ❶ **낮**day light ❷ **하루 종일** full of day, 24시간 ❸ **수간의 한 날**day of the week을 의미한다.
이 단어는 '**어느 날, 몇 일**'이라는 날짜에 대한 의미를 부여한다.

'때' 헬) '**호라**'이며, 시간hour **때**time, 시점point of time을 의미한다.
이 단어는 '**몇 시 몇 분**'이라고 표현할 때 사용하는 더 구체적 시간 개념을 함축한다.

두 단어의 용례를 보고 '그 날과 때'에 대한 예수님의 가르침의 의미는 몇 일 몇 시라는 정확한 시간에 대해서는 하나님만이 아신다는 의미이다. 이러한 용례를 통하여 이해되는 것은 '날과 때에 대해서는 하나님만 아시니 요한계시록의 내용에 대해서는 관심을 끊어라'는 의미가 아니라 '**재림과 심판에 대한 정확한 날짜 곧 몇 일 몇 시라고는 말씀하신 적이 없고 하나님만 아신다**'라는 의미가 되며 예수님이 임하실 시기에 대하여는 모든 성경 속에 충만하게 묘사되어 있으니 부지런히 연구하고 살펴벧전 1:9-13 예수님께서 강림하실 그 날을 가르치고 기다리며 확신하는 데 거하라는 의미가 된다. 그러므로 이 말씀에 반응해야 하는 사명이 있는 목회자들은 영적 분별력이 없는 이단의 무리들보다 성령님의 지혜와 총명과 재능과 모략과 지식과 여호와를 경외하는 영사 11:2을 구하므로 이 모든 계시를 해석하여 온전히 가르치고 양육하며 온 땅에 거하는 마지막 때의 교회가 깨어 경성함으로 슬기로운 다섯 처녀의 삶과 같이 신부의 옷을 준비하도록 양육해야 하는 것이다. 우리가 분명히 인식해야 할 것은 마 24:36절의 표현이 예수님께서 이 땅에 재림의 징조나 예수님의 임박한 시기를 알지 못하도록 규제하시는 내용이 아니라 예수님의 재림과 심판에 대하여 더 깊이 살펴야 할 것을 독려하고 격려하시는 예수님의 마음이 서려 있는 '**교회를 향한 외침**'으로 들어야 할 것이라고 강요라도 하고 싶다. 무슨 근거로 그런 인식을 강요하느냐고 묻는다면 필자는 성경적 근거에 대하여 이렇게 답할 것이다.

첫째, 구원 성취에 대한 시와 때를 알게 하는 것이 선지자적 사명이기 때문이다. 구약의 선지자들과 신약의 사도들은 구원의 시기와 때에 대한 관심이 엄청났던 것 같다벧전 1:9-13. 누가 언제 어떻게 구원을 이룰지에 대한 관심은 초림과 재림의 때에 이르러 실족하는 자가 없도록 오늘을 살아가는 우리와 다음 세대를 위해 연구하기에 힘썼으며 이는 하나님의 뜻이라는 것을 말씀을 통하여 깨닫게 하신다.

> 9 믿음의 결국 곧 '**영혼의 구원**'을 받음이라 10 이 '구원에 대하여'는 너희에게 '**임할 은혜** 구원을 위한 초림과 재림의 은혜 **를 예언하던 선지자들**'이 '**연구하고 부지런히 살펴서**'말씀을 맡은 자들의 사명 11 자기 속에 계신 '**그리스도의 영**'성령 이 '**그 받으실 고난**'예수님이 받으실 십자가 고난 과 '**후에 받으실 영광**'재림과 심판으로 이루시고 아버지와 온 땅 교회를 통하여 받으실 영광 을 '**미리 증언**'연구의 결과를 전함 하여 '**누구**'구원자가 누구인지를 또는 '**어떠한 때** 구원을 위한 재림과 심판의 때가 언제인지를 **지시하시는지** 가리키고 가르치는지를 **상고**'오래전의 말씀들을 연구함 하니라 벧전 1:9-11

이러한 구원에 대한 초림과 재림과 관련된 구원자와 구원기사에 대한 정보는 수종드는 천사들도 알지 못하는 것으로 오직 성령을 통하여 부르심을 입고 기름부음 받은 자들의 연구와 부지런히 살피는 열정으로 이루어지는 것이라고 가르치고 있다.

> 이 '**섬긴 바**'가 자기를 위한 것이 아니요 '**너희를 위한 것**'임이 계시로 알게 되었으니 이것은 하늘로부터 보내신 '**성령을 힘입어 복음을 전하는** 자들로 이제 너희에게 알린 것'이요 '**천사들도 살펴 보기를 원하는 것**'이니라 벧전 1:12

자기백성의 구원에 대한 예수님의 간절함은 자기를 십자가에 버리실 정도로 간절하셨다. 그 아버지는 하나밖에 없는 독생자를 내어주실 정도의 절박함 가운데 행하셨고 삼위이신 성령님은 얼마든지 십자가에서 내려올 수 있도록 자기 능력으로 행하실 수 있으나 그 구원을 우리에게 주시기 위해 예수님 안에서 힘을 다해 참으셨다는 것을 이해한다면 마지막 때의 구원을 향한 하나님의 마음을 이해할 수 있어야 하는 것이다.

둘째, 예수님의 명령이기 때문이다.

> ⁹ 내가 '천사'1절, 힘 센 천사, 예수님에게 나아가 작은 '두루마리'마지막 계시를 달라한 즉 천사가 이르되 '갖다 먹어 버리라'네 사명으로 취하라 '네 배에는 쓰나 네 입에는 꿀 같이 달리라'이 말씀이 온전히 이해되기까지는 힘이 들 것이나 전할 때는 즐거움과 기쁨을 주는 구원의 복음이 될 것이다 하거늘 ¹⁰ 내가 천사의 손에서 작은 두루마리를 갖다 먹어 버리니 '내 입에는 꿀 같이 다나 먹은 후에 내 배에서는 쓰게 되더라'요한이 그 말씀을 받을 때는 구원의 복음으로 받았으나 전하는 역사 속의 과정과 성취에 있어서는 힘드는 고통의 진리라는 의미 이다 ¹¹ 그가 내게 말하기를 '네가 많은 백성과 나라와 방언과 임금에게 다시 예언하여야 하리라'세대를 따라 요한의 계시를 선포 해야 할 책임이더라 계 10:9-11

이 행간에서 '네가 많은 백성과 나라와 방언과 임금에게 다시 예언하여야 하리라'는 말씀에 집중해야 하는 이유는 요한은 책으로 예언하고 다음 세대인 우리는 가르침으로 전해야 할 사명을 부여하시는 것이며 이 사명은 인류의 생명을 구하는 책임이기에 안타깝고 간절한 마음으로 외치고 부르짖어야 할 복음이라고 말씀하시는 예수님의 마음을 알아야 한다. 예수님이 아니면 구원에 대하여 알릴 분이 없듯이 우리가 아니면 마지막 심판과 구원에 대하여 알게 할 자가 없기 때문임을 알아야 한다.

예수님께서 이 땅에 재림하실 시간에 대하여 알고 연구해야 할 이유를 설명하는 세 가지의 시계가 있다. ❶ 마 24:14절을 중심으로 ❷ 짐승의 출현과 ❸ 이스라엘과 중동의 변화다. 이 셋 중에서 가장 중요한 관점은 역시 마 24:14절의 가르침이다.

> 이 '천국 복음이 모든 민족에게 증언'되기 위하여 '온 세상에 전파'되리니 '그제야 끝'이 오리라 마 24:14

계시록의 어떤 해석이든 이 말씀의 기준 외의 어떤 기준도 종말의 시간을 설명하는 기준으로 삼아서는 안 된다. 곧 성경에 나타나는 하나님의 기준이 될 수 없기 때문이다.

그러나 성경에 나타나는 재림에 대한 더 깊은 이해를 돕는 사인이나 시그널들이 많이 나타난다. 그 중에 특별한 표적은 유대인들의 절기인데 하나님이신 예수님도 지키신 하나님 나라의 기념일들이며 하나님의 뜻을 성취하는 예언적 관점으로서 중요한 키워드이다. 쉽게 설명하여 유월절기 이후 오십 일째 되는 날을 오순절기로 지키는 의미를 설명하면 유월절기란? 구약시대의 끝에 오신 예수님께서 새로운 신약시대를 준비하시기 위해 이루신 십자가 희생과 부활과 승천 이후 신약시대의 부흥을 이끌어가실 성령 하나님의 임재를 나타내는 절기가 바로 유월절과 오순절이라는 관점으로 설명할 수 있는 것과 같은 맥락이다. 이스라엘의 절기를 통하여 하나님의 하실 일들을 드러내시는 하나님의 일하시는 방식을 살펴보고 예수님의 재림에 관한 더 깊은 이해에 근접하여 마지막 시간을 더 깊이 이해한다면 '**예수님의 다시 오심에 대하여 간절하지만 막연한 기다림으로 일관했던 과거와 달리 교회의 기다림이 확신 가운데 기다리는 신부의 교회**'가 되어 환난의 시간을 믿음 가운데 힘있게 이기며 통과할 수 있을 것이다.

예수님의 재림에 대한 성경적 근거들

그가 일렀으되 여호와께서 시내 산에서 오시고 세일 산에서 일어나시고 바란 산에서 비추시고 '**일만 성도 가운데에 강림**'예수님을 기다리는 모든 지상교회하셨고 그의 '**오른손에는 그들을 위해 번쩍이는 불**'능력으로 행하실 심판이 있도다 신 33:2

그가 또 '**하늘을 드리우고 강림**'하시니 그의 '**발 아래는 어두캄캄**'재림의 환경하였도다 삼하 22:10

여호와여 주의 '하늘을 드리우고 강림'하시며 '산들에 접촉'_{나라들과 부딪혀} 하사 '연기를 내게'_{심판의 연기} 하소서 시 144:5

보라 '**여호와께서** 불에 둘러싸여 강림**하시리니**' 그의 수레들은 회오리바람 같으리로다 그가 혁혁한 위세로 노여움을 나타내시며 '맹렬한 화염으로 책망'하실 것이라 사 66:15

여호와께서 '**그의** 처소에서 나오시고 강림'_{계 11:19, 15:5} 하사 '땅의 높은 곳'_{시온 산의 예루살렘} 을 밟으실 것이라 미 1:3

² 내 아버지 집에 거할 곳이 많도다 그렇지 않으면 너희에게 일렀으리라 내가 '**너희를 위하여** 거처를 예비하러 가노니'_{천 년 동안 함께할 이 땅의 시간을 기다리러 가심, 승천} ³ 가서 너희를 위하여 '**거처를 예비하면**'_{재림의 시간이 이르면} 내가 '다시 와서'_{재림} 너희를 '내게로 영접하여'_{천년왕국} '나 있는 곳'_{겔 43:7 에} 너희도 있게'_{천년왕국과 완성된 하나님 나라} 하리라 _{다시 하늘로의 Com back에 대한 가르침은 없다.} 요 14:2-3

이르되 갈릴리 사람들아 어찌하여 서서 하늘을 쳐다보느냐 너희 가운데서 하늘로 올려지신 이 '예수는 하늘로 가심을 본 그대로 오시리라' 하였느니라 행 1:11

그러나 각각 자기 차례대로 되리니 '먼저'는 첫 열매인 '그리스도'요 다음에는 그가 강림 하실 때에 '그리스도에게 속한 자'요 고전 15:23

주께서 호령과 천사장의 소리와 하나님의 '나팔 소리로 **친히 하늘로부터 강림**'하시리니 살전 4:16

기타 재림에 대한 병행 구절들

사 31:4; 사 64:1, 3; 미 1:3; 살후 1:10, 2:1, 8; 요 14:28; 약 5:8 벧후 1:6, 3:4; 요일 2:28; 살전 2:19; 살전 3:13

Glory day
Community
Glory day
End-time Institute

요한계시록
제 12 장

¹ 하늘에 큰 이적이 보이니 해를 옷 입은 한 여자가 있는데 그 발 아래에는 달이 있고 그 머리에는 열두 별의 관을 썼더라 ² 이 여자가 아이를 배어 해산하게 되매 아파서 애를 쓰며 부르짖더라 ³ 하늘에 또 다른 이적이 보이니 보라 한 큰 붉은 용이 있어 머리가 일곱이요 뿔이 열이라 그 여러 머리에 일곱 왕관이 있는데 ⁴ 그 꼬리가 하늘의 별 삼분의 일을 끌어다가 땅에 던지더라 용이 해산하려는 여자 앞에서 그가 해산하면 그 아이를 삼키고자 하더니 ⁵ 여자가 아들을 낳으니 이는 장차 철장으로 만국을 다스릴 남자라 그 아이를 하나님 앞과 그 보좌 앞으로 올려가더라 ⁶ 그 여자가 광야로 도망하매 거기서 천이백육십 일 동안 그를 양육하기 위하여 하나님께서 예비하신 곳이 있더라 ⁷ 하늘에 전쟁이 있으니 미가엘과 그의 사자들이 용과 더불어 싸울새 용과 그의 사자들도 싸우나 ⁸ 이기지 못하여 다시 하늘에서 그들이 있을 곳을 얻지 못한지라 ⁹ 큰 용이 내쫓기니 옛 뱀 곧 마귀라고도 하고 사탄이라고도 하며 온 천하를 꾀는 자라 그가 땅으로 내쫓기니 그의 사자들도 그와 함께 내쫓기니라 ¹⁰ 내가 또 들으니 하늘에 큰 음성이 있어 이르되 이제 우리 하나님의 구원과 능력과 나라와 또 그의 그리스도의 권세가 나타났으니 우리 형제들을 참소하던 자 곧 우리 하나님 앞에서 밤낮 참소하던 자가 쫓겨났고 ¹¹ 또 우리 형제들이 어린 양의 피와 자기들이 증언하는 말씀으로써 그를 이겼으니 그들은 죽기까지 자기들의 생명을 아끼지 아니하였도다 ¹² 그러므로 하늘과 그 가운데에 거하는 자들은 즐거워하라 그러나 땅과 바다는 화 있을진저 이는 마귀가 자기의 때가 얼마 남지 않은 줄을 알므로 크게 분내어 너희에게 내려갔음이라 하더라 ¹³ 용이 자기가 땅으로 내쫓긴 것을 보고 남자를 낳은 여자를 박해하는지라 ¹⁴ 그 여자가 큰 독수리의 두 날개를 받아 광야 자기 곳으로 날아가 거기서 그 뱀의 낯을 피하여 한 때와 두 때와 반 때를 양육 받으매 ¹⁵ 여자의 뒤에서 뱀이 그 입으로 물을 강 같이 토하여 여자를 물에 떠내려 가게 하려 하되 ¹⁶ 땅이 여자를 도와 그 입을 벌려 용의 입에서 토한 강물을 삼키니 ¹⁷ 용이 여자에게 분노하여 돌아가서 그 여자의 남은 자손 곧 하나님의 계명을 지키며 예수의 증거를 가진 자들과 더불어 싸우려고 바다 모래 위에 서 있더라

[12 장]

세 번째 설명

12장의 시간대 : 예수님의 출생부터 아마겟돈 전쟁 준비까지, 이스라엘교회의 역사

계 13:1, 11 단 9:27 계 16:1-19:11-21 계 11:15 단 12:11 계 20:7-10 계 21:1-20
욜 3:2/마 25:31-46계 20:4-6, 사 25:6-8 계 20:11-15 계 21:21-22:5

7년 환난 / 한 이레의 언약

전 삼 년 반, 두 짐승과 인 심판 | 후 삼 년 반, 나팔 심판 | 대접 심판 | 여.름.심판 양.염.심판 | 천 . 년 . 왕 . 국 | 흰 보좌 심판 | 영원한 나라

1260일 ⇨ 1260일 ⇨ 30일 ⇨ 45일 ⇨ 1000년

⇨ 짐승 출현
Jr성전 점령
일곱 나팔 공중 재림 교회의 휴거
지상 재림 두 짐승의 처단 사탄…무저갱
무저갱 해제 만국 미혹 예루살렘 점공
⇨ 사망의 부활
⇨ 하나님 나라 완성
사탄의 부활 새 예루살렘 혼인 연회

12장의 개관

　12장은 두 번째 사건 이후에 전하는 세 번째 설명구이다. 예수님의 출생부터 마지막 때의 아마겟돈 전쟁 준비까지 모든 이스라엘의 역사를 짧고 간결하게 다루어 가는 특징을 가진 Chapter다. 12장의 의미는 16장에서 있을 두 번째 심판인 대접 심판이 부어지기 전 이스라엘 역사 속에서 이스라엘을 힘들게 했던 역사적 존재가 사탄이라는 사실을 적시하고 이 사탄과 그의 하수인들을 궤멸하고 승리할 것에 대한 역사적 메시지를 담고 있는 장이며 대접 심판의 끝 부분인 아마겟돈 전쟁 준비까지의 시간을 그리고 있는 것이 12장의 내용이다.

이스라엘 교회의 역사와 사탄의 박해에 대한 Review 12:1-16, 신약교회를 열어갈 메시아 탄생을 위해 애쓰는 이스라엘의 구약교회

계 12:1-2 ¹ 하늘에 큰 이적이 보이니 '해를 옷 입은 한 여자'가 있는데 그 '발 아래 에는 달'이 있고 그 '머리에는 열두 별의 관'을 썼더라 ² 이 여자가 '아이를 배어 해산'하게 되매 '아파서 애를 쓰며 부르짖더라'

12장은 이스라엘 신약교회의 태동과 그 역사를 짧게 재조명하고 있다. 이러한 재조명의 이유가 무엇일까? 이유는 22장까지의 재림과 심판의 과정을 설명하는 요한계시록의 증거 가운데 12장의 위치에서 이해의 시작을 찾아야 한다. 12장에 나타나는 설명은 **'예수님의 공중 재림이 이루어지는 11장의 두 번째 사건이 끝나고 세 번째 사건인 대접 심판의 사건이 시작되는 16장 사이에 위치'**한다. 대접이 부어지면 인류를 힘들게 하던 악인들의 역사는 끝이 날 것이다. 예수님의 심판이 끝나면 영원의 시간으로 들어가기 전 이 땅과 하늘을 새롭게 하시는 예수님의 통치 시간인 천년왕국이 위치하는데 이 시간은 에덴으로의 변화를 목적한다. 죄로 인한 타락을 회복하고 가시와 엉겅퀴로 더러워진 땅과 하늘의 온전한 정결함을 위한 회복의 기간이 될 것이다. 모든 것이 정결하여 졌을 때, 고전 15:24절에 나타나는 사도 바울의 에인처럼 이 땅을 하나님 아버지께 드리는 예수님의 최종적 사명이 완수될 것이며 이는 곧 영원한 하나님 나라로 들어가는 시작이 될 것인데, 구원받은 인류가 이 시간에 경험하게 될 것은 하늘에서 내려오는 정결한 처소 거룩한 성 새 예루살렘계 21:1-21이 임하고 그 안에서 신랑이신 예수님과 아버지와 성령님과 함께 영원한 시간을 함께할 것을 선포하는 혼인 연회사 25:6-8이다.

해를 옷 입은 한 여자

해는 성경 속에서 예수 그리스도의 예표이며 해를 옷 입은 여자는 예수님의 은혜로 구원받은 이스라엘 구약교회를 의미한다. 해가 예수님이라는 의미를 논증하는 용례는 시 19:5절에 나타나는데 예수님께서 '천년왕국'을 의미하는 '신방'에서 나오실 때 신랑이신 그분의 얼굴에 나타나는 만족한 모습을 그리고 있으며 신랑과 신부의 기쁨과 즐거움으로 가득한 모습을 간결하고 아름답게 묘사하므로 완성된 하나님의 나라에서 교회와 함께하시는 하나님의 기쁨을 나타내고 있다. 또한 예수님은 기쁨과 즐거움 가득한 신랑의 모습이기도 하지만 **'그 길을 달리기 기뻐하는 장사'**의 이미지를 함께 가진 강인한 능력의 소유자로 **'자기 신부를 구원하시기 위한 심판을 향해 쉬지 않고 달려가는 장사'**로 묘사하고 있는 것이다. 시편 기자의 감동은 이러하다.

> **'해는 그 방에서 나오는 신랑과 같고 그 길을 달리기 기뻐하는 장사 같아서'** 시 19:5

또한 말라기 4:2절에 기록된 **'의로운 해'**이다. 이 말씀은 심판이 끝나고 예수님과 함께하는 천년왕국에서의 삶을 노래하며 완전한 자유와 기쁨을 누리는 완성된 하나님 나라에서의 즐거움을 기대하도록 이끈다.

> **'내 이름을 경외하는 너희'**에게는 '의로운 해'가 떠올라서 '치료하는 광선'을 발하리니 너희가 나가서 외양간에서 나온 송아지 같이 뛰리라 말 4:2

해에 대한 이러한 관점을 토대로 계시록의 본 절을 이해하면 **'해를 옷 입은 여인'**은 **'하나님의 의를 힘입어 독생자 예수님을 잉태한 이스라엘'**이라는 해석이 계시록 12장을 온전한 이해로 이끄는 시작이 된다.

발 아래에는 달이 있고

여인의 '**발과 달**'에 대한 이해를 병행하여 생각하면 쉽게 이해 될 것이다. 발은 복음의 신발을 신는 지체이다. 여인의 발은 온 세상에 복음을 전할 사명이 부여된 이스라엘 교회의 부르심을 함의하며 이스라엘은 신약의 복음을 위해 이 땅에 오신 예수 그리스도를 출산한 이스라엘 교회를 의미하는 것이다. 달이 의미하는 바는 어둠의 권세를 상징한다. 다윗의 시에는 달이 성도에게 해를 끼치지 못한다고 표현하고 있는 것으로 보아 어둠이 주는 두려움이 있음을 알게 하고 '신'Sin 곧 달 신에 대한 이름은 아브람이 살던 남 바벨론의 우르와 메소포타미아의 하란에서 숭배되던 주신이었으며 고대 희랍에서는 '간질'을 뜻하는 단어인 '에필렙틱'epileptic 이 '달의 침을 받다'라는 의미를 가진 단어인 것으로 보아 그 당시 고칠 수 없는 특별한 증상에 대하여 달의 어둠이 주는 두려움으로 이해했다는 것을 생각하도록 이끈다. 그러므로 여인의 발 아래 있는 달에 대한 묘사는 여인이 달을 지배한다는 의미로 이스라엘의 구약교회가 예수 그리스도의 출산을 통하여 어둠의 능력, 곧 사탄의 능력을 이기고 승리할 것에 대한 메시지를 전하는 승리의 메타포이다. 이것을 신약적으로 해석하면 신약교회가 어둠을 이기고 복음으로 최후 승리를 성취할 것에 대한 메타포로서의 그림 언어이며 신약의 복음을 준비하는 이스라엘 구약교회에 대한 묘사를 통하여 진리의 빛이 되는 복음으로 온 어둠의 영역을 밝힐 준비를 하고 있는 하나님의 나라 이스라엘을 묘사하는 그림 언어이다.

열두 별의 관을 썼더라

이 묘사는 '**열둘**'과 '**관**'에 대한 성경적 이해를 병행하면 쉬워진다. 열둘은 계 21:12절에서 보여지듯 구약에서 나타나는 열두 지파의 족장들을 의미하는 표현이며 관은 영광의 상징이다. 12지파의 족장들이 가지는 영광으로 열방 앞에서 이스라엘의 구약교회가 가지는 **'구원의 문으로서의 영광'** 계 21:12을 의미한다. 그들은 이 영광이 하나님께로부터 왔음을 알고 다시 하나님께 그 영광을 돌려드리는 경배의 행위로 관을 하나님의 보좌를 향해 드리는 예배의 장면이 계 4:10절의 증거이다.

> **'이십사 장로들이 보좌에 앉으신 이 앞에 엎드려'** 세세토록 살아 계시는 이에게 경배하고 **'자기의 관을 보좌 앞에 드리며'** 이르되 계 4:10

그러므로 **'열두 별의 관을 썼더라'** 는 묘사는 바로 이스라엘 교회가 열두 족장의 영광으로 인하여 세워진 하나님의 나라라는 이스라엘의 영광을 설명하고 있다.

아이를 배어 해산하게 되매

이스라엘의 역사 속에서 메시아로 오시는 예수 그리스도의 출산이 임박한 구약교회의 끝 시간에 대한 묘사이다. 예수님은 이스라엘의 교회사 가운데서 신약시대의 인물이 아니다. 새로운 시대적 교회를 세우시고 새로운 약속의 시대를 열어 가시기 위하여 구약교회의 끝 시간에 이 땅에 오신 것이며 십자가 죽음, 부활, 승천 이후 오십 일째 되던 날 신약교회의 흥왕을 위해 이 땅에 오신 성령 하나님을 통하여 이 땅에 예정된 모든 자들을 구원하시기 위해 졸지도 주무시지도 않고 일하시는 하나님이신 것이다. 이러한 새로운 언약을 위해 이스라엘의 구약교회는 예수님을 잉태하고 이 땅에 출산하는 산모의 역할을 감당한 것이다.

아파서 애를 쓰며 부르짖더라

고난 가운데 메시아를 기다리는 이스라엘의 갈망과 고통을 묘사하고 있는 표현이다. 그들은 말라기 선지자의 예언 이후 하나님께서 자신을 드러내지 않으시는 400년의 시간을 지나며 헬라와 로마의 침략을 통한 고난을 겪고 무너져 버린 하나님과의 관계가 회복되기를 갈망하고 있었는데 그들이 기다리는 것은 오직 나라를 회복하도록 이끌 약속된 메시아를 기다리는 것이었다. 그 메시아를 보기 위해 인생을 바쳐 기도하던 신약시대의 두 사람에 대한 소개가 눅 2:25-35절에 나타나는 '**시므온**'과 눅 2:36-38절에 나타나는 '**바누엘의 딸 안나**'라는 여인이다. **안나라는 여인**은 결혼 후 칠 년 만에 남편을 잃고 팔십사 세가 되기까지 성전을 떠나지 아니하고 주야로 금식하며 기도함으로 메시아의 오심을 위해 기도했고, **시므온이란 사람**은 의롭고 경건함으로 이스라엘의 위로를 기다리는 자였으며 그가 주를 보기 전에는 죽지 아니하리라는 성령의 지시 가운데 확신에 찬 중보자로 메시아를 기다리며 기도하는 중보자였다. 이러한 이스라엘의 메시아 대망과 메시아가 오시기까지 그 출산을 힘겹게 기다리는 이스라엘을 향하여 '**아파서 애를 쓰며 부르짖더라**'라고 묘사하는 것이다.

메시아 탄생에 대한 사탄의 방해와 초림 예수님의 승천 3-5절

> **계 12:3** 하늘에 또 다른 이적이 보이니 보라 한 큰 '**붉은 용**'이 있어 '**머리가 일곱이요 뿔이 열**'이라 여러 '**머리에 일곱 왕관**'이 있는데

붉은 용

사탄, 마귀, 옛 뱀에 대한 전체적이고 종말론적 이름_{계 20:2}이 '붉은 용'

이라는 묘사다. 계시록은 원수의 삼위일체에 대하여, '**붉은 용** _{계 20:2} ＋ **짐승** _{계 13:1} ＋ **거짓 선지자**' _{계 13:11}로 명명하고 있다.

머리가 일곱

'**머리**'는 두 가지의 의미를 함축하고 있는 묵시 문학적 표현이다. 첫째, '**왕**'에 대한 표현이며, 둘째 '**나라**'에 대한 표현이다. 이 표현은 '**일곱 나라를 다스리는 일곱 왕**'이라는 의미를 가지며 구약 성경의 중심인 이스라엘과 관계된 나라들이다. 즉 이스라엘을 정복 대상으로 삼고 고통스럽게 하고 짓밟았던 나라들로 하나님은 하나님 나라를 짓밟은 나라로 인식하시며 이스라엘의 원수는 곧 하나님의 원수로 인식하시는 성경적 관점을 발견할 수 있다. 신약시대 하나님 나라를 중심으로 생각하면 하나님 나라를 짓밟고 박해하는 사탄의 적대적 관계를 묘사하는 것이다. 구약시대의 이스라엘의 적대적 일곱 나라는 ❶ 앗수르 ❷ 애굽 ❸ 바벨론 ❹ 바사 ❺ 헬라 ❻ 로마 그리고 마지막 때 멸망하는 ❼ 사탄과 두 짐승의 나라 마지막 바벨론 _{계 18장}인 로마이다. 구약 성경에 나타나는 이스라엘의 적대적 핵심 국가들이며 예수님 재림의 때 이스라엘과 온 땅 하나님의 교회를 박해할 왕과 나라를 의미한다. 성경은 이 나라의 왕들을 풀무로 삼아 자기 백성들을 다듬으시며 연단 하심으로 정금이 되도록 이끄시는 하나님을 그려낸다. 마지막 때 또한 적그리스도를 통하여 마흔두 달, 곧 삼 년 반 동안의 권세를 받아 이스라엘과 세계의 복음주의 교회를 박해할 것이며 이를 통하여 알곡과 쭉정이를 스스로 알게 하실 것이며 양과 염소를 구별하듯 심판하실 것이다.

뿔이 열

뿔은 성경적 의미로는 권세를 의미한다. 뿔이 열이라는 의미는 열 개의 권세라는 의미이며, 곧 권세를 가진 자 열 명을 의미한다. 이들은 후에 적그리스도와 함께 일할 것이며 이들은 나라를 얻지 못한 자들이지만 임금과 같이 한동안 권세를 얻는 세계기구의 수장들, 곧 UN이나 세계금융기구인 IMF 같은 세계기구들을 주관하는 권세자들이 될 것이다. 현재에도 그들은 한 나라의 대통령 이상의 권세를 가지고 있으며 마지막 때의 그들은 적그리스도의 동역자들이 되어 온 세계의 질서를 재편하고 적그리스도에게 모든 권세를 위임할 것이며 그의 권세 아래서 세계지배의 야욕을 위해 연합할 것이다.

> **계 17:12** 네가 보던 '열 뿔은 열 왕'이니 아직 '나라를 얻지 못하였으나 다만 짐승과 더불어 임금처럼 한동안 권세'를 받으리라

일곱 왕관

일곱 나라 왕들의 머리에 씌워진 권세의 관들을 의미한다. 그들은 언제나 강력한 나라의 왕으로 그들의 권세를 가지고 이스라엘을 괴롭히고 성전의 하나님을 멸시하며 성전을 더럽히는 일들을 서슴치 않았음을 성경은 증거 하며 심판 때 하나님 앞에서 진노의 대상임을 명확히 하고 있다.

> **계 12:4** 그 '꼬리'가 하늘의 '별 삼분의 일'을 끌어다가 '땅에 던지더라' 용이 해산하려는 여자 앞에서 그가 해산하면 그 아이를 삼키고자 하더니"

별 삼분의 일

타락한 천사들을 의미하는 표현으로 사탄을 따르는 영적 무리를 의미하며 이에 대하여 유 1:13절은 이렇게 논증한다.

별 삼분의 일을 끌어다가 땅에 던지더라

아기 예수를 죽이기 위해 헤롯을 이용하여 총력전을 펼쳤던 그 때의 시간을 떠올리도록 묘사하는 표현이다. 사탄은 하늘에 있던 그들의 군대 귀신들을 이 땅에 보내어 수많은 생명을 죽이며 아기 예수의 생명을 위협했던 이스라엘 교회의 역사 마 2:13-18에 대하여 증거하고 있다.

해산하려는 여자 앞에서 그가 해산하면 그 아이를 삼키고자 하더니

예수님께서 이 땅에 오시는 것에 대하여 사탄은 몸서리치도록 싫어했다는 사실을 알게 한다. 인간을 위한 창조주의 임마누엘에 대하여 사탄이 운명을 걸고 방해한 이유는 아담과 하와의 타락 이후 자신의 주권을 합법적으로 인정받고 통치하는 자신의 나라를 지키기 위함이며 멈추지 않고 예수님을 십자가에 못 박는 데까지 나아간 것 또한 자기의 나라를 지키기 위함이었다. 그러나 그들의 악한 생각대로 예수를 십자가에 못 박았지만 하나님은 역설적으로 사탄의 지혜로 인하여 그들의 패배를 인정하도록 이끄시고 그들의 머리 위에 숯불을 더 뜨겁게 피우는 실패로 끝날 패배였으며 이에 대한 그들의 운명에 대하여 요한계시록은 장차 재림하실 예수님으로 인하여 영원한 패배로 운명을 다할 것에 대하여 가르치고 있는 것이다.

예수님의 초림과 승천 Review

계 12:5 여자가 '아들을 낳으니'예수님의 임마누엘 이는 장차 '철장으로 만국을 다스릴 남자라'목적 그 '아이를 하나님 앞과 그 보좌 앞으로 올려가더라'승천

여자가 아들을 낳으니

구약의 이스라엘 교회에서 출산한 새로운 약속을 성취하실 아기 예수의 탄생을 가리킨다.

장차 철장으로 만국을 다스릴 남자라

'**장차**'라는 표현은 재림의 심판 시간을 의미하는 것이며, '**철장**'은 헬라어 '**시데레오스**'철와 '**랍도스**'회초리,막대기를 해석한 말로 '**철로된 막대기**'를 의미하는 단어이다. 빌라도의 뜰에서 예수님이 온 몸에 맞으셨던 것은 갈대 회초리였지만 하나님은 로마서에 기록된 대로 '**각 사람에게 그 행한 대로 보응하시되**'롬 2:6라는 말씀처럼 그들이 행한 그대로 철로 된 회초리로 강하게 심판하실 것이다. 예수님의 이러한 심판 행위에 대하여 예수님의 예표인 다윗 왕의 시와 스가랴 선지자의 글은 이렇게 증거 한다. '**네가 철장으로 그들을 깨뜨림이어 질그릇같이 부수리라 하시도다**'시 2:9. 다윗은 예수님의 예표적 인물로서 예수님이 이 땅에 다윗의 위를 굳게 세울 왕으로 오셔서 행하실 재림의 심판에 대하여 선포하고 있는 마지막 시간의 기사이며 스가랴서에 나타나는 마지막 때에 대한 가르침은 마지막 심판의 처절함을 보여준다. '**그 때에 여호와께서 나가사 그 이방 나라들을 치시되 이왕의 전쟁 날에 싸운 것 같이 하시리라**'슥 14:3 스가랴 선지자는 예수님의 재림의 시간에 행하실 전쟁 같은 심판 살육의 현장을 가감 없이

전하고 있다. 고대 전쟁의 무자비한 현실을 전하는 생생한 표현으로 앞으로 일어날 그 시간의 심판기사를 기록한 것이다. '**만국을 다스릴 남자**'는 독생자의 천년왕국 통치의 시간을 의미하는 묘사이다. 통치자 예수님의 이 땅 재림에 대하여 계 19:16절은 '**만왕의 왕이요 만주의 주**'라 이름하고 있다.

아이를 하나님 앞과 그 보좌 앞으로 올려가더라

예수 그리스도의 승천에 대하여 짧은 한 줄의 기사로 요약하는 이스라엘교회 역사를 그리고 있는 묘사이다.

이스라엘 교회를 향한 사탄의 핍박과 하늘 전쟁 6-9절

> **계 12:6** 그 여자가 광야로 도망하매 거기서 '천이백육십 일' 동안 그를 '양육하기 위하여' 하나님께서 '예비하신 곳'이 있더라

여자가 광야로 도망하매

여자란 이스라엘 교회를 의미하는 표현이며 **광야는 장소를 의미하는 표현이 아니라 고난의 시간에 대한 관념적 묘사이다.** 이스라엘에 있는 장소로서 도망가 피할 수 있도록 준비된 광야라 해석할 만한 곳은 없으며 사탄의 눈을 피해 천이백육십 일 동안 이스라엘 교회가 광야 가운데서 피할 곳은 없다. 그러므로 이에 대한 이해는 계 11:3-6절에 나타나는 두 증인의 보호를 받으며 3년 반 동안의 광야와 같은 삶을 살아갈 예루살렘의 시간을 의미하는 것이다. 특히 '**양육하기 위하여**'라는 표현에서 자기 백성을 양육하여 장성한 분량의 충만에 이르게 하는 방법은 고난을 통한 성

숙 뿐이다. 하나님은 자기 백성을 강하게 성숙시키기 위해 택하는 방법은 '풀무불'이라 하셨다. 시편 기자와 이사야 선지자를 통하여 우리를 가르치시는 성숙에 대한 의미들이다.

> 도가니는 은을, '풀무는 금을 연단'하거니와 '여호와는 마음을 연단'하시느니라
> 잠 17:3

> 보라 내가 '너를 연단'하였으나 은처럼 하지 아니하고 '너를 고난의 풀무 불에서' 택하였노라 사 48:10

천이백육십 일 동안 양육하기 위하여 하나님께서 예비하신 곳

'천이백육십 일 동안 이스라엘 교회를 양육하기 위해 하나님께서 예비하신 곳이란?' 예비하신 어떤 은신처라는 '장소나 공간적 개념이 아니다.' 세대주의 자들과 많은 영상들이나 End-time의 낙관론자들의 주장 가운데 하나인 은신처는 환상에 불과하다. 계 13:5절의 가르침은 삼 년 반 동안 교회를 환난 가운데로 이끌 짐승에게 권세를 주어 일하게 하실 것이라 가르치며 그 마흔두 달계 13:5, 끝 삼 년 반의 시간 동안 구원받을 교회를 시험하사 이기는 자들에 대한 '최종적인 추수'를 위해 알곡과 쭉 정이로 구분하여 자기 백성과 사탄의 백싱을 구별하는 삼 년 반천이백육십일. 마흔두 달 동안의 인도하심을 의미하는 것이다. '양육을 위하여 예비하신 곳'이란 '고난을 통하여 성숙되는 곳'을 의미하며 곧 '하나님의 보호 속에서 훈련되는 고난의 장소'라는 뜻이다. 이스라엘 교회에게는 하나님의 보호 속에서 환난을 당하는 이스라엘과 예루살렘 땅이 될 것이며, 이방의 교회들 에게는 각 교회가 속한 땅이 될 것이다. 특히 계 12장의 본문에서는 이스라엘 교회의 역사를 다루고 있기에 예수님을 낳은 이스라엘 교회

에 대하여 예비하신 곳이란 어떤 다른 나라나 장소에 은신처를 예비한다는 의미가 아니라 시험의 시간 동안 더욱 메시아이신 예수님을 기다리며 인내하고 성숙해지는 성숙의 시간을 천이백육십 일이라고 묘사하는 것이며 이 날짜가 채워질 때 예수님이 재림하실 것이라는 의미를 함의하고 있다. 그 시간을 위해 준비한 곳은 역시 자기 이름을 두시는 곳, 자기 백성 중에 알곡과 쭉정이를 가려내는 이스라엘 땅과 예루살렘을 의미하는 것이다. 알곡과 쭉정이의 구분을 위한 시간에 안전하게, 고난을 피할수 있는 시간과 공간을 모든 사람에게 주신다면 온전한 알곡과 쭉정이를 구분할 수 없을 것이며 양육하기 위해 예비하신 장소에 대한 이해가 피할 장소나 보호할 나라를 의미한다는 해석은 고난을 통하여 자기 백성을 단련하여 정금 같이 나아오게 하실 것이라는 하나님의 마음과는 연결될 수 없는 해석이며 마지막 때를 향한 하나님의 뜻과 계획에 대하여 전혀 무관한 해석이 된다. 이러한 해석이 예수님께 인정받는 진리의 해석이 될까?

하늘에서 쫓겨 나는 사탄 계 12:7-9절

> **계 12:7-9** [7] '하늘에 전쟁'이 있으니 미가엘과 그의 사자들이 용과 더불어 싸울새 용과 그의 사자들도 싸우나 [8] 이기지 못하여 다시 하늘에서 그들이 있을 곳을 얻지 못한지라 [9] 큰 용이 내쫓기니 옛 뱀 곧 마귀라고도 하고 사탄이라고도 하며 '온 천하를 꾀는 자'라 그가 '땅으로 내쫓기니 그의 사자들도 그와 함께 내쫓기니라'

하늘 전쟁의 이유

용_{사탄}이 땅으로 쫓겨난다는 것은 더 이상 하늘의 영역에 있을 수 없음을 의미하는 것인데 이 대목에 대한 구체적 설명이 필요하다. **사탄이 하늘 영역에 있을 수 없는 이유는? 첫째, 타락한 피조물인 사탄의 영역은**

언제나 하나님의 영역 안에 있어야 한다. 그들이 영물이라는 전제와 함께 하나님의 권세와 권위의 통제영역 안에 있어야 한다는 의미이다. 그들이 심판의 시간에 교회를 시험 속에서 힘들게 하는 권세를 허락하시는 분이 바로 하나님이시며, 심판의 시간에 세상을 지배하도록 허락하시는 하나님의 허용 범위 안에서만 행동할 수 있다는 사실을 증명하는 것이다. 하나님의 명령에 의해서만 행동을 결정할 수 있는 사탄의 한계는 6장에 나타나는 '**오라**'는 Signal 신호에 의해서다. 6장에 나타나는 '**여섯 인은 심판이 아닌 설명**'이라 해석했던 것을 기억할 것이다. 각 인이 떼어질 때마다 심판이 시작되는 신호는 철저하게 예수님 사역의 본성이요 실행의 영인 네 생물의 사역 시그널에 의하여 이루어진다는 사실을 알게 해 주는 대목이다. 다섯째 인이 떼어질 때 '오라'는 사역 신호가 없는 이유는 이것은 심판이 아닌 성도의 기도가 심판의 동력이 되어 시작될 것에 대한 신호이므로 명령에 의한 것이 아니라 성도의 기도가 나팔 심판을 시작하도록 이끄는 신호이기 때문이며, 여섯째 인 또한 떼어질 때 오라는 사역적 신호가 나타나지 않는 이유는 천 년 후에 있을 흰 보좌 심판을 설명하는 것이기에 나팔과 대접 심판의 때, 현재적 사역 명령이 필요 없다는 의미이다. **이 땅의 심판이 끝나면 천 년 동안 에덴으로 변화될 것이며 이후 영원한 하나님의 나라가 이루어질 것인데 영원한 나라가 시작될 때는 사탄과 사망과 음부가 없어져야 할 것이기에 '이 땅에서 받을 심판을 위해' 하늘의 영역에서 하나님이 거하실 땅으로 쫓겨난 것이다.** 전년왕국은 예수님의 통치하심으로 인간의 죄로 인하여 더러워진 땅이 정결하게 되고, 하나님의 나라와 예수님에 대하여 알지 못하는 모든 사람들이 하나님의 말씀으로 온전히 성숙되고 정결하게 양육되어 영원한 하나님의 나라에서 함께 살아갈 준비를 하는 시간이 곧 천년왕국의 시간이 가지는 의미다. 이사야서는 천 년을 살아가는 동안 인간의 수명이 나무의 수한과 같다고 증거 한다.

'그들이 건축한 데'에 타인이 살지 아니할 것이며 '그들이 심은 것'을 타인이 먹지 아니하리니 이는 '내 백성의 수한이 나무의 수한'과 같겠고 '내가 택한 자가 그 손으로 일한 것을 길이 누릴 것'이며 사 65:22

천년왕국의 시간은 빼앗기거나, 억울하게 죽거나, 내 손의 소득을 누리지 못하는 일이 없는 시간을 설명한다. 또한 천 년 이후에 영원한 나라로 들어가는 시간을 위해 예수님과 함께 천 년을 살며 온전히 준비될 것이라는 의미이다. 완성된 하나님의 나라를 온전히 세우시기 위해 사탄과 모든 타락한 영물들을 모두 이 땅에서 심판받게 하실 것이며 예수님께서 다스리실 이 땅으로 옮겨지는 시간이 하늘에서 쫓겨나는 시간이다. 여기에 대하여 계 12:12절은 '마귀가 심판받을 자기의 때가 얼마 남지 않은 줄을 알고 크게 분내며 내려갔다'고 묘사하는 것이다.

그러므로 하늘과 그 가운데에 거하는 자들은 즐거워하라 그러나 땅과 바다는 화 있을진저 이는 마귀가 '자기의 때 삼 년 반의 사명을 끝내고 심판받을 시간 가 얼마 남지 않은 줄을 알므로 크게 분내어' 하나님을 향한 분노를 하나님의 백성에게 쏟아 붓기 위해, 그래서 하나님은 자기 백성의 원수를 하나님 자신의 원수로 인식하시는 것이다 너희에게 내려 갔음이라 하더라 계 12:12

예수님의 재림 선포 계 12:10-11절

계 12:10-12 10 내가 또 들으니 하늘에 큰 음성이 있어 이르되 이제 우리 '하나님의 구원과 능력과 나라와 또 그의 그리스도의 권세가 나타났으니' 재림과 심판의 군세자로 나타나는 시점 우리 형제들을 참소하던 자 곧 우리 하나님 앞에서 '밤낮 참소하던 자가 쫓겨났고' 예수님이 심판을 위해 이 땅으로 오셨으므로 마귀도 심판을 받기위해 하늘의 영역에 머물지 못한다는 의미다 11 또 우리 '형제들이 어린 양의 피와 자기들이 증언하는

> **말씀으로써 그를 이겼으니**'성도의 싸움이 끝나는 시점, 휴거 그들은 죽기까지 자기들의 생명을 아끼지 아니하였도다 ¹² 그러므로 하늘과 그 가운데에 거하는 자들은 즐거워하라 그러나 땅과 바다는 화 있을진저 이는 마귀가 **'자기의 때가 얼마 남지 않은 줄을 알므로'**대접 심판 후에 무저갱에 갇히게 되므로 크게 분내어 너희에게 내려갔음이라 하더라

우리 형제들을 참소하던 자 곧 우리 하나님 앞에서 밤낮 참소하던 자가 쫓겨났고

하늘 법정에서 지속적으로 성도들을 참소하며 정죄하는 사탄이 하늘에서 쫓겨난 것은 하늘에 있는 순교자들과 성도들에게는 즐거워 할 승리의 기쁨이다. 그러나 **땅과 바다는 화 있을진저**라는 말은 곧 땅을 향해 마흔두 달 동안 받은 권세계 13:5로 이 땅의 교회를 잔해하고 시험과 박해 가운데로 몰아넣을 시간에 대한 묘사를 통하여 마귀에 의해 이땅의 교회에 고난의 시간이 이르렀음을 알게 한다. 이 행간은 구약의 이스라엘교회 역사와 신약의 이스라엘 교회 역사에 대한 변곡점이 되는 행간이다. 13절부터는 신약시대 이스라엘 교회를 향한 박해를 다루는 행간이다.

사탄의 이스라엘 박해와 사탄과 교회와의 아마겟돈 전쟁 준비 계 12:13-17설

> **계 12:13-14** ¹³ 용이 자기가 땅으로 내쫓긴 것을 보고 **'남자를 낳은 여자를 박해'** 하는지라 ¹⁴ 그 여자가 **'큰 독수리의 두 날개'**를 받아 **'광야 자기 곳'**으로 날아가 거기서 그 **'뱀의 낯을 피하여 한 때와 두 때와 반 때를 양육 받으매'**

'남자를 낳은 여자를 박해' 한다는 의미는 예수 그리스도를 낳은 이스

라엘교회를 박해한다는 의미이며 마지막 때 시험과 박해를 예고하고 있는 행간이다. 이 행간의 시간대는 칠 년 중 후 삼 년 반의 시간으로 **'예루살렘이 점령되는 제삼 성전의 탈취 시간대'**를 지칭한다. 이때는 이스라엘을 향한 짐승_{적그리스도}의 만행이 극에 달하는 시간이며 세계 교회는 극심한 시험 속에서 힘든 시간이 본격적으로 시작되는 마흔두 달의 시작 시점_{계 13:5}이다. 이 행간은 이스라엘 역사와 교회 역사 가운데 가장 치열한 영적 전쟁이 벌어질 마지막 시간대를 가리키고 있다.

큰 독수리의 두 날개를 받아

'큰 독수리의 두 날개'는 계 11:1-13절에 나타나는 **'두 증인'** 곧 **'이스라엘의 신약교회와 이방교회의 두 선지자'**의 예언을 통하여 재림과 심판을 알게 하므로 그들에게 인내의 힘을 공급할 사역과 두 증인에게 주어진 능력으로 시련의 시간에 함께할 보호의 날개를 지칭하는 표현이다. **'독수리는 선지자에 대한 묵시문학적 표현'**이다_{겔 1:10}. 이들은 하나님의 능력으로 보냄을 받아 엄청난 권세로 적그리스도와 맞설 것이며 강력한 능력으로 이스라엘의 남은 자를 보호하는 예언자로 짐승_{적그리스도}이 활약할 천이백육십 일_{마흔두 달}동안 메시아이신 예수님의 재림을 예언하며 이스라엘의 남은 자들을 격려하고 위로하므로 재림의 시간까지 그들을 환난으로부터 견디게 하다가 사명을 다하고 죽게 될 것이라 가르치고 있는데, 두 증인의 시간과 예수님의 공중 재림의 시간은 곧 사탄이 무저갱에서 올라오는 시간이 될 것이라고 계 11:7절이 전하고 있다. 계시록 11:5-7절은 두 증인에 대하여 이렇게 증거한다.

> 5 만일 누구든지 '그들을 해하고자 하면 그들의 입에서 불이 나와서 그들의 원수를 삼켜버릴 것'이요 누구든지 '그들을 해하고자 하면 반드시 그와 같이 죽임을

당하리라' 6 그들이 권능을 가지고 하늘을 닫아 그 '예언을 하는 날 동안 비가 오 지 못하게' 하고 또 권능을 가지고 '물을 피로 변하게' 하고 아무 때든지 원하는대로 '여러 가지 재앙'으로 땅을 치리로다 7 그들이 그 '증언을 마칠 때'예수님의 재림이 이르렀을 때 에 '무저갱무저갱은 마귀의 처소의 영역이며 하늘은 그의 활동 영역이다 으로부터 올라오는 짐승'마귀 이 그들과 더불어 전쟁을 일으켜 '그들을 이기고 그들을 죽일 터인즉' 계 11:5-7

사탄이 무저갱에서 나오는 시간은 두 증인의 부활과 휴거에 관계되는 시간이므로 예수님의 공중 재림의 시간 직전에 일어날 사건이 되는데 성경적 근거는 계 12:17절에 나타나는 요한의 증거이다.

계 12:17 용이 여자에게 분노하여 돌아가서 그 여자의 남은 자손 곧 '하나님의 계명을 지키며 예수의 증거를 가진 자들'신약교회를 총칭과 더불어 싸우려고 '바다 인간의 영역 모래 위에'그가 선곳이 허무하게 무너질 것이라는 묵시적 표현 서 있더라 아마겟돈 전쟁을 위해 무저갱 으로부터 이 땅에 나타난 짐승

이유는 대접 심판의 끝에서 있을 두 짐승과 마귀의 심판을 위해서다. 마귀는 무저갱에서 올라와 인류 최후의 아마겟돈 전쟁에 참여할 것이며 이후 두 짐승은 유황 불 못으로계 19:19-20 마귀는 무저갱으로계 20:2-3 들어가게 될 그 시간을 위함이다. 이러한 마지막 시간을 향해 달려가는 세 짐승의 시간표에 두 증인을 해하는 시간은 '**예수님의 공중 재림 사흘 반 전**'이 될 것이며, 두 증인의 부활과 휴거, 교회의 부활과 휴거는 동시다발적으로 이루어질 것이며, 교회의 휴거 후 예수님의 대접 심판이 45일 동안 진행 될 것이며, 그 끝에서 있을 아마겟돈 전쟁을 위해 친히 무저갱에서 올라온 사탄은 아마겟돈 전쟁에서 패하고 천 년 동안 무저갱에 갇히게 될 것이다. 사탄은 천 년 동안 무저갱에 갇혀 이 땅을 통치하시는 천년왕국

의 하나님의 백성에게 전혀 영향을 미치지 못하게 될 것이며 천 년 후 잠시 무저갱에서 놓이는 시간은 그의 영원한 종말을 위한 놓임이 될 것이다계 20:7-10. 천년왕국 직전, 이 땅의 난폭한 지배자 두 짐승! 곧 최후의 적 그리스도와 거짓 선지자를 유황 불못에 던지시고 창조주 하나님이신 예수님께서 직접 통치하시는 천 년의 시간으로 들어가게 될 것이다. 이 시간에 대한 기록이 바로 계 19:19-20:3절까지 나타나는 요한의 증언이다. 천 년이 지난 후 무저갱에서 잠시 나온 사탄의 이 땅 미혹의 나들이는 영원한 불못에 던져지기 직전의 마지막 작별 인사의 시간이 될 것이다.

광야 자기 곳으로 날아가 거기서 그 뱀의 낯을 피하여 한 때와 두 때와 반 때를 양육 받으매

하나님이 두신 고난의 현장, 곧 예루살렘이라는 의미로 해석되어야 한다. '광야란?' 고난의 현장에 대한 은유다. 많은 사람들이 고난과 환난을 피해 은신할 수 있는 은신처라 해석하는 것은 성경적 관점에서 환난을 허락하시는 이유가 무엇인지에 대한 고민이 없는 너무나 비상식적 이해이다. 사탄이 일하도록 허락되어 '환난이 부어지는 삼 년 반, 곧 하나님이 허락하시는 마흔두 달은 알곡과 쭉정이를 가리는 교회를 향한 시험의 시간이기 때문'이다. 만약 그 시간에 누군가는 보호받을 은신처로 인도되고 누군가는 환난을 그대로 받는 일이 생긴다면 교회를 시험하시는 하나님의 공의는 인정될 수 없다. 삼 년 반은 그야말로 광야가 될 것이다. 그래서 '광야 자기 곳'이라고 묘사하는 것이며 '자기 곳이란?' '있어야 할 곳에서 시험과 고난을 견뎌야 할 위치'를 지정해 주시는 예수님의 명령으로 들어야 한다. 교회는 하나님의 마음과는 달리 왜곡된 해석을 해서는 안 된다. 세상도 'No pain No gain' 이라고 하지 않는가? 진실로 교회는 No pain! No Glory! 임을 알아야 한다. 광야가 고난이라는 의미이므로 자기가 거하는 곳은 고난의 현장이며, 하나님의 보호가 있는 연단의 장소이며! 알곡과 쭉정이를 구분하는 마지막 때의 고난의 장소라는 의미가 된다. 그러므로 '**이스라엘 백성에게 광야 자기 곳**'은? 곧 '**이스라엘 땅과 예루살렘**'이 된다. 그곳에서 환난 가운데 연단되고 있는 자기 백성들을 구원하시기 위해 '**광야를 지나 구원의 향기를 풍기며 연기 기둥처럼 예루살렘으로 오시는 예수님**'에 대하여 '**아가서 3:6절**'은 이렇게 묘사하고 있다.

> 몰약과 유향과 상인의 여러 가지 향품으로 향내 풍기며 '연기 기둥처럼 거친 들 심판을 행하시던 광야 같은 세상 **에서 오는 자가 누구인가**' 아 3:6

그 뱀의 낯을 피하여

뱀을 피하여 도망한다는 것이 아니라 '**두 증인을 통하여 이들을 지키시는 한 때 두 때 반 때**삼 년 반, 마흔두 달, 천이백육십 일**의 시간 동안 하나님의 보호하심 가운데 있다**'라는 의미이다.

> **계 12:15** '여자의 뒤에서' 뱀이 그 입으로 물을 강 같이 '**토하여**' 여자를 물에 떠 내려가게 하려 하되

여자의 뒤에서

'**여자**'는 이스라엘의 역사적 교회를 의미하며, '**뒤에서**'라는 말은 헬) '**오피소**'의 역어로 비유적으로는 '**옛날로 돌아가는 것**'에 대한 의미를 전하는 단어이다. 이스라엘이 범할 죄악의 때를 기다리다 기회를 노려 그들을 미혹함으로 '**죄를 인하여 실족하게**' 하려는 사탄의 노림수를 묘사하는 행간이다.

토하여

'토하여'는 헬) '발로'의 역어로 '내던지다, 추진하다, 자신을 던지다'라는 의미를 가진다. 뱀이 물을 강같이 토한다는 의미는 짐승적그리스도로 하여금 이스라엘을 향한 저주와 핍박을 행하되 자신의 온몸을 던지며 모든 것을 바쳐 이스라엘을 저주한다는 의미이다. 이는 창 4:7절에서 가인의 제사를 하나님께서 받으시지 아니한 것에 대한 가인의 분노를 향해 책망하시는 말씀 중에서 잘 드러나는 한 단어가 사탄에 대한 이해를 도운다. "~ 죄가 너를 '원하나' 너는 죄를 다스릴 지니라"라는 말씀의 행간에 나타나는 '원하나'에 대한 역어 '테슈카'이다. 소원, 갈망이라는 의미인데 '사탄의 소원과 갈망은 하나님의 백성인 이스라엘을 죄악으로 넘어지게 하여 하나님의 사랑과 보호를 받지 못하게 하는 것'이라는 의미다. 이는 창세 이후 인간 역사 속에 지속적으로 관여해온 마귀의 존재 목적이며 그 일례가 유대인 학살사건이다.

그러므로 토한다는 표현은 '모든 수단을 동원하여 행하는 사탄의 행동'으로 해석하면 합당하다. 사탄의 이스라엘 박해는 마지막 때의 짐승, 적그리스도를 통하여 드러날 것이며 유대인에 대한 박해의 수위가 높아지는 것으로 나타날 것이다. 모든 수단을 동원하여 유대인과 이스라엘교회를 박해할 것인데 이유는 마 23:39절에 나타나는 예수님의 유언에 근거한다. '내가 너희에게 이르노니 이제부터 너희는 '찬송하리로다 주의 이름으로 오시는이여 할 때까지 나를 보지 못하리라 하시니라'라는 말씀이다. 이 말씀은 계 7장과 14장에 나타나는 이스라엘 신약교회의 구원받을 144,000명과 관련된다. 그들은 예수님의 초림 때 십자가를 지시고 구원을 이루시기 위해 유월절에 즈음하여 예루살렘으로 입성하실 때 추수의 축제인 수장절에 흔들어야 할 종려나무 가지를 유월절에 흔들며 마지막 추수의 때에 오실 메시아를 맞이하던 그들의 행동은 마지막 때 성취될 모습인 십사만 사천 명에 대한 예표적 인물들이 행할 행동이며 온 땅의 구원받은 교회가 보일 행동이라는 사실이 계 7:9절에 나타나는 모든 구원받은 이방교회의 모습이다. 종려나무 가지는 이스라엘의 수장 절기의 축제에서 볼 수 있는 모습으로 아마겟돈 전쟁을 승리하시고 천년왕국의 왕으로 통치하실 예수님의 예루살렘 입성을 환영하는 추수의 기쁨에 대한 상징적 모습이다. 종려나무 가지를 흔드는 수장절 축제의 모습이 의미하는 바는 이스라엘의 신약교회의 구원받은 십사만 사천 명과 온 세계 교회의 구원받은 자들이 천 년의 왕이신 예수님이 예루살렘으로 들어오시는 것을 환영하는 것에 대한 예언적 퍼포먼스이다. 이러한 종려나무 가지 해석을 논증하는 말씀이 계 7장에 기록된 구원받은 이방교회의 모습에서 나타난다.

> [9] 이 일 후에 내가 보니 '각 나라와 족속과 백성과 방언'에서 아무도 능히 셀 수 없는 '큰 무리'가 나와 '흰 옷을 입고 손에 종려 가지를 들고' 보좌 앞과 어린 양 앞에 서서 [10] 큰 소리로 외쳐 이르되 '구원하심이 보좌에 앉으신 우리 하나님과 어린 양에게 있도다' 하니 계 7:9-10

이 말씀에서 핵심은 그들의 찬송이다. **'구원하심이 보좌에 앉으신 우리 하나님과 어린 양에게 있도다'** 구원이 아버지와 아들에게 있다는 찬송이다. 예수님의 초림의 때 예루살렘으로 들어오시는 종려주일의 예수님을 향한 찬송의 핵심과 동일하다. 마태는 그들의 찬송을 **'호산나 찬송하리로다 주의 이름으로 오시는 이여'**라고 증언하는 것과 동일한 구원에 대한 감사이다. 그러므로 이러한 말씀들의 공통된 의미는 "유월절 = 종려 가지 = 수장절 = 구원"이라는 등식으로 통일되는 것이다.

여자와 땅의 관계 16절

'땅이 여자를 도와' 그 입을 벌려 용의 입에서 토한 강물을 삼키니

이 행간에서 질문이 필요하다. 왜 땅이 여자로 표현된 교회를 돕는가? 라는 질문이다. 땅은 예수님이 통치하실 이 땅, 영원한 하나님의 나라가 완성되어 영원의 시간을 살아갈 이 땅을 의미한다. 땅과 인간은 떼어놓고 생각할 수 없는 하나이다. 인간이 범죄 하면 땅이 더러워지도록 구조되어 있다창 3:18, 6:12. 이 땅과 교회의 관계는 바로 이 땅에서 사람과 교회가 났으며 이 땅에서 이루어지는 영원한 하나님의 나라, 완성된 하나님의 나라는 곧 하늘에서 내려오는 거룩한 성 새 예루살렘 교회가 이 땅에 내려와 하나님과 영원토록 함께 거할 것이기 때문이다. 궁극적으로 이 땅과 교회는 하나이기에 이 땅은 하나님의 능력으로 교회를 도와 뱀의 능력과 권세가 무력화되며 하나님의 뜻이 이루어질 것이다. 이 땅은 하나님 백성인 사람의 근원창 3:19, 2이므로 사탄이 이 땅을 더럽히는 이유가 된다.

예수의 증거를 가진 자들 17절

용이 여자에게 분노하여 돌아가서 **'그 여자의 남은 자손 곧 하나님의 계명을 지키며 예수의 증거를 가진 자들'**과 더불어 싸우려고 **'바다 모래 위'**에 서 있더라

'그 여자의 남은 자손'은 예수 그리스도를 메시아로 믿는 이스라엘 신약 교회와 또한 **'곧 예수의 증거를 가진 자들'**이라 표현하는 온 세상의 신약 교회를 의미한다. 마지막 때 사탄과의 마지막 전쟁은 모든 하나님의 교회가 연합하여 대적하게 될 것이다. 이에 대하여 이사야는 이렇게 전한다사 13:3-5.

> ³ 내가 '거룩하게 구별한 자들'에게 명령하고 '나의 위엄을 기뻐하는 용사들'을 불러 '나의 노여움을 전하게' 하였느니라 ⁴ 산에서 무리의 소리가 남이여 많은 백성의 소리 같으니 곧 열국 민족이 함께 모여 떠드는 소리라 만군의 여호와께서 '싸움을 위하여' 군대를 검열'하심이로다 ⁵ 무리가 '먼 나라'에서, '하늘 끝'에서 왔음이여 곧 여호와와 그의 진노의 병기라 온 땅을 멸하려 함이로다 사 13:3-5

마지막 일전, 최후의 전쟁인 '아마겟돈 전쟁'을 위해 준비하고 있는 모습을 묘사하고 있다. 이스라엘교회와 이방교회는 마지막 일전을 위해 예수님의 부름을 받을 것이며사 13:3-5 최후의 아마겟돈 전쟁에서 예수님과 함께 승리의 기쁨을 누리게 될 것이다.

요한계시록
제 13 장

1 내가 보니 바다에서 한 짐승이 나오는데 뿔이 열이요 머리가 일곱이라 그 뿔에는 열 왕관이 있고 그 머리들에는 신성 모독 하는 이름들이 있더라 2 내가 본 짐승은 표범과 비슷하고 그 발은 곰의 발 같고 그 입은 사자의 입 같은데 용이 자기의 능력과 보좌와 큰 권세를 그에게 주었더라 3 그의 머리 하나가 상하여 죽게 된 것 같더니 그 죽게 되었던 상처가 나으매 온 땅이 놀랍게 여겨 짐승을 따르고 4 용이 짐승에게 권세를 주므로 용에게 경배하며 짐승에게 경배하여 이르되 누가 이 짐승과 같으냐 누가 능히 이와 더불어 싸우리요 하더라 5 또 짐승이 과장되고 신성 모독을 말하는 입을 받고 또 마흔두 달 동안 일할 권세를 받으니라 6 짐승이 입을 벌려 하나님을 향하여 비방하되 그의 이름과 그의 장막 곧 하늘에 사는 자들을 비방하더라 7 또 권세를 받아 성도들과 싸워 이기게 되고 각 족속과 백성과 방언과 나라를 다스리는 권세를 받으니 8 죽임을 당한 어린 양의 생명책에 창세 이후로 이름이 기록되지 못하고 이 땅에 사는 자들은 다 그 짐승에게 경배하리라 9 누구든지 귀가 있거든 들을지어다 10 사로잡힐 자는 사로잡혀 갈 것이요 칼에 죽을 자는 마땅히 칼에 죽을 것이니 성도들의 인내와 믿음이 여기 있느니라 11 내가 보매 또 다른 짐승이 땅에서 올라오니 어린 양 같이 두 뿔이 있고 용처럼 말을 하더라 12 그가 먼저 나온 짐승의 모든 권세를 그 앞에서 행하고 땅과 땅에 사는 자들을 처음 짐승에게 경배하게 하니 곧 죽게 되었던 상처가 나은 자니라 13 큰 이적을 행하되 심지어 사람들 앞에서 불이 하늘로부터 땅에 내려오게 하고 14 짐승 앞에서 받은 바 이적을 행함으로 땅에 거하는 자들을 미혹하며 땅에 거하는 자들에게 이르기를 칼에 상하였다가 살아난 짐승을 위하여 우상을 만들라 하더라 15 그가 권세를 받아 그 짐승의 우상에게 생기를 주어 그 짐승의 우상으로 말하게 하고 또 짐승의 우상에게 경배하지 아니하는 자는 몇이든지 다 죽이게 하더라 16 그가 모든 자 곧 작은 자나 큰 자나 부자나 가난한 자나 자유인이나 종들에게 그 오른손에나 이마에 표를 받게 하고 17 누구든지 이 표를 가진 자 외에는 매매를 못하게 하니 이 표는 곧 짐승의 이름이나 그 이름의 수라 18 지혜가 여기 있으니 총명한 자는 그 짐승의 수를 세어 보라 그것은 사람의 수니 그의 수는 육백육십육이니라

[13 장]

두 짐승에 대한 설명

13장의 시간대 : 두 짐승과 교회의 환난 설명

제 13:1, 11 　　단 9:27 　　제 11:15 단 12:11 　욜 3:2/마 25:31-46제 20:4-6, 사 25:6-8 　제 20:7-10 　제 21:1-20
　　　　　　　　　　　　　제 16:1-19:11-21 　　　　　　　　　　　　　　　　　　　　제 20:11-15 　제 21:21-22:5

7년 환난 / 한 이레의 언약		대접 심판	여.곡.심판 양.염.심판	천 . 년 . 왕 . 국	흰 보좌 심판	영원한 나라
전 삼 년 반, 두 짐승과 인 심판	후 삼 년 반, 나팔 심판					

⇩ 1260일 　⇨ 1260일 　⇨ 30일 　⇨ 45일 　⇨ 1000년

- 예수 출현 짐승 출현 / Jr 성전 심판
- 일곱 나팔 / 공중 재림 / 교회의 휴거
- 지상 재림 / 두 짐승의 처단 / 사탄…무저갱
- 무저갱 해제 / 만국 미혹 / 예루살렘 점령
- 사망의 부활 / 새 예루살렘 혼인 연회
- 하나님 나라 완성

● 13장의 시간대는 두 짐승의 출현으로부터 예수님의 재림 직전까지 그들이 활동시간 7년을 표기한 것이며 그들의 최후 시간은 30일의 대접 심판이 끝나는 시간이며[제 19:19-21이 증가 한다.

13장의 개관

12장의 이스라엘 교회 역사와 함께 나타났던 용과 뱀의 존재 설명이 있은 후 13장은 이스라엘 역사 속에서 끝없이 교회를 괴롭히던 붉은 용으로 묘사된 짐승이 이제 이 땅의 짐승에게 자신의 권세를 주어 아바타를 삼고 자신의 뜻을 행하기 위해 두 마리의 짐승을 세우는 장면으로 이어진다. 13장은 이러한 붉은 '용'사탄의 권세를 받은 '두 짐승'적그리스도와 거짓 선지자에 대한 설명으로 채워져 있다. 마지막 때 나타날 두 짐승의 정체에 대하여 깊이 있게 탐구를 할 수 있도록 이끄는 흥미 있는 장이다. 대접 심판의 끝에서 심판 받을 두 짐승, 적그리스도와 거짓 선지자에 대한 설명을 통하여 삼 년 반 동안 이 땅의 교회를 향하여 온갖 악행을 가할 그들은 단 9:27절에 나타나는 칠 년 평화조약의 체결로부터 시작하여 대접 심판의 끝 지점까지 하나님의 계획대로 이 땅에서 일하게 될 것이다. 그들의 정체에 대하여 온전하고 명확한 이해로 충만하기를 바란다.

바다에서 나오는 짐승 최후의 적그리스도 1-2절

계 13:1-2 [1] 내가 보니 '바다에서 한 짐승'이 나오는데 '뿔이 열'이요 '머리가 일곱'이라 그 '뿔에는 열 왕관'이 있고 그 '머리들에는 신성 모독하는 이름들'이 있더라 [2] 내가 본 짐승은 '표범'과 비슷하고 그 발은 '곰'의 발 같고 그 '입은 사자의 입' 같은데 '용이 자기의 능력과 보좌와 큰 권세를 그에게' 주었더라

'**바다에서 나오는 짐승**'은 온 '**세상**'의 지배자, 세계의 대통령 최후의 '**적그리스도**'를 의미하는 묘사이다. 두 번째 나타나는 11절의 땅에서 나오는 짐승과는 또 다른 의미를 가지는 존재이다. 바다는 땅보다 큰 영역을 가리키므로 성경에서 바다는 세상에 대한 은유이다. 그러므로 바다에서 나오는 짐승의 권세는 온 세상을 지배하는 절대 권력자라는 의미로 땅에서 나오는 짐승보다 더 큰 권세를 가진 절대 주권자라는 의미가 된다. 이사야서는 이 존재에 대하여 이렇게 밝힌다.

'그 날'에 여호와께서 그의 견고하고 크고 강한 칼로 '날랜 뱀 리워야단' 곧 '꼬불꼬불한 뱀 리워야단'을 벌하시며 '바다에 있는 용'세상의 임금인 을 죽이시리라 사 27:1

'**날랜 뱀 리워야단**'은 적그리스도를 '**꼬불꼬불한 뱀 리워야단**'은 거짓 선지자를 의미한다. 흥미로운 사실은 로마에 있는 로마 바티칸 시국의 성 베드로 성당의 정면 가운데 미사 제단에 위치한 네 개의 기둥이 시꺼먼 색상의 꼬불꼬불한 뱀의 모양이며 그 전면 중앙에 태양상이 찬란하게 위치해 있다. 도대체 경악스럽고 괴기스런 이 제단은 무엇을 의미할까? 마지막 때 태양상의 본체인 사탄과 날랜 뱀인 적그리스도와 함께 미혹하는 뱀과 뒤틀린 기독교의 정체성에 대한 형상으로 이해해야 할까? 〔사진1〕

은 성 베드로 성당 내부에 있는 꼬불꼬불한 뱀을 묘사하는 제단 사진이며 〔사진 2〕는 교황 비오 9세의 문장에 새겨져 있는 용의 모습이 의미하는 바를 깊이 생각하고 성경 속에서 사탄이라는 의미를 부여할 수 있는 용과 뱀에 대한 상징이 기독교라 말하는 그들의 예배당에 있다는 사실과 베드로의 사도적 권위를 이어받았다고 하는 교황의 절대 권위가 용으로 묘사된다는 사실이 너무나 흥미롭고 놀라울 뿐이다. 신약의 교회들에게는 온전한 분별이 필요한 때이다.

[사진 1] 출처: 네이버, 성베드로 대성당

그가 또 나를 데리고 여호와의 성전 안뜰에 들어가시니라 보라 여호와의 성전 문 곧 현관과 제단 사이에서 약 스물다섯 명이 "여호와의 성전을 등지고 낯을 동쪽으로 향하여 동쪽 태양에게 예배하더라" 겔 8:16

[사진 2] 출처: 네이버

교황 비오 9세의 용이 새겨진 문장

뿔이 열이요 머리가 일곱

뿔은 권세를 상징하는 묘사이다. 열이라는 의미는 표현 그대로 숫자
적으로 열 개라는 의미이다. 머리가 일곱이라는 의미는 역사에 존재했던
일곱 나라와 일곱 왕에 대한 표현이다. 상징적 묘사인 '바다는 세상'이라
는 의미를 가진다. 성경은 애굽을 세상이라고 묘사하기도 하는데 하나님
의 주권을 무시하는 땅, 하나님을 인정하지 않는 죄악 된 세상을 의미하
는 표현이다. 예를 들면 단 7:17절에 나타나는 표현처럼 **'그 네 큰 짐승
은 세상에 일어날 네 왕이라'**라는 경우의 상징적 표현은 묵시문학의 표현
방법이다.

죽게 되었다가 다시 살아나 용의 권세를 받는 짐승 3-4절

> **계 13:3-4** [3] 그의 '머리 하나가 상하여 죽게 된 것 같더니' 그 죽게 되었던 '상처
> 가 나으매 온 땅이 놀랍게 여겨 짐승을 따르고' [4] 용이 짐승에게 권세를 주므로
> 용에게 경배하며 짐승에게 경배하여 이르되 '**누가 이 짐승과 같으냐**' 누가 능히
> 이와 더불어 싸우리요 하더라

계 13장은 오직 세 짐승과 그들의 행동에 대하여만 밝히고 있으며 이 행간의 주체는 사탄이나 최후의 적그리스도가 아니다. '**짐승의 일곱 머리 중 죽다가 다시 살아난 머리, 곧 다시 회복된 로마와 그 왕**'에 대하여 말하고 있다. 8-19장에 이르는 세상을 향한 심판의 내용 중에서 가장 핫한 이슈는 뭐니 뭐니 해도 두 짐승의 정체에 대한 궁금증일 것이다. 13장에 나타나는 두 짐승인 바다에서 나오는 짐승과 땅에서 나오는 짐승은 마지막 때 교회를 박해하고 대 배교의 시험으로 인도할 존재들이다. 13:3절의 바다에서 나오는 짐승에 대하여 말하다가 갑자기 그에게 있는 일곱 머리 중 한 머리를 소개하고 있는데 이 머리가 중요한 이유는 바다에서 나오는 짐승에게 있어 뗄 수 없는 나라이며 왕이기 때문이다. 그가 마지막 때 최후의 적그리스도에게 있어 가장 신뢰할만한 동역자가 될 것이기 때문이며 붉은 용으로 표기되는 사탄의 두 아바타 중 하나이기 때문이다. 바다 짐승을 섬기고 함께할 동역자이기 때문에 그와 함께할 동역자의 근황 소개라고 여기면 될 것이다. 이 행간을 간략하게 설명하면 다음과 같다.

[3] **그의 머리 하나** 최후의 적그리스도와 함께할 왕과 그의 나라 **가 상하여 죽게 된 것 같더니** 고대 로마의 쇠퇴 **그 죽게 되었던 상처가 나으매** 다시 살아난 로마 **온 땅이 놀랍게 여겨 짐승** 최후의 적그리스도 **을 따르고** [4] **용** 사탄 **이 짐승** 땅 짐승, 거짓 선지자, 마지막 때의 종교 수장 **에게 권세를 주므로 용에게 경배하며 짐승** 바다 짐승, 최후의 적

그리스도에게 경배하여 이르되 누가 이 짐승용과 최후의 적그리스도과 같으냐 누가 능히 이와 더불어 싸우리요 하더라.

13장의 초점은 13:1절의 바다에서 나오는 세계의 대통령인 최후의 적그리스도가 아니다. 13:11절에 나타나는 땅에서 나오는 짐승, 거짓 선지자에게 초점이 있다. 그는 용의 권세를 받을 것이며계 13:4 바다에서 나오는 짐승인 최후의 적그리스도와 연합하여 세계 정복을 도모할 것이다. 하나님께서 요한을 통하여 땅에서 나오는 짐승, 마지막 때의 거짓 선지자에게 초점을 맞추시는 이유는 예수님의 관심사는 사랑하는 신부인 교회에게 있기 때문에 자기 신부를 구원에서 멀어지게 이끄는 미혹의 종교 전문가 거짓 선지자에게 있는 것은 당연하다. 그가 교회를 미혹하여 대 배교를 주도할 종교의 수장이며 세상의 모든 종교를 다원주의 사상 아래 통합하여 종교 전문가로서 짐승의 우상을 만들고 경배하지 않는 모든 교회를 박해하고 포악하게 행할 예수님의 원수이기 때문이다. 하나님의 진정한 대적자는 중세시대로부터 최후의 적그리스도라는 종교의 수장 거짓 선지자라는 관점에 무게가 더해져 있는 것이다.

그의 머리 하나

머리는 나라와 왕에 대한 상징적 표현이며 나라와 왕을 하나로 표현하는 것이 '머리 하나'라는 묘사이다. 일곱 머리는 성경 속에서 나타나는 이스라엘의 대적자이며 하나님의 대적자요 인류 역사에 하나님의 백성 이스라엘을 환난 가운데로 몰아넣고 핍박했던 일곱 나라와 그 왕들을 의미한다. 이는 애굽, 앗수르, 바벨론, 바사, 헬라. 로마, 그리고 상하여 죽게 되었다가 다시 살아난 마지막 때의 로마, 곧 계 18장에서 멸망하는 바벨론이다. 바다 짐승의 이 머리에 대한 설명은 없어질 듯 없어지지 않고 살아있는 놀라운 머리라고 소개하고 있다. 머리라고 표현된 이 나라는 어느 나라이며 이 나라의 왕은 누구일까? 상하여 죽게 되었던 나라! 그러다 다시 살아난 나라! 그 화려한 명성을 뒤로하고 현재는 초라하지만 그 때의 영적 권세를 가지고 아직도 세상 위에 군림하고 있는 도시국가로 현존하는 나라! 예수님의 대접 심판의 끝에서 불에 타 무너질 멸망의 그 도성! 이 땅의 순결한 교회로 하여금 수많은 순교의 피를 흘리게 했던 종교의 총본산인 나라! 그 나라의 종교 수장과 그 아류들이 자행했던 박해 속에 희생된 수많은 순교자들이 부활하여 살아있는 순결한 교회와 함께 휴거 될 때, 구름 위에 계시는 예수님과 함께 심판의 보좌에서 함께 대접 심판에 참여하게 될 것이다. 그때, 순교의 피를 흘리게 했던 영혼 무역의 도시, 그 도성이 불에 타 무너지고 그 나라가 패망하며 그들의 종교 수장인 거짓 선지자와 세상을 호령하던 짐승인 최후의 적그리스도가 예수님의 손에 처단되어 유황 불못으로 던져지는 최후를 그들의 손에 순교했던 부활한 순교자들과 마지막 때를 이기고 휴거 된 신실한 교회가 눈앞에서 불타는 그들의 최후를 볼 것이다. 마지막 때의 종교 전문가 거짓 선지자! 그가 바다에서 나오는 짐승의 일곱 머리 중 살아있는 하나의 머리인 로마라 불리는 바벨론의 왕이다.

상하여 죽게 된 것 같더니 그 죽게 되었던 상처가 나으매

'상하여 죽게 된 것 같더니'라는 묘사는 고대 로마 제국이 무너지는 모습을 묘사한 말이다. 그러나 로마는 완전히 사라진 것이 아니라 여전히 현대사회 속에서 공존하고 있다. 이 나라는 없어질 듯 없어지지 않고 살아있는 놀라운 나라이다. 도시국가라는 개념으로 현대사회 속에 존재하는 것도 신기하고 이상한 나라! 이것은 결국 마지막 때를 위해 남겨두시고 관리하시는 하나님의 완전하신 경륜이다. 이들을 남겨두시는 뜻은 곧 사탄의 사명을 다하도록 하시기 위함이다. 사탄과 적그리스도와 거짓 선지자! 이들은 심판의 희생제물로 준비된 자들이며, 이 둘을 유황 불 못에 던지실 것이지만계 19:20 사탄은 두 짐승과 함께 유황 불못에 던지지 않으시고 천 년 동안 무저갱에 가두시는 이유도 천년왕국 후 천년왕국의 백성들 가운데 옥석 분별과 흰 보좌 심판을 위해 준비된 옵션이라는 사실에서 하나님의 나라를 위해 사용될 무익한 심판의 대상이라는 사실을 알게 된다. 요한 이후에 무너졌다가 '다시 살아날 고대 로마!' 현재의 도시국가요, 심판 때 무너질 영혼 무역의 근거지, 바벨론 왕국사탄의 나라의 가장 강력한 '큰 성'계 17:18이라 묘사한다.

온 땅이 놀랍게 여겨 짐승을 따르고

온 세상의 종교가 마지막 때 미혹의 종교를 중심으로 다원주의 종교 연합체를 만들고 그 수장인 마지막 때의 거짓 선지자를 따라 최후에 나타나는 적그리스도의 충성된 개가 되어 온 땅의 교회를 핍박할 것을 의미하는 표현이다.

용 사탄이 짐승 거짓 선지자에게 권세를 주므로 용에게 경배하며 짐승에게 경배

이 행간은 계 13:3절이 바다에서 나오는 짐승을 설명하는 내용이 아니라 13:11-18절에 나타나는 땅에서 나오는 짐승을 중심으로 소개되고 있는 표현이다. 이 행간에 나타나는 존재가 모두 셋인데 곧 ❶ 용, ❷ 바다에서 나오는 짐승, ❸ 용과 짐승에게 경배하는 존재, 거짓 선지자다. 이들은 삼위일체로 활동할 것인데 용이 바다 짐승에게 권세를 주고 땅에서 나오는 짐승에게도 그의 권세를 주어 그대로 행할 것이라계 13:4, 12 증거하고 있기 때문이다. 요한계시록에 나타나는 세 인물은 하나님과 대척점에서 하나님을 대적하는 하나님의 원수이며 그의 모든 대적 행위는 하나님의 백성을 향하므로 구약 성경에 기록된 '너를 축복하는 자를 내가 복을 내리고 너를 저주하는 자를 내가 저주'창 12:3할 것이라는 아브라함을 향한 하나님의 약속이 의미하는 바 사탄의 모든 궤계로부터 보호하실 것에 대한 약속이다. 그러므로 '하나님의 백성의 원수 = 하나님의 원수'라는 등식이 성립되는 것이다. 이것이 그리스도인들이 인식해야 할 삶의 자유에 대한 근거이다.

누가 이 짐승과 같으냐 누가 능히 이와 더불어 싸우리요

마지막 때 용과 바다 짐승인 최후의 적그리스도가 드러낼 권세가 놀라우리만치 강력할 것이며 저항할 수 없는 능력으로 교회를 곤란하게 할 것이라는 의미이다. 땅에서 나오는 짐승인 거짓 선지자 또한 동일한 권세를 받아 교회를 시험과 환난 가운데로 이끌 것이다. 계 13:13절은 그의 능력에 대하여 증언하고 있는데 하늘에서 불을 내리게 한다고 증언하며 13:7절에서는 각 족속과 백성과 방언과 나라를 다스리는 권세를 받을 것이라 증언하고 있다. 마지막 때 두 짐승의 권세는 하늘을 찌를 듯 유일할 것이지만 그들을 대적하며 자기 백성을 지키기 위해 파송하시는 두 증인이 있을 것에 대하여 계 11장은 증거한다. 이 시련의 시간! 두 짐승의 미친 듯한 광기로 인하여 온 세상은 알곡과 쭉정이로 확연하게 구분될 것이다.

신성 모독의 입과 마흔두 달 동안 일할 권세 5-6절

계 13:5-6 ⁵ 또 짐승이 과장되고 '신성 모독을 말하는 입'을 받고 또 '마흔두 달 동안 일할 권세'를 받으니라 ⁶ 짐승이 입을 벌려 하나님을 향하여 비방하되 그의 이름과 그의 장막 곧 하늘에 사는 자들을 비방하더라

'과장되고'에 해당하는 헬라어는 '메가스'이며, 큰, 위대한 이라는 의미이나 때때로 **비난적 어감**을 나타낼 때는 '**오만한, 교만한**'arrogant이라는 의미로 해석되기도 한다. 하나님을 향하여 오만하고 교만한 말을 하는 큰 입을 받고사 13:11 자기를 하나님이라 말할 것살후 2:4이라는 사도 바울의 증언이 성취될 것이다.

마흔두 달 동안 일할 권세를 받으니라

마흔두 달은 곧 삼 년 반의 시간을 의미하며 교회를 향하여는 극심한 시험의 시간이 될 것이다. 이 시간은 7년 환난 중에 후 삼 년 반의 시간을 의미하며 이 시간은 나팔 심판이 부어지는 시간이다. 마흔두 달 동안은 하나님의 개입이 없을 것인데 이러한 엄청난 시련을 하나님께서 교회에게 허락하시는 이유는 교회 안에서 알곡과 쭉정이를 구분하는 시간으로 삼으실 것이기 때문이다. 이는 하나님께서 누가 쭉정인지 알곡인지 구분하시지 못해서가 아니라 심판대 앞에 서기 전 교회 스스로 알곡이 누구인지 쭉정이가 누구인지를 구분하여 예수님의 심판에 대하여 반론을 제시할 수 없도록 하시기 위한 하나님의 공의이다. 이 시간은 아가서를 통하여 우리에게 교훈하는 정결한 신부인 '술람미 여인'성숙한 교회과 '예루살렘의 딸들'미성숙하지만 신랑을 기다리는 정결한 성도을 자기 백성으로 구분하시기 위함이다. 또한 이 시간은 두 짐승적그리스도와 거짓 신지자에게 허락된 시간으로 바다에서 나오는 짐승인 적그리스도가 이 땅에서 신랑이라 자처하며 할 수만 있다면 믿는 자들을 미혹마 24:24하여 배교하도록 이끄는 표와 우상 경배의 시간이 될 것이다.

성도와 싸워 이기는 권세와 세계를 다스리는 권세를 받은 짐승 7절

계 13:7 권세를 받아 '성도들과 싸워 이기게 되고' 각 '족속과 백성과 방언과 나라를 다스리는 권세'를 받으니

마지막 때 짐승_{적그리스도}은 두 가지의 권세를 가지고 온 천하를 꿰는 자로 나타나게 될 것인데 첫째, 교회에 대한 시험과 환난의 권세이며 둘째, 온 세계에 대한 지배권이다. 그러나 그 시간이 이르기 전 현재 교회를 향한 사탄의 권세는 결코 교회를 무너뜨리거나 환난 가운데로 이끌 수 있는 권세가 주어져 있지 않다. 교회에 고난이 임하고 문제 속에서 힘들어 하거나 극한 시험이라 할 만한 일이 생긴다면 이것은 마지막 때 하나님으로부터 허락된 마흔두 달의 사탄의 권세가 아니라 교회의 죄악 때문에 하나님의 법을 지키지 못함으로 인한 고통으로 **사 59:1-2절**이 가르치듯 '**오직 죄악이 너희와 너희 하나님 사이를 갈라놓았기 때문**'에 하나님의 구원이 우리에게 미치지 못하는 것이라 이해해야 한다. 이것이 하나님의 법이다. 우리가 죄를 지으면 사탄은 합법적으로 교회와 성도의 삶을 힘들게 할 수 있는 근거가 마련되는 것이다. 하나님과 틈이 생기면 그 사이로 사탄은 질병, 고난, 환난을 들고 찾아온다. 그래서 사도 바울은 에베소 교회를 향하여 '**마귀에게 틈을 주지 말라**'_{엡 4:27}고 가르쳤던 것이다. 그러므로 교회와 성도의 삶은 마귀에게 죄로 인한 틈만 주지 않는다면 마지막 때의 두 짐승이 마흔 두 달 동안의 권세를 받는 그 시간이 오기 전까지는 어떤 경우에도 사탄은 교회를 이길 수 없는 것이다. 이러한 사실은 하나님의 약속이며 교회의 권세임을 마태는 분명히 전하고 있다.

> 또 내가 네게 이르노니 너는 베드로라 '내가 이 반석 위에 내 교회를 세우리니 음부의 권세가 이기지 못하리라' 마 16:18

예수님의 구원을 바라는 믿음과 매일의 삶 속에서 우리와 함께하시며 인도하시는 능력의 하나님을 신뢰하는 것은 지옥의 권세인 사망 권세가 이기지 못하도록 보호하시며 성도의 삶을 자유하도록 인도하고 계신다는 사실을 알아야 한다. 그럴 때 교회와 성도는 사탄을 두려워하지 않는 담대함으로 죄를 이기고 하나님의 구원의 능력을 마음껏 펼치고 누리며 살아가는 존재임을 확신할 수 있게 된다.

생명책에 기록된 자와 기록되지 못한 자의 선택 8절

> 계 13:8 죽임을 당한 '어린 양의 생명책에 창세 이후로 이름이 기록되지 못하고 이 땅에 사는 자들은 다 그 짐승에게 경배'하리라

'어린 양의 생명책에 창세 이후로 이름이 기록되지 못한 자들'이라는 표현은 매우 신학적인 사고를 필요로 하는 표현이다. 이 표현에 대한 설명은 구약의 예레미야서의 가르침과 신약의 에베소서의 가르침을 전제로 이해되어야 한다.

> 내가 너를 '모태에 짓기 전에 너를 알았고' 네가 '배에서 나오기 전에 너를 성별' 하였고 너를 '여러 나라의 선지자로 세웠노라' 하시기로 렘 1:5

> 곧 '창세 전에 그리스도 안에서 우리를 택하사' 우리로 사랑 안에서 그 앞에 거룩하고 흠이 없게 하시려고 엡 1:4

두 가지 말씀 속에 나타나는 상호보완적 논증의 관점은 성도의 존재 의식이며 정체성이다. 성도의 정체성에 대한 예레미야서의 가르침은 모태에서 조성되기 전 영혼의 상태에서 내 존재가치를 결정하는 정체성이 이미 결정되었다는 것을 말하고 있으며 이에 대한 사도 바울의 신약적 해석이 엡 1:4절에서 밝히듯 이미 **'창세 전에 예수 그리스도 안에서 구원받은 존재'**로서의 정체성을 논증해 주고 있다는 사실을 통해 우리가 고난과 시험과 환난을 만날 때 어떤 정체성으로, 어떤 존재감으로 상황을 극복해야 할 것에 대하여 적극적이고 희망적인 해결책을 제시하고 있다. 이는 창 1:28절을 통하여 우리에게 약속하신 다섯 가지 하나님의 축복! 곧 생육, 번성, 충만, 정복, 통치의 복이 하나님의 뜻을 따라 그분의 백성으로서 온전한 삶을 살아간다면 이 약속이 거짓이 아님을 확정하고 나타내며 살 수 있는 것이다. 구원받기로 결정된 예정 자로서 흠과 티가 없는 자요 거룩한 존재인 성도의 정체성이 영혼의 상태에서 이미 결정되었다는 사실을 **'창세 이후로 어린 양의 생명책에 기록되지 못하고 이 땅에 사는 자들은 다 그 짐승에게 경배하리라'**라고 표현하는 것이며 뒤집어 표현하면 '생명책에 기록된 예정자들은 짐승에게 경배하지 않을 것'이라는 의미가 될 수도 있는 것이다. 창세 이후! 곧 세상이 창조되고 난 후라는 의미는 인간이 창조되어지고 난 후라는 의미이며 생명책에 이름이 기록되지 못한 자들은 마지막 때 성도들과는 완전히 그 운명의 궤를 달리하게 될 것에 대한 가르침이다. 그들은 하나님이 아닌 짐승의 우상에게 절하고 그를 주인으로 섬김으로 영원한 형벌에 이르게 될 것에 대하여 가르치고 있다.

> **계 13:10** '사로잡힐 자는 **사로잡혀 갈 것**'이요 '칼에 죽을 자는 **마땅히 칼에 죽을 것**'이니 '**성도들의 인내와 믿음**'이 여기 있느니라

교회 안에서 있어질 두려운 일들이다. 13:5절에서 짐승에게 허락된 권

세는 온 교회와 온 세상을 지배하고 다스리는 권세이다. 특히 교회에게는 계 13:14-17절에 나타나듯 짐승의 우상을 세워 미혹하여 절하게 하고, 절하지 않는 자들은 모두 죽일 것이며, 오른손이나 이마에 짐승의 표를 받게 하되 표를 받지 않는 자들은 매매를 하지 못하도록 하여 삶의 기본권을 통제하며 굶주림과 고립을 심화시켜 표를 받고 우상을 섬기도록 압박할 것이다. 성도와 교회는 당연히 그들의 부당한 요구에 불응할 것이기에 박해는 더욱 심화되어 갈 것이며 계 13:10절의 말씀처럼 사로잡히고 칼에 죽는 순교의 현상들이 온 땅에 나타나는 것을 목격하게 될 것이다. 이 시기는 구원과 멸망의 증거가 가장 뚜렷하게 드러나는 시기가 될 것인데 이러한 현상으로 구분되는 두 그룹의 현저한 구별을 위해 하나님은 짐승에게 마흔두 달의 권세를 허락하신 것이다. 이것이 곧 양과 염소를 구별하는 마 25장의 예언이 성취되는 시간대이다. 교회와 성도가 이 시간대에 예수님을 버리지 아니하고 부인하지 아니할 때 예수님의 오른편에 서는 양이 될 수 있다는 End-time의 법을 잊지 말아야 한다.

성도들의 인내와 믿음

계 2-3장의 일곱 교회를 향한 예수님의 약속에 근거한다. 일곱 교회를 향한 예수님의 약속은 '**이기는 자**'에게만 주시는 약속이다. 두 짐승이 주도하는 교회를 향한 **미혹** 적그리스도의 우상화, 계 13:14과 **환난** 짐승의 표와 우상에게 절하지 않는 자들을 향한 핍박과 살해, 계 13:15에도 굴하지 않고 오직 예수님만을 신랑으로 인정하며 믿음을 버리지 아니한 자들을 일컫는 표현이 '**이기는 자**'이며 예수님은 이들에게 주시는 영광 일곱 가지를 약속으로 제시하고 계신다. 하나님이신 자신을 십자가에 못 박는 희생으로 구원을 받은 피조물들에게는 너무나 과분한 선물임을 알고 두 짐승의 미혹보다 그 영광스런 하나님의 선물에 홀릭되어 잠깐의 환난 앞에서 기쁨과 소망을 품고 싸워

이기는 것이 완전한 지혜라는 사실을 기억해야 한다. 짐승이 주는 것은 육신적 필요들인 먹는 것과 마시는 것에 대한 매매이며 잠깐 있을 삼 년 반계 13:5의 한시적인 편안함이 본질이지만 예수님이 주시는 영광스러운 약속은 먹는 것과 마시는 것이 아닌 영원한 것이며 하나님의 나라에서 가질 영원한 안식에 대한 약속임을 안다면 잠깐의 육신적 만족은 당연히 버려야 할 것들이다. 일곱 교회를 향해 이기는 자에게 주시는 이러한 영광의 약속들을 정리하면 다음과 같다.

일곱 교회	교회를 향한 약속	말씀 위치
에베소 교회	**이기는** 그에게는 하나님의 낙원에 있는 생명나무의 열매를 먹게 하리라	계 2:7
서머나 교회	**이기는 자**는 둘째 사망의 해를 받지 아니하리라	계 2:11
버가모 교회	**이기는** 그에게는 감추었던 만나를 주고 흰 돌과 그 위에 새 이름을 기록해 줄 것인데 받는 자만 아는 이름이 될 것	계 2:17
두아디라 교회	**이기는 자**와 끝까지 내 일을 지키는 그에게 만국을 다스리는 권세를 주리니	계 2:26
사데 교회	**이기는 자**는 흰옷을 입을 것과 생명책에서 결코 이름을 지우지 아니하고 그 이름을 하나님 앞과 천사들 앞에서 시인하리라	계 3:5
빌라델비아 교회	**이기는 자**에게 하나님 성전의 기둥이 되게 하고 결코 다시 나가지 아니하리라. 하나님께로부터 내려오는 새 예루살렘의 이름과 나의 새 이름을 그이 위에 기록하리라	계 3:12
라오디게아 교회	**이기는** 그에게는 내 보좌에 함께 앉게 하여 주기를 내가 이기고 아버지 보좌에 함께 앉은 것과 같이 하리라	계 3:21

이 표에서 흥미로운 사실이 발견된다. 바로 빌라델비아 교회이다. 이 교회를 향한 약속의 핵심은 '**기둥**'이다. 빌라델비아 교회를 제외한 여섯 교회를 향한 약속의 특징은 성경에 기록된 여느 약속과 그 영광에 있어

별반 차이가 없는 약속들이다. 그러나 빌라델비아 교회를 향한 약속은 다르다. 낙원의 열매, 둘째 사망, 만나, 새 이름, 만국을 다스리는 권세, 흰옷, 생명책에 이름 기록, 이름 시인, 보좌 약속 등은 이미 성경을 통하여 지속적으로 제시되어 온 익숙한 약속들이나 빌라델비아 교회를 향한 약속에 대한 표현을 한다면 **'신선하다' '핵심적이다' '최종적이다'** 등의 표현이 가능하다. 이러한 느낌의 차이가 의미하는 바는 지극한 하나님의 공의로움이다. 빌라델비아 교회의 열정과 믿음과 신랑을 향한 사랑에 있어 독보적 행보를 생각한다면 당연하다. 성경에서 이미 달란트 비유와 므나 비유를 통하여 우리에게 선언하셨듯이 상급이 다른 것에 대한 구체적 관점을 제시하는 것이다. 마음대로 살다가 구원에 이른 자와 온 생을 예수님의 말씀을 순종하며 살아온 자가 그 결과에 있어 동일한 가치로 인정된다면 온 열정을 다해 하나님을 섬기는 자가 있을 수 있겠는가? 우리는 모두 하나님 나라는 공평하고 공의롭다고 이해하고 인정하지만 하나님의 공의에 대한 마음과는 다르다. 하나님은 마음은 달란트 비유와 므나 비유에 너무나 선명하게 나타나 있음을 알고 그 말씀을 제고 할 때이며 영원한 시간 속에서 내 신분과 정체성이 마 7:20절의 말씀과 눅 6:43절의 말씀을 비교함으로 오늘의 삶을 어떻게 살아야 할지를 확정할 수 있을 것이다.

그러므로 '열매로 그들을 알리라' 마 7:20

못된 열매 **맺는** 좋은 나무가 없고 또 좋은 열매 **맺는** 못된 나무가 없느니라 눅 6:43

어떤 열매를 맺느냐가 중요한 이유는 신랑이신 예수님께서 이 땅에 다시 오실 때 최종적으로 우리를 판단하시는 절대적이며 유일한 기준이 **'좋은 열매'**이기 때문이다. 그러나 이사야 선지자에게 말씀하시는 교훈을 살피면 오늘을 사는 우리에게 좋은 열매를 바라시는 하나님의 마음을 안다는 데 그쳐서는 안 된다. 심판 때 하나님 나라에서 영원한 안식에 들어갈 때 그 영원의 시간 동안 최고의 영광을 바라보는 거룩한 욕심으로 나를 이끄는 계기로 삼아야 하기 때문이다.

또 다른 짐승, 거짓 선지자의 역할 11절

> **계 13:11** 내가 보매 '또 다른 짐승이 땅에서 올라오니' '어린 양 같이 두 뿔이 있고' '용처럼 말'을 하더라

또 다른 짐승이 '땅'에서 올라오니

땅에서 올라오는 또 다른 짐승에 대한 이해의 핵심은 '땅'이다. 바다는 땅보다 넓은 영역에 대한 의미를 제공하는 표현이며 **'땅은 = 인간'**이라는 등식으로 의미를 전달하는 관용적이며 묵시 문학적인 표현이다. 바다에서 나오는 짐승으로 묘사된 적그리스도는 바다의 영역, 곧 세상의 모든 영역을 조종하고 통제하는 역할을 하는 존재로서 정치, 경제, 군사 부문을 주관하여 온 세상을 통제하며 압박할 것이다. 반면 **'땅에서 나오는 짐승'**은 인간의 근원인 땅창 3:23이라는 표현 그대로 땅의 흙에서 창조된 인간의 의식을 조종하고 통제하는 의식의 통치자, **'영적인 영역의 종교적 통치자'**라는 의미를 함의하고 있는 묵시 문학적 표현이다. 곧 인간의 **'종교 영역에 국한된 권세자'**라는 의미다. 성경은 그를 '거짓 선지자'슥 13:2, 마 24:11, 24, 계16:3, 20, 20:10라고 묘사하며 마지막 때 **'바다**온 세상**에서 나오는 짐승'**온 세상의 통치자인 최후의 적그리스도를 추앙할 것이며 그를 하나님으로 선언하며살후 2:4 우상을 만들어 경배하게 할 것이다계 13:14-15.

어린 양 같이 두 뿔이 있고

땅에서 나오는 짐승인 거짓 선지자가 보이는 행동과 그의 정체성을 설명한다. 마치 어린 양 예수님처럼 행동하며 예수님을 대신하는 자리에 앉은 자! 현존하는 종교의 수장 자리에 앉은 자는 마치 자신이 세상의 구세주인 것처럼 행세한다. 수장의 칙령은 그 권위에 있어 하나님 말씀의 권위와 동일하게 취급한다. 그들을 그린 중세의 그림들 속에는 앉는 보좌 좌우에 케루브천사, 그룹가 위치 하는데 이것은 출 25:18절에서 하나님의 임재 장소인 속죄소 좌, 우 두 끝에 위치하도록 하신 하나님의 임재 장소에 대한 식양이지만 종교의 수장인 그의 보좌는 언제나 양쪽에 천사가 위치하도록 조각한 케루브를 놓아 감히 피조물 따위가 하나님의 흉내를 내고 있는 것이 심히 가증스럽다. 출 25:22절에서는 하나님께서 두 그룹 사이에서 자기 백성을 위하여 말씀 하실 것에 대하여 가르치신다는 것을 알고 그가 하나님을 흉내 내어 케루브천사의 경배를 받는 존재임을 나타내는 교만한 자라는 사실을 직시하게 한다.

> 18 금으로 '그룹 둘'을 속죄소 두 끝에 쳐서 만들되 19 '한 그룹은 이 끝에, 또 한 그룹은 저 끝에' 곧 속죄소 두 끝에 속죄소와 한 덩이로 연결할지며 출 25:18-19

> 거기서 내가 너와 만나고 '속죄소 위 곧 증거궤 위에 있는 두 그룹 사이'에서 내가 이스라엘 자손을 위하여 네게 명령할 모든 일을 네게 이르리라 출 25:22

'**어린 양**'은 우리를 구원하시기 위해 이 땅에 오셔서 십자가를 지시고 죽으심으로 우리 죄를 사하시고 부활하심으로 영생을 허락하신 유월절 어린 양, 유일한 예수 그리스도이시다. 땅에서 나오는 짐승에 대한 묘사는 그를 어린 양 '**같이**'라는 비교를 통하여 어린 양 '**처럼 행세**'하는 자를 의미하며, 그의 권위를 의미하는 '두 뿔을 가진 양'에 비유하므로 예수님처럼 행세하는 '종교적 권세자'로 묘사되어 있다. 이는 오직 종교의 영역을 주관하는 '종교 전문가'를 지칭하는 표현이라는 해석에 대하여 거부할 수 있을까? 오직 우리는 성경을 통하여 '종교 전문가 거짓 선지자'와 세상의 권력구조를 통하여 이 땅을 잔혹하게 통치할 '정치, 경제, 외교, 군사 전문가 최후의 적그리스도'로 지칭될 '두 짐승'에 대한 명확한 분별이 필요한 때다.

땅에서 나오는 짐승이 용처럼 말을 하더라

바다에서 나오는 짐승이 하나님을 비방하는 '신성 모독의 입술'을 받았다는 표현은 있으나 '용처럼 말을 한다'는 묘사는 땅에서 나오는 짐승인 거짓 선지자에게만 나타나는 묘사이다. 용이 받은 신성 모독의 입술로 사용되는 종교적 권세를 가진 자는 거짓 선지자이다. 하나님처럼 미혹하는 입술을 가지고 사람을 미혹한다는 의미이다. 이러한 말은 곧 용으로 묘사된 사탄의 달콤한 미혹의 능력을 전수 받아 그의 궤계를 대변하는 거짓된 선지자의 모습이라는 것이다. 거짓 선지자는 하나님의 사랑을 말하고 구원을 말하며 내가 하나님이라고 천명하는 적그리스도의 우상화를 주관할 강력한 종교 전문가 임을 알아야 한다. 그들의 결국은 유황 불 못에서 만나 영원토록 괴로움을 받는 운명을 가질 것에 대하여 성경은 상세히 가르친다계 20:10, 14. 교회가 말씀이 주는 분별의 능력으로 온전히 준비되지 못하면, 오직 신랑만을 바라보려고 결단하는 마음이 삼 년 반 동안 불어닥치는 환난과 미혹의 거센 바람 앞에서 흔들리는 갈대와 같이 거짓된 검은 신랑을 향해 힘없이 기울어질 것이다.

분별하라!

'**용처럼 말을 하는**' 거짓 선지자의 미혹으로 알게 되는 검은 신랑과
오직! '**영원한 안식의 시간**'을 외치며 달려오시는
그 '**아름다운 신랑**'을!

적그리스도에 대한 우상화의 시작, 처음 짐승에게 경배

계 13:12 그가 '먼저 나온 짐승의 모든 권세'를 그 앞에서 행하고 땅과 '땅에 사는 자들을 처음 짐승에게 경배하게 하니' 곧 '죽게 되었던 상처가 나은 자'니라

'먼저 나온 짐승'의 모든 권세, 땅에 사는 자들을 '처음 짐승'에게 경배하게 하니

땅에서 나오는 짐승인 거짓 선지자보다 먼저 나온 짐승은 계 13:1절의 바다에서 나오는 짐승이다. 그는 최후의 적그리스도이며 땅에서 나오는 거짓 선지자가 섬길 우상화의 실체이며 바벨론의 왕이라 명명될 적그리스도이다. 거짓 선지자는 처음 짐승인 바다에서 나오는 짐승이 용에게서 받은 권세를 그대로 행할 것이며 하늘에서 불이 내려오게 하는 기적을 행하여 많은 하나님의 자들에게 자기에게 이러한 능력을 준 바다 짐승의 우상을 만들고 '**그를 하나님으로 추앙**'하며 경배를 강요할 것이며 복종하지 않는 모든 자는 모두 죽일 것이라 증거 한다 계 13:14-15.

죽게 되었던 상처가 나은 자

바다에서 나오는 짐승인 최후의 적그리스도에 대한 정체 설명이다. 그는 죽게 되었던 상황을 이기고 다시 영웅의 명성을 회복하는 자가 될 것

이다. 그는 아마도 정치적 생명이 다하는 것 같았으나 극적으로 이스라엘과 중동연합의 전쟁 위기 앞에서 그의 정치력으로 전쟁 위기를 칠 년 평화조약으로 반전시켜 전쟁을 막은 평화의 영웅으로 세상의 추앙을 받을 것이라 추정되는 존재이다. 그러므로 죽게 되었던 상처는 실제적 상처라기보다는 정치적 생명이 풍전등화 같은 상황에서 평화조약을 계기로 다시 회복되어 정치 회복을 이루는 존재라 설명할 수 있다. 실제적인 질병이나 인간 생명의 위기에서 살아남은 자라는 의미는 신빙성이 전혀 없다. 왜냐하면 End-time의 주제 가운데 하나인 적그리스도에 대한 이해에 있어 인간 생명에 대한 생사의 문제를 설명하고자 거론되는 인물이 아니기 때문이며 생명공학이나, 생체 의학적 소견을 밝히고자 하는 주제적 인물이 아니라 마지막 인류의 심판을 설명하는 맥락에서 다루어지는 주제이기에 세상 심판과 관련된 권력이나 권세와 같은 특징과 상관되는 정치적 관점이 되어야 요한계시록의 묵시 문학적 맥락과 상관성을 가지는 의미가 되는 것이다.

거짓 선지자의 초자연적 행위와 우상화 13-14절

계 13:13-14 [13] '큰 이적'을 행하되 심지어 사람들 앞에서 '불이 하늘로부터 땅에 내려오게' 하고 [14] '짐승 앞에서 받은바 이적을 행함'으로 땅에 거하는 자들을 미혹하며 땅에 거하는 자들에게 이르기를 '칼에 상하였다가 살아난 짐승을 위하여 우상을 만들라' 하더라

큰 이적, 불이 하늘로부터 땅에 내려오게 하고 짐승 앞에서 받은 바 이적을 행함

거짓 선지자가 행할 능력에 대한 가르침이다. 마지막 때의 거짓 선지

자는 바다에서 나오는 짐승의 능력을 받아 불이 하늘로부터 땅에 떨어지게 하는 엄청난 초자연적 능력을 보이며 사람들을 미혹할 것이라 묘사한다. 그의 능력의 원천인 바다 짐승, 곧 최후의 적그리스도를 추앙하며 모든 영광을 그에게 돌리며 그의 우상을 만들어 그 앞에 경배하게 하는 종교 전문가인 거짓 선지자! 그는 짐승 앞에서 그에게 받은 용의 권세를 드러내며 수많은 교회를 배교로 이끌고 갈 인물이다. 기적과 이적에 눈먼 자들은 꼭 기억해야 한다. 복음을 복음 되게 하기 위하여 나타나는 '**하나님의 선한 능력으로서의 '표적'과 미혹의 도구로서 '기적'의 능력을 구분하는 지혜**'를 가질 수 있기를 권면한다. 성령 하나님의 인도하심을 의지하고 그분의 지혜를 신뢰하며 무엇이 하나님의 표적이며 무엇이 인간의 거짓된 기적인지 분별해야 한다.

칼에 상하였다가 살아난 짐승을 위하여 우상을 만들라

'칼'에 대한 성경적 용례는 다양하다. 칼은 전쟁에서 상대를 찌르고 베는 데 사용되는 용어이기도 하지만 **전쟁**렘 5:12, **하나님의 심판**시 7:12, 계 19:15, **분열**마 10:34, **고통**눅 2:35, **하나님의 말씀**엡 6:17, 히 4:12, **하나님의 징계**대상 21:12, 등에 대한 용례로 나타난다. 이 가운데 마지막 때의 짐승에 합당한 용례를 꼽으라면 정치적으로 '하나님의 징계', '고통'과 관계된 상태에 있다가 중동 전쟁의 위기를 기회로 다시 재기하는 인물이 될 것이다. 그의 도움이 되는 세력들인 계 13:1, 17:12절에 나타나는 열 뿔이라 묘사된 UN이나 IMF와 같은 세계기구와 프리메이슨이나 일루미나티와 같은 세력들의 도움을 동원하여 외교적 능력을 증명하므로 화려한 정치적 부활을 꾀하는 존재일 것이다. 땅에서 나오는 짐승인 거짓 선지자는 마지막 시간의 영웅을 추앙하며 그를 위한 우상을 만들고 사탄과 바다 짐승의 아바타로 활동하며 교회를 잔해하는 존재로 활동할 것이다.

교회의 시험, 생기가 들어가 말을 하는 우상 경배 강요

짐승의 우상에게 어떤 방법으로 생기를 주입하며 어떻게 짐승으로 하여금 말하는 존재로 언어의 기능을 부여할지 알 수는 없다. 어떤 과학적 방법이나 컴퓨터의 기능적 측면으로 이해할 수도 있으나 성경적으로 추측할 수 있는 상관된 말씀은 없다. 아마도 하늘에서 불을 내리는 초능력과 같이 잠시 초자연적 능력으로 탈바꿈된 거짓 이적이나 **'싱귤래리티'**Singularity, AI와 같은 인간의 통제를 넘어서는 기술의 산물이 될 것이다. 이러한 미혹에 유혹된 사람들은 모두 짐승의 우상화에 동조할 것이지만 이에 반대하는 교회의 저항 앞에서 땅에서 나오는 짐승, 거짓 선지자의 결정은 중세시대 온전한 그리스도인들을 무차별적으로 살해했던 그 광기를 다시 행하게 될 것에 대하여 예언하는 말씀이다.

● 싱귤래리티Singularity

'특이점' 또는 **'특이지점'**이라는 단어적 의미를 가지며 인공지능이 비약적으로 발전하여 인간의 지능을 뛰어넘는 기점을 말한다. 미국의 컴퓨터 과학자이며 구글의 기술 부문 이사인 **'레이먼드 커즈와일'**이 이 부문에 있어 가장 구체적 전망을 한 사람이다. 2005년 그의 저서 **'특이점이 온다'**에서 2045년이면 인공지능AI 이 모든 인간의 지능을 합친 것보다 강력할 것으로 예측하면서 인공지능에 대하여 우려를 나타냈다. 다른 말로 표현하면 인공지능이 만들어낸 결과를 인간이 이해하지 못하는 경우를 말하는 것으로 인간이 인공지능을 통제할 수 없는 시점이 올 수 있음

을 말하는 것이며 이러한 경우를 경험하게 되는 시점을 특이점_{Singularity}이
라고 말한다.

오른손과 이마에 표 16절

> **계 13:16** 그가 모든 자 곧 작은 자나 큰 자나 부자나 가난한 자나 자유인이나 종
> 들에게 그 '**오른손에나 이마에 표**'를 받게 하고

오른손이나 이마에 받는 표

'표'에 대한 이 말씀은 오늘날에도 다양한 추측이 이미 시작되었음을
본다. 하나님을 모르고 성경을 알지 못하는 자들도 표에 대한 상식을 가
질 정도로 표에 대한 이슈는 현대 사회에서 다양하게 회자 되는 주제이
다. 중요한 이해의 포인트는 '**오른손**'과 '**이마**'에 받는다는 표현이 주는 의
미이다. 성경적으로 오른손은 하나님의 능력에 대한 표현으로 '방향'과 '힘'
이라는 두 가지의 의미를 가진다는 것은 다 알고 있으나 '**이마**'에 대한 이해
는 낯선 표현이다. 이마에 대한 온전한 이해가 필요하며 이는 구원에 있어
대단히 중요한 이해의 포인트이며, 현재적 삶에 있어 미지근한 신앙생활의
이유를 깨닫게 하는 각성의 포인트가 될 수도 있으며, 마지막 때를 이기도
록 도우는 지식이 될 것이다. '**이마에 대한 성경적 이해**'에 접근해 보자.

❶ 출 28:36-38절의 가르침이다

> ³⁶ 너는 또 '순금으로 패'를 만들어 도장을 새기는 법으로 그 위에 새기되 '**여호**
> **와께 성결**'이라 하고 ³⁷ '**그 패**'를 청색 끈으로 관 위에 매되 곧 관 전면에 있게

하나님께 드려지는 성물을 하나님으로 하여금 받으시게 하는 완전하
고 유일한 방법은 '**거룩**'이다. 구약의 레위기의 법과 신약의 법에 있어 한
나님 백성이 지킬 온전한 법은 동일하다. '**내가 거룩하니 너희도 거룩하
라**'는 명령이다 레 11:45, 벧전 1:15. '**성결하라**'는 하나님의 명령은 '**거룩하고
정결하라**' 레 11:45, 벧전 1:16 는 의미이다. 이것을 이마에 붙이는 이유는 행위
에 선행되는 생각이 성결해야 행위가 성결하게 될 것이기에 판단과 분별
을 담당하는 뇌인 전두엽이 위치한 이마에 패를 만들어 붙이도록 하신 것
이다. 그러므로 '**이마**'가 뜻하는 의미는 '**거룩하신 하나님을 닮아 정결을
이루는 생각의 위치**'라는 의미를 함의한다.

❷ 삼상 17:49절의 가르침이다

골리앗이 가지는 하나님을 향한 헛되고 교만한 생각을 깨뜨리고 승리
하는 하나님 백성인 다윗이 가진 정체성을 설명하는 행간이다. 골리앗은
하나님의 백성을 대적하는 엄청난 이 땅의 대적 짐승에 대한 예표이며 하
나님을 모독하는 그의 '**교만하고 오만한 생각과 판단**'을 주관하는 '**전두
엽의 위치가 이마**' 이기에 그곳을 향해 준비된 '**다섯 개의 돌**'로 묘사된
'**예수 그리스도로 인한 성령의 능력**'으로 깨뜨리고 승리하는 다윗에 대한
이 말씀은 곧 하나님을 모독하며 그의 백성을 멸시하는 그의 생각을 깨뜨

리고 승리한다는 의미이다. 바울 사도가 고린도 교회에 보내는 편지 속에 씌여진 말씀 가운데 이러한 표현이 등장한다.

우리의 싸우는 무기는 '육신에 속한 것이 아니요' 오직 어떤 '견고한 진'도 무너 뜨리는 하나님의 능력이라 '모든 이론'을 무너뜨리며 고후 10:4

어떠한 진도 무너뜨리는 육신에 속하지 않은 **'영적 무기는 곧 복음'**을 의미한다. 그렇다면 복음만이 무너뜨릴 수 있다는 '견고한 진'은 무엇일까? **'견고하게 자신을 방어하는 생각'** 곧 '모든 이론'이다. 이 생각은 분별에 의해 결정되고 그 결정이 행동으로 나타나게 되는 것으로 이러한 행동에 대한 판단을 결정하게 하는 뇌가 곧 이마에 위치하는 전두엽의 기능이다. 복음의 능력은 곧 사람의 판단을 하나님께로 향하게 하는 능력의 말씀이 된다.

❸ 겔 3:7절이 주는 교훈

그러나 이스라엘 족속은 '이마가 굳고 마음이 굳어' 네 말을 듣고자 아니하리니 이는 내 말을 듣고자 아니함이니라 겔 3:7

하나님의 말씀을 순종하지 아니하는 이스라엘의 완악한 생각을 주도하는 뇌, 전두엽의 위치가 이마라는 것을 말하고 있다.

❹ 겔 9:4절의 가르침이다

여호와께서 이르시되 너는 예루살렘 성읍 중에 순행하여 그 가운데에서 행하는 모든 '가증한 일로 말미암아' 탄식하며 '우는 자의 이마'에 표를 그리라 하시고 겔 9:4

바벨론에 의해 멸망되기 전 하나님은 성전에서 음란하게 태양신을 섬기는 이스라엘의 대표인 25인의 제사장들과 장로들을 향하여 분노하시며 그들 중 살려야 할 자들과 죽여야 할 자들을 구분하시는 내용을 말씀하시는 행간으로 민족의 죄악을 탄식하고 회개하며 온전한 판단과 분별을 가지고 오직 하나님만이 우리의 신이심을 인정하는 온전한 생각의 소유자들을 분별하여 '**이마**'에 표를 하라고 명령하시는 것이다. 그들의 생각이 심판받을 진노의 판단으로 가득차 있는 자들이기에 심판의 표식을 따라 내가 그들을 심판할 것이라는 의미이다. 생각의 위치인 이마! 두 주인을 섬기지 아니하고 오직 하나님만이 내 유일한 소망이라는 하나님 우선의 원칙이 필요한 때이다. 이후의 말씀은 이마에 표가 없는 자들을 모두 죽이되 성전 앞에 있는 '노인'으로부터 시작하라고 명하신다. 무슨 의미일까? 우상 섬김으로 인한 자녀 세대의 타락이 하나님의 말씀으로 양육하지 않는 믿음 없는 부모 세대의 게으름 때문이라는 의미다. 기억하라! 자녀 세대에 대한 부모 세대의 말씀 양육의 게으름은 자녀 세대를 진노의 대상으로 만드는 불행으로 나타난다는 사실을!

❺ 계 7:3절의 교훈

이르되 우리가 우리 '**하나님의 종들의 이마**'에 인치기까지 땅이나 바다나 나무들을 해하지 말라 하더라 계 7:3

마지막 때 십사만 사천 명의 구원받을 이스라엘 신약교회의 숫자에 대한 가르침이 있는 행간으로 하나님의 백성을 구별하여 구원하시기 위함인데 그들은 오직 예수님을 기다리는 신실한 하나님의 백성인 십사만 사천 명의 사람들이다. 그들이 '**구원받은 자라는 증거의 도장을 찍는 위치가 이마**'라는 의미는 예수 그리스도를 메시아로 분별하고 인식하는 뇌인 전두엽이 위치하는 곳이 바로 이마이기에 사람을 창조하신 하나님의 창조 지혜에 근거하여 이마에 인을 치는 것이다. 이마에 대한 결론적 이해에 있어 성경적 포인트는 온전한 분별의 근거, 곧 **'구원주 하나님을 인식하고 분별하는 뇌인 전두엽의 위치가 곧 이마'**이기 때문이다.

표의 기능, 매매 수단 17절

> **계 13:17** 누구든지 이 '표를 가진 자 외에는 매매를 못하게' 하니 이 표는 곧 '짐승의 이름이나 그 이름의 수'라

'표'에 대한 개념 이해

표에 대한 이해의 핵심은 흥미롭게도 2021년 '내로남불'이라는 정치 신조어가 난무했던 때, 대한민국 정치의 핵심 논쟁 거리였던 **'진영 논리'**와 맥을 같이 한다. 네 편 내 편을 구별하기 위해 분명한 선을 긋는 수단이 표다. 마지막 때까지 기다리신 하나님 또한 동일하시다. 특히 사탄은 그의 두 하수인을 통하여 철저하게 내 편을 가르며 네 편을 내 편으로 만들기 위하여 미혹으로 강요할 것인데 동일한 위치에 자기 편이라는 명확한 표식을 남길 것이며 이것을 계시록은 '표'라고 명시한다. 표의 기능은 너는 내 것이라는 소유에 대한 인식표이며 그 위치가 '**이마**'라는 것은 위의 설명과 같이 '**이 사람의 생각이 나를 선택했다**'라는 표식이다. 또 한 가지 중요한 관점은 선택으로 받은 '**표의 용도**'이다. 사탄은 두 짐승을 통하여 이 표를 이용한 미혹을 강력한 올가미로 사용할 것이며 예수님의 신부인 교회를 옥죄이려 할 것이다. 이 표는 현대 사회의 신용카드를 대신할 것이며 모든 생활 전반에서 표의 활용도를 높여 현재 화폐를 100% 대신하게 할 것이다. 이 표가 없으면 매매를 못하게 되고 의, 식, 주를 해결

하는 핵심적 화폐의 기능을 할 것이므로 목숨과 대등한 가치가 되게 할 것이며 쌀 한 톨도 이 표가 없으면 구매할 수 없게 되어 완전한 고립무원의 상태가 되어버리는 천편일률적 공산주의 사회가 될 것이다. 마지막 때는 이원론이 세상을 다스리는 정치적 논리가 될 것이다. '**상대편 = 죽음**'이라는 등식이 현실이 될 것이며 하나님이 배제된 획일적 사회구조 안에서 두 짐승_{적그리스도와 거짓 선지자}을 거부할 교회는 매매의 상행위가 불가하므로 육신적 굶주림의 고통과 함께 아모스 선지자의 예언대로 영적 양식인 하나님의 말씀 또한 극심한 희귀성을 경험하게 될 것이다.

> 주 여호와의 말씀이니라 보라 '**날이 이를지라**' 내가 '기근'을 땅에 보내리니 '양식이 없어 주림이 아니며 물이 없어 갈함이 아니요' '여호와의 말씀을 듣지 못한 기갈'이라 암 8:11

하나님께서 말씀하시는 진정한 기근과 주림과 갈함의 의미는 육신의 양식이 아니라 영적 양식인 말씀의 기갈이라는 가르침이며 이는 마지막 때에 있을 두 짐승이 이끄는 극심한 환난의 시간에 있을 현상에 대한 가르침이다.

666 '표'의 정체 이해

'**표**'는 '**짐승의 이름이나 그 이름의 수**'라고 표의 신분적 정체를 명확히 짚어주어 이해를 돕고 있다. 표의 정체에 대한 의견은 다양하다. 로마의 네로, 게르만 민족의 히틀러 등 666과 관련된 여러 주장이 있으나 동의할 수 있는 두 가지 정도를 다루고자 한다. 마지막 때 나타날 '거짓 선지자의 정체'와 '이슬람'이 666의 정체라는 주장이다. 두 주장의 차이는 거짓 선지자가 종교의 수장이라는 존재적 주장과 이슬람 종교 자체가 666의 실체라는 두 주장을 살펴봄으로 마지막 때 교회의 분별에 있어 참고할 필요가 있다. 표에 대한 이해에 있어 두 가지의 이해 포인트가 있다. ❶ '짐승의 이름'이며 ❷ '그 이름의 수'라는 힌트 같은 가르침이다. 계 13:1절과 11절의 설명에서는 두 짐승이 하나님의 대적 마귀의 아바타로 바다에서 나오는 짐승인 최후의 적그리스도와 땅에서 나오는 종교 전문가 거짓 선지자를 지칭하며 13:17절의 행간이 설명하는 짐승의 이름은 마지막 때의 거짓 선지자가 특정 종교의 수장이라고 주장하는 이가 많다.

두 가지의 주장을 다루어보며 각자의 생각으로 666을 올바르게 이해하는 선택을 권면한다. 첫째, 가톨릭의 '교황'이라는 이름이 가지는 알파벳 숫자를 값으로 환원한 결과가 666이라는 주장이다. '교황의 공식 칭호'에 해당하는 라틴어 이름은 '비카리우스 필리데이 / Vicarius Filii Dei'이며 여기에 대한 라틴어 알파벳이 가진 값을 적용하여 계산하면 666이라는 이름 값으로 환산된다는 주장이다.

[교황의 공식 칭호 라틴어]

"VICARIUS FILII DEI" 비카리우스 필리 데이
'하나님의 아들의 대리자'

"VICARIUS = 대리자   FILII = 아들   DEI = 하나님"
VICARIUSFILIIDEI의 알파벳 계산 값 = 666

V=5,   F=값이 없음
D=500,
I=1,   I=1,
E=값이 없음

C=100,
L=50,   I=1
A=값이 없음   I=1,
R=값이 없음   I=1,
I=1,
• U=V=5,
S=값이 없음

"VICARIVS FILII DEI"에 대한 라틴어 알파벳의 값을 더하면 666이 되므로 17절에서 말하는 **짐승의 이름**ᵛⁱᶜᵃʳⁱᵘˢ ᶠⁱˡⁱⁱ ᵈᵉⁱ이나 **그 이름의 수** 알파벳의 값는 666이 되어 마지막 때 교황이 거짓 선지자라는 주장이다. 알파벳 **U가 V인 이유**는 원래 U는 V의 둥근 형태의 서체였으나 후대에 변화되었으므로 원래 U와 V는 같은 문자로 통용되었다. 옛날에는 알파벳 U가 없었고 V가 자음과 모음의 두 역할을 하다가 나중에 U가 서체로서 새로 생겼기 때문이다. 그 후 알파벳에 U가 새로 생기면서 모음을 담당하였고 요한계시록이 쓰였을 때는 U가 없었으므로 V가 U의 역할을 한 것이라고 한다.

비카리우스 필리 데이의 옛날 표기
"VICARIVSFILIIDEI"

둘째, 666이 이슬람을 의미한다는 주장이다. 이 또한 마지막 때 표와 관계가 있는 의미이며 기독교를 가장 적대적으로 여기는 '이슬람이 666'이라는 주장에 대하여 캡쳐된 사진을 바탕으로 교황이 666의 실체라는 주장과 함께 표를 이해하는 데 있어 두 주장이 도움이 되기를 바란다.

'비스밀라(Bismillah)'는 '알라의 이름으로'라는 뜻입니다.

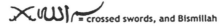

요한계시록 원문에는 '666'이라는 '숫자'가 나와 있지 않습니다 'XES'라는 것이

이 사진이 보여주는 핵심은 박스 속의 글자다. 'XES'라는 헬라어의 문자가 주는 의미는 숫자를 나타내는 세 문자가 각각 6백, 6십, 6이라는 값을 갖는다는 것이며 이 글자를 옆으로 나열하면 이슬람의 문자로 '**비스밀라**' 곧 '**알라의 이름으로**'라는 뜻이라는 것이다. 그래서 666은 이슬람이라고 주장하는 것이다. 신빙성은 있으나 17절 행간을 온전히 충족할 수 없는 하나의 이유를 든다면 '**짐승의 이름이나 그 이름의 숫자**'라는 설명 때문이다. 헬라어 'XES'가 이슬람과 연결된다면 바다에서, 땅에서 나오는 특징적이고 단수적이며 특정 대표자를 의미하는 적그리스도와 거짓 선지자라는 의미를 설명할 수 없기 때문이며 또한 '**그 이름의 숫자**'라고 했기 때문인데 '이슬람'이나 '무슬림'이라는 명칭이 666의 값을 가져야 하는데 그렇지 못하기 때문이다. 그러나 이슬람이 마지막 때 666의 집단속에서 역할을 담당할 것은 분명하다고 여긴다. 왜냐하면 이슬람이라는 종교는 마지막 때 거짓 선지자가 수장이 되어 통치할 다원주의 연합체 속에서 가장 기독교를 극혐하는 종교가 될 것이라 추정하기 때문이며 현재 시간에서든 미래 시간에서든 그들은 666의 표를 받은 자들 중 기독교 박해에 대

해서는 충분한 공감대를 형성할 것이며 기독교 박해에 있어 거짓 선지자와 관계된 자들 중 가장 강력한 존재감을 드러낼 종교이기 때문이다.

> **계 13:18** 지혜가 여기 있으니 총명한 자는 그 **'짐승의 수'**를 세어 보라 그것은 **'사람의 수'**니 **'그의 수'**는 **'육백육십육'**이니라

이 매력적인 묘사는 묵시 문학만이 갖는 특징이다. 18절 행간을 등식으로 표기하면?

$$\text{짐승의 수} = \text{사람의 수} = \text{그의 수} = \text{육백육십육}$$

이라는 등식이 성립한다. 등식 가운데 **'짐승의 수'**를 세어보라는 표현은 짐승이 몇 마리인지를 세어보는 수를 의미하는 것이 아니라 짐승, 곧 거짓 선지자를 지칭하는 그 값을 셈 해보라는 의미이며 **'사람의 수니'**라는 표현은 몇 사람이냐?라는 셈의 의미가 아니라 한 사람이 가진 표식의 값을 의미하는 것이며 **'그의 수'**라는 표현에 있어 '그'는 삼인칭 **'단수'**이므로 많은 이슬람 사람이라는 의미가 아닌 한 사람을 규정하는 수를 지칭하는 표현이 되는 것이다. 분별이 가능한가? 현재를 달려가는 교회의 영적 지혜로 온전한 분별이 필요한 때이다.

Glory day
Community
Glory day
End-time Institute

1 또 내가 보니 보라 어린 양이 시온 산에 섰고 그와 함께 십사만 사천이 서 있는데 그들의 이마에는 어린 양의 이름과 그 아버지의 이름을 쓴 것이 있더라 2 내가 하늘에서 나는 소리를 들으니 많은 물 소리와도 같고 큰 우렛소리와도 같은데 내가 들은 소리는 거문고 타는 자들이 그 거문고를 타는 것 같더라 3 그들이 보좌 앞과 네 생물과 장로들 앞에서 새 노래를 부르니 땅에서 속량함을 받은 십사만 사천 밖에는 능히 이 노래를 배울 자가 없더라 4 이 사람들은 여자와 더불어 더럽히지 아니하고 순결한 자라 어린 양이 어디로 인도하든지 따라가는 자며 사람 가운데에서 속량함을 받아 처음 익은 열매로 하나님과 어린 양에게 속한 자들이니 5 그 입에 거짓말이 없고 흠이 없는 자들이더라 6 또 보니 다른 천사가 공중에 날아가는데 땅에 거주하는 자들 곧 모든 민족과 종족과 방언과 백성에게 전할 영원한 복음을 가졌더라 7 그가 큰 음성으로 이르되 하나님을 두려워하며 그에게 영광을 돌리라 이는 그의 심판의 시간이 이르렀음이니 하늘과 땅과 바다와 물들의 근원을 만드신 이를 경배하라 하더라 또 다른 천사 곧 둘째가 그 뒤를 따라 말하되 무너졌도다 무너졌도다 큰 성 바벨론이여 모든 나라에게 그의 음행으로 말미암아 진노의 포도주를 먹이던 자로다 하더라 9 또 다른 천사 곧 셋째가 그 뒤를 따라 큰 음성으로 이르되 만일 누구든지 짐승과 그의 우상에게 경배하고 이마에나 손에 표를 받으면 10 그도 하나님의 진노의 포도주를 마시리니 그 진노의 잔에 섞인 것이 없이 부은 포도주라 거룩한 천사들 앞과 어린 양 앞에서 불과 유황으로 고난을 받으리니 11 그 고난의 연기가 세세토록 올라가리로다 짐승과 그의 우상에게 경배하고 그의 이름 표를 받는 자는 누구든지 밤낮 쉼을 얻지 못하리라 하더라 12 성도들의 인내가 여기 있나니 그들은 하나님의 계명과 예수에 대한 믿음을 지키는 자니라 3 또 내가 들으니 하늘에서 음성이 나서 이르되 기록하라 지금 이후로 주 안에서 죽는 자들은 복이 있도다 하시매 성령이 이르시되 그러하다 그들이 수고를 그치고 쉬리니 이는 그들의 행한 일이 따름이라 하시더라 14 또 내가 보니 흰 구름이 있고 구름 위에 인자와 같은 이가 앉으셨는데 그 머리에는 금 면류관이 있고 그 손에는 예리한 낫을 가졌더라 15 또 다른 천사가 성전으로부터 나와 구름 위에 앉은 이를 향하여 큰 음성으로 외쳐 이르되 당신의 낫을 휘둘러 거두소서 땅의 곡식이 다 익어 거둘 때가 이르렀음이니이다 하니 16 구름 위에 앉으신 이가 낫을 땅에 휘두르매 땅의 곡식이 거두어지니라 17 또 다른 천사가 하늘에 있는 성전에서 나오는데 역시 예리한 낫을 가졌더라 18 또 불을 다스리는 다른 천사가 제단으로부터 나와 예리한 낫 가진 자를 향하여 큰 음성으로 불러 이르되 네 예리한 낫을 휘둘러 땅의 포도송이를 거두라 그 포도가 익었느니라 하더라 19 천사가 낫을 땅에 휘둘러 땅의 포도를 거두어 하나님의 진노의 큰 포도주 틀에 던지매 20 성 밖에서 그 틀이 밟히니 틀에서 피가 나서 말 굴레에까지 닿았고 천육백 스다디온에 퍼졌더라

[14 장]

십사만 사천 명 구원받은 이스라엘 선악교회과 대접 심판의 끝 시간 설명

14장의 시간대 : 대접심판과 성막 후 마지막 추수에 대한 설명

계 16:1-19:11-21		계 20:7-10	계 21:1-20
계 11:15 단 12:11 욥 3:2/마 25:31-46계 20:4-6, 사 25:6-8		계 20:11-15	계 21:21-22:5

기년 환난 / 한 이레의 언약

후 삼 년 반, 나팔 심판

전 삼 년 반, 두 짐승과 인 설명

대접 심판

여 곱 심판 응답심판

천 · 년 · 왕 · 국

흰 보좌 심판

영원한 나라

단 9:27

계 13:1, 11

1260일 → 1260일 → 30일 → 45일 → 1000년

Jr.성전 점령

일곱 나팔 마지막 지상 재림 공중 재림 교회의 휴거

주수 두 짐승 처단 사탄 ··· 무저갱

무저갱 해제 만국 미혹 예루살렘 점령

사랑의 부활 새 예루살렘 혼인 연회

하나님 나라 완성

집승 출현 짐승 점령 무저갱

14장의 개관

14장은 행간의 서두에 나타나는 '**어린 양이 시온 산에 섰고**'라는 시제의 특이성으로 전체가 설명되는 구조이다. 13장까지는 나팔 심판이 끝난 시점이며 14장의 시점 역시 나팔 심판과 대접 심판 사이에 위치한다. 14장의 시제는 16장부터 시작되는 대접 심판의 끝 시간에 대한 설명이다. 7장의 설명은 구원받기로 작정된 '**십사만 사천 명의 유대인 그리스도인들에 대한 구원이 이루어진 상황**'을 설명하고 있는데 중요한 논점은 그들이 누구냐에 대한 설명이다. 성경은 이들에 대하여 예표적으로 나낸 적이 있을까? 이 신비한 존재들의 사명은 무엇인지 궁금하지 않은가? 이 내용은 본 장의 가장 주요한 내용으로 다루어질 것이다. 이러한 주제적 내용과 함께 14장에 나타나는 내용은 십사만 사천 명과 마지막 수확에 대한 설명이 더해져 세 가지 논제를 중심으로 설명하고 있다. 마지막 추수에 대한 이해는 온 세상의 성도와 이스라엘 백성의 구원과 심판으로 나뉘어 나타난다. 14:14-16절의 '곡식 추수'와 14:17-20절에 나타나는 '포도 수확'이다. 계시록의 한 장을 할애하여 이 두 가지 추수에 대하여 예언하시는 하나님의 마음은 무엇일까? 에 집중한다면 훨씬 더 온전한 이해와 은혜에 도달 할 수 있을 것이라 확신한다.

구원받은 십사만 사천 명에 대한 설명 세 가지

❶ 어린 양과 함께하는 장소와 시간1절
❷ 그들이 부를 새 노래의 의미3절
❸ 그들의 신실한 모습4절

세 가지 주제를 중심으로 십사만 사천 명의 정체에 대하여 다루게 될 것이다.

어린 양과 함께하는 장소와 시간대 1절

> 계 14:1 '또 내가 보니' 보라 '어린 양이 시온 산에 섰고' '그와 함께 십사만 사천이 서 있는데' 그들의 '이마에는 어린 양의 이름과 그 아버지의 이름을 쓴 것이 있더라'

또 내가 보니

'또 내가 보니'라는 이 표현은 13장에서 있었던 두 짐승에 대한 하나님의 계시를 보고 난 후 또다시 보이는 환상이라는 의미이다. 1절의 표현이 서두에 있는 이유는 14장이 13장 설명의 연장선상에 있는 내용임을 알게 한다. 일곱 나팔이 불리고 난 후 16장에서 시작될 마지막 일곱 대접이 부어지기 전 대접 심판의 시간대에 있을 일들에 대하여 설명을 하는 것이다. 11:11절에 나타나는 예수님의 공중 재림 때 있을 휴거에 대하여는 이미 11:1-10절의 두 증인의 부활과 휴거, 살전 4:16-17절에 나타나는 교회의 휴거에 대한 증언을 통해 설명되듯이 14장과 15장 역시 16장의 대접 심판을 위한 설명이라는 사실을 염두에 두고 살펴야 한다.

어린 양이 시온 산에 섰고

'**시온 산**'은 '**예루살렘 성이 있는 모리아 산**'을 가리키며 창조주 하나님의 뜻 가운데 변함없는 하나님을 드러내신 역사적인 땅이며 약속의 땅이다. 창조 때부터 성소로 정하시고 그곳에서 영원한 통치를 계획하셨던 하나님의 땅이다.

> 그들을 '**그의** 성소의 영역' 곧 '**그의** 오른손으로 만드신 산'으로 인도하시고 시 78:54

이스라엘 백성에게 시온 산이란? 생명과 축복의 상징이며 영원한 영적 고향으로 나타난다. 그러나 시온 산은 생명과 축복, 영적 고향 이상의 의미를 가진 End-time의 의미를 함의한 영원의 시간을 나타내는 장소이다.

'**시 78:54절**'이 의미하는 바를 디딤돌 삼아 아래에 기록된 다섯 가지 시온 산의 역사를 밟고 시간을 훌쩍 뛰어넘어 '**겔 43:7절**'을 징검다리 삼고 또 한 번을 훌쩍 뛰어 '계 21장'에 도착하면 하늘에서 내려오는 '**거룩한 성 새 예루살렘**' 안으로 들어가게 되는데 그곳에서 영원히 우리를 다스리실 '**계 21:22절**'의 하나님을 만날 수 있게 되기를 바란다.

시온 산에 대한 성경신학적 가르침은 이러하다.

❶ 이삭을 번제로 드렸던 아브라함의 순종을 받으시고 그가 온전히 하나님을 경외하는 자로 선포하셨던 곳 창 22:12-17.

❷ 다윗이 전염병으로부터 이스라엘 백성을 구원하기 위해 제사를 통하여 이스라엘을 염병 가운데서 구원 삼하 24:15-25했던 여부스 사람 아라우나 소유의 타작 마당 삼하 24:10-17.

❸ 다윗의 아들 솔로몬이 아버지 뜻을 따라 솔로몬 성전을 세운 곳 왕상 6:37-38.

❹ 최종 추수와 심판의 보좌가 있을 곳 예루살렘 성이 있는 시온 산_욜 _{3:2, 마 25:31-46}이며, 아마겟돈 전쟁을 승리로 이끄시고 예루살렘 성에 숨어있는 두 짐승과 그를 따르는 패배한 왕들을 심판하시기 위해 입성_{계 19:19-21}하실 예루살렘 성이 있는 산.

❺ 평강 가운데 천 년의 통치가 이루어질 예루살렘이 위치한 땅이다.

이때, 예수님을 하나님의 아들로 인정하는 이스라엘의 정결한 신부가 모여 유월절 구원을 위해 예루살렘 성으로 들어오시는 예수님을 향하여 **'종려나무'**가지를 흔들며 환영_{마 21:6-9, 막 11:1-11, 눅 19:28-38, 요 12:12-19} 했던 그때, 예수님의 **'예루살렘 입성을 환영하던 이스라엘 백성들에 대한 성 취적 존재들이 열두 지파 가운데 구원받은 십사만 사천 명'**이다. '추수' 를 끝내시고_{계 14:14-16} 천년왕국을 통치하실 그곳!_{사 2:2-4} 예루살렘 성이 있는 모리아 산, 곧 인류 역사의 중심이 시온 산이다.

이러한 관점을 배경으로 이해되는 **'어린 양이 시온 산에 섰고'**라는 표 현에는 시제적으로 아주 중요한 의미가 부여된다. 11장에 공중 재림하신 예수님께서 지상으로 재림하시되 최종적 목적지인 시온 산에 도착하셨다 고 선언하고 있는 내용이기 때문이다. 이 선언에 함의된 시간과 사건들은 나팔 심판_{삼 년 반} 과 대접 심판_{30일}의 전 과정_{16장}과, 아마겟돈 전쟁의 승리 와, 감람 산에서의 자기 백성 구조_{슥 14:4-5}가 포함된다. 이처럼 포괄적인 시간에 대한 함축은 계시록 묵시문학의 특징이다. 이 행간의 중요성은 모 든 과정을 다 이루시고 승리하신 예수님께서 만왕의 왕으로서 **'내 보좌의 처소, 내 발을 두는 처소, 내가 이스라엘 족속 가운데 영원히 있을 곳'**_겔 _{43:7}이라 말씀하셨던 그 예루살렘에 도착하셨다는 것을 나타내는 완료시 제의 표현이다. 그러므로 14장 역시 대접 심판에 대하여 기록된 16장 이 전의 내용이므로 16장을 향한 설명의 내용에 속하는 것이다.

그와 함께 십사만 사천이 서 있는데

'그'_{승리하신 예수님}와 함께 십사만 사천이 서 있는데라는 표현을 온전히 설명하면 '십사만 사천 명의 구원받은 이스라엘 신약교회가 승리하신 예수님과 함께 시온 산에 섰다'로 이해되어야 한다. 이 모습은 **이스라엘 임무와 권리**Israel mandate and Authority에 대한 이해를 더한다. 사 66:20절에 나타나듯 뭇 나라와 언어가 다른 민족들이 예수님을 보기 위해 예루살렘으로 올 때 이스라엘 백성들을 향하여 정성을 다해 존귀하게 모시듯 하여 이스라엘 땅으로 올 것인데, 이방 땅에 흩어져 온갖 고난과 역경을 겪으며 오직 메시아만을 기다리며 살아온 그 유대인들 중에서 제사장과 레위인들을 택하여 하나님을 섬기게 하시겠다는 약속출 19:6, 사 66:20이 이스라엘의 임무와 권위에 대한 대표적 설명이 된다. 이러한 이스라엘의 제사장 나라의 권위는 예수님을 가장 지근 거리에서 찬송하며 섬기는 자들로서의 권위에 대하여 주님이 시온 산에 승리의 왕으로 입성하실 때 '**함께 섰다**'는 묘사가 우리에게 전달하려는 함의다. 이 시간은 곧 있을 예수님의 예루살렘 입성을 예고하고 있다. '**예수님의 예루살렘 입성**'은 '**주님을 환영하는 십사만 사천 명의 사명과 관계**'된 것이며 이 사명은 예수님께서 십자가에 못 박히시기 전 예루살렘을 바라보시며 예언하셨던 내용으로 AD 70년에 있었던 로마의 티투스 장군에 의한 멸망을 앞두고 눈물을 흘리시며 안타까운 마음으로 예언하셨던 '**마 23:39절의 말씀**'과 관련되어 있다. 이하 3절 '**그들이 부를 새 노래의 의미**' 설명을 참조 바란다.

그들의 이마에는 '어린 양의 이름과 그 아버지의 이름'을 쓴 것이 있더라

이 의미는 이마에 짐승의 표, 곧 겔 9:4절이 증언하는 태양신 우상을 섬기는 자가 받을 멸망의 표가 아닌 예수님을 신랑으로 분별하고 하나님 백성의 표를 받았다는 의미다. 관념적인 표현으로 그들의 이마에 위치하는 전두엽이 결정하는 온전한 '**판단과 분별에 의한 선택**'은 오직 진정한 신랑 '**어린 양 예수님**'과 '**아버지 하나님**'이었다는 사실을 의미하는 표현이다. 거짓 선지자의 핵심 사역인 짐승의 우상에게 경배하라는 극심한 강요에도 죽음을 두려워하지 않는 믿음으로 오직 신랑 되신 예수와 아버지 하나님에 대한 온전한 선택으로 마지막 때 구원받은 신실한 이방인 그리스도인들에게도 동일한 이름이 '구원받은 자' 또는 '내 백성'이라고 우리의 이마에 기록되지 않을까? 이마에 자기 소유에 대한 표식을 하시며 이것을 '인침'이라 하시는 것이다.

그들이 부를 새 노래의 의미 2-3절

계 14:2-3 [2] 내가 '하늘에서 나는 소리'를 들으니 많은 물 소리와도 같고 큰 우렛소리와도 같은데 내가 들은 소리는 거문고 타는 자들이 거문고를 타는 것 같더라 [3] 그들이 보좌 앞과 네 생물과 장로들 앞에서 새 노래를 부르니 '**땅에서 속량함을 받은 십사만 사천 밖에는 이 노래를 배울 자가 없더라**'

사도 요한은 하늘에서 나는 소리를 듣는데 그것이 3절이 말하는 찬송이다. 그들이 보좌 앞과 네 생물과 장로들 앞에서 부르는 이 노래는 예수님께서 마 23:39절에서 선포하신 그 예언의 노래이다. '**내가 너희에게 이르노니 이제부터 너희는 찬송하리로다 주의 이름으로 오시는 이여 할 때까지 나를 보지 못하리라 하시니라**'라는 예수님의 예언이 곧 찬송의 내용이다. '**십사만 사천 명의 이스라엘 신약교회만 부를 수 있다**'는 이 찬송이 주는 의미는 두 시대의 교회를 이해하도록 이끈다. 이방인 교회는 성령으로 하나 된 교회이기에 구원을 받는 데 있어 복잡한 문제가 없는 단일화된 교회이다. 그러나 이스라엘의 교회는 다르다. 이원화되어 있다. 이스라엘의 두 교회는 '**율법교회**' 계 6:6, 보리 석 되=감람유 **와 신약교회**' 계 6:6, 밀 한되=포도주라는 이원화된 구조이기 때문이다. 마 23:39절에 예언하신 예수님의 말씀은 유대인들을 대상으로 하신 말씀이며 복음이 오순절 성령의 임재로 이방 땅에 전해지기 전 그들의 구원을 위한 옵션이었기에 이방교회와는 상관 없다. 이러한 이유로 그들의 구원은 먼저 구원받은 십사만 사천 명의 유대인 그리스도인들이 그 동족의 구원을 위해 마땅히 해야 할 사명을 부여하신 것이기에 그들만이 부를 수 있는 노래라는 의미이다. 이 예언의 말씀을 전하는 사복음서의 저자들의 표기에도 약간의 차이를 가지는데 마가는 마태의 기록보다 더 유대적인 표현을 사용한다.

> [9] 앞에서 가고 뒤에서 따르는 자들이 소리 지르되 '**호산나 찬송하리로다 주의 이름으로 오시는 이여**' [10] 찬송하리로다 오는 '**우리 조상 다윗의 나라여**' 가장 높은 곳에서 호산나 하더라 막 11:9-10

요한은 마태, 마가, 누가보다 이스라엘의 편에서 더 깊은 신학적 의미를 부여하고 있다.

> **종려나무 가지를** 가지고 ~ 호산나 찬송하리로다 주의 이름으로 오시는 이 곧 '**이스라엘의 왕이시여**' 하더라 요 12:13

저자별로 표현에 있어 약간의 차이가 있으나 공통적 관점에 대한 궁금증은 예수님의 입성을 위한 이 찬송을 부르는 자가 누구냐?라는 관점이다. 그 자격은 오직 십사만 사천 명의 이스라엘 신약교회에만 국한된 사명이라는 관점이다. 이유는 세계 가운데 하나님의 말씀을 지키고 순종하는 이스라엘의 남은 자가 예수님의 천년왕국을 수종들 제사장 나라가 될 것이라는 출애굽 시대의 하나님의 약속 때문이다.

> [5] 세계가 다 내게 속하였나니 너희가 '내 말을 잘 듣고 내 언약을 지키면' 너희는 '모든 민족 중에서 내 소유'가 되겠고 [6] '너희가 내게 대하여 제사장 나라가 되며' '거룩한 백성'이 되리라 너는 이 말을 이스라엘 자손에게 전할지니라 출 19:5-6

　세상의 모든 민족 중에서 하나님의 제사장 나라가 되는 조건을 제시하고 계신다. 세계적으로 지혜, 상업적 능력, 재능이 뛰어난 이스라엘의 유대인들이지만 인류의 역사 속에서 이토록 고통받는 것을 볼 때 하나님 나라의 제사장의 직분이 결코 녹록한 사명이 아니라는 것을 절감하게 하는 대목이다. 모든 악한 자들의 표적이 되는 역사 속에서도 오직 율법을 붙들고 메시아를 대망하며 살아가는 유대인들! 인류의 마지막 시간, 그들이 받을 상급 또한 그 권위에 있어 분명한 차이가 있을 것을 인정할 수밖에 없다. 천년왕국의 시간에 있을 그들의 영광! 부와 권위로 함께 하실 하나님의 복은 마치 다섯 달란트와 열 달란트를 남긴 자들에게서 발견되듯 주시는 상급의 가치는 동일하나 만족의 정도가 다른 영광이라는 사실로 이해될 수 있는 것이다. 이는 마 20:1-12절에 나타나듯 모든 자들에게 주어지는 품삯이 한 달란트이듯 구원에 대한 가치는 동일하나 주어지는 영광은 그 열매에 따라 달라진다는 것을 반드시 기억하고 더 많은 열매를 맺도록 힘쓰는 선한 욕심과 열정적 믿음의 준행을 권면하는 성경의 외치는 소리를 온전히 들을 수 있기를 바란다.

　유대인 구원의 이해를 돕기 위한 부연 설명을 하면 온 땅에 흩어진 이스라엘의 율법 교회는 극심한 환난 가운데서도 그들이 기다리는 메시아가 올 때까지 그 누구도 그들의 하나님이 될 수 없기에 우상 경배도, 짐승의 표도 받지 않고 어떤 고난도 인내하며 메시아를 대망할 것이다. 공중 재림으로 캄캄한 하늘을 가르시며 영광의 빛으로 운행하시는 예수님을 목격할 때 그분을 메시아로 인식하고 그 흩어진 곳에서 한 사람도 남지 아니하고 시 126:4-6절과 겔 39:27-28절의 말씀처럼 그 씨 뿌리는 노고를 멈추고 남방 시내들같이 기쁨으로 예루살렘을 향하여 돌아올 것이며 이방 땅에 단 한 사람도 남기지 않고 다 돌아오도록 인도하실 것이다. 이들을 맞이하시는 예수님은 기쁨으로 사 62:5절의 예언을 성취하실 것이다.

> 마치 '청년이 처녀와 결혼함같이' 네 아들들이 너를 취하겠고 '신랑이 신부를 기뻐함같이 네 하나님이 너를 기뻐 하시리라' 사 62:5

예수님과 함께할 살아남은 모든 구원받은 유대인들에게 시온 산과 예루살렘을 취하게 하시되 청년과 처녀가 결혼함 같이 자기 소유로 취하여 다시는 이방인들에게 빼앗기지 않고 보전할 것이며 완전한 기쁨 가운데 취하시고 함께 살아가도록 허락하실 것이다. 이는 예루살렘을 향하여 사 62:4절에 나타나는 '헵시바와 쁄라'라는 단어를 통하여 더욱 견고한 하나 됨을 확정해 주신다. '헵시바 란? 나의 기쁨이 그 여인에게 있다'라는 의미이며 '쁄라란? 여호와와 결혼한 땅'이라는 표현으로 예수님과 함께 거할 예루살렘을 하나님의 기쁨이 있는 성으로! 예수님과 결혼한 땅으로! 묘사하시므로 누구에게도 양보하거나 빼앗기지 않는 영원히 함께 할 교회라는 의미를 전달하고 있다. 그러므로 '헵시바와 쁄라'라는 두 단어를 예루살렘과 예수님의 관계 중심적 의미로 해석하면 예루살렘은 교회가 되며 헵시바와 쁄라는 예수님께 기쁨을 드리는 교회요, 그리스도의 신부라는 의미를 함의한다. 주님이 이땅에 오시는 그날! 모든 교회는 유대인에게나 헬라인에게나 차별이 없는 롬 10:12 하나님 나라의 기쁨을 누리게 될 것이다.

그들이 보좌 앞과 네 생물과 장로들 앞에서 새 노래를 부르니 땅에서 속량함을 받은 십사만 사천 밖에는 이 노래를 배울 자가 없더라

예수님께서는 십자가에서 돌아가시기 전 예루살렘 성전을 보시고 눈물을 흘리시며 마 23:39절의 예언을 하셨다. 이 예언은 훗날 자신이 이 땅을 심판하시기 위해 다시 오실 때 유대인들을 향한 '침묵 속의 옵션'이었다. 아무도 듣지 않는 중에 하신 예언적 선포였지만 이 옵션은 예수님께서 말씀하시지 않아도 수천 년 후에 예수님의 혈통적 후손들이 구원을 위해 이 노래를 반드시 부르게 될 것에 대한 확신 속에서 예언하신 것이며 계 14:2절은 '하늘에서 들리는 이 찬송을 이 땅에서 구원받은 십사만 사천 명 밖에는 이 노래를 배울자가 없더라'고 밝히므로 초림의 입성 때 부르던 그 노래를 그대로 배워 다시 찬송하므로 예수님의 예언이 성취된 영접 찬송으로 들으시며 예루살렘으로 입성하실 것이라는 예언을 하신 것이다. 마태는 초림의 예수님께서 예언하셨던 그 내용을 이렇게 기록하고 있다.

> 38 보라 너희 집이 황폐하여 버려진 바 되리라 39 내가 너희에게 이르노니 이제부터 너희는 '찬송하리로다 주의 이름으로 오실이여' 할 때까지 '나를 보지 못하리라' 하시니라 마 23:38-39

예수님은 자신을 메시아로 인정하지 않고 십자가에 못 박을 대제사장과 서기관들이 사는 예루살렘 도성을 바라보시며 마 23:37절의 말씀처럼 암탉이 병아리를 품듯 그들을 품고 용서하려 했지만 원하지 아니하는 자기 백성들의 죄악을 보시고 한탄하시며 그들의 멸망을 예언하신 것이다. 예수님의 이 예언은 AD 70년에 성취되었지만 궁극적 성취의 시간은 종말에 맞춰져 있다. End-time의 십사만 사천 명의 구원받은 이스라엘 신약교회가 예수님을 진정한 메시아로 깨닫고 찬송할 것인데, 가사의 내용은 **"예수님이 진정 우리의 메시아이기에 예수님을 우리의 구원자로 영접합니다"**라고 고백의 찬송을 부르며 반길 때_{재림 심판의 때} **내가 너희를 내 백성으로 인정하고 너희를 구원하고 평강의 왕으로 너희와 함께할 것이다**라는 의미의 예언이다. 십사만 사천의 구원받은 이스라엘의 신약교회에 대한 이 메타포에 더 풍성한 의미를 부여하는 내용은 십자가를 지시기 위해 유월절 어린 양으로 예루살렘에 입성하실 때 예수님의 입성을 반기던 백성들이 추수의 절기인 수장절에 흔들던 종려나무 가지를 유월절에 흔들며 예수님의 입성을 노래하는 예표적 행동을 하는데 이 모습은 곧 마지막 때 구원의 완성을 위해 예루살렘으로 입성하실 예수님을 맞이하는 시제적 예표라는 사실을 알게 한다. 사복음서에 모두 기록되었다는 사실은 온 이방의 교회가 반드시 알아야 할 중요한 의미가 함의된 내용이라는 뜻이다. 예수님의 구원을 바라는 자기 백성이 반드시 불러야만 구원주로 오시겠다는 예루살렘 입성을 위한 필수 찬송! 이 찬송의 가사는 복음서의 저자에 따라 약간의 차이는 있으나 모두 동일한 의미를 전달하고 있다.

찬송의 가사에 대한 복음서 저자들의 기록들

호산나 **'다윗의 자손'**이여 **'찬송하리로다 주의 이름으로 오시는 이여'** 가장 높은 곳에서 호산나 하더라 마 21:9

호산나 **'찬송하리로다 주의 이름으로 오시는이여'** 찬송하리로다 오는 우리 조상 다윗의 나라여 가장 높은 곳에서 호산나 하더라 막 11:9

'찬송하리로다 주의 이름으로 오시는 왕이여' 하늘에는 평화요 가장 높은 곳에는 영광이로다 눅 19:38

> 호산나 '찬송하리로다 주의 이름으로 오시는이여' 곧 이스라엘의 왕이시여 하더라 요 12:13

사복음서 가운데 마태복음에만 '다윗의 자손'이라는 한 민족을 특정하는 표현이 등장하는 이유는 마태복음이 이스라엘을 위해 기록된 복음서라는 사실을 알게 한다.

예수님의 예언과 다시 비교해 보라!

> 내가 너희에게 이르노니 이제부터 너희는 '찬송하리로다 주의 이름으로 오시는이여 할 때까지 나를 보지 못하리라' 하시니라 마 23:39

위에 기록된 사복음서의 내용은 예수님의 초림 때의 예루살렘 입성 기사이며 마 23:39절은 마지막 때, 구원을 위해 재림하실 예수님께서 자기 백성에게 구원을 위해 제시한 옵션과 같다. 이러한 성경의 가르침은 계 14장에 나타나는 십사만 사천 명의 구원받은 유대인이 예수님과 함께하는 마지막 때의 시간적 이해와 함께 그들의 사명에 대한 적극적 이해로 이끌어 준다. 정리하면 '**십사만 사천 명의 구원받은 이스라엘 신약교회는 아마겟돈 전쟁의 승리자로서 계 19:19-21절에 나타나듯 예루살렘 성 안에 숨어 있는 두 짐승의 최후 심판을 위해 예루살렘으로 입성하실 때 두 짐승을 향한 예수님의 마지막 승리 심판의 입성을 반기며 영접할 영광스러운 의전을 위한 성가 합창단**'이다. 그들의 노래를 통하여 하나님 나라와 그의 백성의 온전한 구원과 회복이 시작될 것이며 예수님은 만왕의 왕으로 영원히 거하실 예루살렘으로겔 43:7으로 입성하셔서 그곳에서 자기를 하나님이라 했던 적그리스도와 거짓 선지자와 그의 추종자들을 심판하실 것이다계 19:19-21. 흥미로운 사실은 이들과 함께 구원받는 이방

교회의 구원에 대한 찬송은 별도로 나타나고 있는데 특이한 사실은 이스라엘 신약교회의 십사만 사천 명과 이방 교회의 구원받은 수를 헤아릴 수 없는 많은 무리가 손에 든 나뭇가지는 모두 종려 가지라는 사실이다. 이방 교회의 찬송은 계 7:9-10절에 나타나는데 그 의미는 동일하나 십사만 사천의 찬송은 예수님의 예언을 따르고 있지만 이방 교회의 찬송은 구원에 대한 일반적 관점이라는 사실이 차이라 할 수 있다. 요한은 이방 교회의 찬송에 대한 계시를 이렇게 기록하고 있다.

> ⁹ 이 일 후에 내가 보니 각 나라와 족속과 백성과 방언**에서 아무도 능히 셀 수 없는 큰 무리**가 나와 흰 옷을 입고 손에 종려 가지를 들고 보좌 앞과 어린 양 앞에 서서 ¹⁰ 큰 소리로 외쳐 이르되 구원하심이 보좌에 앉으신 우리 하나님과 어린 양에게 **있도다** 하니 계 7:9-10

이처럼 성경은 예수님의 나심, 애굽으로의 피난과 나사렛에서의 성장, 고난, 죽음, 부활, 승천, 재림, 심판, 천년왕국, 흰 보좌 심판, 새 하늘과 새 땅, 혼인 연회, 영원한 나라의 순서로 진행될 모든 하나님의 계획은 성경의 모든 예언을 통해서 이루어질 것임을 선포하고 있으며 성경을 읽는 독자들이 예언과 성취의 순간들을 놓치지 않도록 주요 포인트를 상세하게 기록하고 있는 것이 진리의 성경에 나타나는 분명한 특징이다. 어떠한 반론이나 비진리라는 억지 주장을 불허하기 위함이다. 예수님의 유월절 입성에서 유대인들은 수장절에 흔들던 종려 가지를 흔들며 예수님을 맞이하는 장면 또한 철저한 예표이다.

하나님은 예수님의 모든 말씀과 행하신 그 일들에 대하여 사람이 보고 생각하기에는 '**기적**'miracle이라 말하지만 성경은 분명히 '**표적**'signal 이라 밝히고 의미를 부여하고 있으며 '**첫 표적**'요 2:11 '**두 번째 표적**'요 4:54이라는 표현이 의미하는 바는 앞으로 나타날 예수님의 표적들이 계속되는 지속성을 가질 것에 대하여 예고이다. 표적은 기적과 다르다. 기적은 인간이 느끼는 초자연적 능력으로 인한 놀라운 일Miracle에 불과하여 그 일 이후 일어날 하나님의 일하심을 기대하지 않고 기적 그 자체로 만족한다. 그러나 표적은 하나님이 개입하신 어떤 일의 성취에 대한 싸인Sign이나 신호 Signal이며 하나님이 행하실 사건에 대한 '**예고**'나 '**예표**'적 관점을 함축하는 초자연적 현상을 전달하고자 하는 것이므로 이후에 이루어질 또 다른 하나님의 행하심을 기대하며 기다리고 기도할 수 있는 소망을 갖게 되므로 기적과 표적은 전혀 다른 의미가 된다. 그러므로 예수님의 모든 표적이 어떤 의미를 가지고 있는지에 대하여 구속사와 관련된 성경적 관점으로 구약성경과 신약성경을 면밀하게 연구해야 온전한 하나님의 마음을 전할 수 있는 것이다.

예를 들어 오병이어의 표적을 바라보는 설교의 관점이 주린 배를 채우는 하나님의 풍성한 복의 관점이나 기적을 위한 헌신 정도로만 이해하고 설교하는 것에 만족한다면 예수님께서 원하시는 표적의 기능은 소멸된다. 예수님의 희생 위에 세워질 신약교회의 구속사적 행보를 기대하며 그 일을 이루실 신약의 교회를 풍성한 복으로 채우실 것을 제시하고 예수님의 동역자로 신실하게 세워지기를 촉구하는 신약교회를 향한 하나님의 기대와 사랑이라는 관점을 이해하도록 이끌어야 할 것이며 내가 속한 교회 공동체가 예수님의 기대에 부응하도록 이끌어가는 창의적 이해가 필요한 본문이 오병이어 표적이라 할 수 있다. 기적으로 이해되는 모든 현상들이 하나님의 표적이라는 사실을 기억하고 표적 속에 함의된 하나님의 마음이 어떠한가에 초점을 맞춰 이해하며 준비하는 발상의 전환이 필요하다. 이 기적에 대한 표적으로서의 의미는 '**다섯 개의 떡 + 물고기 두 마리 + 어린아이**'와의 상관관계 이해에 달려 있다. 떡은 하나님의 말씀이며 물고기는 영혼과 생명에 대한 예표적이고 관념적인 표현이며 어린아

이는 예수님의 십자가 희생으로 세워질 신약교회를 의미하는데 이는 어린아이에 대한 성경적 용례는 미성숙, 가능성, 순전함이기에 예수님의 희생으로 하나님 안에서 곧 세워질 신약교회를 의미하는 은유이기 때문이다. 그러므로 오병이어 표적은 **이스라엘 신약교회와 이방의 신약교회가 함께 오순절 성령의 강림으로 이루실 복음의 흥왕을 예표 하는 표적의 말씀으로 신약교회의 헌신이 하나님 나라를 흥왕하게 하고 풍성하게 하며 흔들어 넘치도록 부으시는 하나님의 복을 경험하게 되는 메타포로 선포하는 설교가 되어야 할 것이다.** 이것이 초림하신 예수님의 비전이요, 갈망이며 이 표적에는 예수님의 신약교회를 향한 설레이는 마음이 담겨져 있다. 이러한 예수님의 비전과 갈망과 설레임이 설교와 양육과 전도와 선교, 섬김과 헌신에 의한 교회 사역에 새겨질 때 성령께서 부으시는 부흥의 기름이 모든 교회에 부어질 것이며 설교자와 교회가 이 표적의 의미를 이해할 때 신약교회를 통하여 온 땅을 복음으로 채우시려는 열정에 넘치는 예수님의 마음을 알게 되어 온전한 제자로 주님을 따르는 성령의 동역자들로 변화될 것이며 함께 하도록 이끄시는 아버지의 뜻이 더 분명해 질 수 있는 것이다. 이것이 제자도의 온전한 관점으로 이해된다면 교회는 정결한 신부의 리더십으로 충만하여 그 나라와 의를 구하며 이 세대를 변화시켜 마지막 시대를 하나님께 드리므로 계 3:7-13절에 나타나는 End-time의 칭찬받는 빌라델비아 교회로 설 수 있을 것이다.

십사만 사천 명의 신실한 모습 4-5절

> **계 14:4-5** [4] 이 사람들은 '여자와 더불어 더럽히지 아니하고 순결한 자'라 '어린 양이 어디로 인도하든지 따라가는 자'며 사람 가운데서 속량함을 받아 '처음 익은 열매로 하나님과 어린 양에게 속한 자들'이니 [5] 그 '입에 거짓말 없고 흠이 없는 자들'이더라

이 행간은 End-time의 때 구원받을 이스라엘 신약교회인 십사만 사천 명의 삶의 태도를 규정하며 오늘을 살아가는 교회가 어떤 자세를 견지하고 깨어 있어야 할지를 분명한 어조로 교훈하고 있다. 이 책을 읽는 독자들은 이러한 정결한 구원의 조건들을 기억하여 삶 속에서 온전한 믿음을 구현해 가는 지혜로운 예수님의 신부로 성숙되기를 권면하는 바이다.

첫째, 음란한 생활을 금하는 삶의 자세를 가르친다. 마지막 때는 성적으로 참담할 정도의 음란이 성행할 것이다. 마지막 때라 일컫는 현재의 음란 현상 또한 심각한 마지막 때의 현상임을 거부할 수 없을 정도로 도를 넘은 성적 타락이 성행하고 있지만 여기서 끝나지 않고 지속적으로 그 범위와 세대의 확장을 이룰 것이다. 바울 사도의 가르침은 육신적이고 영적인 음란에 대하여 '너희 몸이 성전이니 더럽히면 하나님이 그 사람을 멸하시리라'고 가르친다 고전 3:16-17, 6:16-20는 사실을 기억해야 한다.

둘째, 어린 양이 어디로 가든지 따라가는 자들이라 가르친다. 순종하며 성령님과 동행하는 자들이다. 삶의 방향성이 한 길! 오직 예수님의 가르침인 말씀을 기준으로 삼고 살아가는 삶을 의미한다. 오직 성령 안에서 말씀을 따라 행하는 계명의 순종 자들을 의미하며 순종은 오직 사랑을 전제로 이루어지는 하나님 백성의 특징이라 가르친다. 십사만 사천의 이스라엘 신약교회의 믿음은 예수님을 사랑하여 *끝까지 그*들의 삶을 예수님께 의탁한 자들이 될 것이라고 가르치고 있다. 이러한 자들이 받을 복은 예수님을 만나 모든 문제를 해결하며 시험의 때를 이기도록 돕는 친밀의 은혜를 경험할 것이다. 요한복음에 나타나는 예수님의 가르침은 이러하다.

'나의 계명을 지키는 자라야 나를 사랑하는 자'니 '나를 사랑하는 자는 내 아버지께 사랑을 받을 것'이요 '나도 그를 사랑하여 그에게 나를 나타내리라' 요 14:21

셋째, 거짓을 말하지 않는 순전한 자들이다. 마지막 때의 현상 중 하나가 거짓된 것을 말하며 남을 속이는 행위가 편만하게 될 것이다. 남에게 피해를 주는 행위에도 가책을 느끼지 못하는 화인 맞은 양심은 마지막 때의 증거가 될 것이며 현재는 이미 도덕과 윤리의 가치가 무시되고 파괴되는 Post Mordnism 시대의 끝에 있는 시간이다. 성도는 거짓말하는 자들의 최후를 기억하고 거짓의 미혹에서 깨어 있어야 한다.

> 무엇이든지 '속된 것'이나 '가증한 일' 또는 '거짓말하는 자'는 '결코 그리로 들어가지 못하되' 오직 어린 양의 '생명책에 기록된 자들만' 들어가리라 계 21:27

> '개들'과 '점술가들'과 '음행하는 자들'과 '살인자들'과 '우상 숭배자들'과 및 '거짓말을 좋아하며 지어내는 자'는 다 '성 밖'에 있으리라 계 22:15

세 천사가 전하는 세 가지 메시지

첫째, 대접 심판과 여호사밧 골짜기의 심판 시간이 이르렀음을 알림 6-7절

> **계 14: 6-7** [6] 또 보니 다른 천사가 공중에 날아가는데 '땅에 거주하는 자들' 곧 '모든 종족과 방언과 백성에게 전할 영원한 복음'을 가졌더라 [7] 그가 큰 음성으로 이르되 하나님을 두려워하며 그에게 영광을 돌리라 이는 '그의 심판의 시간'이 이르렀음이니 하늘과 땅과 바다와 물들의 근원을 만드신 이를 경배하라 하더라

이 행간에 나타나는 주요한 주제는 세 가지다.

❶ **땅에 거주하는 자들**은 심판의 시점 중 어느 시간대를 살아가는 누구를 가리키는가?라는 관점에 대하여 질문하고 이해하도록 이끌고 있으

며 ❷ 모든 종족과 방언과 백성에게 전할 영원한 복음이 어느 시점에 선포되는 복음이며 어떤 자들을 향하고 있는가?에 대한 이해를 요구하며 ❸ 그의 심판의 시간이 이르렀다는 시간은 언제, 어떤 심판의 시점을 말하는 것인가?라는 질문을 유도하고 있다. 이 행간에 대한 이해가 우리에게 주는 유익은 교회 안에 휴거 되는 자와 되지 못하는 자가 있을 것에 대한 이해와 함께 휴거 되지 못한 자들이 구원을 받을 수 있는 자인지 아닌지에 대한 답을 제시하고 있다. 또한 본 행간이 말하는 심판이란 어떤 심판인지에 대한 시간적 관점을 분명히 제시하는 내용으로 구원과 심판에 대한 답을 함의하며 설명하고 있는 말씀이다.

❶ '땅에 거주하는 자들'은 심판의 시점 가운데 어느 시점의 어떤 자들을 가리키는가?

계 14장은 나팔 심판이 끝나고 16장에서 시작될 대접 심판을 앞둔 시점에서 예고되는 설명부이다. 그런데 14:6-7절의 중요성은 교회의 휴거와 관련된 몇 가지의 의문점들을 해소하도록 이끄는 주요한 지식을 제공한다. 이 행간에 나타나는 '땅에 거주하는 자들'에 대한 이해는 이미 11:15-19절에 나타나듯 일곱 나팔 소리에 교회가 휴거 되고 구름 위에서 예수님과 함께 세상을 향한 환난의 마지막 대접 심판을 쏟아부을 준비를 하는 시간대이기에 이미 휴거 되고 남은 자들을 향하여 계시 되는 시간이다.

❷ '모든 종족과 방언과 백성에게 전할 영원한 복음'은 누구를 위한 복음인가?

'휴거 되지 못하고 이 땅에 남아 있는 교회'고전 3:15와 예수님의 공중 재림과 어두운 하늘에 영광의 빛으로 행진하시며 30일 동안 대접 심판을 행하시는 예수님을 보고 예루살렘으로 돌아와 구원받을 '흩어진 율법

교회의 유대인'들과 계 18:4절의 대접 심판 끝 지점에서 '가톨릭 엑소더스_{계 18:4}를 명하실 때 돌아올 그들'과 모든 민족, 백성, 방언에서 대접 심판이 있을 그때, 예수님을 믿지는 않지만 '생명책에 기록된 자들'이 최후의 복음을 들어야 할 대상이 되는 것이다. 예수님께서는 아버지께서 택하신 자들은 모두 구원하시는 것이 자신의 사명임을 제자들에게 밝히셨기 때문이다. 그러므로 이 행간에 나타나는 예수님의 마음은 마지막 선택의 기회를 주시며 힘을 내어 어둠에서 벗어나라고 독려하시는 의미가 된다.

❸ '그의 심판의 시간'이 이르렀다는 것은 어느 심판의 시간을 말하는가?

마지막 대 환난을 의미하는 '대접 심판의 시간'을 일컫는다. 이 시간은 인간의 능력과 지혜로는 살아남을 수 없는 엄청난 자연의 대격변을 경험하는 시간이다. 자연의 소용돌이 앞에서 인간의 힘은 능력이 될 수 없다. 인류의 어떤 문명에 의한 방어력도 자연의 광란을 막을 길은 없다. 미친 듯이 자연을 훼손하고 욕망대로 파괴한 인간의 행동에 대하여 고스란히 그대로 되돌려 받되 돌이킬 수 없는 파괴적인 능력을 통하여 하나님의 방법으로 회복시키는 심판이다. 예수님은 이 시간에 일어날 자연의 대격변에 데하여 이렇게 말씀하신다.

> ¹⁷ '일곱째 천사가 그 대접을 공중에 쏟으매' 큰 음성이 성전에서 보좌로부터 나서 이르되 '되었다' 하시니 ¹⁸ '번개와 음성들과 우렛소리가 있고 또 큰 지진'이 있어 얼마나 큰지 '사람이 땅에 있어 온 이래로 이같이 큰 지진이 없었더라' ¹⁹ '큰 성이 세 갈래로 갈라지고 만국의 성들도 무너지니' 큰 성 바벨론이 하나님 앞에 기억하신 바 되어 그의 맹렬한 진노의 포도주 잔을 받으매 ²⁰ 각 '섬도 없어지고 산악도 간 데 없더라' ²¹ 또 '무게가 한 달란트나 되는 큰 우박'이 하늘로부터 사람들에게 내리매 사람들이 그 우박의 재앙 때문에 하나님을 비방하니 그 재앙이 심히 큰이러라 계 16:17-21

둘째, 대접 심판에 대한 알림

대접 심판의 시간대는 예수님의 재림이 있고 난 후 30일 동안 행해질 것인데 이러한 심판 기간에 대한 가르침은 단 12:11절이 증거 한다.

> '매일 드리는 제사를 폐하며 멸망하게 할 가증한 것을 세울 때부터 '천이백구십 일'을 지낼 것이요 단 12:11

이 말씀이 이해하기 어려운 이유는 천이백구십 일에 대한 시작과 끝을 이해하는 기준이 나타나 있지 않기 때문인데 이는 대접 심판이 30일 동안 부어진다는 것을 이해하기에 까다로운 구조로 이루어진 묵시문학의 행간 이기 때문이다. 천이백육십 일은 칠 년의 절반이며 또한 천이백육십 일이 남아있는 시간이다. 이는 마흔두 달 또는 삼 년 반이라고 표현하기도 한다. '천이백구십 일'은 천이백육십 일에 +30일의 시간으로 7년이 끝나고 난 후 30일이 더해진 날짜이다. 마흔두 달은 계 13:5절에서 짐승에게 일 하도록 허락된 교회를 향한 환난의 시간이다. 한 이레7년의 절반인 삼 년 반1260일이 지난 후 남은 삼 년 반의 시작 시점에 평화조약을 파기하고 남은 삼 년 반1260일의 시작에 예루살렘과 성전을 점령단 9:27하고 **'내가 하나 님'**이라고 하는 적그리스도의 야욕이 나타나는 시점에 대한 표현을 다니 엘은 **'매일 드리는 제사를 폐하고 멸망하게 할 가증한 것을 세울 때'**라고 표현하고 있다. 다니엘의 두 가지 예언에 대한 이해는 다음과 같다.

예언 ❶

> 그가 장차 많은 사람들과 더불어 '한 이레 동안의 언약'을 굳게 맺고 그가 그 '이 레의 절반에 제사와 예물을 금지'할 것이며 또 포악하여 '가증한 것이 **날개를 의 지하여** 설 것'이며 또 이미 정한 종말까지 진노가 황폐하게 하는 자에게 쏟아지 리라 하였느니라 하니라 단 9:27

예언 ❷

'칠 년 중 절반의 시기에 짐승의 우상이 성전에 세워진 후부터 1290일의
시간이란?'

**'칠 년의 시간 중 절반의 시점에 있을 성전 점령의 시간부터 시작하여 나
팔 심판의 시간이 끝나고 예수님의 공중 재림의 시점인 칠 년의 끝에서 30일
이 더해진 시점을 의미하며 30일의 시간은 곧 대접 심판의 시간이다'**

이 30일의 기간 동안 일어날 사건은 교회에게는 승리의 시간이 될 것
이며 대접 심판의 혼란 속에서도 사 29장의 증거와 같이 구원을 즐거워하
는 성도의 삶을 살아갈 것이라 가르치고 있다. 혼란한 시간 속에서도 유
대인들의 마음은 메시아를 볼 것에 대하여 기뻐하며 절기를 지키는 마음
과 같은 즐거움과 설레임으로 가득할 것이며 예루살렘을 향해 나아가게
될 것이며 신약교회의 마음은 영원한 신랑을 맞이할 기쁨으로 인하여 즐
거워할 것에 대하여 이사야 선지자는 이렇게 예언하고 있다.

너희가 '거룩한 절기를 지키는 밤에 하듯이 노래할 것'이며 '피리를 불며 여호와
의 산으로 가서 이스라엘의 반석에게로 나아가는 자 같이 마음에 즐거워할 것'
이라 사 29:29

나팔 심판이 끝나는 시점은 예수님의 공중 재림이 이루어지는 시간이
며 대접 심판이 끝나는 시점은 지상 재림이 이루어지는 시간이다. 공중
재림과 지상 재림이 구별되어야 할 이유는 두 가지 재림형식에 대한 온전

한 지식이 구원에 대한 하나님의 마음을 더 깊이 이해하는 데 도움이 되기 때문이다.

'공중 재림'이 필요한 이유 여섯 가지

❶ 성경의 약속을 온 땅에 사실로 인정하게 하시는 방법이며,

❷ 자신을 온 세상에 메시아요 심판 주로 알리는 방법이며,

❸ 어두운 하늘을 가르시며 운행하시는 예수님을 확인하고 시오니즘이 성취되는 때임을 알고 고토로 돌아오게 하는 유대인 구원의 방법이며,

❹ 온 땅의 교회와 부활한 자기 백성들을 구름 위로 끌어올려_{휴거} 그토록 기다리던 신랑의 이 땅에 오심을 영접하도록 하시기 위함이며,

❺ 대접 심판으로 인한 세상의 대 환난으로부터 자기 백성을 구원하시기 위함이며,

❻ 공중 영접 이후 휴거 된 교회와 함께 온 땅을 불로 심판하시기 위해 땅으로 오시지 아니하고 공중의 구름 위에서 우리를 기다리는 것이 공중 재림의 이유이다.

'**지상 재림**'은 계 19:11-21절을 통하여 나타나듯 30일간의 대접 심판이 끝나는 시점에 이루어질 것이며 아마겟돈 전쟁을 위해 이 땅으로 내려오셔서 전쟁을 통하여 이 땅에서 짐승의 명령을 받고 생명을 해한 모든 자들은 그들이 행한 대로 보응을 받을 것이기에 이 전쟁에서 예수님의 심판의 칼날을 피하지 못할 것이다.

자신을 메시아로 온 땅에 알리시기 위함

공중 재림의 상태에서 온 세상에 자신이 재림하신 하나님이라는 사실을 알 수 있는 하나님의 지혜는 어떤 것일까? 재림은 캄캄한 자연_{환경}을

배경으로 이루어질 것이다요 2:31, 암 5:18, 슥 14:16, 마 24:29-30. 어둠 속에서 엄청난 영광의 빛으로 온 하늘을 가르시며 천군 천사와 함께 오시는 하늘의 기이한 현상을 상상해보라! 얼마나 장관이겠는가! 이 땅에서 모든 사람의 눈이 예수님을 볼 수 있도록계 1:7 하늘을 가르시며 온 지구를 횡단하실 것이다. 계 1:7절의 말씀을 통하여 지식은 더 견고해진다.

> 볼지어다 '그가 구름을 타고' 오시리라 '각 사람의 눈이 그를 보겠고' 그를 '찌른 자'도 볼것이요 땅에 있는 '모든 족속이 그로 말미암아 애곡'하리니 그러하리라 아멘 계 1:7

'각 사람의 눈이 그를 본다'는 것은 만유인력의 법칙과 우주의 운행 법칙 안에서 못 보는 사람 없이 모두 그분을 보게 될 것에 대하여 알게 하시는 것으로 모든 사람이 주님을 동시에 보는 것이 아니라 주께서 '모든 사람이 볼 수 있도록 움직이신다'는 의미이다. 보지 못하는 사람이 있다면 그는 메시아의 도래를 알지 못하는 이유가 될 것이니 심판의 정당성이 훼손되는 것이므로 예수님은 한 사람도 보지 못하는 사람이 없도록 심판의 공의를 충족시키실 것이다.

이스라엘의 흩어진 모든 유대인들을 모으시기 위함

겔 39:28절은 이렇게 증거 한다.

> 전에는 내가 그들이 사로잡혀 여러 나라에 이르게 하였거니와 후에는 내가 '그들을 모아 고국 땅으로 돌아오게' 하고 '그 한 사람도 이방에 남기지 아니하리니' 그들이 내가 여호와 자기들의 하나님인 줄을 알리라 겔 39:28

나팔 심판과 대접 심판의 때 문명의 이기들이 모두 파괴되어 교통과 통신이 불가능한 시간! 온 세상에 흩어져 살아가는 자기 백성 이스라엘을 **한 사람도 이방 땅에 남기지 아니하고 모두 돌아오게 하는 방법**이다. 예수님의 공중 재림의 시간! 온 세상의 모든 유대인들은 어두운 하늘을 가르시며 빛으로 운행하시는 예수님과 함께하는 모든 무리를 보며 그 엄청난 영광을 목도하고 메시아를 분명하게 분별하게 될 것이므로 예루살렘의 메시아를 향해 나아올 것이다. 공중 재림의 시간! 공중 재림으로 하늘을 가르며 운행하시는 메시아를 인식하고 돌아오게 하시는 하나님의 계획 앞에서 인간이 문명의 이기와 어떠한 기술로도 하나님을 감당할 수 없다는 사실을 절감하게 하는 하나님의 지혜를 보게 될 것이다.

짐승과 그의 나라 바벨론의 심판을 알리심 8절

> **계 14:8** 또 다른 천사 곧 둘째가 그 뒤를 따라 말하되 '무너졌도다 무너졌도다 큰성 바벨론'이여 모든 나라에게 그의 '음행으로 말미암아 진노의 포도주를 먹이던 자'로다 하더라

14:8절의 설명은 곧 있을 계 17장과 18장의 큰 음녀와 바벨론의 심판 기사를 미리 설명하고 있다. 큰 음녀, 여자, 큰 성 등은 거짓 선지자의 지배하에서 성도를 괴롭히는 그 추종자와 공동체를 지칭하는 표현으로 다원주의 깃발 아래 모인 각종 이단과 정령신앙의 단체들이 모두 여기에 속하며 그들을 여자, 음녀로 부르고 있다. 그들의 멸망에 대하여 18장은 바벨론의 무너짐, 곧 '짐승이 다스리는 나라의 멸망을 바벨론의 멸망'으로 묘사하고 있다. 이에 대한 성경의 증거는 계 17:18절에 '또 네가 본 그 여자는 땅의 왕들을 다스리는 큰 성이라 하더라'와 계 18:16절은 화있도다 '큰 성이여 세마포 옷과 자주 옷과 붉은 옷을 입고 금과 보석과 진주로

꾸민 것인데'라는 말씀을 통하여 17:4절이 묘사하는 그 여자가 누구인지를 해석할 수 있게 한다. '**그 여자는 자줏빛과 붉은 빛 옷을 입고 금과 보석과 진주로 꾸미고 손에 금잔을 가졌는데 가증한 물건과 그의 음행의 더러운 것들이 가득하더라**'를 통하여 여자의 존재가 사람을 지칭하는 표현이 아니라 종교적 교리와 공동체에 대한 묘사로 예수님의 보혈에 의한 의의 구원과 비슷하지만 다른 거짓된 그들의 교리를 따르는 교회를 비유하는 표현이다. 또한 그 종교의 지도자들이 이끄는 다원주의 사상으로 연합하여 음란한 우상을 섬기는 공동체와 정령신앙의 단체 들을 총칭하는 표현이기도 하다. 그들의 대표는 종교 전문가 거짓 선지자이며 그가 이끄는 가장 강력한 성은 다시 살아난 현대의 국가. 온 땅을 다스리는 현존하는 종교 공동체의 수장이 거하는 세계 다원주의 종교의 총본산이 될 것이다.

셋째, 짐승과 그의 우상 경배, 짐승의 표에 대한 경계를 요청하고 믿음을 지킬 것에 대한 가르침 9-12절

> **계 14:9-12** [9] 또 다른 천사 곧 셋째가 그 뒤를 따라 큰 음성으로 이르되 만일 '**누구든지 짐승과 그의 우상에게 경배하고 이마에나 손에 표를 받으면**' [10] '**그도 하나님의 진노의 포도주를 마시리니**' 그 진노의 잔에 섞인 것이 없이 부은 포도주라 거룩한 천사들 앞과 '**어린 양 앞에서 불과 유황으로 고난을 받으리니**' [11] 그 고난의 연기가 세세토록 올라가리로다 짐승과 그의 우상에게 경배하고 '**그의 이름 표를 받는 자는 누구든지 밤낮 쉼을 얻지 못하리라**' 하더라 [12] '**성도들의 인내가 여기 있나니**' 그들은 하나님의 계명과 예수에 대한 믿음을 지키는 자니라

이 행간을 통해 두 가지 의미에 대한 확실한 '**분별의 도장**'을 찍어두길 바란다!

첫째, '**아무리 훌륭한 신앙생활을 할지라도 짐승과 그의 우상에게 절**

하고 이마와 손에 그의 표를 받는다면 구원 가능성은 제로'라는 사실이다. '환난의 시간에 구원을 지키는 길은 예수님이 오실 때까지 우상에게 경배하지 아니하고 짐승의 표를 받지 않는 것'이며 오직 구원의 예수님을 기다리며 정결한 신부의 길을 떠나지 않는 것이 유일한 구원의 길이라는 사실이다.

둘째, 심판이 시작되는 칠 년의 시간을 살아가는 사람들 중 예수님을 영접하지 않은 자 할지라도 두 짐승으로부터 표와 우상 경배를 강요 받을 때 그가 하나님이 아님을 알고 경배하는 일과 짐승의 표를 거부하고 인내하다가 나팔 심판의 끝에서 공중 재림의 예수님과 구름을 타고 하늘을 가르시며 삼십 일 동안 대접 심판을 행하시는 예수님을 메시아로 인정하는 자는 천년왕국 안에서 예수님과 하나님의 나라에 대하여 배우고 구원을 얻을 것이다. 불의 연단을 참으며 우상을 멀리하고 예수님을 기다린 자라면 당연히 하나님은 그를 지켜보시며 그에게 줄 상급을 준비하실 것이다. 이러한 주장의 근거는 이러하다. 예수님의 심판으로 구원받을 자와 받지 못할 자가 완전하게 구분되는 시간은 천년왕국 직전의 여호사밧 골짜기의 시간이며 욜 3:2, 양과 염소 심판의 시간이기에 칠 년의 기간 동안 교회 시험의 시간은 나팔 심판의 시간이며 그 시간에는 짐승의 표를 거부하고 '우상에게 절하지 않는 것은 생명책에 기록된 자라는 증거'이기 때문이다. 요한의 계시록에 기록된 생명책이 거론되는 이유는 이 문제 때문이다.

죽임을 당한 어린 양의 '생명책에 창세 이후로 이름이 기록되지 못하고 이 땅에 사는 자들은 다 그 짐승에게 경배'하리라 계 13:8

이는 유대인의 구원에 대하여 의문을 가지는 문제와 동일한 문제이다.

신약교회의 성도들의 생각에는 어떻게 평생 율법 백성으로 살았는데 구원받을 수 있겠는가라는 생각을 할 수 있다. 그러나 그들의 구원에 대하여 비교할 수 있는 예가 있다면 필자의 경험을 이렇게 설명하고 싶다. 병원 전도사역 중에 만났던 분 중에 평생 예수님을 거절하다 폐암에 걸려 임종하기 10분전 예수님을 영접한 사람의 예인데 그는 눈으로만 의사 표시를 할 수 있을 정도로 온몸은 이미 기능이 멈추었고 의식과 눈만 겨우 움직일 때 가쁜 숨을 몰아쉬며 영접을 했고 영접한 직후 하늘의 부름을 받은 예이다. 이 사람과 예수님을 기다리며 환난 가운데 죽지 않은 사람과 온 평생 메시아를 기다리며 환난에서 살아남은 유대인들이 예수님을 만나 구원을 얻는 것과 구원이라는 관점만 생각한다면 무슨 차이가 있을까?

하물며 오직 메시아를 기다리며 환난을 통과하고 구름을 타고 하늘을 가르시는 분을 메시아로 인정하는 자기 백성을 바라보시는 하나님은 오죽하시겠는가? 예수님 시대 예수님을 하나님의 아들로 고백할 때 구원을 받는 예수님 시대의 구원과 동일하므로 유대인의 구원 또한 하나님의 주권으로 가능하다 여겨야 한다. 유대인의 구원에 관하여는 대접 심판의 시간까지 이방 땅에서 한 사람도 남지 않고 모두 돌아올 것인데겔 39:28 그들은 예루살렘에서 샘물이 흘러내려 싯딤까지 흘러 요단강을 채울 때 그 물에 세례를 받고 구원을 받을 것이라 이해하도록 가르친다겔 47:1-12,슥 14:8, 12:10, 13:1, 욜 3:18. 그러나 하나님을 온전히 알지 못하는 그들이 새 하늘과 새 땅에 들어갈 수 있는 자인가?라는 또 다른 문제를 질문할 수 있지만 이 문제를 해결하는 과정이 천년왕국의 시간이다. 이사야는 이 시간에 대하여 이렇게 증거 한다.

~ 물이 바다를 덮음같이 '여호와를 아는 지식이 세상에 충만할 것'임이니라 사 11:9

환난에서 살아남은 자들은 천년왕국 안에서 여호와를 아는 지식에 대하여 죄와 사탄이 힘을 잃은 천 년 동안 하나님과 그의 나라를 아는 지식으로 성숙될 것이라는 가르침이다. ※ 1권, 천년왕국에 대한 설명 참조

마지막 두 가지 추수 곡식, 포도의 대상은 신약교회와 구약의 이스라엘 율법 백성 14-20절

> **계 14:14-20** ¹⁴ 또 내가 보니 흰 구름이 있고 '구름 위에 인자'와 같은 이가 앉으셨는데 그 머리에는 '금 면류관이 있고 그 손에는 예리한 낫'을 가졌더라 ¹⁵ 또 다른 '천사'가 성전으로부터 나와 '구름 위에 앉은 이를 향하여' 큰 음성으로 외쳐 이르되 '당신의 낫을 휘둘러 거두소서' 땅의 '곡식이 다 익어 거둘 때가 이르렀음'이니이다 하니 ¹⁶ 구름 위에 앉으신 이가 '낫을 땅에 휘두르매 땅의 곡식이 거두어지니라' ¹⁷ '또 다른 천사'가 하늘에 있는 성전에서 나오는데 역시 '예리한 낫을 가졌더라' ¹⁸ 또 '불을 다스리는 다른 천사'가 제단으로부터 나와 예리한 낫 가진 자를 향하여 큰 음성으로 불러 이르되 네 '예리한 낫을 휘둘러 땅의 포도송이를 거두라' 그 포도가 익었느니라 하더라 ¹⁹ 천사가 낫을 땅에 휘둘러 '땅의 포도를 거두어' 하나님의 '진노의 큰 포도주 틀'에 던지매 ²⁰ '성 밖에서 그 틀이 밟히니' 틀에서 피가 나서 말 굴레에까지 닿았고 '천육백 스다디온'에 퍼졌더라

이 행간에는 두 가지의 뚜렷한 추수가 나타난다. ❶ 예수님이 행하시는 곡식 추수 ❷ 천사가 행하는 포도 추수이다. 곡식 추수를 알곡으로 추수될 신약교회를 의미하며 포도 추수는 진노의 포도습 틀에 넌겨지는 심판받을 이스라엘 율법 교회의 유대인들을 의미한다. 물론 율법 백성들 중에는 이방 땅에서 돌아오는 유대인들이 포함 되지만 그들은 메시아를 기다리다 돌아오기에 이스라엘 땅에 있는 타락한 율법 백성들과는 구분될 것이며 대접 심판 직후에 있을 여호사밧 골짜기에서 양과 염소 심판 직전의 시간에 모두 돌아와 성전에서 흘러내리는 샘에 죄를 씻고 천년왕국으로 들어갈 것이다. 이러한 해석의 정당성은 말씀의 행간 안에서 분명히 드러나고 있다.

첫째, 곡식 추수 = 신약교회의 구원에 대한 의미

신약성경은 구원받는 자에 대한 은유로 알곡이라 묘사한다. 곡식으로 묘사된 신약교회의 알곡을 추수하는 추수 자가 누구냐 라는 관점을 살펴야 한다. 예수님이시다. 예수님께서 직접 알곡을 추수하는 것은 하나님의 기쁨이기 때문이며 예수님의 궁극적 사명이기 때문이다. 천년왕국의 구원을 의미하는 추수는 아버지께서 계획하신 예수님의 사명이기 때문이다. 곡식 추수에 대한 성경적 근거로는 신약성경 마 3:12절의 가르침 가운데 알곡과 쭉정이의 추수에 대한 예수님의 가르침에 근거한다. 또한 곡식의 추수에 대하여 기록되어 있는 계 14:14-16절의 추수 자가 예수님이신 반면 14:17-19절에 나타나는 포도의 추수 자는 천사라는 점에서 알곡 추수와 구별된다. 본 행간 14절부터 20절은 계 7:9절에서 설명되었던 것처럼 이스라엘의 구원받은 자와 이방교회의 구원받은 자들이 구분되어 표현되고 있는 것과 무관치 않다.

둘째, 포도 추수 = 이스라엘 구약교회의 구원과 심판

이스라엘 백성의 구원에 대하여 포도원과 포도나무가 이스라엘을 지칭한다는 증거는 이사야서의 말씀을 통하여 우리에게 전달되고 있다.

> 무릇 만군의 '여호와의 포도원'은 '이스라엘 족속'이요 그가 기뻐하시는 **나무는 유다 사람**'이라 사 5:7

이 말씀 외에는 성경 어디에도 이스라엘 이외의 다른 나라와 백성에 대하여 포도원과 포도나무라 묘사한 적이 없다는 사실이 포도 추수가 이스라엘 백성에 대한 추수라는 사실을 근거한다고 할 수 있을 것이다. 또한 19절의 표현 '하나님의 진노의 큰 포도주 틀'이라는 표현이다. '진노의 포도주 틀'이란? 하나님의 '심판의 도구'에 대한 관념적 묘사인데 이 도구는 한정적이라는 사실을 알 수 있게 하며 20절의 '천육백 스다디온'이라는 한정적 거리 표현에서 드러난다. 이 길이에 대한 표현은 성경 어디에도 나타나지 않는 내용으로 17-20절 안에서 하나님의 심판을 이해할 때 이스라엘 땅의 길이라는 합리적 추론으로 이해해야 할 것 같다. 왜냐하면 '성 밖 천육백 스다디온'이라는 표현은 '예루살렘 밖의 지역'을 의미하기 때문이며 '성 밖은 예루살렘 성 밖'을 의미하고 '예루살렘은 교회'를 의미하는 메타포이기에 '구원에 있어 제외된 영역'이라는 의미를 함의 하고 있는 표현이기에 '구원에서 제외된 이스라엘 백성'에 대한 위치를 나타내는 표현이다계 22:15. 14장의 본문이 위치하는 시간대는 대접 심판 직전의 시간이기에 천육백 스다디온이라는 한정된 영역 안에서의 심판은 특별히 구별된 심판의 영역이라 해야할 것이다. 이스라엘 백성은 하나님께는 특별한 존재이다. 자기의 죄악으로 온 땅에 흩어졌지만 하나님은 자기 백성들을 온 세상에 씨를 뿌리러 나가는 농부로 삼아 하나님 자신의 일을 맡기셨으며시 126:4-6 그들은 예수님이 오실 때 이방 땅에 단 한 사람도 남기지 아니하고 다시 고토로 돌아오게 하실 것이라겔 39:28약속 하셨기 때문이다. 이스라엘의 멸망으로 흩어진 이후, 이천 년의 세월이 지난 지금 그들의 죄악으로 인하여 흩어진 씨앗인 이스라엘 교회는 오순절에 임하신 성령님과 함께 온 세상에 복음이 선포되고 하나님의 교회가 흥왕하며 하나님의 나라의 영역이 넓어지는 역사를 감당하는 현재적 민족이다. 하나님께서 이스라엘을 향하여 구별된 관심과 구원의 항상성을 유지하신다는 사실을 알게 하시는데 이것이 '너는 내 백성 나는 너의 하나님'이라 하셨던 약속에 대한 신실함이라 할 것이며 이를 인하여 알아야 할 또 다른 의미는 자기 백성이라 할지라도 예수님을 메시아로 인정하지 않는 유대인들에게는 결코 구원이 임할 수 없다는 사실을 동시에 깨닫게 하는 행간이다.

1 또 하늘에 크고 이상한 다른 이적을 보매 일곱 천사가 일곱 재앙을 가졌으니 곧 마지막 재앙이라 하나님의 진노가 이것으로 마치리로다 2 또 내가 보니 불이 섞인 유리 바다 같은 것이 있고 짐승과 그의 우상과 그의 이름의 수를 이기고 벗어난 자들이 유리 바다 가에 서서 하나님의 거문고를 가지고 3 하나님의 종 모세의 노래, 어린 양의 노래를 불러 이르되 주 하나님 곧 전능하신 이시여 하시는 일이 크고 놀라우시도다 만국의 왕이시여 주의 길이 의롭고 참되시도다 4 주여 누가 주의 이름을 두려워하지 아니하며 영화롭게 하지 아니하오리이까 오직 주만 거룩 하시니이다 주의 의로우신 일이 나타났으매 만국이 와서 주께 경배하리이다 하더라 5 또 이 일 후에 내가 보니 하늘에 증거 장막의 성전이 열리며 6 일곱 재앙을 가진 일곱 천사가 성전으로부터 나와 맑고 빛난 세마포 옷을 입고 가슴에 금 띠를 띠고 7 네 생물 중의 하나가 영원토록 살아 계신 하나님의 진노를 가득히 담은 금 대접 일곱을 그 일곱 천사들에게 주니 8 하나님의 영광과 능력으로 말미암아 성전에 연기가 가득 차매 일곱 천사의 일곱 재앙이 마치기까지는 성전에 능히 들어갈 자가 없더라

[15 장]

대접 심판 예고와 설명

15장의 시간대 : 대접 심판 후에 있을 최후 승리 미리 보기와 증거 장막 성전이 열리는 대접 심판 예고

계 13:1, 11
단 9:27
계 16:1-19:11-21
계 11:15 단 12:11 욜 3:2/마 25:31-46 계 20:4-6, 사 25:6-8
계 20:7-10
계 20:11-15
계 21:1-20
계 21:21-22:5

7년 환난 / 한 이레의 언약
전 삼 년 반, 두 짐승과 인 심판 | 후 삼 년 반, 나팔 심판
대접 심판 | 여.곡.심판 앙.담.심판
천 · 년 · 왕 · 국
흰 보좌 심판
영원한 나라

1260일 | 1260일 | 30일 | 45일 | 1000년

짐승 출현
Jr.성전 점령

일곱 나팔 마지막 지상 재림
공중 재림 주후 최후 승리
교회의 휴거 두 짐승 처단
증거 장막 성전 사탄 …▶ 무저갱

무저갱 해제
만국 미혹
예루살렘 심공

사망의 부활 ⇩하나님 나라완성
새 예루살렘 혼인 연회

15장의 개관

　마지막 심판인 대접 심판에 대한 예고와 승리한 교회에 대한 설명으로 가득한 행간이다. 온 세상에 부어질 대접 심판을 미리 설명하시고 최후 승리에 대한 설명도 곁들여져 있는 장이다. 이러한 특징은 묵시문학인 요한계시록에서 두드러지는 특징이라 할 수 있는데 이 특징은 자기 백성을 향한 하나님의 배려에 속하는 은총이다. 이에 대하여 아모스 선지자는 오늘날 요한계시록을 힘들어하는 주의 백성들을 향해 이렇게 위로한다.

> **주 여호와께서는** '자기의 비밀을 그 종 선지자들에게 보이지 아니하시고는 결코 행하심이 없으시리라' 암 3:7

　15장의 특징은 이미 심판을 이기고 영광스런 모습으로 유리 바다에 서서 모세의 노래와 어린 양의 승리의 노래를 부르는 모습을 미리 보기로 설명하는 특징을 함의한 본문이며 15장의 핵심인 대접 심판을 위해 '증거 장막 성전'이 열리는 의미를 담고 있어 마지막 심판인 16장의 대접 심판 앞에 위치하는 의미를 잘 전달하는 설명 구이다. 이 설명은 계 11:19절과 비교할 수 있도록 심판을 위한 하늘 성전의 변화를 이해하도록 이끌어주고 있다.

마지막 심판인 진노의 일곱 대접에 대한 설명은 세 가지 주제를 살피도록 제공하고 있다.

첫째, 짐승과 그의 우상과 표를 벗어난 자들의 영광의 모습 미리 보기.
둘째, 마지막 대접 심판이 끝난 후 주어지는 최후 승리의 시간에 모세의 노래를 소환하여 계시록의 최후 승리의 노래와 비교하는 이유.
셋째, 증거 장막 성전이 열리는 의미가 무엇인가? 이다.

승리한 자들에 대한 미리보기 1-4절

> **계 15:1-4** [1] 하늘에 크고 이상한 다른 이적을 보매 일곱 천사가 일곱 재앙을 가졌으니 곧 '마지막 재앙'이라 '하나님의 진노가 이것으로 마치리로다' [2] 또 내가 보니 '불이 섞인 유리 바다' 같은 것이 있고 '짐승과 그의 우상과 그의 이름의 수를 이기고 벗어난 자들'이 유리 바다가에 서서 하나님의 거문고를 가지고 ~ [3] '모세의 노래 어린 양의 노래'를 불러 이르되 ~ '만국의 왕'이시여 ~ [4] ~'만국이 와서 주께 예배' 하리이다

하나님은 요한에게 하늘에서 펼쳐지는 또 다른 이적을 보게 하신다. 일곱 재앙을 가진 마지막 천사가 일곱 대접을 받는 장면이다. 이 재앙으로 모든 진노는 끝이 나며 승리의 유일한 길이 나타나는데 곧 짐승과 그의 우상과 그의 이름의 수666. 곧 거짓 선지자의 이름의 수를 이기고 벗어나는 것이다. '이긴다는 의미'는 '우상에게 경배하지 아니하며 짐승의 표를 받지 아니하고 예수님의 구원이 이루어질 때까지 견디었다'는 것을 의미한다. 경배하거나 표를 받는다는 것은 예수님을 버렸으므로 패했다는 증거다. 이긴 자들만 유리 바닷가에 서서 승리의 노래를 부를 수 있다는 사실을 기억해야 한다. 승리한 자들은 모든 만국의 백성이 함께하는 자리에서

주께 경배하는 영광을 얻게 하실 것이다. 1-4절은 휴거 된 자들과 휴거되지 못하고 마지막 진노의 시간을 견디는 모든 자들고전 3:15에게 이제 곧 모든 것이 끝이 나고 안식이 있을 것에 대한 소망의 말씀이다. 승리한 자들이 누리는 영광의 장면을 살짝 미리 보여주며 설명하고 있다.

모세의 노래와 어린 양의 노래

어린 양의 노래는 3, 4절을 통해 나타나는 만왕의 왕으로서의 노래일 것이다. 그러나 모세의 노래는 출 15:1-18절에 나타나는 내용으로 출애굽 당시 이스라엘 백성이 홍해를 건너고 난 후 애굽의 말과 말 탄 자를 홍해 바다에서 심판하는 장면을 보며 모세가 부르는 승리의 노래이다. 이 노래가 계시록에 나타나는 이유는 출 15:1절에 나타나는 말과 말 탄 자에 대한 기사를 통해 분별된다.

~내가 여호와를 찬송하리니 그는 높고 영화로우심이요 '말과 그 탄 자를 바다에' 던지셨음이로다 출 15:1

이 행간에서 중요한 키워드는 '말과 그 탄 자' 그리고 '바다에 던졌음이로다'라는 표현이다. 이 표현은 계 6:1-8절과 연관된다. 네 마리의 말과 말 탄 자에 대한 묘사와 상관관계 속에 있는 동일한 인물 적그리스도와 그들의 무리를 동일시하는 예표적 표현이라는 의미이다. 출애굽의 시대 말과 말 탄 자인 바로와 적그리스도를 동일시 한 것이다. 말과 말 탄 자를 물리치시는 하나님을 찬양하는 모세의 노래가 계시록 15장에 기록된 의미는 세상의 말과 말 탄 자 적그리스도를 이기고 환난을 통과하는 승리의 노래와 동일한 의미를 담고 있는 내용이며 출애굽기에 나타나는 모세의 노래를 계시록에서 마지막 승리의 순간을 표현하는 시점에 소환

언급하고 있는 이유는 두 내용이 동일한 최후 승리에 대한 '예표와 성취의 의미'를 가진 노래라는 의미이다. 출애굽 시대 이스라엘의 승리는 곧 마지막 심판의 시간 신약교회의 승리에 대한 예표라는 의미를 전하고 있는 것이다.

증거 장막 성전이 열리는 의미와 일곱 대접 심판 준비 5-7절

> **계 15:5-7** [5] 또 이 일 후에 내가 보니 하늘에 '증거 장막의 성전'이 열리며 [6] '일곱 재앙을 가진 일곱 천사가 성전으로부터 나와' 맑고 빛난 세마포 옷을 입고 가슴에 금 띠를 띠고 [7] '네 생물 중의 하나'가 영원토록 살아 계신 하나님의 진노를 가득히 담은 '금 대접 일곱을 그 일곱 천사들에게 주니'

계 11:19절의 설명에서 밝혔듯이 '**증거 장막 성전**'의 의미는 '장막'이라는 단어의 의미 그대로 '**옮겨 다니는 성전**'에 대한 표현이며 이스라엘 백성이 광야에 세웠던 성막이 하늘의 식양을 따라 지어진 것이라는 출애굽기25:9의 가르침을 전제로 생각해야 한다. 창세 때 이 땅에 계셨던 하나님께서 인간의 타락으로 죄가 이 땅에 들어오므로 죄와 함께 거하실 수 없는 하나님의 거룩하심 때문에 장막 성전을 준비하셔서 '**하늘**'이라 표현하는 영혼만이 갈 수 있는 차원이 다른 영적인 공간에 거처를 두시고 온 우주와 만물을 통치하시며 우리와 함께하고 계시는 것이다. 우리가 분명히 이해해야 할 것은 하나님께서 하늘에 계신다는 의미가 저 우주공간 어딘가에!라는 거리의 개념이 아니라 차원이 다른 내 주위 나와 가까운 어딘가에!라는 공간 개념의 이해가 필요하다. 언제 어디서든 부르면 다가오시는 하나님! 시 5:12절의 말씀처럼 언제나 의인을 은혜로 호위하시는 분이 내 하나님이라는 사실에 대하여 친밀감의 밀도를 높여 생각해 본다면! 항상 내곁에 계시며 응답하시는 친밀한 하나님으로 이해한다면!

하나님은 결코 멀리 떨어진 우주 어딘가에 계시는 하나님이 아님을 느낄 수 있을 것이다. 본 행간 5절에서 증거 장막 성전이 열린다는 표현은 여섯 번째 나팔까지 이 땅에 진노를 부으시고 난 이후 마지막 일곱 번째 나팔이 울릴 때 재림하시는 장면을 설명하는 11:19절의 공중 재림 사건의 행간에서 나타났던 '**하늘에 있는 하나님의 성전이 열리니**'라고 표현하는 그 성전과 동일한 성전이다. 계시록의 기록상 11장과 15장은 시간적으로 거리가 있을 것 같지만 실상은 모두 설명에 속하는 구간이므로 시간적 차이는 없다. 12-15장의 내용을 간략하게 소개하면 다음과 같다.

12장

모든 심판이 끝날 대접 심판을 앞두고 역사적 이스라엘 교회에 대한 역사 Riview

13장

대접 심판의 끝에서 처단 될 두 짐승의 정체와 그들이 행할 사명과 최후

14장

대접 심판의 끝에서 아마겟돈 전쟁을 끝내시고 예루살렘으로 입성하시기 직전 십사만 사천 명의 구원받은 이스라엘 신약교회와의 조우와 마 23:39절에 예언된 대로 그들이 부를 찬송에 대한 설명과 대접 심판의 끝에서 심판받을 짐승의 나라 바벨론의 최후에 대한 설명과 대접 심판의 끝에서 일어날 마지막 추수에 대한 설명

15장

곧 부어질 일곱 대접의 심판의 예고와 대접 심판이 끝나고 세상이 경결하게 되었다는 의미를 전하는 상황 설명 '불심판이 섞인 흔적이 남아 있는 유리 바다'경결하게 된 세상

네 장에 걸쳐 나타나는 설명의 시간에 대한 공통 시제는 여섯 나팔 심판이 끝난 시점에 있을 예수님의 '**재림 직후**'라는 공통적 시제를 가지며 이러한 재림 직후의 시제 속에서 두 성전은 예수님께서 심판을 위해 나오시는 하나의 성전을 지칭하는 것이며 이름은 달리 하지만 예수님의 '**재림 때 열렸던 하늘에 있는 하나님의 성전**'이 곧 '**대접 심판 직전 열렸던 증거 장막 성전**'과 동일한 한 성전이라는 의미이다. 하나이지만 두 가지로 표현되는 이 성전은 예수님의 재림 때 영적 눈이 열린 자는 하나님의 성전을 볼 수 있게 될 것이라는 의미이다. 휴거가 모든 믿는 자들이 보는 가운데 일어나고 체험될 사건이기에 하늘에 나타나는 증거 장막 성전에 대한 모습 또한 땅 위의 모든 믿는 자들의 영적 안목이 열려 보여질 것이기에 여기에 대한 이해가 필요한 것이다. 하나님이 거하시는 하늘의 성전이 인간의 이성적 눈이 열려 보여지는 것에 대하여 '열리다'라는 단어의 용례를 통하여 이해할 수 있도록 이끌고 있다.

'**열리다**'라는 표현에 주목할 헬) '**아노이고**'는 '**장애물을 제거하다**'라는 의미를 가진다. 인간의 이성이라는 눈이 열려 영적 분별력을 가지는 순간에 대하여 가르치는 말씀이다. 70인 역에서는 '**열다**'를 의미하는 '**파타흐**'나 '**파카흐**' 또는 '자물쇠를 열다'를 의미하는 '**파차**'를 번역하므로 잠겼던 것, 가로막혔던 장애물이 걷히고 열리는 것을 의미하는 이해를 제공한다. 따라서 '**아노이고**'는 '**눈이나 귀를 여는 것**' 창 21:19, 사 35:5, 사 37:17에 대하여, '**무덤이 열리는 것**' 출 21:33, 시 5:9에 대하여 사용되는 단어이며 예수님께서 세례를 받으실 때 '**하늘이 열리고**' 마 3:16라고 표현할 때 사용된 단어로 이성을 가진 제자들이 경험했던 그 '**열린 하늘**'을 이해하도록 돕는다. 이러한 용례로 살필 때 '**열렸다**'라는 표현의 중요성은 언제나 하나님이 계시는 곳은 우리 곁이지만 차원이 다르므로 알 수 없다가 마지막 때 모든 사람이 볼 수 있도록 다른 차원을 열어 우리의 눈과 귀로 하늘에 나타나는 성전을 보고 예수님의 재림과 심판의 때를 알 수 있도록 나타내 보이셨다는 극적 표현이 '**열렸다**'는 의미이다. 증거 장막 성전에 대한 표현 중 예수님의 재림 때 나타났던 하늘 성전과는 다른 표현이 등장하는데 15:8절의 표현이다.

> 하나님의 영광과 능력으로 말미암아 '**성전에 연기가 가득**' 차매 '**일곱 천사의 일곱 재앙이 마치기까지**'는 성전에 능히 '**들어갈 자가 없더라**' 계 15:8

이 설명을 찬찬히 살펴면 '**일정한 시간 동안**' 성전에 들어갈 수 없다는 한시적 표현이다. 언제까지인가? '**일곱 재앙이 마치기까지**'라는 한시적 시간. 즉 '**대접 심판의 시간 동안**'이라는 한시적 시간이다. 예수님의 재림 때 나타났던 '하늘 성전이 열리니'에 대한 표현과 나팔 심판 예고 때의 '증거 장막 성전'의 표현에 있어 다른 점은 증거 장막 성전을 이해하는 데 있어 도움이 될 것이다. 두 성전을 도표로 비교해 보자.

구분	공중 재림의 때, 하늘에 있는 하나님의 성전	대접 심판 직전의 때, 증거 장막 성전
비교	계 11:19 이에 하늘에 있는 하나님의 성전이 열리니 전 안에 하나님의 '언약궤'가 보이며 또 '번개와 음성들과 우레와 지진과 큰 우박'이 있더라	계 15:8 '하나님의 영광과 능력으로 말미암아 전에 연기가 가득 차매' 일곱 천사의 '일곱 재앙이 마치기까지'는 성전에 능히 들어갈 자가 없더라

군이 안 보여도 되는 성전의 두 장면을 시간적 간격에 따라 모든 사람이 알 수 있도록 성경에 설명하시는 하나님의 의도가 무엇일까? 계시에 대하여 무지한 자기 백성들에게 요한계시록의 내용에 대하여 단계별로 연구하여 이해되도록 돕는 Signal을 제공하시는 하나님의 세심한 배려라는 사실을 기억하고 본문을 살펴보라!

'예수님의 재림의 때 열리는 하늘에 있는 하나님의 성전'의 내부 모습

예수님의 공중 재림의 시간에 보여진 하늘 성전 내부의 모습에 대한 설명은 언약궤와 번개, 음성, 우레, 지진, 큰 우박이 준비되어 있다는 것을 전하고 있으며, 이는 나팔 심판의 시간을 지나 대접 심판을 위한 준비의 상태를 설명한다. 전쟁 때 사용할 무기들이 준비된 무기고를 열어 보이는 것과 같은 표현이다.

'대접 심판 직전에 열리는 증거 장막 성전'의 내부 모습

하나님의 영광과 능력으로 말미암아 성전 안에 연기가 가득 찬 모습과 함께 일정 시한을 표현하고 있는 '일곱 천사의 일곱 재앙이 마치기까지는 성전에 능히 들어갈 자가 없더라'라는 일정 시간 성전 안에 아무도 없을 것이라 전하고 있는데 다르게 표현하면 대접 심판이 끝나면 들어갈 수 있다는 의미이다. 이는 대접 심판을 위해 하나님과 예수님과 성령님과 이십 사 장로들과 심판 수종자들인 모든 천사가 마지막 심판을 위해 성전을 나오고 비어 있는 상태를 전하고 있는 것인데 계시록의 이 말씀에 대한 보충의 내용이 살전 4:14절이다.

> 우리가 '예수께서 죽으셨다가 다시 살아나심'을 믿을진대 이와 같이 예수 안에서 '자는 자들'도 '하나님이 그와 함께' 데리고 오시리라 살전 4:14

이 행간은 예수님의 재림 때 구름 위에 있는 존재들에 대한 질문에 답하고 있다. 하나님이 죽은 자들을 **'그와 함께'** 데리고 오신다는 것인데 '그'는 심판의 주권을 받은 예수님을 지칭하므로 이 행간에 대한 명확한 이해는 **'성부와 성자께서 죽은 자들의 영혼들과 모든 천군 천사들을 모**

두 데리고 심판을 위해 증거 장막 성전에서 나와 모두 구름 위에 있다'라는 의미가 된다. '일곱 천사의 일곱 재앙이 마치기까지는 성전에 능히 들어갈 자가 없더라'는 표현은 증거 장막 성전이 이 땅으로 내려오기까지 그성전은 계 21:1-2절에 표현된 것과 같이 대접 심판이 끝나고 예수님이 다스리는 천 년 동안 하늘에서 완성 되어져 갈 교회이며, 천년왕국이 지나고 이 땅에서 사탄과 사망과 음부가 제거되고 완전히 사라질 때 거룩한 성 새 예루살렘으로 완성되어 새 하늘과 새 땅으로 완전하게 변화된 이 땅으로 내려올 그 성전이 두 모습으로 표현된 하나의 성전인 것이다. 그렇다면 증거 장막 성전은 대접 심판이 끝난 다음에는 어떻게 되는 것일까? 그곳에는 성부 하나님과 수종 드는 천사가 이 땅에 거룩한 성 새 예루살렘으로 완성되어 내려올 때까지 함께 할 것이며 이 땅이 새 하늘과 새 땅으로 회복될 천 년 이후에 이 땅으로 내려와 삼위일체 하나님과 그의 백성들과 함께 영원히 거하는 완성된 거처로 삼으실 것이다. 그 천 년 동안 예수님은 이방에서 돌아온 이스라엘 백성들 중에서 레위인과 제사장을 세워 섬김을 받는 천년왕국 정부를 구성하실 것이다사 66:20-21. 성부 하나님께서 천사들과 함께 이 땅에 거하지 못하시는 이유는 흰 보좌 심판으로 정결하게 되기 전 천 년 동안은 여전히 이 땅에 죄가 있을 것이며 사탄이 힘을 쓰지는 못하지만 무저갱에서 심판받지 않은채로 대기 중이며 이 천년왕국 안에는 홀연히 변화되지 못한 숱한 육신을 입은 자연인 상태의 인간들이 예수님의 천년왕국의 시간 동안 변화되어 가는 성숙의 시간이 될 것이기 때문이다. 다시 말하면 아직 하나님의 나라가 완성되지 못한 시간이기 때문에 거룩하신 하나님이 함께 하실 수 없는 것이다. 그러므로 '일곱 재앙이 마치기까지 아무도 성전에 들어갈 수 없다'는 표현은 대접 심판이 끝나면 다시 성부 하나님과 천사들이 들어가 거할 처소라는 의미이며 아들이신 예수님께서는 택함을 입은 레위인과 제사장들의 섬김을 받으시며 이 땅을 천 년 동안 다스리시며 에덴과 같이 정결하게 하여 아버지께 드릴 천 년 후의 그 시간을 바라보며 천 년 동안 이 땅을 통치하실 것이라는 의미이다. 사도 바울은 그 시간에 대하여 고전 15:23-26절을 통하여 확신있게 가르치고 있다.

> 23 그러나 각각 자기 '차례'대로 되리니 먼저는 '첫 열매인 그리스도'요 다음에는 그가 강림하실 때에 '그리스도에게 속한 자'요 24 '그 후에는 마지막이니 그가 모든 통치와 모든 권세와 능력을 멸하시고' 나라를 아버지 하나님께 바칠 때라 고전 15:23-24

이 땅의 사람들이 모두 하나님과 그 나라에 대한 지식으로 충만하여지고 사 11:6-9 이 땅이 에덴과 같이 정결하게 될 때까지인 천 년 이후에 있을 일들에 관하여 성경은 순차적 스케줄을 이렇게 증거 하고 있다.

천 년이 지나고 무저갱에 가두어 두었던 사탄을 놓으실 것이며 계 20:7

그가 그 악한 대적의 본성을 따라 심판의 빌미를 만들게 될 것이며 계 20:8-9

마귀와 사탄계 20:10 곡과 마곡과 함께 한 그 백성들을 심판하실 것이며
겔 38-39장, 계 20:8-9

마지막 흰 보좌 심판을 열어 구원받지 못할 모든 자들을 부활시켜 심판하실 것이며 계 20:11-13

사망과 음부 지옥 까지 유황 불 못에 던지시고 계 20:11-15

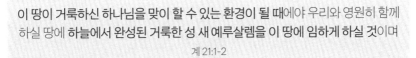

이 땅이 거룩하신 하나님을 맞이 할 수 있는 환경이 될 때에야 우리와 영원히 함께 하실 땅에 하늘에서 완성된 거룩한 성 새 예루살렘을 이 땅에 임하게 하실 것이며

계 21:1-2

시온 산에 임한 성 안에서 교회와 어린 양의 혼인 연회를 베푸시고 사 25:6-8

완성된 하나님의 나라에서 영원한 안식으로 들어가게 될 것이다

그러므로 본 절에 나타나는 증거 장막 성전은 천년왕국 전에 보여지는 미완성 상태의 성전과 같으며 이 성전은 사도 바울의 가르침처럼엡 2:21-22 천 년 동안 또한 하늘에서 온전히 지어져 갈 것이며 하나님의 나라가 하나님의 뜻에 합당하게 완성되는 천 년이 되는 그날! 하늘에서 거룩하게 완성된 새 예루살렘 성전이 채 단장되지 못했던 장막 성전의 모습을 벗어버리고 에덴으로 변화된 죄가 없는 이 땅에 임하게 될 것계 21:1-4이다. 이 성전은 성도의 희생과 헌신, 영원한 하나님 나라를 위한 시간 동안 하늘에 정금의 보화를 쌓는 열정적 그리스도인들에 의해 완성되어갈 것임을 계 21:9-21절이 전하고 있는데 거룩한 성 새 예루살렘의 모양 설명 속에는 '**보석**'과 '**정금**'이 핵심이다. 보석과 정금은 하나님과 성도의 본질창 1:26, 계 4:2-3, 출 28:15-21, 계 21:9-22이라는 공통분모를 설명하며 이러한 공통분모의 가치를 가지고 지어가는 성이 거룩한 성 새 예루살렘이며 이에 대한 예수님의 가르침과 사도 바울의 가르침은 거룩한 성 새 예루살렘을 더욱 깊이 이해하도록 돕는다.

하늘에 보화를 쌓는 것은 하나님 나라를 위한 성도의 헌신과 섬김의 열매이며 쌓이는 정금의 보화로 하늘에 지어지는 것이 거룩한 성 새 예루살렘이다.

> 오직 '너희를 위하여 **보물을 하늘에 쌓아 두라**' 거기는 좀이나 동록이 해하지 못하며 도둑이 구멍을 뚫지도 못하고 도둑질도 못하느니라 마 6:20

하나님의 나라는 금, 은, 보석으로 세우는 것이 아니라 불 심판에도 태워지지 않는 섬김과 헌신이며 이것이 하늘에 쌓은 보화이다.

> [14] 만일 누구든지 그 위에 '세운 공적이 그대로 있으면 상을 받고' [15] 누구든지 그 '공적이 불타면 해를 받으리니' 그러나 '자신은 구원을 받되 불 가운데서 받은 것 같으리라' 휴거 되지 못하는 신앙생활의 결과는 불에 태워지는 공적, 곧 하나님 나라를 위한 영적 열매의 부재로 인한 결과가 될 것이다. 그러한 믿음은 불 가운데서 받는 구원과 같이 환난을 통과해야 하는 구원이 될 것이다. 고전 3:14-15

대접 심판을 위해 열린 증거 장막 성전이 천년왕국의 시간에 이 땅에 임하지 않는 이유는 이 땅이 정결하게 변화되지 않았기 때문이며, 천 년 후 사탄이 무저갱에서 잠시 놓일 때 그의 본성을 따라 온 세상을 미혹할 때 미혹된 천년왕국의 백성들 중에 곡과 마곡의 백성들과 바사, 구스, 붓, 도갈마 족속들이 미혹되어 천 년의 고도 예루살렘으로 쳐들어 왔다가 전쟁을 시작해 보지도 못하고 하늘에서 불이 내려 그들을 태우고 심판하실 것인데 그 때가 이르기 전 구원받은 자가 완전하게 결정되기 전이므로 천년왕국 전에는 완성될 수 없기에 이 땅으로 내려올 수 없는 것이다. 천 년의 시간 동안 양육되었지만 미혹을 따라 변질된 그들을 단죄하시고 흰 보좌 심판을 열어 구원받지 못한 모든 죽은 자들을 부활시켜 유황 불 못으로 던지시고 나면 그야말로 이 땅에서 예수님을 대적하는 자들은 모두 사라지고 이땅에서 '**죄, 사망, 지옥, 사탄**'이 사라지고 계 20:10, 14 인간의 타락 이전의 세계, 에덴으로 회복될 것이며 죄 없이 회복된 이 땅에 비로소 '천 년의 시간 동안 양육 받은 성도들이 준비하고 영원한 나라로 들어갈 준비가 되었기에 어린 양의 혼인 연회를 위해 하늘에서 내려오는 영원한 처소가 거룩한 성 새 예루살렘'이다. 사도 바울은 이 처소는 현재적으로 이 땅에서 그리스도 예수를 닮도록 지어져 가고 있으며 이 땅에서 장성한 분량에 충만하도록 지어 가는 것이 곧 하늘에 쌓이는 보화로 하늘로부터 오는 처소인 새 예루살렘을 짓는 것이며 사도는 이것을 간절히 기다린다고 가르친다.

> 참으로 우리가 여기 있어 탄식하며 '하늘로부터 오는 우리 처소'거룩한 성 세 예루살렘로 '덧입기를' 간절히 사모하노니 고후 5:2

> 너희도 성령 안에서 '하나님이 거하실 처소'가 되기 위하여 '그리스도 예수 안에서 함께 지어져 가느니라' 엡 2:22

'증거 장막 성전'은 영원한 처소로 아직 완성되지 않았기에 하늘에서 천 년이 차도록 기다릴 것이다. 대접 심판이 끝나고 이 땅에서 천 년을 다스릴 예수님은 천년왕국의 수도를 시온 산의 예루살렘에 두고 돌아온 이스라엘 백성들 중에서 레위인과 제사장을 세워 천년왕국의 통치 정부에서 천사들이 아닌 그들의 섬김을 받으실 것이며 증거 장막 성전은 계 15:8절의 말씀처럼 대접 심판이 끝날 때까지 가득찬 연기로 하여금 들어가지 못하다가 대접 심판을 마치고 천 년의 시간이 시작될 때 예수님의 천년왕국 통치를 위한 '대관식'단 7:13-14을 마치고 '하나님과 천사들은 다시 영의 처소인 하늘로' 하나님과 천사는 영적인 존재들로 새 하늘과 새 땅으로 변화되 못한 이 땅에 함께 있을 수 없다 '다시 가서서 증거 장막 성전에 계시며 거룩한 처소로 완성되는 천 년 후까지 기다리실 것이며 완성되고 난 후 새 하늘과 새 땅으로 변한 이 땅으로 내려와 어린 양의 혼인 연회사 25:6-8를 베푸실 것'이다. 다니엘은 이 대관식에 대하여 이렇게 묘사한다.

> [13] 내가 또 밤 환상 중에 보니 '인자 같은 이'가 하늘 '구름을 타고 와서' '옛적부터 항상 계신 이에게' 나아가 그 앞으로 인도되매 [14] '그에게 권세와 영광과 나라를 주고 모든 백성과 나라들과 다른 언어를 말하는 모든 자들이 그를 섬기게' 하였으니 '그의 권세는 소멸되지 아니하는 영원한 권세요 그의 나라는 멸망하지 아니할 것'이니라 단 7:13-14

　천년왕국에서 양육된 자들 중에 사탄에게 미혹되어 곡과 마곡의 연합 세력이 된 자들 외에 천년왕국 세대의 신실한 자들이 완전한 구원에 이를 때 비로소 완성되는 것이 사도 바울이 사모하는 '**영원한 처소 거룩한 성 새 예루살렘**'이며 그 안으로 들어가 어린 양의 혼인예식을 시작으로 영원히 누리는 영생의 삶을 일컬어 '**처소를 덧입는다**'라고 표현한 것이다.

계 11:19절과 15:5절과 새 예루살렘 성 이해

하늘 성전 계 11:19 = 장막 성전 계 15:5 = 거룩한 성 새 예루살렘 계 21:2-3 =

완성된 처소 고후 5:2 = 완성된 하나님 나라

● 그 날 제1권, 교회를 향한 하나님의 사랑 참조할 것 ●

요한계시록
제 16 장

1 또 내가 들으니 성전에서 큰 음성이 나서 일곱 천사에게 말하되 너희는 가서 하나님의 진노의 일곱 대접을 땅에 쏟으라 하더라 2 첫째 천사가 가서 그 대접을 땅에 쏟으매 짐승의 표를 받은 사람들과 그 우상에게 경배하는 자들에게 악하고 독한 종기가 나더라 3 둘째 천사가 그 대접을 바다에 쏟으매 바다가 곧 죽은 자의 피 같이 되니 바다 가운데 모든 생물이 죽더라 4 셋째 천사가 그 대접을 강과 물 근원에 쏟으매 피가 되더라 5 내가 들으니 물을 차지한 천사가 이르되 전에도 계셨고 지금도 계신 거룩하신 이여 이렇게 심판하시니 의로우시도다 6 그들이 성도들과 선지자들의 피를 흘렸으므로 그들에게 피를 마시게 하신 것이 합당하니이다 하더라 7 또 내가 들으니 제단이 말하기를 그러하다 주 하나님 곧 전능하신 이시여 심판하시는 것이 참되시고 의로우시도다 하더라 8 넷째 천사가 그 대접을 해에 쏟으매 해가 권세를 받아 불로 사람들을 태우니 9 사람들이 크게 태움에 태워진지라 이 재앙들을 행하는 권세를 가지신 하나님의 이름을 비방하며 또 회개하지 아니하고 주께 영광을 돌리지 아니하더라 10 또 다섯째 천사가 그 대접을 짐승의 왕좌에 쏟으니 그 나라가 곧 어두워지며 사람들이 아파서 자기 혀를 깨물고 11 아픈 것과 종기로 말미암아 하늘의 하나님을 비방하고 그들의 행위를 회개하지 아니하더라 12 또 여섯째 천사가 그 대접을 큰 강 유브라데에 쏟으매 강물이 말라서 동방에서 오는 왕들의 길이 예비되었더라 13 또 내가 보매 개구리 같은 세 더러운 영이 용의 입과 짐승의 입과 거짓 선지자의 입에서 나오니 14 그들은 귀신의 영이라 이적을 행하여 온 천하 왕들에게 가서 하나님 곧 전능하신 이의 큰 날에 있을 전쟁을 위하여 그들을 모으더라 15 보라 내가 도둑 같이 오리니 누구든지 깨어 자기 옷을 지켜 벌거벗고 다니지 아니하며 자기의 부끄러움을 보이지 아니하는 자는 복이 있도다 16 세 영이 히브리어로 아마겟돈이라 하는 곳으로 왕들을 모으더라 17 일곱째 천사가 그 대접을 공중에 쏟으매 큰 음성이 성전에서 보좌로부터 나서 이르되 되었다 하시니 18 번개와 음성들과 우렛소리가 있고 또 큰 지진이 있어 얼마나 큰지 사람이 땅에 있어 온 이래로 이같이 큰 지진이 없었더라 19 큰 성이 세 갈래로 갈라지고 만국의 성들도 무너지니 큰 성 바벨론이 하나님 앞에 기억하신바 되어 그의 맹렬한 진노의 포도주 잔을 받으매 20 각 섬도 없어지고 산악도 간 데 없더라 21 또 무게가 한 달란트나 되는 큰 우박이 하늘로부터 사람들에게 내리매 사람들이 그 우박의 재앙 때문에 하나님을 비방하니 그 재앙이 심히 큼이러라

[16 장]

세 번째 사건, 진노의 일곱 대접

16장의 시간대 : 마지막 재앙, 30일 간의 대접 심판

계 16:1-19:11-21
계 20:7-10　계 21:1-20
계 20:11-15　계 21:21-22:5

계 13:1, 11　단 9:27
계 11:15　단 12:11　욜 3:2/마 25:31-46 계 20:4-6, 사 25:6-8

7년 환난 / 한 이레의 언약

| 전 삼 년 반, 두 짐승과 인 심판 | 후 삼 년 반, 나팔 심판 | 대접 심판 | 여.론.심판 양.심.심판 | 천.년.왕.국 | 흰 보좌 심판 | 영원한 나라 |

짐승 출현 ⇨ 1260일 ⇨ Jr성전 점령 1260일 ⇨ 30일 ⇨ 45일 ⇨ 1000년 ⇨

일곱 나팔 마지막 지상 재림
공중 재림　주수　좌우승리
교회의 휴거　아마겟도 전쟁준비
증거장막 성전　두 짐승 처단(19장)
사탄 …→ 무저갱(20장)

무저갱 해제　새 예루살렘
만국 미혹　혼인 연회
예루살렘 침공

사망의 부활 ⇩하나님 나라완성
무저갱 ⇩하나님 나라
첫 예루살렘
혼인 연회

16장 개관

두루마리에 기록된 대로 예수님의 뜻을 따라 천사들의 주도로 이루어지던 나팔 심판과는 달리 일곱 번째 나팔 소리에 공중에 재림하셔서 인류가 창세 이후로 경험하지 못한 30일의 대환란 가운데서 자기 백성들을 건지시기 위해 구름 위로 끌어올리는 '휴거'끌어올리다를 행하신 뒤 30일 동안 '대접 심판이 부어지는 장'이다. 첫째 천사가 대접을 땅에 쏟을 때 나타나는 현상을 보면 마지막 심판이 오직 사람에게 맞춰진 초점이 선명하게 느껴진다. 짐승의 표를 받은 사람들과 우상에게 경배하는 자들에게 악하고 독한 종기를 나게 하신다는 대목에서다. 오늘을 살며 대충대충 신앙생활을 하는 자들이 주시하고 들으면 등골이 오싹하게 하는 가르침일 수도 있다. 왜냐하면 교회 안에 있는 자들 중 예수님을 떠난 배교자 그룹에 대한 보응이 될 것이기 때문이다. 세 번째 대접이 쏟아질 때는 바다의 모든 생물들을 죽이시고 강과 물 근원을 피로 변하게 하실 것인데 특이하게 세 번째 대접이 부어지는 이유를 설명하는 데 있어 주목해야 할 점은 16:6절에 나타나는 **'성도들과 선지자들의 피를 흘렸으므로 그들에게 피를 마시게 하는 것이 합당하다'**는 예수님의 심판 당위성에 대한 선언과 찬양 부분이다. 롬 2:6절은 셋째 천사의 심판 찬송에 대하여 이렇게 증거 한다. **"6절/ 하나님께서 각 사람에게 그 행한 대로 보응하시되~ 8절/ 진리를 좇지 아니하고 불의를 좇는 자에게는 노와 분으로 하시리라"**고 증거 한다.

16장의 대접 심판에 대한 초점이 중요하다. 세상 모든 사람에게 초점을 맞춘다. 첫 번째 대접은 '**배교자들을 향한 심판**'으로 표를 받은 우상 경배자들에게 독한 종기로 보응하시며. 두 번째 대접은 모든 바다 생물이 죽는 심판이며, 세 번째 대접은 물과 물의 근원이 피로 변하여 물 대신 피를 마시게 하는 심판이다. 해의 권세가 강해져 사람을 태우는 **네 번째 대접**, 짐승의 왕좌에 부어져 그 나라 바벨론이 어두워지고 그곳의 사람들이 아파서 자기의 혀를 깨물 정도의 고통이 주어지는 **다섯 번째 대접**, 아마겟돈 전쟁을 위해 집결할 수 있도록 유브라데 강이 마르는 현상이 나타나고 16:15절에 드디어 공중에서 심판을 쏟아 부으시던 예수님께서 심판을 끝내시고 도둑같이 아무도 알지 못하는 시간에 이 땅에 내려오시는 이 땅 재림으로 아마겟돈전쟁을 끝내는 시간에 대하여 전하는 **여섯 번째 대접** 사건에 대하여 가르치고 있다. 그리고 **일곱 번째 대접**이 쏟아질 때 '**되었다**' 헬 '기노마이' 어떤 것이 성취되다, to become something라는 선언과 함께 심판의 최종적 마무리 과정인 짐승의 나라를 향한 엄청난 지진으로 적그리스도의 나라이며 거짓 선지자의 큰 성 바벨론이 무너지고 예수님의 재림 후 성전 안에 있는 심판을 위한 준비물들, 곧 계 11:19절에서 보이셨던 심판의 준비물들 중에 있었던 한 달란트 무게의 우박 20-34킬로그램 이 넘는 무게으로 사람들을 징벌할 것이며 '**섬** 대륙을 의미 **과 산악** 히말라야와 같은 큰 산과 산맥들**들이 지진으로 사라지는 어마어마한 땅의 변화**'가 이 땅 심판의 피날레를 장식할 것이다. 요한의 시선에 펼쳐지는 이 땅의 모습은 인간의 능력으로 감당할 수 없는 상상 초월의 어마어마한 사건이라는 것에 대하여 18절을 통하여 이렇게 표현한다. '**번개와 음성들과 우렛소리가 있고 또 큰 지진이 있어 얼마나 큰지 사람이 땅에 있어 온 이래로 이같이 큰 지진이 없었더라**' 가늠되지 않는 심판의 피날레가 주는 두려움이 될 것에 대하여 증거 한다. 성경은 이것을 환난이라 표현하며 예수님의 교회를 향한 사랑은 이 시간을 피할 수 있도록 휴거라는 방법으로 그러한 엄청난 환난에서 교회를 구원하실 것이다. 사복음서 가운데 마태와 마가는 이 시간을 향한 예수님의 말씀에 대하여 마 24:22절과 막 13:20절의 End-time의 말씀으로 우리를 향해 경고하되 환난의 시간을 끊고 신실한 교회들에게 휴거를 통하여 구원하시는 하나님의 지혜를 소개하며 End-time의 교회를 향하여 그 사랑을 깨닫도록 인도하고 계신다.

그 날들을 '감하지 아니하면 **모든 육체가 구원을 얻지 못할 것**'이나 그러나 '**택하신 자들**'청함이 아닌 **택함**을 받은 백성은 휴거 된 백성이다 을 위하여 '그 날들을 감하시리라' 마 24:22, 막 13:20

이 행간에서 예수님의 말씀 중 가장 중요한 Wording point는 '**감하신다**'라는 묵시 문학적 표현이다. 성경의 문맥상으로 볼 때 모든 교회는 자기 백성을 위해 분명히 심판의 시간을 감하실 것이라는 약속이기에 지키실 것을 믿는다. 그런데 심판의 구조를 보면 행한 대로 갚으실 예수님의 심판에서 자기 백성의 구원을 위해 대접 심판의 시간을 감하신다는 것은 타당성이 없다. 대접 심판은 믿지 않는 자들을 향한 심판이기 때문이며 택한 자들을 위해 날들을 감하신다는 말씀과 충돌되는 말씀이다. 심판 도중에 심판을 끊으시고 시간을 감하시며 구원하실 것이라는 계산은 대접 심판의 구조상 불가능하다. 그렇다면 어떻게 감하실까? 질문에 대한 답을 우리가 읽는 번역 성경에서는 찾을 방법이 없다. 열쇠는 원어 해석에 있다.

'**감하시리라**'에 해당하는 역어는 헬) '**콜로모오**'이며 '**짧게 자르다, 절단하다**'는 의미이다. 이 동사는 절단된, 잘린 이라는 '콜로보스'에서 유래된 단어이며 더 넓게 수족을 '절단하다'라는 의미를 더하게 된 단어이다. 이 헬라어 동사는 신약성경에 흔하게 사용되는 단어는 아니다. 4회 정도 사용되었으며 마태복음과 마가복음에만 사용되는 단어이다. '콜로보오'

는 비유적으로 '**짧게 자르다**'라는 의미와 '**짧게 잘라 줄이다**'라는 의미를 함축하는 단어이므로 한글 성경이 '감하시리라'로 번역한 것이다. 하나님은 고난의 때를 감하시며 압제자에 의해 주어지는 고난의 시간을 줄여주시는 분이시다. 어떻게 줄이실까에 대한 답은 그 권세를 절단하시고 그들의 육신이나 세력을 절단하여 그 권세를 사용할 수 없게 하심으로 자기 백성을 육체적 파멸로부터 구원해 내시는 것이다. 마태복음과 마가복음 행간에 나타나는 '감하시리라'는 표현은 마지막 시간에 행하시는 심판의 시간을 줄인다는 의미로 해석한다면 명분이 없는 말씀이 되므로 묵시 문학적 관점에서 이해되어야 할 깊은 묵상이 필요한 단어이다. '감하시리라'를 온전한 의미로 이해하기 위해서는 말씀의 행간에 '**감하시는 이유**'를 살피는 것이 중요하다. 이 행간의 말씀에서 감하시는 이유를 살펴보면 '**그 날들을 감하지 아니하면 모든 육체가 구원을 얻지 못할 것**'이라는 것이 이유이다. 이해의 관점을 더 좁혀 이 말씀 속에 나타나는 구원에 대하여 묵상할 때 이 구원은 '**영생의 구원이 아닌 상황적 구원**'을 말씀하신다는 사실을 이해할 수 있을 것이다. 두 짐승으로 인하여 너무나 힘든 마지막 때의 육신적 고통이 주는 상황을 끊고 하나님의 도우심을 입는 것을 의미하는 것이다. 그래서 영혼의 구원이 아닌 '**육체가 구원을 얻지 못할 것**'이라 말씀하신다. '**믿음의 구원은 상황이 좋지 않다고 구원을 못 받는 것이 아니라 믿지 않을 때 구원받지 못하기 때문**'이다. 그러므로 예수님께서 말씀하시는 구원의 문제는 마지막 때 자기 백성을 향한 두 짐승의 만행을 지켜 보시며 그들의 만행이 끝나기를 기다리시는 것이 아니라 보기만 하신다면 그 고통에서 육체의 구원을 기대할 수 없을 것임을 알고 두 짐승의 강포와 억압을 끊고 그들의 권세를 자르시며 그들의 수족과 같은 열 왕들을 잘라내고 짐승을 심판하시므로 자기 백성들을 구원하시겠다는 계획을 말씀하시는 것이 때를 감하시리라는 표현인 것이다. 이러한 하나님의 심판 계획은 즉흥적으로 이루어지는 것이 아니라 아버지의 계획 안에서 그대로 이루어지는 계획이므로 마가는 마태의 기록과 달리 그 고난과 고통의 날들을 감하시는 하나님의 계획에 대하여 '**과거 완료형**'으로 기록하고 있는 것을 발견할 수 있다.

> 만일 주께서 '**그 날들을 감하지 아니하셨더라면**' 모든 육체가 구원을 얻지 못할 것이거늘 자기가 택하신 자들을 위하여 '**그 날들을 감하셨느니라**' 막 13:20

'**감하시리라의 결론적 의미**'는 위에서 밝혔듯이 궁극적으로 자기 백성을 위해 짐승에 의한 고통과 심판의 시간을 감하시겠다는 아버지의 계획 안에서 이미 결정하신 대로 행하시는 심판이지만 환난의 주범인 두 짐승을 심판하심으로 자기 백성들을 구원하시는 대접 심판이 하나님의 계획 안에서는 자기 백성을 위한 배려이며 결론적으로 그 시간이 '**마지막 일곱 나팔이 울리는 시간에 이루어질 휴거와 곧 이어지는 대접 심판을 통하여 두 짐승에 의한 고통의 시간을 끊어 심판에 의한 고난의 시간을 줄이신다**'는 의미가 '**감하시리라**'는 원어적 의미에 대한 온전한 이해이다. 대접 심판은 두 짐승이 유황 불 못에 던져지고 그들의 수족을 자르시며 그들의 나라를 무너뜨리심으로 육체의 구원과 영원을 향한 구원을 성취하시는 것이다. 이것이 요한계시록의 두 가지 큰 프레임구조이라 할 수 있는 '**교회를 향한 하나님의 사랑**'이며 '**세상을 향한 하나님의 심판**'이다.

마지막 진노의 일곱 대접

첫째 천사의 대접 2절

> **계 16:2** 첫 번째 천사가 가서 그 대접을 땅에 쏟으매 '**짐승의 표를 받은 사람들**' 과 그 '**우상에게 경배한 자들**'에게 '**악하고 독한 종기**'가 나더라

대접 심판의 시작은 악인들의 행위에 대한 결과론적 심판이다. '**짐승의 표를 받고 우상에게 경배한 자들을 향한 심판이 첫 번째**'라는 관점이 주는 의미는 지대하다. 어쩌면 심판의 순서가 주는 의미는 심판의 절대 명제라 말씀하시는 것처럼 느껴질 정도다. 땅에 쏟는 대접 심판은 하나님을 외면하고 마귀를 선택한 배교자들이 대상이며 첫 번째 대접 심판은 다섯 번째 대접 심판과 밀접한 관계를 가지며 10-11절이 증거 한다. 다섯 번째 대접은 짐승의 나라가 어두워지는 현상과 함께 혀를 깨물 정도의 극한 통증의 고통이 시작되고 종기로 말미암은 고통으로 인하여 하나님을 비방할 정도로 극한 보응을 받게 될 것이라 경고한다. 마지막 재앙_{계 15:1}이라고 가르치는 대접 심판과 나팔 심판의 차이가 있다면 나팔 심판은 자연이 대상이며 대접 심판의 핵심 타겟이 사람이라는 사실이다. 첫째, 셋째, 넷째, 다섯째, 여섯째 아마겟돈 전쟁의 준비와 일곱 번째 대접 심판까지 모두 사람에 대한 심판과 관계된 것이라는 사실이 주는 교훈은 하나님의 심판의 목표가 '**사람과 그들의 행위**'에 방점을 두셨다는 뜻이다. 짐승의 표를 받은 사람과 적그리스도의 우상에게 경배한 자들이 그 첫 번째 대상이라는 사실 앞에서 배교의 죄가 얼마나 하나님을 분노하게 하며 그분의 마음을 아프게 하는 행위인지를 나타내는 지표이다. 이러한 마지막 재앙의 대상과 부류를 생각할 때 '**마지막 때의 교회가 지키고 가르쳐야 할 핵심적 양육의 목표가 마지막 환난 앞에서의 변질의 문제와 하나님의 분노**'라는 사실을 직시해야 한다. 부름 받은 마지막 때의 리더는 고난과 미혹 가운데서도 예수님을 버리지 아니하고 인내함으로 이기는 자 되는 성령의 사람으로 성숙되도록 양육해야 한다. 성경은 마지막 시간과 상황들에 대하여 sign이나 signal, 또는 상징, 예표로 나타나므로 이해에 있어 현실감 있게 정리가 되지 않는 문제는 있으나 하나님께서는 벧전 1:10-11절의 가르침대로 '**구원에 대하여 부지런히 연구하고 살피는 자**'에게 성경 전체를 통해 End-time에 관한 모든 비밀을 알도록 이미 허락하셨다는 것을 알고 연구하고 살피는 열정을 가져야 할 것을 기억해야 한다.

둘째 천사의 대접 3절

> **계 16:3** 둘째 천사가 그 대접을 바다에 쏟으매 '바다가 곧 죽은 자의 피같이' 되니 '바다 가운데 모든 생물이 죽더라

둘째 대접을 쏟아붓는 곳은 땅이 아닌 '바다'이다. 대접을 부으니 바다가 '죽은 자의 피' 같이 되었다고 증거 한다. 두 가지의 관점에 대한 이해가 요청된다. 바다는 세상이다. 마지막 재앙을 통해 세상 전체를 심판하신다는 의미이다. **'죽은 자의 피와 같이'** 되었다는 증거는 죽은 자의 피가 굳어지는 사망의 상태에 대한 설명으로 마지막 재앙이 부어지면 세상과 바다 모든 영역의 생물이 살지 못하는 환경이 될 것이며 악인들의 생명력이 상실되는 현상이 나타날것을 의미한다. 이에 대하여 완료형의 표현이 나타나는데 계 15:2절의 **'불이 섞인 유리 바다'**라는 표현이다. 대접 심판 직전 이미 심판받은 세상의 모습을 묘사하고 있는 요한의 묘사이며 계 21:1절의 **'바다도 다시 있지 않더라'**라는 표현을 비교하면 21:1절의 표현은 완성된 하나님의 나라 전에 있었던 그 바다가 이제는 없어졌다라는 표현인 것이다.

셋째 천사의 대접 4-7절

> **계 16:4-6** 4 셋째 천사가 그 대접을 '강과 물 근원 사이'에 쏟으매 피가 되더라 5 내가 들으니 물을 차지한 천사가 이르되 전에도 계셨고 지금도 계신 거룩한 이여 이렇게 심판하시니 의로우시도다 6 그들이 '성도들과 선지자들의 피를 흘렸으므로 그들에게 피를 마시게 하는 것이 합당' 하니이다 하더라

세 번째 대접을 통해 우리가 기억해야 할 것은 오직 한 가지이다. '행한 대로 보응하리라'롬 2:6는 성경의 가르침이다. 이 말씀은 신구약 성경을 아울러 동일한 가르침으로 변하지 않는 하나님의 약속이기도 하다. 신, 구약성경에 나타나는 말씀이다.

> 그들이 하는 일과 그들의 '행위가 악한 대로 갚으시며' 그들의 '손이 지은 대로 그들에게 갚아' 그 마땅히 받을 것으로 그들에게 '갚으소서' 시 28:4

> 악인에게는 화가 있으리니 이는 그의 '손으로 행한 대로' 그가 '보응'을 받을 것임이로다 사 3:11

> 내가 내 분노를 그들 위에 쏟으며 내 진노의 불로 멸하여 그들 '행위대로 그들 머리에 보응'하였느니라 주 여호와의 말씀이니라 겔 22:31

> '불의를 행하는 자는 불의의 보응을 받으리니' 주는 사람을 외모로 취하심이 없느니라 골 3:25

특히 마지막 때는 악한 생각과 행동을 버려야 산다. 강하게 역사하는 사탄에게 마음을 빼앗길 수밖에 없는 상황이기에 더욱 그러하다. 선한 생각과 행위를 통해 하나님께서 영광을 받으시도록 성령의 도우심 가운데 거하며 우리의 삶을 교정하여 곧게 세우고 게으르지 말고 열심을 다하여 이웃을 돌아보며 마지막 추수를 위해 힘써야 한다. 마지막 때 이것이 훈련되지 않으면 대적이 주는 환난 앞에서 우리의 삶이 거짓과 위선으로 변질되어 예수님을 거절하는 배교의 선택을 할 수밖에 없도록 환경과 악의 권세에 이끌릴 것이기 때문이다. 영적이든 물리적이든, 너무나 강력한 억압이 성도를 힘들게 할 것이며 빠져나갈 수 없는 미혹과 유혹의 올무를 준비하여 도전하는 사탄의 궤계 앞에서 믿음을 지키기가 쉽지 않은 상황에 직면하게 될 것이다. 그 시간들을 이기는 유일한 방법은 그 시간에 대한 지식으로 무장되고 성령님의 인도함을 받아 견디고 인내하는 믿음과 신뢰의 삶을 살아가야 한다. 잘못 행하여 잘못된 보응을 받지 않도록 마지막 때에 대한 하나님의 계획과 일어나는 현상들을 비교하며 하나님의 행하심에 대한 마지막 때의 지식을 가져야 한다. ❶ 격변하는 세계정세, ❷ 적그리스도의 출현과 거짓 선지자의 출현, 미혹의 시점과 방식에 대한 이해 ❸ 성경에 기록된 그들의 정체와 행동 예측 ❹ 두 짐승이 행할 만행의 시간대 이해 ❺ 예수님의 재림 시점과 휴거를 준비하는 삶과 지식 ❻ 대접 심판이 끝나는 시간대에 대한 이해 ❼ 현재 사건과 다음 사건에 대한 예측의 지식 ❽ 모든 심판 사건과 각 사건의 이유와 결과 ❾ 천년왕국으로부터 완성된 하나님의 나라에 이르기까지의 '7E15S'에 대한 소망과 지식 등 마지막 때에 대하여 필요한 지식으로 무장하여 예수님의 천년왕국과 영원한 나라에 이를 때까지 성령님과 동행하며 인내와 소망으로 승리할 수 있도록 준비되어야 할 것이다. 이 모든 지식으로의 구비는 알곡으로 추수되는 시간까지 이르게 하는 동력이 될 것이기에 반드시 End-time의 지식으로 무장되어야 하는 것이다. End-time의 **'지식을 알아야'** 견딜 수 있고, End-time의 **'지식을 알아야'** 인내의 열매를 상급으로 받을 수 있으며, End-time의 **'지식을 알아야'** 예수님과 함께 그분의 영광에 동참할 수 있다. End-time의 **'지식을 알아야'** 환난을 면하고 하나님 나라의 소망을 성취할 수 있는 것이다.** End-time의 지식으로 준비되는 것을 거부하는 자들을 위한 하나님의 말씀이 있다.

> 나 여호와는 '심장을 살피며 폐부를 시험'하고 각각 그의 '행위와 그의 행실대로 보응'하나니 렘 17:10

하나님 앞에서 작위적이고 위선적 행동은 의미가 없다. 예수님께서 직접 심장과 폐부를 시험하실 것이기 때문이다. '심장 생명과 폐부 호흡를 시험' 하시겠다는 것은 어떤 시험을 의미하는 것일까? 이것이 '행위와 행실에 관계된 시험'이라고 결론 내리고 있다. 계 13:14-17절에 나타나는 '짐승의 표를 받는 것과 우상에게 경배하는 행위'와 연관된 시험이라는 스케치가 되는가? 예수님은, 쿵쾅거리며 살아 움직이는 심장이 누구를 위해 작동하며 박동하는지를 시험하실 것이며, 내 심폐기관의 호흡이 누구를 위해 호흡할 것인가를 결정하도록 시험하실 것이라 경고하고 있는 말씀이다. 마지막 때 내 심장의 박동과 내 호흡이 예수님이 아니라 짐승을 따라 움직이고 기능한다면 우리는 우리의 행위와 행실대로 생명과 호흡이 영원토록 멈추는 보응을 받게 될 것이라는 사실을 기억하라!

> 내가 '네게 보응하는 날 네 마음이 견디겠느냐 네 손에 힘이 있겠느냐' 나 여호와가 말하였으니 내가 이루리라 겔 22:14

　　우리가 마지막 때에 대한 지식으로 준비되지 못하면 하나님의 진노의 시간을 피하기 힘들 것이다. 지식이 없어 미혹을 견디지 못하고 지식에 의한 분별이 없어 짐승의 표를 받거나, 인내하지 못하여 우상을 경배하게 되면 보응하시는 그날의 진노를 견딜 자는 아무도 없다. 하나님의 보응이 부어질 때에도 견딜 자가 없겠지만 적그리스도가 주관하는 교회의 시험도 만만치 않은 시간이 될 것이다 계 13:12-17. 교회가 짐승에 의한 시험을 피하는 길은 오직 성령님의 도우심으로만 가능하다. **성령님과 친밀하라! 그의 충만한 기름 부으심을 소망하라! 이것이 기름을 준비한 다섯 처녀의 행동이다. 지혜, 총명, 재능, 모략, 지식, 여호와를 경외하는 예배의 영**사 11:2으로 충만하여 환난을 통과하라! 주님은 요엘 선지자와 베드로를 통하여 **'마지막 때의 교회가 하나님의 영'**으로 충만하여 여호와의 크고 두려운 날에 구원을 받을 것이라 가르치신다 욜 2:28-32, 행 2:17-21.

²⁹ 그 때에 내가 또 '내 영을 남종과 여종에게' 부어 줄 것이며 ³⁰ 내가 '이적'을 하늘과 땅에 베풀리니 곧 '피와 불과 연기 기둥'이라 ³¹ '여호와의 크고 두려운 날'이 이르기 전에 '해가 어두워지고 달이 핏빛 같이' 변하려니와 ³² 누구든지 '여호와의 이름을 부르는 자는 구원'을 얻으리니 ~남은 자 중에 나 여호와의 부름을 받을 자가 있을 것임이니라 욜 2:29-32

우리의 일상에 하나님의 구원이 성취되는 마지막 날을 등한히 여기고 무시하고 살아갈 때, 그 결과는 등한히 여기는 무심한 삶 속에서 맺었던 죄의 열매로 인하여 환난의 때, 대적이 그것을 빌미삼아 미혹의 올무로 옭아 맬 것이다. 준비해야 한다. 성령님의 인도하심을 따라 분별하고 행하는 삶의 훈련을 해야 한다. 이것이 기름을 준비하는 슬기로운 다섯 처녀의 지혜로운 삶이다. 주일의 설교를 듣기 위해 예배당을 오고 가는 심령의 상태라면 결코 안전하지 못하다. 온전한 예배자의 삶이 요청되고 사 43:7, 10, 21절의 말씀을 따라 **나를 창조하신 목적대로 살도록 성령을 따라 살아가는 훈련**'이 되어야 한다. 현재의 내 삶이! 교회의 가르침이! 환난을 준비하는 삶인지 살펴야 할 때라는 사실을 간과 해선 안 된다. 수많은 말씀이 증거 하는 바 반드시 우리의 행위를 온전하게 준비하며 진노의 재앙을 피하는 지식으로 준비되어 성령님과 친밀한 삶을 살아야 할 때다.

계 16:7 또 내가 들으니 '제단'이 말하기를 그러하다 주 하나님 곧 전능하신 이시여 심판하시는 것이 참되시고 의로우시도다 하더라

이 행간의 두 가지 주제는 '**제단**'과 '**의**'다. '제단'이 '말을 한다'는 의인화는 무슨 뜻인가? 제단은 희생 제물을 불사르는 곳이다. '심판의 희생 제물'은 악인들로 지칭되는 적그리스도와 거짓 선지자와 그들의 추종자들이며 악인들과 배도한 모든자들을 총칭한다. 그러므로 이들은 불의의

제물이 될 것이며, 이들은 심판이라는 제단에서 불태워질 것이다. 이들이 창 49:11절의 포도'즙'으로 묘사된 피 흘릴 희생의 생명들을 의미한다. '즙'에 대한 히브리어 역어는 '담'이며 영어 번역으로는 'blood'이다. '희생 제물'로 지칭하는 이유는 이들이 심판을 받아야 심판의 시간이 끝날 것이며 평안이 주어질 것이라는 의미이기 때문이다. 사 34:6절에 나타나는 에돔을 향한 심판의 장면 속에서 이러한 의미를 이해할 수 있다. '~여호와를 위한 희생이 보스라에 있고 큰 살륙이 애굽 땅에 있음이라'고 증거 한다. 보스라는 심판받을 에돔의 도성이다.

보스라의 심판받는 자들을 향해 '여호와를 위한 희생'이라 묘사하고 있는 말씀을 통해 심판받는 자가 구원받을 자를 위한 희생 제물이 되고 그들이 심판을 받으므로 성도는 구원을 얻는 것이다. 이러한 희생에 대하여 하나님은 이사야를 통해 우리를 마지막 때의 지식으로 준비시키신다. 또한 사 43:2-3절의 말씀은 자기 백성의 구원을 위해 심판의 희생의 제물이 필요하기에 구원받지 못하는 저주받은 인생들이 제물될 것임을 선포하고 있는 것이다. 사 34:6절과 동일한 의미의 말씀이다.

> ³ 대저 나는 여호와 네 하나님이요 이스라엘의 거룩한 이요 네 구원자임이라 내가 '애굽'을 너의 '속량물로' '구스와 스바'를 너를 '대신하여' 주었노라 ⁴ '네가 내 눈에 보배롭고 존귀'하며 내가 '너를 사랑' 하였은즉 내가 '네 대신 사람들을 내어 주며 백성들이 네 생명을 대신'하리니 사 43:3-4

그러나 성도의 구원이 그들의 희생만으로 이루는 것은 당연히 아니다. 성도의 구원은 마흔두 달 동안 '두 짐승에 의한 시험의 때계 13:5 통과하는 신부의 정결을 통하여 이루는 것'이며 그들이 희생 제물이 된다는 의미는 완전한 구원이 성취되기 위해서는 악인들에 대한 보응을 심판을 통해 그들의 '죄악을 끝낸다'는 의미로 심판과 구원은 동시에 이루어질 것이다. 결론적으로 희생 제물로 드려질 악한 자들을 향한 능력의 '심판 장소'가 곧 '희생 제단'이 되는 것이다.

넷째 천사의 대접 8-9절

계 16:8-9 [8] 넷째 천사가 그 대접을 해에 쏟으매 '해가 권세를 받아' '불로 사람들을 태우니' [9] 사람들이 크게 태움에 태워진지라 이 재앙들을 행하는 권세를 가지신 하나님의 이름을 비방하며 또 회개하지 아니하고 주께 영광을 돌리지 아니하더라

이 행간의 주제인 '**해의 권세**'가 무엇을 의미하는가?라는 질문과 태양을 심판의 도구로 사용하는 이유에 대한 질문이 필요하다. 먼저 기억해야 할 것은 행한 대로 보응하신다는 심판의 근원적 관점에서 시작하고 이해해야 할 필요가 있는 질문이다. 해의 권세는 대기의 온도 상승에 대한 묘사이다. 이 사건은 대접을 쏟을 때 일어나는 사건으로 대접 심판의 어떤 순간 한시적 사건으로 일어날 것이라 인식하는 것이 옳다. 현재에도 기후 변화로 인한 재앙 수준의 더위, 산불, 지진, 질병, 물고기와 곤충의 떼죽음 현상들이 불과 50년 전만 해도 없었던 기이한 현상들이 모든 자연 속에서 빈번하게 일어난다. 그러다 어느 순간 부정적 관점으로 성숙된 자연 조건에 의해 감당할 수 없도록 급속하게 태양의 온도가 급상승하고 9절의 이 재앙을 행하시는 권세자가 하나님이라고 밝히며 시작하는 심판으로 나타날 것이다. 계시록에는 이러한 유형의 심판이 단 한 번도 없었기에 반드시 질문을 던져야 할 주제가 될 수밖에 없다. '독특한 심판 선포'이다. 왜 태양으로 심판하실까? '**행한 대로 보응**'하시겠다는 하나님의 심판 원칙으로 돌아가 보자! 이것은 '**태양신을 하나님으로 섬긴 자들의 행위에 대한 결론적 보응**'으로 주어지는 심판이며 이는 행한 대로 갚으시겠다는 말씀의 성취이다. 그만큼 태양신 섬김의 의식은 강력하게 인간의 모든 생각을

사로잡기에 충분한 우상이었으며 온 세상의 우상이었다는 것이 역사 속에서 드러난다. 지구상의 어떤 대륙에서도 태양이 신으로 추앙되지 않은 땅이 있었던가? 겔 8, 9장에 나타나는 이스라엘의 타락에 대한 심판 내용을 볼 때에도 태양신을 향한 섬김이 얼마나 강렬한 것인지 알 수 있게 한다.

'겔 8:5-10절'은 제단 성전 문 북쪽에 질투의 우상을 세워 놓았고 에스겔이 담을 헐고 성전의 한 방에 들어가보니 '모든 벽에 가증한 것들'을 그려놓고 '이스라엘의 장로 중 칠십 명'이 그 앞에 서서 '태양신을 향해 향로를 들었다'고 증거하며

'겔 8:16절'의 증언대로 성전 안 뜰, 곧 현관과 제단 사이에서 '이스라엘의 대표 스물다섯 명'이 하나님의 '성전을 등지고 낯을 동쪽으로 향하여 동쪽 태양에게 예배' 했다고 증거하며 하나님의 진노의 이유에 대하여 설명하고 있다.

'겔 8:14절'은 성전 북문에서 '이스라엘의 여인들'이 앉아 '담무스'_{태양신 이름}를 위하여 애곡하더라고 증언하므로 이스라엘의 모든 백성들까지 태양신을 음란히 섬겼음을 알게 한다.

'하나님께서 성전을 포기하시고 자기 백성을 바벨론에 넘기신 진노의 이유'는 성전 뜰에서 성전을 등지고 돌아서서 음란히 섬기던 태양신 숭배_{겔 8:16}가 그 이유였던 것이다.

하나님 보시기에 정말 심각했던 것은 이스라엘 백성들의 태양신을 섬기는 정성이 여호와 섬김보다 더 엄숙하고 노예적이었다는 현실 앞에서 하나님의 진노는 극에 달할 수밖에 없었을 것이라 짐작할 수 있다. 겔

8:17절의 증언은 '~심지어 나뭇가지를 그 코에 두었느니라'라는 하나님의 탄식을 통해 '이스라엘의 우상을 향한 그 섬김이 하나님 보시기에 얼마나 굴욕적인 섬김인지! 하나님의 자존심을 얼마나 상하게 하는 행위인지' 느낄 수 있게 한다. '나뭇가지를 코에 둔다'는 표현은 '인간의 숨소리와 냄새가 태양신이 듣고 느끼기에 얼마나 역겨울까?'라는 '인간의 자기 비하의 극대화에 대한 묘사'이며 이는 '그들을 창조하신 창조주 하나님께는 말할 수 없는 수치이다.' 시내산 언약을 통하여 자기의 신부로 인정하고 정혼까지 했는데, 숨도 쉬지 못하는 하찮은 우상 앞에서 하나님의 손에 의해 존귀하게 창조된 자신시 49:12을 그렇게 비하하고 우상에게 굴종하며 자비를 갈구한다는 것은 신랑이자 창조자이신 하나님의 자존심을 너무나 멸시하는 행동이었기에 참을 수 없으셨던 것이다. 멸시는 하나님의 자존심을 극도로 상하게 하는 행위이며 업신여기는 이러한 행위는 가장 예민한 하나님의 아킬레스이기도 한 심판의 자극제이다. 돌아보라! 혹내 삶에 숨겨진 우상으로 인하여 하나님을 상처받게 한적이 없었는지!

로마는 콘스탄틴 대제를 기점으로 그들의 태양신 숭배를 기독교 예배화로, 태양신 국가에서 기독교 국가로 전환하여 변화된것 같으나 '변화가 아닌 진화'를 통하여 태양신을 더 은밀하고 음밀하게 숭배하는 계기가 되었다고 진단할 수 있다. 그러한 로마의 지배하에 있었던 이스라엘 땅에는 에스겔서의 표현겔 8-9장처럼 태양신의 형상으로 가득한 느낌이다. 가톨릭이 교회라 이름하는 건물에 들어가 보면 너무나 아름답고 화려하지만 그곳은 태양신의 심볼이 중심이 된 형식적 예배 장소일 뿐이다. 어느 곳이나 예배당의 현란한 우상들의 핵심은 태양 문양과 인간을 성화시킨 조형물과 그림들이다. 교회의 주인이신 예수님은 작은 아기, 연약한 마리아의 품속의 아기로, 그리고 아직도 십자가에서 피를 흘리며 내려오지 못하고 있는 조롱과 수치의 모습뿐이다. 이사야에게 하나님은 말씀하셨다.

야곱의 불의가 속함을 얻으며 그의 죄 없이 함을 받을 결과는 이로 말미암나니 곧 그가 제단의 모든 돌을 부서진 횟돌 같게 하며 '아세라와 태양상**이 다시 서지 못하게 함에 있는 것**'이라 사 27:9

이 말씀의 문맥을 살펴보면 '**모든 돌을 부서진 횟돌같이 한다**'는 의미는 돌로 만들어 세운 모든 우상들을 부수시겠다는 하나님의 심판에 대한 의지의 표현이며, '**아세라와 태양상**'이 돌로 만들어져 가증하게 성전에 세워질 것에 대한 내용으로 하나님의 분노의 결과가 심판이 될 것을 의미하고 있다. 이 내용이 마지막 때의 예언인 이유는 문맥상 1절부터 마지막 때에 대한 말씀으로 시작되기 때문이다. 이사야서에 나타나는 심판받을 '**마지막 때의 세 인물**'에 대한 소개이다.

그 날에 여호와께서 그의 견고하고 크고 강한 칼로 '**날랜 뱀**'적그리스도 리워야단 곧 '**꼬불 꼬불한 뱀**'거짓 선지자 리워야단을 벌하시며 '**바다에 있는 용**'사탄을 죽이시리라 사 27:1

묵시 문학의 특징이 가득한 이 행간에 담긴 의미는 세 가지 존재에 대한 심판 설명이다. '그 날'은 심판의 날을 의미하되 나팔과 대접, 두 가지의 심판을 모두 함의한다. 곧 예수님의 재림 때의 심판과 천년왕국 이후 흰 보좌 심판이며 두 심판의 핵심인 두 짐승과 용이 함께 거론되고 있는 말씀이다. 예수님의 재림 때는 날랜 뱀으로 묘사되는 적그리스도와 꼬불 꼬불한 뱀으로 묘사되는 거짓 선지자인 두 짐승에 대한 천년왕국 전의 심판계 19:20-21이 있을 것이며 천 년의 시작과 동시에 무저갱에 갇혔다가 천 년 후 잠시 놓일 사탄에게 미혹된 곡과 마곡, 고멜 족속과 도갈마 족속, 바사, 구스, 붓이 연합하여 예루살렘으로 쳐들어 올 때 그들을 모두 멸하시고 사탄을 멸하시는 심판이 한 절 속에 기록되어 있는 것이다. '**날랜**

뱀'^{적그리스도}과 '꼬불 꼬불한 뱀'^{거짓 선지자}은 강력한 전쟁의 뱀과 미혹의 뱀이 가지는 특징으로 묘사되어 있는데 계 13장 또한 이들을 동질적 존재인 '짐승'이라 부르며 사도 요한은 요한 일서를 통하여 최후의 적그리스도라고 표현하고 있다 ^{요일 2:18}. 또한 스가랴 선지자도 슥 5:1-11절을 통하여 '에바 속의 두 여인'으로 묘사하며 하나 된 공동체의 동질적 존재로 표현하고 있다. 두 짐승과 '바다의 용'으로 묘사된 '사탄'은 언제나 함께 일하는 '어둠의 삼위일체'이다.

이러한 성경의 내용을 통하여 보는 '태양상과 태양신 숭배 사상'은 아직도 특정 종교 안에서 너무나 교묘하게 살아 움직이고 있다. 교회라 이름 붙인 건물들 안에 있는 그들의 성화나 조형물들은 크고 강하며 많이 드러나 강조되어 있고 그 형상들과 그림들 사이에서 예수님의 모습은 언제나 초라하고 연약한 아기일 뿐! 태양의 찬란함이 건물 속의 핵심이다. 그리고 그 '건물을 교회'라 이름 붙이고 있다. 미혹이다! 이스라엘 땅에 세워진 수많은 건물 교회! '예수님의 가르침에 건물이 교회였던 적이 있었던가?' 예수님께서 그 건물을 세우시기 위해 죽으셨던가? 이 시대의 교회론이 다시 정립되어야 할 때다. 이스라엘 땅에 들어서 있는 온갖 교회들! 질문해 보라! 적절한가? … 예수님께서 자기 몸을 버려 피흘려 세우신 희생의 열매가 교회^{행 20:28}인데, 사람 한 개인을 기념하고, 사건을 기념하여 세운 건물을 교회라 이름한다는 그 의미가 적절한가? 건물 안에서 예배 의식이 없어도 건물을 교회라고 이름하는 썩어질 교회론을 예수님과 순교자들의 고귀한 피로 세워진 대한민국의 교회들이 필터링 없이 그대로 따라 하고 있다는 사실이 놀랍다. '예수 그리스도를 하나님의 아들이요 우리 구원의 주님으로 믿는 무리!'가 교회라는 결론이 성경적으로 이해되지 않아서, 또는 몰라서 건물을 교회라 이름하는 것일까? 필자가 교회에 대한 온전한 이해를 지나칠 정도로 강조하는 이유는 교회와 성전에 대한 구분이 명확하지 못할 때, 신학을 전공한 전문인이 되어야 할 목회자가 교회론이 분명하지 못할 때, 맡기신 양떼를 지키지 못하는 문제와 관계된다. 마지막 때 성전에 앉아 자기를 하나님이라고 천명할 짐승과 그를 신격화해 우상을 만들고 경배하도록 억압하는 시간! 모든 하나님의 백성들을 향한 거짓 선지자의 미혹과 핍박은 분명하다 계 13::14-18. 삶의 필요를 표에 담고 미혹하며 경배할 수밖에 없는 상황 속에서 그릇된 선택을 하지 않도록 분명한 신앙고백을 통하여 교회에 대한 온전한 지혜와 지식을 가져야 하기 때문이다. 온전한 성전이 무엇인지를 안다면! 성도가 그 거룩한 성전이라는 사실을 알도록 가르쳐야 할 때임을 안다면! 건물에 집중할 것이 아니라 사람에게 집중하는 본질적 교회론의 강화가 가능하기 때문이다. 교회의 정체성에 대한 온전한 지식에 대하여 주저할 수 없는 때이며 교회론에 대한 올바른 이해와 함께 교회의 사역자들이 고민해야 할 것은 올바른 어휘 사용이다. 이 문제를 고민해야 하는 것은 교회에 대한 인식은 의식의 문제이기 때문이다.

오늘 교회를 꽃으로 장식해서 너무나 아름답죠?
청소를 하고 나니 교회가 너무 아름다워졌습니다!
우리 교회가 정말 아름답게 건축됐어요!
교회에 가니 너무 평안해요!
교회에서 예배하지 못하니 은혜가 안돼요!

아마도 건물이 세례를 받은 모양이다! 교회를 장소적 개념과 유물론적 관점으로 표현한다. 교회는 복음의 열매로 장식되어야 진정 아름답다. 과연 속죄의 보혈이 주는 능력이 아닌 꽃으로 교회를 아름답게 할 수 있을까? '**예배당을 보고 성전이 너무 아름답고 멋지다**'는 표현은 어떻게 생각하는가? 이러한 표현을 하는 자가 목사라면 그 안에 올바른 교회론이 있는 자인가? 예배당과 교회를 분별하지 못하는 용어들, 성도와 성전을 분별 못하는 목회자들과 성도들, 이것이 오늘날 대한민국 교회의 교회론에 대한 상식 수준인가? 과연 **'예수님의 희생의 피로 값주고 세우신 교회'**의 표현에 대하여 예수님은 어떻게 여기실까? 성도보다 건물을 거룩하게 여기는 잘못된 의식들에 사로잡힌 목회자와 성도를 보시는 예수님은 어떤 생각을 하실까? '내가 이렇게 하찮은 건물을 위해 죽었단 말인가?' 라고 통탄하실 것이다. 예수님의 몸 된 교회의 가치를 건물에 두는 목사와 성도가 세운 교회는 이미 기독교의 가치가 무너진 것이며 기독교의 교리는 무가치고 저급한 교리가 되어버린 영혼보다 건물이 우선되는 교회이다. 예수님께서 마태복음을 통하여 하신 말씀이 다시 상기되는 때이다.

> **'거룩한 것을 개에게 주지 말며'** 너희 **'진주를 돼지 앞에 던지지 말라'** 그들이 그것을 발로 밟고 돌이켜 너희를 찢어 상하게 할까 염려하라 마 7:6

산상수훈을 말씀하시는 예수님의 마음속에 있는 개는 누구며 돼지는 누구를 지칭하는가? 세상에 믿지 않는 자들일까? 아니다. 교회 안에 있는 거룩하지 못한 성도와 목회자다. 성도를 찢어 상하게 하고 거룩한 말씀을 발로 밟도록 개와 돼지 같은 자들에게 던지는 자는 누구인가? 바로 거룩한 것을 맡은 자 목회자와 성도가 아닌가? '자중지란'이다. 교회를 향해 날리시는 강력한 정문일침이다. **기독교의 가치와 교회의 가치는 목사와 성도가 스스로 세워가야 할 책임이며 사명이다.** 특히 교회의 사자로 부름받은 목회자가 주님 오시는 날까지 흠도 점도 없이 순종하며 보존해야 할 주님의 엄위하신 명령이다 살전 5:23. 하나님은 계 18장을 통하여 이러한 하나님의 위로를 미리 소급하여 그 시대의 환난 가운데 있는 교회들에게, 오늘날 핍박받는 그리스도인들에게, 그리고 마지막 때 환난 가운데 있을 그분의 신부들에게 듣게 하시기 위해 기록하신 진리임을 알아야 한다.

> 하늘과 성도들과 사도들과 선지자들아, 그로 말미암아 즐거워하라 "하나님이 너희를 위하여 '그'에게 심판을 행하셨음"이라 하더라 계 18:20

이 위로의 말씀은 모든 시대 속에서 핍박받고 순교를 당한 역사 속의 성도들까지 아우르는 위로이며 마지막 심판의 의미를 함축하고 있다. 이 행간은 적그리스도와 거짓 선지자에 대한 심판이 아니다. 인칭 대명사 '그'는 짐승의 통치와 그의 나라 '바벨론'에 대한 표현으로 온 세상에 위치하는 그의 나라, '태양신을 추종하는 그들의 나라와 법을 총칭'하는 표현이다. 사도 베드로는 왜 그 시대 로마의 교회를 그의 편지 속에서 '바벨론에 있는 교회'라 지칭했을까? 고민해야 할 결코 가볍지 않은 주제이다.

> 택하심을 함께 받은 '바벨론에 있는 교회'가 너희에게 문안하고 내 아들 마가도 그리하느니라 벧전 5:13

그리고 로마서에 기록된 사도 바울의 편지 속에 기록된 내용! '하나님께서 각 사람에게 그 행한 대로 보응하시되'롬 2:6라는 가르침이 특별하게 느껴지는 이유는 '로마에 보내는 구원의 편지 로마서가 특별하게 느껴지는 이유'와 함께 마지막 때 나타날 거짓 선지자의 멸망을 예견한 사도들의 그 도성을 향한 마음이 느껴지기 때문이다. 흥미로운 사실은 정작 대한민국의 로마 가톨릭은 건물을 교회라 이름하지 않는다. '거룩한 장소'라는 의미의 '성당'이라 이름한다. 구약적 예배 의식을 지금도 유지하고 있는 가톨릭의 신학적 이해일 것이다. 가톨릭의 건물들 속에 숨어있는 듯 스며있는 태양에 대한 깊은 의식을 중심으로 하나님을 섬기는 그들의 의식이 어쩌면 성전의 의미를 생각하는 것은 당연하기도 하다. 그러나 성전 이해의 속을 헤집으면 이 성전에 대한 의식의 문제는 결코 간단하지가 않다.

성전의 문제는 칠 년의 평화조약 체결을 통하여 중동의 전쟁을 종식시키고 세상의 영웅으로 출현하는 것, 다니엘과 사도 바울의 예언^{단 9:27,}^{살후 2:4}인 적그리스도가 칠 년 평화조약의 절반에 조약을 파기하고 예루살렘의 성전을 점령하는 사건, 예루살렘 성전을 점령하고 성전에 앉아 내가 하나님이라 선언하는 짐승의 행동, 예루살렘의 유대인들과 온 땅의 유대인들이 핍박받고 학대받는 이유, 성전과 한 이레의 조약과 교회의 극심한 시험과 관련된 짐승의 마흔두 달의 권세와의 상관성을 가지는 복잡한 구조 속에서 이해되어야 할 문제이다. End-time과 관련된 핵심적 주제 중 깊이 있는 이해를 필요로 하는 주제 중 하나가 성전이다. 마지막 때 기독교의 의식 가운데 이미 사라진 손으로 지은 성전을 중심으로 벌어지는 이스라엘의 구약 교회와 나타날 짐승 간의 전쟁 이야기가 계시화되어 있는 말씀이 있다. 바로 **'한 이레의 조약'**에 대한 이야기다. 이 조약이 심각한 주제가 되는 이유는 마지막 때 지상 교회에 부어질 교회의 시험을 알리는 기사이기 때문으로 다니엘과 사도 바울의 예언에 나타난다.

그가 장차 많은 사람들과 더불어 ❶ '한 이레 동안의 언약'^{아랍 연합과 이스라엘의 칠}^{년의 평화조약}을 굳게 맺고 그가 그 ❷ '이레의 절반^{삼 년 반}에 제사와 예물을 금지^지^{승이 성전을 사유화 하기 위함}할 것이며' 또 ❸ '포악하여 가증한 것^{거짓 선지자가 세운 짐}^{승의 우상이} **날개**^{용의 권세를 받아 일함을 묘사}를 의지하여 설 것이며' 또 ❹ 이미 정한 종말^{칠 년 + 대접 심판 30일}까지 진노가 '황폐하게 하는 자'^{성전을 점령하는 두 짐승}에게 **'쏟아지리라'** 하였느니라 하니라 ^{단 9:27}

^{6} 그 중에 하나가 '세마포 옷을 입은 자'예수 그리스도 곧 강물 위쪽에 있는 자에게 이르되 ❶ '이 놀라운 일의 끝이 어느 때까지냐'재림과 심판의 끝 하더라 ^{7} 내가 들은즉 그 세마포 옷을 입고 강물 위쪽에 있는 자가 자기의 좌우 손을 들어 하늘을 향하여 영원히 살아 계시는 이를 가리켜 맹세하여 이르되 ❷ 반드시 '한 때 두 때 반 때'삼 년 반, 천이백육십 일를 지나서 '성도의 권세가 다 깨지기까지'교회가 핍박 가운데 오직 예수님의 구원만 바랄 때까지이니 '그렇게 되면 이 모든 일이 다 끝나리라' 하더라 단 12:6-7

^{3} 누가 어떻게 하여도 너희가 미혹되지 말라 '먼저 배교하는 일거짓 선지자가 의, 식, 주의 문제를 표에 담아 표 받기를 강요하며 이를 짐승의 우상을 향한 경배와 연결지어 압박할 때'이 있고 저 '불법의 사람 곧 멸망의 아들최후의 적그리스도이 나타나기 전에는 그 날재림과 심판의 날이 이르지 아니하리니' ^{4} 그는 대적하는 자라 '신이라고 불리는 모든 것과 숭배함을 받는 것에 향하여'세상에 숭배받을 자는 없다 하여 '그 위에 자기를 높이고'오직 나만 경배 하라 하나님의 '성전에 앉아 자기를 하나님'내가 하나님이기 때문이다이라고 내세우느니라 살후 2:3-4

다니엘 선지자와 바울 사도가 전하는 두 가지의 예언은 상호보완적 관계 속에 있는 말씀이며 한 인물이 주도하는 사건에 대한 예언으로 사건의 심각한 피해자는 교회가 될 것을 예언한다. 이러한 교회의 시험과 핍박이 가해질 한 이레의 조약에 대한 온전한 이해에 접근해 보자.

한 이레의 조약이 갖는 의미와 이유

❶ 알곡과 쭉정이가 구별되는 추수를 위함이다

'한 이레'에 대한 히브리어의 의미는 칠 년이다. 칠, 일곱이라는 숫자가 가지는 의미는 '완전하다'를 의미한다. 완전한 칠 년이라는 의미는 그 칠 년을 계획하신 '하나님의 뜻이 그 시간 안에서 완전하게 이루어질 것'

이라는 의미인데 칠 년의 시험을 통과하는 교회가 오직 예수님만을 신랑으로 부르며 칠 년 동안 믿음의 정절을 지켜 완전한 교회의 모습인 구별된 알곡으로 추수될 하나님 계획의 완전성을 함의하는 것이 한 이레, 곧 칠 년이다.

❷ 사탄의 나라를 심판하기 위함이다

'완전한 칠 년에 대한 또 다른 의미는' 하나님의 완전한 계획 속에서 사탄의 나라가 완전하게 무너질 것이라는 의미를 갖는다. 사탄의 나라가 완전하게 무너진다는 것은 곧 새 하늘과 새 땅으로 변하여 완성된 하나님의 나라로 가는 길, 곧 천년왕국의 시간이 열린다는 것을 의미한다. 반드시 기억해야 할 것은 '하나님께서 이 땅에 영원히 거하실 수 있는 환경은 죄가 없는 환경으로 변화되어야만 가능'하다는 사실이다. 죄가 없는 땅의 범주는 땅이 근원인 인간을 포함하며 세상의 모든 피조물이 정결하여 하나님과 함께할 수 있는 에덴으로의 환경이 목표가 되는데 곧 천 년의 시간이 그 목표를 위한 실현의 기간이다. '사탄은 이 땅에서 영원히 심판을 받아야 하고, 사망도, 음부도 모두 죄에 의해 형성된 것이므로 심판받아 이 땅에서 사라지고 계 20:1-15 에덴으로의 변화가 이루어져야만 임할 수 있는 것이 거룩한 성 새 예루살렘과 영원히 함께할 완성된 하나님 나라이다. 계시록 19장은 천년왕국 전에 행하시는 진노의 끝이며 20장은 천년왕국과 이후의 시간을 말하므로 19장과 20장의 한 페이지 사이에는 천 년의 시간 간극이 존재한다.

❸ 한 이레 조약이 필요한 이유

한 이레의 조약이 필요한 이유는 '제삼 성전을 점령해야만 하는 사탄의 필요론'에 의해서다. 뜬금없는 주장 같지만 곱씹어 볼 필요가 있는 문제이다. 물론 성경 어디에도 그러한 문제에 대한 언급은 없다. 때문에 이 주장은 말씀을 근거한 필자의 합리적 추론에 속한다. 합리적 추론을 가능하게 하는 말씀의 근거는 살후 2:4절의 '**성전에 앉아 내가 하나님이라 내세우느니라**'이다. 용의 권세를 받은 최후의 적그리스도가 행하는 일은 사탄의 생각과 본성대로 행하는 것이다. 사탄에게 빙의된 짐승은 곧 사탄과 동일하다. 곧 사탄에게 빙의된 그의 아바타가 최후의 적그리스도다. 짐승이 성전에 앉아 자기를 하나님이라고 한다면 곧 사탄이 내가 하나님이라는 것과 동일한 것이다. 이런 맥락에서 볼 때 하나님의 창조 세계를 지옥의 사자로 어둠의 주권자로, 세상의 임금으로 지배하던 그는 자기가 하나님이 될 수 있는 유일한 길이 성전의 주인이 되는데 있다고 생각한 것이다. 이유는 온 세상 사람들이 예루살렘에 하나님이 계신다고 생각하는 인식에 근거한 결단이다. 그러므로 사탄은 적그리스도를 통하여 성전을 짓도록 아랍 연합과 이스라엘이 세계 평화를 이루는 다원주의 종교 연합이라는 깃발 아래 모이게 하여 합리적 방법으로 이슬람과 유대교를 설득하여 상호 이해를 따라 평화조약을 이끌어낼 것이며 한 이레의 절반, 곧 삼년 반의 시간 이후 세워진 성전에서 행하던 희생 제사를 폐하고 성전을 점령할 것이며 성전에 앉아 창세 이후 사탄의 '테슈카'소원 갈망였던 '내가 하나님'을 천명하는 것이다. 반드시 그리해야만 하는 사탄의 생각은 무엇일까? 적그리스도의 출현은 반드시 손으로 지은 성전이 다시 회복될 것이라 믿는 유대교와 결코 그들의 모스크의 위치에 성전을 허락할 수 없는 이슬람과의 강대강 대치 속에서 한시적 시간이지만 7년이라는 화해와 평화의 조약이 이루어질 것인데 이러한 평화조약으로 세워진 성전을 손가락질 받을 줄 알면서 취하는 짐승의 의도가 궁금하지 않은가?

두 종교의 연합에 대한 합리적 추론에 대하여 조금 논의가 더 필요하다. 이스라엘과 이슬람의 연합의 방법은 다원주의 사상 아래서만 가능할 것인데 이러한 현상으로 모리아 산에는 성전과 모스크가 함께 설 가능성도 배제할 수 없다. 제삼 성전이 시온의 모리아산을 벗어날 수는 없기 때문이다. 이슬람의 모스크 역시 지금의 자리를 내어 주려 하지 않을 것이다. 그래서 전쟁의 상황으로 치달을 때, 둘을 만족시킬 수 있는 방법은 윈윈, 곧 공존이다. 이는 유대교와 이슬람의 친밀함의 문제인데 불가능할 것 같지만 이미 이들의 연합이 시도되기 시작하는 흔적들이 나타나고 있다. 이슬람과 유대교의 한 건물 안에서의 제의적 의식이 시작된 것이다. 이러한 시나리오가 현실이 되는 이유는 마지막 때 거짓 선지자를 중심으로 연합할 다원주의 종교 연합이 그 열쇠가 될 것이며 이미 진행되고 있는 이러한 종교 문화적 접근은 두 종교의 온전한 연합으로 성전과 모스크가 한 장소에 세워지는 인본적 기적을 이룰것이라는 추론을 근거로 직관을 기대할 수 있을 것이다. 한마디로 모든 종교에 구원이 있는데 싸워야 할 이유가 있겠는가?라는 다원주의 논리가 둘을 화해시켜 7년의 조약을 이끄는 전략이 될 것이라 추론할 수 있다. 이러한 논리의 개연성은 사탄의 입장에 있다. **'사탄에게는 성전이 필요'**하다. 그러나 분명한 것은 **'하나님께는 분명 성전이 필요치 않다.'** 미래적 결론으로 계 21장이 논증해 준다.

> 성전 안에는 성전을 보지 못하였으니 **이는 주 하나님** 곧 전능하신 이와 어린 양이 그 성전이심**이라** 계 21:22

은혜 위에 은혜를 더하시는 말씀이다. 더 이상 하나님께는 성전이라는 공간이 필요 없다. 당신이 거하시는 곳이 곧 성전이 될 것이기 때문이다. 하늘에서 내려오는 거룩한 성 새 예루살렘이 하나님이 거하실 완성된 영원한 거처이며 그곳에 계심으로 그곳이 성전이며 자신이 성전이 될 것이기에 인간의 손으로 지은 성전은 필요가 없는 명쾌한 답을 제공하신 것이

조약을 파기하는 이유

적그리스도가 한 이레의 절반칠 년의 절반. 삼 년 반에 조약을 파기하는 이유는 사탄의 소원 때문이다. 사탄은 자기가 하나님이 되어 온 세상의 영원한 군주가 되기를 원한다. 그러나 온 세상의 군주가 되어 세상을 통치하는 비전은 예수님의 비전이자 사명이며 아버지의 계획이다. 다니엘과 사도 바울은 이렇게 기록했다단 7:13-14, 고전 14:24.

다니엘의 예언

13 내가 또 밤 환상 중에 보니 '인자 같은 이'심판의 주 예수 그리스도 가 하늘 구름을 타고 와서 '옛적부터 항상 계신 이'아버지 하나님 에게 나가 그 앞으로 인도되매 14 '그에게'예수님 '권세와 영광과 나라를 주고'예수님께 위임하는 천년왕국의 통치 권세 '모든 백성과 나라들과 다른 언어를 말하는 모든 자들'온 세상의 구원받은 천년왕국의 백성들이 이 그를 섬기게 하였으니 그의 권세는 소멸되지 아니하는 영원한 권세요 '그의 나라'예수님이 다스리는 천년왕국 는 멸망하지 아니할 것이니라 단 7:13-14

사도 바울의 예언

24 '그 후에는'천년왕국 후 마지막이니 '그가'심판 주 예수님 '모든 통치와 모든 권세와 능력을 멸하시고'사탄과 사망과 음부, 계 20:10, 14 '나라를 아버지 하나님께 바칠 때라'천 년 동안 정결하게 된 완성된 하나님 나라가 될 이 땅을 드리는 것을 의미 25 그가 '모든 원수를 그 발 아래에 둘 때까지'천 년 전의 두 짐승과 천 년 후의 사탄과 사망과 음부의 심판 때까지 '반드시 왕 노릇' 하시리니 고전 15:24-25

이 비전을 위해 창조주 하나님께서 피조물인 인간을 위해 십자가에 죽으시고 부활하셔서 교회를 통하여 하나님의 그 비전을 이루어가고 계신다. 이렇게 하시는 이유는 자신이 부여한 자유 의지적 선택을 통해 경배 받으시기를 원하시기 때문이다. 그러나 사탄은 십자가의 희생도, 사람을 위한 헌신도 없이 악한 탐욕만으로 세상의 군주가 되려 한다. 그의 방법은 폭력이요 억압이다. 그에게 인간의 자유의지는 의미가 없다. 왜냐하면 그는 지혜를 가진 창조주가 아닌 탐욕에 사로잡힌 피조물에 불과하기 때문이다. 이러한 사탄의 탐욕은 그대로 그의 분신인 짐승에게 빙의되고 두 짐승은 사탄의 감정과 탐욕으로 일하는 존재가 되어 '**사탄의 테슈카**'사탄의 소원, 갈망를 이루기 위해 서슴치 않고 부수고 파괴하며 죽이는 악행으로 하나님이 허락하신 마흔두 달 동안계 13:5 일하게 될 것이다. 그렇다면 궁극적인 '**사탄의 테슈카**'는 무엇일까? '**자신이 예수님을 대신해 세상의 군주가 되는 것이다.**' 조약을 파기하는 이유이다. 조약을 파기한다는 의미는 세계를 자기가 조종하겠다는 의도와 함께 곧 세계를 자신이 통치하겠다는 야망이며 이제 인류는 그 때를 향한 마지막 시간을 달려가고 있다는 것을 성경이 증거하고 있다. 살후 2:4절은 그의 야망이 곧 사탄의 야망이다.

> 그는 '대적하는 자'라 '신이라 불리는 모든 것'과 '숭배함을 받는 것'에 대항하여 그 위에 **자기를 높이고 하나님의 성전에 앉아 자기를 하나님**'이라고 내세우느니라 살후 2:4

용은 두 짐승적그리스도와 거짓 선지자을 하수인으로 삼고 그의 '테슈카'갈망를 성취하려고 할 것이다. 신이라 불리는 모든 것 위에 자기를 높여 자신의 우상을 세워 숭배의 대상을 통일하려 할 것이다. 엡 1:10절에 나타나듯 '**하늘에 있는 것이나 땅에 있는 것이 다 그리스도 안에서 통일되게 하려 하심이라**'는 하나님의 계획을 모방하여 마지막 때 사탄은 적그리스도가 나타나기 전 거짓 선지자를 통해 모든 종교를 다원주의 깃발 아래로 모을 것이며 세계의 모든 종교를 통합하고 적그리스도가 나타날 때 신속하게 세계를 장악하도록 추진할 것이다. 이미 그 작업은 열매를 맺는 단계에 왔고 곧 통합을 위한 대회가 개최될 것인데 이러한 현상이 눈앞에 펼쳐질 때는 적그리스도의 출현도 얼마 남지 않았다는 시그널이 되는 것이다. 한 이레의 절반인 삼 년 반 만에 조약을 파기한 짐승의 첫 행보는 무엇일까? 그것이 조약을 파기하는 이유가 될 것이며, 삼 년 반 만에 조약을 파기한 그의 첫 행보는 모리아 산의 예루살렘 성안에 우뚝 선 유대인의 '제삼 성전'을 억압과 불법으로 점령하는 것으로 사탄에 의한 그의 야욕은 정점으로 치달을 것이며 예수님의 재림 시간 또한 더 가까워질 것이다. 적그리스도가 예루살렘에 세워진 제삼 성전을 취하는 사건이 일어나면 예수님의 재림은 삼 년 반이 남은 시점이 된다는 것이 성경의 시간표임을 기억하라!

예루살렘과 성전을 점령해야 하는 이유

예루살렘을 점령하는 짐승의 알 수 없는 이러한 행동은 무엇 때문일까? 세상에는 수많은 아름다운 성과 사원들이 즐비하다. 특히 중동 땅에는 자산적 가치도 높고 너무나 아름다운 성과 사원들이 즐비하고 유럽이나 그 밖의 땅과 나라들에는 예루살렘보다 아름다운 곳이 많이 있다. 그런데 바다에서 나오는 짐승인 적그리스도가 유독 예루살렘의 성전을 취하려는 이유는 무엇일까? 이 질문은 인류 역사 이래 앗수르, 바벨론, 애굽, 바사, 헬라 로마가 이스라엘을 점령하기 위해 예루살렘 성과 성전을 부수고 훼파시켜 왔던 정복 전쟁의 이유와도 상관되는 문제이다. 이 문제는 성경에 나타나는 두 가지의 예언이 이해에 접근하도록 돕는다.

● 다니엘의 예언

> 그가 장차 많은 사람들과 더불어 '한 이레 **동안의 언약**'을 굳게 맺고 그가 그 '이레의 절반**에 제사와 예물을 금지**'할 것이며 또 '포악하여 가증한 것이 **날개를 의지하여 설 것**'이며 또 이미 정한 종말까지 진노가 황폐하게 하는 자에게 쏟아지리라 하였느니라 하니라 단 9:27

● 예수님의 예언

> 그러므로 너희가 선지자 '다니엘이 말한 바 멸망의 가증한 것이 **거룩한 곳에 선 것을 보거든**' (읽는 자는 깨달을진저) 마 24:15

● 사도 바울의 예언

> 그는 '대적하는 자'라 신이라 불리는 모든 것과 숭배함을 받는 것에 대항하여 그 위에 '자기를 높이고' 하나님의 '성전에 앉아 자기를 하나님'이라고 내세우느니라 살후 2:4

다니엘서의 내용은 예수님이 직접 인용하신 말씀으로 마 24:15절에 나타나는 말씀이다. 1, 2절에서 말씀하시는 AD 70년에 있었던 예루살렘 멸망을 말씀하시는 것이 아니다. 이미 성취된 하나님의 말씀을 붙들고 살아간다면 묵시 문학이 갖는 의미와 가치는 이미 소멸된 것이므로 굳이 성경 말씀을 지키며 살아야 할 이유와 명분은 없는 것이다. 성경의 예언들에 대하여 분별할 때 반드시 명심해야 할 기준 되는 말씀이 있다. 사 46:10절이다.

내가 '시초부터 종말을 알리며' 아직 이루지 아니한 일을 옛적부터 보이고 이르기를 나의 뜻이 설 것이니 내가 나의 모든 기뻐하는 것을 이루리라 하였노라

시초부터라는 표현은 시간이 시작되는 창세의 시간을 의미한다. 창조의 시간이 시작될 때부터 종말에 대하여 말씀하셨던 것은 종말, 곧 심판이었기에 반드시 성경에 나타나는 종말과 관련된 모든 현상들은 반복되다가 어느 시점에서 끝나는 상황이 올 것이며 성경에 이미 모든 것이 기록되어 있다는 전제이다. 이 전제는 모든 성경에 이미 나타나는 종말론적 심판의 모습들은 모두 마지막 종말에 대한 예고적 성격을 갖는다는 의미이며 이것을 온전히 이해하지 못하면 이미 성취되었다는 역사적 사실로 인식하게 될 것이므로 종말에 이루어질 심판과 구원과 예수님과의 만남에 대한 두려움도 기대도 없는 미지근하고 막연한 신앙이 되는 것이다. 힘있게 이기고 살도록 모든 교회에게 편지를 통하여 당부하셨던 예수님의 가르침을 지키며 시험의 때계 3:1를 준비하고 마지막 때의 말씀을 읽고 듣고 지키며계 1:3 살아가야 할 것이다.

마 24:15절부터 시작되는 **'멸망의 가증한 것'**은 우상을 품고 제삼 성전을 정복한 적그리스도를 위해 거짓 선지자가 세울 사탄의 우상을 의미한다. 신약시대의 예수님이 구약시대 다니엘에게 말씀하셨던 그 여호와라는 사실에 대하여 거부하는 이가 있는가? 동일한 하나님께서 구약성경의 말씀을 다른 시대인 신약시대에서도 하셨다는 것은 이것이 아직 이루어지지 않았으나 반드시 이루어질 것이라고 확정하시는 말씀이다. 이러한 전제하에 다니엘서의 내용 중 **'이레'의 절반에 제사와 예물을 금지할 것이며**와 **'포악하여 가증한 것이 날개를 의지하고 설 것이며'**라는 말씀의 의미를 바울 사도의 예언 중 **'성전에 앉아 자기를 하나님이라 내세우느니라'**와 비교해 보면 **'시기'**에 대한 의미와 **'제삼 성전이 건축될 것'**에 대한 두 가지의 의미를 발견할 수 있다. 최후의 적그리스도가 주도하

는 한 이레의 절반이 지나기 전 분명 희생 제사를 드리는 유대인의 성전이 세워지고 성전에서 희생 제사를 시작할 것이라는 사실에 대하여 증언한다. 이러한 말씀을 뒷받침하는 현실적 정황이 뚜렷이 나타나는데 그것이 유대인들의 성전 건축 준비와 건축 후 그 안에서 이루어질 모든 율법에 입각한 희생 제사의 준비가 이미 완료되었다는 사실이다. 심지어 민 19:1-9절에 나타나는 속죄의 제물 중 지금은 사라지고 없는 붉은 암소의 유전자를 찾아 복제가 완료되어 성전이 건축될 그날을 기다리고 있다. 제삼 성전에 대한 이 질문을 다루면서 중요하게 고려되어야 할 관점은 현재에 없는 성전이 건축될 것이냐 아니야 하는 관점이 아니라 **'건축된 성전을 왜 무력으로 점령하느냐'**와 **'성전에 앉아 자기를 하나님이라 내세우는 이유'**가 말씀에 근거하여 설명되어야 한다는 것이다.

짐승이 지탄받을 일인 줄 알면서 예루살렘 성전을 점령하려는 이유

예루살렘 성전의 기능에 대하여 하나님이신 예수님은 이미 소멸을 선포하셨으며마 24:2 AD 70년 로마의 장군 티투스에 의해 돌 하나도 돌 위에 남지 아니하고 다 무너질 것이라고 말씀하신 그대로 성취되었다. 예수님의 재림으로 완성될 하나님의 나라에는 없을계 21:22 그 성전을 유대인들은 왜 다시 세운다는 것일까? 또 평화의 조약으로 영웅이 된 짐승은 왜 세상 사람들의 수군거림에도 그 성전을 자기 것으로 만들려고 점령을 시도할까? 성경적으로도 상식적으로도 맞지 않는 이런 이상한 일이 진행되어야 할 이유는 무엇일까? 아브라함과 이삭과 다윗왕과 솔로몬을 통해서 하나님이 영원히 거하시리라고 약속하셨던겔 43:7 그 땅에서 일어날 이런 일이 하나님의 뜻인가? 아니면 인간의 욕망인가? 등등의 많은 질문들이 꼬리를 문다. 그러나 적그리스도가 주도하는 칠 년 중 절반에 조약을 파기하고 성전을 점령한다면 '**전 삼 년 반 동안의 어느 시점에 성전이 완성 된다는 것은 분명한 사실**'이 된다.

칠 년 조약이 체결되는 이유는 중동의 화약고가 터지는 문제, 곧 이스라엘과 아랍 연합의 전쟁이 그 이유가 될 것이며 아랍 연합과 이스라엘이 전쟁을 하는 이유는 사우디와 이란으로 대표되는 아랍 연합이 현재의 앙숙 관계를 벗어나 연합해서 이스라엘과 싸워야 할 당위성이 있을 것인데 그것이 무엇일까에 대한 답은 원수 관계 할지라도 연합할 이유인 '**종교문제**'가 될 것이며 이는 곧 '**예루살렘에 제삼 성전 건축**'으로 인한 갈등이 될 것이라 추정할 수 있다. 유대인들은 더 이상 기다릴 수 없어 지금의 황금 돔 모스크를 무너뜨려서라도 그 자리에 성전을 지으려고 할 것이며 마호메트가 승천한 제삼의 메카인 그곳에 대하여 아랍 연맹은 하나가 되어 반대하며 전쟁도 불사할 것이다. 결국 일촉즉발의 상태에서 이 문제를 지혜롭게 서로를 만족시키며 전쟁을 피하고 7년의 평화조약을 이끌어내는 영웅의 등장으로 일단락 될 것인데 그 영웅이 곧 세계 단일정부를 꿈꾸는 무리들로부터 선택된 짐승인 '**적그리스도**'가 될 것이다. 그는 계 13:2절에 나타나는 '**용이 그에게 자기의 능력과 보좌와 큰 권세를 그에게 주었더라**'는 요한의 증언과 같이 짐승인 최후의 적그리스도계 13:1와 현존하는 종교의 마지막 수장인 거짓 선지자계 13:11가 사탄의 권세를 받아 마흔두 달삼 년 반 동안 일할 것이며계 13:5 곧 칠 년 중 후 삼 년 반의 시간이 시작될 때 성전을 점령한 후 우상을 세우고 먹는 것, 마시는 것, 입는 것에 대한 기본적 조건을 표에 담아 표를 받도록 미혹으로 시험하며 짐승의 우상에게 경배하지 않는 교회를 극심하게 핍박계 13:5, 13:14-15할 것이다. 칠 년 평화조약으로 중동의 평화를 이끌어 낼 최후의 적그리스도! 그는 과연 어떻게 그 문제를 해결할까? 그 이유에 대하여 성경에 나타나지 않는 이유는 이 문제가 곧 사탄이 심판당하는 이유와 빌미가 될 것이며 하나님의 계획이 아닌 유대인의 성전이 건축되는 이유이기 때문이다. 성경에 나타나 있지 않은 문제이지만 반드시 일어날 사실이기에 말씀을 근거로 예측 가능하다.

'성전에 앉아 자기를 하나님이라 내세우느니라'_{살후 2:4}라는 말씀에 근거하는 추측이다. '사탄이 빙의된 짐승에게 성전은 반드시 필요하다. 자신이 성전의 하나님이 되어야 하기 때문이다.' 온 세상이 인정하는 경전인 구약성경에 하나님은 처음부터 성전에 거하시는 분이셨고 지금도 유대인들은 성전에 계시는 하나님을 사모하며 성전을 건축하고 그곳에서 희생 제사를 지내며 하나님의 백성임을 온 세상에 나타내려 한다는 것과 세상이 이를 보고 하나님의 거처가 예루살렘의 성전이라는 것에 대하여 알고 있다는 사실을 사탄은 안다. 그래서 성전의 보좌에 앉아 모든 제사를 영광으로 받는 하나님이 되고 싶은 것이다. 그러나 사탄의 생각과 예수님을 믿는 그의 백성인 신약교회의 생각은 다르다. 하나의 질문으로 이 문제에 접근해 보자.

Q : 십자가의 승리를 통해 믿음으로 구원을 받는 신약시대인데 사탄은 왜 구약시대의 전유물인 희생의 제사를 행하는 성전을 택하는가?

이 질문에 대한 이해는 기독교의 영광스러운 교리에 대한 약간의 지식이 필요하다. 이 질문에 대한 이해는 '예수님의 창조적 지혜를 뛰어넘지 못하는 사탄의 한계'와 관련되어 있는데 이는 '십자가의 희생과 고난'이 사탄의 본성으로는 모방할 수 없는 '하나님의 자기 희생의 사랑과 그 사랑에 반응하는 피조물인 인간의 감사'가 근거가 되기 때문이다. 문제는 안타깝게도 '사탄에게는 인간을 위해 죽을 수 있는 사랑의 DNA가 없다'는 절망적 상황 때문이며 사탄이 인간과의 소통을 위해서 선택할 수 있는 유일한 방법은 '**구약적 제사를 행하는 성전**'을 선택할 수 밖에 없는 것이다. 현대에도 기독교 이외의 종교들 가운데는 여전히 돼지머리나 염소, 짐승을 제물로 사용하는 불교, 흰두교, 각종 정령신앙의 종교들이 제물을 매개로 구약시대 인간과 신과의 소통을 지속하고 있는 이유는 모두 사탄이 하나님을 닮지 못하기 때문이며 '**인간을 위한 신이신 예수님의 죽음과 부활을 통해 인간을 향한 하나님의 사랑을 보여줌으로 인간의 자유 의지적 선택을 이끌어 자신을 하나님에게 속한 자로 결정하는 능동적 사랑의 힘과 능력이 없기 때문이다.** 이것이 하나님의 가치_{밸류,} value요 사탄과 차이를 가지는 수준 Level이다. 이러한 한계적 차이를 가진 사탄이 온 세계의 인류로부터 **하나님으로 인정받을 수 있는 유일한 차선책으로서의 선택이 성전**'이며 이것이 사탄의 한계를 결정짓는 핵심적 요소이다.

다섯째 천사의 대접 10-11절

> **계 16:10-11** [10] 또 다섯째 천사가 그 '대접'을 '짐승의 왕좌'에 쏟으니 '그 나라가 곧 어두워지며' 사람들이 '아파서 자기 혀를 깨물고' [11] '아픈 것과 종기'로 말미암아 하늘의 하나님을 비방하고 그들의 행위를 회개하지 아니하더라

'**짐승의 왕좌**'와 '**그 나라**'는 동일한 의미이다. 짐승을 왕으로 인정하며 추종하는 그의 백성과 나라라는 의미를 갖는다. 짐승의 나라에 쏟는 대접은 고통의 대접이다. 그러나 그들은 회개하지 않고 하나님을 비방할 것인데. 하나님께서 이들을 죽이지는 않고 고통만 허락하시는 시간이다. 이는 '**행한 대로 보응하리라**'는 심판의 기준을 적용하시는 하나님의 공의다. 그들이 하나님의 백성에게 그렇게 행하였기 때문이다. 그러나 이 다음 여섯째 대접과 일곱째 대접의 시간은 살육의 시간

이 될 것인데 죽고 싶어도 죽음이 피해가는 엄청난 고통 뒤에 창세 이후로 경험하지 못한 인류의 마지막 환난의 죽음이 그들을 기다리고 있으며 그 후에는 살아남은 만국 백성들을 모아 여호사밧 골짜기에서의 최후 심판_{욜 3장}이 있을 것이다. 그 심판의 시간에 대하여 요엘은 이렇게 증거 한다.

> ¹ 보라 '그날' 곧 내가 '유다와 예루살렘 **가운데에서** 사로잡힌 자를 돌아오게 할 그 때'흩어진 유대인들 가운데 메시아를 기다리며 짐승의 표를 받지 아니하고 우상 경배를 거부한 신실한 유대인들에 ² 내가 '만국'을 데리고 '여호사밧 골짜기'에 내려가서 내 백성 곧 '내 기업인 이스라엘'신구약의 모든 하나님 백성들을 총칭하는 궁극적 표현을 위하여 거기에서 '그들을 심문'하리니 이는 그들이 이스라엘을 나라들 가운데에 흩어 버리고 나의 땅을 나누었음이며 욜 3:1-2

두 가지의 사건이 한 시간대에 일어나고 있음을 묘사하고 있다. ❶ 유대인이 돌아오는 시간대이며, ❷ 살아있는 만국 백성이 모두 예수님 앞에서 행한 대로 심판을 받는 시간대를 나타내고 있다. 이 시간대는 대접 심판이 끝나는 시점이며 여호사밧 골짜기에서 행하는 이 심판, 곧 마 25장이 가르치는 양과 염소의 심판이 끝나는 시간이 곧 천년왕국이 시작되는 시간이 될 것이다. 이러한 새로운 시작이 눈앞에 있는 다섯째 대접의 시간대는 남은 두 개의 대접이 부어지는 시간, 곧 유브라데 강이 마르고 아마겟돈 전쟁이 준비되는 여섯째 대접과 최후 전쟁인 아마겟돈 전쟁과 창세 이후 인류를 타락시켜 만든 사탄의 나라 바벨론 멸망 사건의 끝 지점에서 최후의 적그리스도와 거짓 선지자가 심판을 받은 후 **'사십오 일 동안의 여호사밧 골짜기 심판'**양과 염소 심판, 단 12:12 마 25장이 시작 될 것이다.

여섯째 천사의 대접 12-14절

계 16:12-14 ¹² 또 여섯째 천사가 그 대접을 '큰 강 유브라데'에 쏟으매 '강물이 말라서 **동방에서** 오는 왕들의 길이 **예비**'되었더라 ¹³ 또 내가 보매 '개구리 같은 세 더러운 영'이 '용의 입'과 '짐승의 입'과 '거짓 선지자의 입'에서 나오니 ¹⁴ 그들은 '귀신의 영'이라 이적을 행하여 온 천하 왕들에게 가서 하나님 곧 '**전능하신 이의 큰 날에 있을 전쟁**'을 위하여 그들을 모으더라

이 행간에 나타나는 어휘들에 대한 이해가 필요하다.

'큰 강 유브라데'

서남아시아의 가장 긴 강, 에덴의 네 지류 중 하나, 창 2:14절에 나타나는 이 강은 둘째 날 창조하신 심판을 위한 궁창을 창조하시므로 보시기에 좋았더라고 표현하실 수 없는 것과 같이 이 강을 설명하는 행간에서 이름만 나타내시고 그 강의 기능을 설명하지 않으므로 궁창과 같은 하나님의 고뇌가 감추어진 강으로 나타난다.

'강물이 말라서'

유프라테스 강의 마지막 사명을 그리고 있다. 유브라데 강물을 마르게 하셔서 마지막 전쟁을 위해 그들을 짐승과 함께 심판의 전쟁터로 이끄실 것에 대한 설명이다. 유프라테스 강은 안티타우루스 산맥과 아라랏산의 눈이 녹은 물을 흘려 티그리스 강과 연결되며 페르시아만으로 흘러 땅을 비옥하게 하는 강으로 풍성한 메소포타미아 문명을 만드는 강이다. 이 강을 말리는 것은 전쟁을 위해 왕들의 군대가 이동하는 길을 만드시는 의미 외에 더 이상의 세상적 풍요를 허락하시지 않을 것을 전제로 심판을 위해 마르는 강이 될 것이라는 의미이다.

'동방에서 오는 왕들의 길이 예비되었더라'

심판받을 적그리스도와 연합하는 왕들이다. 최후의 전쟁을 위해 므깃도 평야로 모이기 위해 반드시 건너야 하는 강이다. 이러한 유브라데 강을 말린다는 의미는 그들을 심판하기 위해 길을 열어주는 것이지만 더 깊은 의미는 유프라테스 강으로부터 얻었던 세상적 풍요를 바탕으로 하나님을 배척하고 대적하는 그들의 행위를 더 이상 묵과할 수 없으므로 그들의 세상적 풍요를 더 이상 제공하지 않을 것이라는 하나님의 마음을 알 수 있는 메시지가 근원적 의미가 된다.

'개구리 같은 세 더러운 영'

개구리는 헬라어 '바트라코스'의 역어이며 이는 출 7:27절에 나타나는 히브리어 '체카르데아'의 역어이다. 애굽의 재앙으로 나타났던 그 개구리를 의미하는 것으로 뒤집어 표현하면 개구리는 하나님의 심판 가운데 혐오스러운 하나님의 저주를 상징하는 것이며 출애굽기에 나타나는 개구리 재앙에 대한 근원적 이해는 하나님의 명령에 따라 움직이는 혐오스러운 저주의 귀신이 작용한다라는 의미이며 마지막 때 사탄과 두 짐승에게 있어 본성과 같은 악으로 작용하는 귀신이 곧 개구리가 의미하는 바라는 사실을 알 수 있게 이끈다.

'용의 입술과 짐승의 입과 거짓 선지자의 입'

용으로 묘사된 사탄과 두 짐승의 입에서 모든 개구리 같은 더러운 세 영이 나온다는 의미는 그들이 가진 하나님을 대적하는 신성 모독의 영계 13:1, 5, 11을 의미한다. 세 존재가 가진 공통점은 하나님의 대적자라는 존재적인 동질성이며 이것은 곧 사탄의 본성을 공유한 것이다.

'귀신의 영'

용에 의해 두 짐승에게 빙의된 귀신이 하나님을 대적하는 귀신의 영이라는 결론적 관점이다. 8장에서 설명된 두 짐승을 지배하는 사탄에 빙의된 멘탈리티의 본체가 귀신의 영인 것이다.

'전능하신 이의 큰 날에 있을 전쟁'

최후 심판을 위한 아마겟돈 전쟁은 모든 심판의 대상들을 모아 그들이 심판으로 죽을 수밖에 없는 존재라는 것을 알게 한다. 성경에 분명한 기준이 나타나 있지는 않지만 여호사밧 골짜기 심판대 앞에 설 자들과 아마겟돈 전쟁에서의 죽음으로 심판에 이를 자가 어떤 기준 때문인지는 알 수 없으나 행한 대로 보응하신다는 기준에 의거한 생각은 악한 자의 편에 서서 군사적 행동으로 생명을 해한 인생들은 전쟁터로 부름받아 그곳에서 심판을 받는다고 이해하는 것이 '행한 대로 보응하리라'는 하나님의 심판 기준에 부합하는 해석이 될 것이다.

12절의 내용은 천사가 유브라데 강을 말려 물이 없어지면 아마겟돈 전쟁을 위해 동방의 왕들이 헬라어 **'아마겟돈'**에 대한 히브리어 역어인 **'므깃도'** 평야로 모여들 것인데 그들은 전쟁을 위해 모이는 적그리스도와 거짓 선지자에게 충성된 나라의 왕들과 군대들이다. 13-14절이 그 답을 제시한다. 13절의 **'개구리 같은 세 더러운 영이 용의 입과 짐승의 입과 거짓 선지자의 입에서 나오니'**라는 표현은 그들의 입에서 나오는 그들의 미혹과 저주의 말들을 의미한다. 이 표현은 시 2편을 통해 논증된다.

> [1] 어찌하여 '이방 나라들이 분노'하며 '민족들이 헛된 일'을 꾸미는가 [2] 세상의 '군왕들'이 나서며 '관원들'이 서로 꾀하여 **'여호와와 그의 기름부음 받은 자를 대적'**하며 [3] 우리가 그들의 '맨 것을 끊고 그의 결박을 벗어 버리자' 하는도다 시 2:1-3

그들은 기름부음 받은 그리스도 예수와 그의 교회를 대적하기 위해 세상의 모든 악한 자들을 연합하여 아마겟돈 므깃도으로 모일 것이다. 그러나 시편의 시인은 그들을 향한 하나님의 마음에 대하여 이렇게 표현한다.

'하늘에 계신 이가 웃으심이여 주께서 그들을 비웃으시리로다' 시 2:4

그들의 입의 말은 곧 미혹과 저주의 언행들이며 이에 대하여 계 16:14절은 입에서 나오는 그 말들이 '**귀신의 영**'에 의한 말들이라 표현한다. 이들의 영향력은 '**이적을 행하며 온 천하 왕들에게 가서 하나님 곧 전능하신 이의 큰 날에 있을 전쟁을 위하여 '그들'** 짐승과 연합하여 예수님을 대적하는 동방의 왕들 **을 모으더라**'고 증언하고 있다. 재미있는 사실은 그들을 아마겟돈으로 모으시는 이가 하나님이시며 그들에게 유브라데의 강물을 말리고 스스로 심판의 자리로 나아오도록 유도하고 계시는 장면으로 나타나고 있다. 모든 심판의 주권자이신 하나님의 계획 안에서 이루어지는 자기 백성을 위한 심판임을 알게 한다. '아마겟돈'이라는 지명은 헬라어이다. 히브리어로는 '하르마겟돈'이며 또 다른 히브리어 표현이 '므깃도'이다.

계 16:16 '세 영'이 히브리어로 '아마겟돈이라 하는 곳으로 왕들을 모으더라'

아마겟돈 전쟁은 세상의 전쟁이 끝나는 사건이므로 매우 의미 있는 전쟁이다. 이 사건 이후로 세상은 전쟁이 쉬고 다시는 전쟁이 없을 것이며 평화로운 농경 생활이 시작될 것에 대하여 이사야 선지자는 사 2:4절을 통하여 전한다.

그가 '열방 사이에 판단'국가적 죄악 판단하시며 '많은 백성을 판결'개인의 죄악 판결하시리니 무리가 그들의 '칼을 쳐서 보습 농기구인 쟁기에 덧대는 넓적한 삽 모양 을 만들고 그들의 창을 쳐서 낫을 만들 것'전쟁이 그치고 농경 생활 시작 이며 이 나라와 저 나라가 '다시는 칼을 들고 서로 치지 아니하며 다시는 전쟁을 연습하지 아니하리라'다시는 전쟁이 없을 것 사 2:4

일곱째 천사의 대접 17-21절

계 16:17-18 [17] '일곱째 천사가 그 대접'을 공중에 쏟으매 큰 음성이 성전에서 보좌로부터 나서 이르되 '되었다' 하시니 [18] 번개와 음성들과 우렛소리가 있고 또 '큰 지진'이 있어 얼마나 큰지 '사람이 땅에 있어 온 이래'로 이 같은 지진이 없었더라

'되었다 하시니'라는 표현에서 일곱째 천사의 대접이 마지막 심판의 신호임을 알린다. 인류가 두 번 다시 경험할 수 없는 엄청난 지진과 함께 번개와 음성과 우렛소리가 마지막 심판의 형태로 나타날 것에 대하여 알리고 있다. 특히 지진의 경우엔 역사 이래 가장 강력한 지진이 될 것을 알리고 있는 것을 통하여 이 땅에 세워진 것들 중 손으로 지은 어떤 것들도 남아있지 않도록 모두 땅 속으로 매몰시키실 하나님의 뜻을 예상해 볼 수 있다. 이런 관점에서 수백수천억을 들여 짓는 예배당을 생각할 때 과연 하나님께서 영혼 구원을 위해 주신 재정에 대한 의미를 망각하고 짓는 예배당 건물과 역사를 알리기 위해 재정을 투입해 보존한다는 건물들을 그대로 남기실까?를 유추해 볼 때 현재 인간의 욕심으로 짓는 모든 예배당 건축물을 향한 의미 없는 애정 공세와 정욕적 생각에서 과감히 벗어나 이웃을 위한 구제와 하나님의 사랑을 나타내는데 집중해야 할 것이며 세계의 영혼들을 섬기는 선교를 위해 재정의 사용처에 대한 방향을 전환해야 할 때다. 사도 바울은 고린도 교회의 성도들을 향하여 사람의 손으로 지

은 것과 하늘에 있는 집을 비교하며 하늘에 있는 영원한 집, 곧 이 땅의 교회에 의해 완성되어가는 거룩한 성 새 예루살렘을 사모하는 마음을 알게 한다.

> '만일 땅에 있는 우리의 장막 **집이 무너지면**' 하나님께서 지으신 집 곧 '**손으로 지은 것이 아니요** 하늘에 있는 영원한 집'이 우리에게 있는 줄 아느니라 고후 5:1

사람의 손으로 지은 모든 것은 불타고 무너질 것이기에 우리는 영원한 집이라 말하는 손으로 짓지 아니한 하늘의 집인 거룩한 성 새 예루살렘을 짓기 위해 보화를 쌓아야 할 것인데 여전히 교회의 모든 역량을 이 땅의 건축물에 집중하고 있는 것이 과연 옳은가를 생각해 봐야 할 것이며 더 깊이 묵상해야 할 주제로 던져진 사도 바울의 권면에 집중해야 한다.

> 12 만일 누구든지 '금, 은, 보석, 나무, 풀, 짚'유물론적인 모든 것 으로 이 터 위에 세우면 13 '각 사람의 공적'이 나타날 터인데 '그 날'심판의 날 이 공적을 밝히리니 이는 '**불로 나타내고**'불태워 짐으로 그 '불이 각 사람의 공적이 어떠한 것을 시험'태워지면 허무한 것, 태워지지 않는 공적이라면 상급 할 것임이라 14 만일 누구든지 그 위에 '**세운 공적이 그대로 있으면 상**'불에 태워지지 않는 공적을 받고 15 누구든지 그 '**공적이 불타면 해**'를 받으리니 그러나 '자신은 구원을 받되 불 가운데서 받은 것 같으리라'구원은 받으나 혼란을 겪으며 구원에 이른다는 의미, 고전 3:12-15

심판 때는 사람의 손으로 지은 모든 것이 이 땅에 남아있지 않을 것이다. 남을 것은 오직 우리의 손으로 짓지 않은 것들, 곧 하나님 앞에서 이룬 영적인 열매들만이 공적으로 인정될 것이며 그 외의 모든 것은 불에 태워져 사라질 것을 알아야 한다. 그렇게 볼 때 작금의 태워질 건축물에 목숨을 거는 건물 중심의 목회와 목표와 목적은 무가치한 정욕의 산물이다. 오직 그 나라와 의를 성취하는 영혼 구원에 집중하는 것이 하나님의 소망을 이루는 사역의 목적이 됨을 알아야 한다. 공적인 불화가 없는 성도가 받을 해에 대하여 설명하는 말씀에 귀를 기울여야 한다. 열매없는 자는 구원을 받되 휴거 되지 못한 채 그 엄청난 대적 심판의 불구덩이 시간을 통과한 후 구원을 받을 것에 대하여 15절이 경고하고 있음을 엄중히 새겨야 할 것이다 고전 3:15.

큰 성과 만국의 성들의 무너짐과 땅의 변화 19절

계 16:19-20 ¹⁹ '큰 성'이 세 갈래로 갈라지고 '만국의 성들이 무너지니' '큰 성 바벨론이 하나님 앞에서 기억하신바 되어' 그의 맹렬한 '진노의 포도주 잔'을 받으매 ²⁰ '각 섬도 없어지고 산악도 간데 없더라'

이 행간의 온전한 이해는 '**성**'에 대한 이해가 핵심이다. 성은 왕이 거하는 곳을 의미하며 본 행간의 성은 두 짐승이 다스리는 세상의 모든 영역에 대한 표현이다. '**큰 성**거짓 선지자의 고유 영역, 마지막 때의 종교의 총 본산 **+ 큰 성 바벨론**두 짐승이 다스리는 모든 영역 **= 사탄의 나라**'라는 등식 이해에 근거한다. '**큰 성**'은 영역에 있어서는 거짓 선지자의 통치 도성을 의미하며 '**큰 성 바 벨론**'은 적그리스도와 거짓 선지자가 영역이며 그들의 모든 연합을 의미한다. 대접 심판 중에 무너질 사탄의 나라 큰 성 바벨론은 18장의 설명을 통해 어떻게 무너져 가는가를 잘 설명하고 있다. 18장의 행간은 세상에 있는 모든 짐승의 나라가 다 무너질 것에 대한 표현으로 '**각 섬도**각 대륙 **산 악도**산맥들 **간데 없더라**'고 전하는 이 땅의 엄청난 변화에 대한 설명은 대륙이 지진으로 인한 지각의 변동으로 바뀌어지고 산맥들이 지각 변동에 의해 산악이 간데없이 사라지는 현상을 통해 엄청난 지형의 변화가 있을 것을 예고하고 있다. 16장의 일곱 대접이 부어지는 사건이 끝나고 난 후 18장에서 무너진 바벨론에 대한 설명이 끝나면 곧이어 19:11-21절에 나타나는 네 번째 사건인 적그리스도와 거짓 선지자, 그리고 그의 추종자들에 대한 완전한 심판이 끝이나고 욜 3장에 나타나는 여호사밧 골짜기에서 행하실 양과 염소의 구분으로 마지막 추수가 끝나면 이 땅은 천년왕국의 시간으로 들어가게 될 것이다.

우박을 통한 재앙 21절

> **계 16:21** 또 '무게가 한 달란트'나 되는 '큰 우박'이 하늘로부터 사람들에게 내리매 사람들이 우박의 재앙 때문에 하나님을 비방하니 그 재앙이 심히 큼이러라

한 달란트의 무게에 대한 구약시대의 기준은 34.272kg 이었으며, 신약시대 중량 단위의 경우 로마의 단위인 20.4kg을 의미한다. 우박의 무게가 20kg, 34kg이라면 하늘에서 떨어지는 우박을 사람이 맞을 경우 그 가속도에 의한 충격은 상상을 초월하는 현상이 될 것이다. 마지막 대접이 부어질 때 나타나는 현상들을 경험하게 될 불의한 자들은 하나님을 비방할 것이며 심판받을 자들은 뚜렷이 구분될 것이다.

Glory day
Community
Glory day
End-time Institute

요한계시록
제 17 장

1 또 일곱 대접을 가진 일곱 천사 중 하나가 와서 내게 말하여 이르되 이리로 오라 많은 물 위에 앉은 큰 음녀가 받을 심판을 네게 보이리라 2 땅의 임금들도 그와 더불어 음행하였고 땅에 사는 자들도 그 음행의 포도주에 취하였다 하고 3 곧 성령으로 나를 데리고 광야로 가니라 내가 보니 여자가 붉은 빛 짐승을 탔는데 그 짐승의 몸에 하나님을 모독하는 이름들이 가득하고 일곱 머리와 열 뿔이 있으며 4 그 여자는 자주 빛과 붉은 빛 옷을 입고 금과 보석과 진주로 꾸미고 손에 금 잔을 가졌는데 가증한 물건과 그의 음행의 더러운 것들이 가득하더라 5 그의 이마에 이름이 기록되었으니 비밀이라, 큰 바벨론이라, 땅의 음녀들과 가증한 것들의 어미라 하였더라 6 또 내가 보매 이 여자가 성도들의 피와 예수의 증인들의 피에 취한지라 내가 그 여자를 보고 놀랍게 여기고 크게 놀랍게 여기니 7 천사가 이르되 왜 놀랍게 여기느냐 내가 여자와 그가 탄 일곱 머리와 열 뿔 가진 짐승의 비밀을 네게 이르리라 8 네가 본 짐승은 전에 있었다가 지금은 없으나 장차 무저갱으로부터 올라와 멸망으로 들어갈 자니 땅에 사는 자들로서 창세 이후로 그 이름이 생명책에 기록되지 못한 자들이 이전에 있었다가 지금은 없으나 장차 나올 짐승을 보고 놀랍게 여기리라 9 지혜 있는 뜻이 여기 있으니 그 일곱 머리는 여자가 앉은 일곱 산이요 10 또 일곱 왕이라 다섯은 망하였고 하나는 있고 다른 하나는 아직 이르지 아니하였으나 이르면 반드시 잠시 동안 머무르리라 11 전에 있었다가 지금 없어진 짐승은 여덟째 왕이니 일곱 중에 속한 자라 그가 멸망으로 들어 가리라 12 네가 보던 열 뿔은 열 왕이니 아직 나라를 얻지 못하였으나 다만 짐승과 더불어 임금처럼 한동안 권세를 받으리라 13 그들이 한 뜻을 가지고 자기의 능력과 권세를 짐승에게 주더라 14 그들이 어린 양과 더불어 싸우려니와 어린 양은 만주의 주시요 만왕의 왕이시므로 그들을 이기실 터이요 또 그와 함께 있는 자들 곧 부르심을 받고 택하심을 받은 진실한 자들도 이기리로다 15 또 천사가 내게 말하되 네가 본 바 음녀가 앉아 있는 물은 백성과 무리와 열국과 방언들이니라 16 네가 본 바 이 열 뿔과 짐승은 음녀를 미워하여 망하게 하고 벌거벗게 하고 그의 살을 먹고 불로 아주 사르리라 17 이는 하나님이 자기 뜻대로 할 마음을 그들에게 주사 한 뜻을 이루게 하시고 그들의 나라를 그 짐승에게 주게 하시되 하나님의 말씀이 응하기까지 하심이라 18 또 네가 본 그 여자는 땅의 왕들을 다스리는 큰 성이라 하더라

[17 장]

네 번째 설명, 음녀 심판

17장의 시간대 : 대접 심판의 끝 시간에 심판받을 음녀에 대한 설명

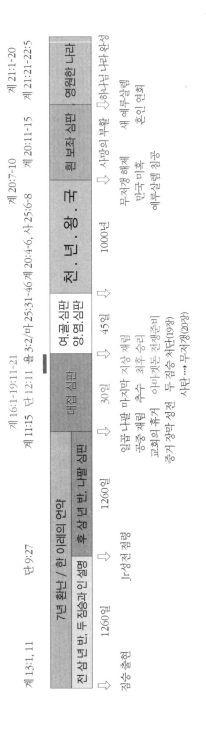

17장의 개관

17장은 16장에 나타나는 대접 심판이 끝난 시점이며 역사적으로 죽었다가 다시 살아난 최후 로마를 의미하는 음녀가 멸망하는 시간과 대접 심판의 끝 시간을 다루고 있는 본문이다. 또한 17장은 일곱 번째 대접이 부어진 심판의 결과를 설명하고 있다. 6-16장까지의 구조는 설명이 있고 난 이후에 사건이 시작되는 일정한 전개 방식을 취했으나 17장은 18장과 함께 19:10절까지를 아울러 대접 심판 사건이 끝난 후에 그 심판의 결과에 대하여 설명하는 구조를 가지며 19장에 나타나는 최후 승리를 동시에 양 갈래로 설명하는 특이한 구조이다. 이러한 특이 구조로 나타나는 이유는 대접 심판 사건이 마지막 심판이며 이 사건을 돌아보며 조명해 보는 형식을 취하면서 최후 승리 사건에 대한 설명을 하고 천년왕국 전의 모든 재림 사역을 끝마치는 형식을 취하는 것이라 여기면 될 것이다. 간단히 표현하면 17-19:10절까지는 한 시즌을 끝낸 팀원들이 모여 지난 시즌을 돌아보는 회의에서 나누는 '**피드백**'feedback 같은 형식을 취하고 있는 것이다. 17-19:10절까지의 형식을 도표로 설명하면 아래의 표와 같다.

정리하면 설명 ❹의 구조가 다른 설명과는 달리 사건 ❸의 대접 심판과 사건과 ❹의 최후 승리 사건까지, 이 둘을 아우르는 모양으로 표현된 이유는 계시록의 설명 구조에서 대접 심판의 시간인 16장의 시간을 설명함과 동시에 최후 승리 사건인 19:11-21절까지에서 나타나는 두 짐승과 그의 나라에 대한 몰락의 사건을 함께 다루고 있기 때문이며 16-19장이 이러한 형식으로 구조되는 이유는

20장부터 인간이 다스리는 인류의 통치가 끝나고 예수님이 다스리는 천년왕국의 시간을 다루어야 하기 때문이다. 다시 말하면 세상을 통치하던 주인이 바뀌는 시간이기에 과거와 현재를 구분하는 경계선과 같은 시간이 20장부터 시작되기 때문인데 이러한 구조를 아는 것은 16-19장에 이르는 복잡한 혼돈을 제거할 것이며 구조를 알고 세 장을 연구할 때보다 더 분명하고 선명한 하나님의 계획에 대한 이해를 이끌어낼 수 있는 것이다.

'음녀'에 대한 설명 1-2절

　　17장과 18장은 심판의 최고 정점인 하이라이트 부분에 속하며 19장과 함께 심판의 목적이 성취되는 장이며 의미에 대한 구별이 가장 난해한 내용으로 구성되어 있다고 할 것이다. 17 - 18장의 내용은 적그리스도와 거짓 선지자, 그리고 그의 나라와 그의 동역자들에 대한 심판이 적시되고 있으며 사탄을 비롯한 모든 인물들과 그들의 이름과 행하는 일들에 대하여 묵시 문학적 방법으로 묘사하고 있어 분별하기가 쉽지 않지만 자세히 살피며 앞뒤를 비교하면 충분히 분별과 이해가 가능하다. 지금까지 교회가 17장과 18장을 해석하고 이해하는 데 있어 난점을 느껴온 이유는 실제적인 마지막 때를 경험하지 못하고 있었기 때문이지만 지금의 때가 실제적인 마지막 때이므로 정치 사회 군사적 현상들과 특히 자연 현상들의 변화에 있어 이전과 전혀 다른 모습의 돌발 현상들이 나타나므로 예측 가능한 환경에서 예측 불가능한 자연 환경으로 진행되고 있는 것이 마지막 때에 대한 징조이며 이러한 자연의 변화가 세계의 정치, 외교, 군사적 변화와 함께 절대적 변화들이 성경과 일치되고 있는 상황이기 때문이다. 이러한 환경 가운데 계 17장은 이 땅에 있는 큰 음녀와 음녀들, 여자와 큰 성, 그리고 짐승과 열 뿔에 대한 온전한 이해를 전하고 있으므로 성경 연구자들의 깊은 묵상과 지식으로 이 시대를 이해하고 임박한 진노의 때를 알리며 마지막 때를 이끄는 존재와 현상과 상황들에 대한 지식을 전달해야 할 것이다. 두 장의 설명을 통하여 깨닫게 될 핵심적 의미를 간략하게 설명하면! **"인류의 역사는 사탄을 중심으로 고대부터 현재까지 끊임없이 하나님의 나라를 대적하기 위해 전략적으로 어둠의 나라를 세우고 악을 행하여 왔음을 깨닫게 하는데 그것이 고대 다섯 제국들이며 요한 시대의 로마이며 또한 요한의 시대로부터 장차 세워질 최후의 적그리스도와 거짓 선지자가 이끄는 두 짐승의 제국에 대한 설명과 함께 마침내 그**

제국을 심판하시되 하나님의 백성들의 억울함을 풀어주는 구원의 심판이라는 사실을 이해하도록 구조되어 심판을 통하여 자기 백성을 향한 하나님의 완전한 사랑을 이해하도록 이끌어 주는 것이 핵심 내용"이다.

물 위에 앉은 큰 음녀

> **계 17:1** 또 일곱 대접을 가진 일곱 천사 중 하나가 와서 내게 말하여 이르되 이리로 오라 **'많은 물 위에 앉은 큰 음녀'**가 받을 심판을 네게 보이리라

'**많은 물 위에 앉은 큰 음녀**'에 대한 이해는 먼저 '**많은 물**'이 무엇을 의미하는지를 알고 '**그 위에 앉은 음녀**'가 어떤 의미이며 어떤 존재인가에 집중하여 이 행간을 살펴야 할 것이다. 마지막 때 이 음녀는 수많은 영혼들을 어둠에 파는 영적 거래의 장터가 될 것이다. 세상의 많은 왕들은 이 장터를 중심으로 수많은 순결한 영혼들을 미혹하여 타락으로 이끌 것이며 지옥의 숫자를 채워갈 것인데 성경은 이를 '배교'라 설명하고 있다. 많은 물에 대하여 계 17:15절에서 이렇게 밝힌다.

> 또 천사가 내게 말하되 네가 본 바 '음녀가 앉아 있는 물'은 '백성과 무리와 열국과 방언들'이니라 계 17:15

백성, 무리, 열국, 방언이란? 언어가 다른 소수민족을 아우르는 모든 나라와 백성이라는 의미이다. 곧 '**음녀**'는 온 세상의 나라와 민족을 모두 미혹하는 '**종교적 주체**'를 의미한다. 그 종교적 주체가 '음녀'라는 의미를 전하고 있는 것이 큰 음녀라는 존재인데 '**큰 음녀**'라는 표현은 '메가스크다'와 '**포르네**'음녀의 합성어이다. 이 행간에서 해석될 '메가스'란? 영역의 범위에 대한 표현이며 '**포르네**'는? '**우상을 섬기는 여자**'에 대한 의미로 그들의

가장 큰 연합체, 곧 다원주의 종교의 총 본산을 일컫는 표현이다. '**우상을 섬기는 가장 큰 연합체**'라는 의미를 함축하여 설명하는 표현이 '**큰 음녀**'라면 이는 한 개인인 사람을 지칭하는 것이 아니라 한 '조직체'라는 사실이며 '**음녀**'는 '**바다에서 나오는 짐승**'계 13:1과 '**땅에서 올라오는 또 다른 짐승**'계 13:11과 함께 18장에 나타나는 심판의 핵심 대상으로 심판받을 세 부류 중 하나이다. 그러므로 음녀는 바다에서 올라오는 짐승적그리스도과 땅에서 올라오는 또 다른 짐승거짓 선지자과는 결을 달리하는 것이며 두 짐승의 존재는 사람이지만 '**음녀는 거짓 선지자의 종교적 영역에 대한 관념적 표현에 속한다**'는 전제를 가지고 17장의 본문을 살펴보기를 권면한다.

> **계 17:2** '땅의 임금들도 그와 더불어 음행' 하였고 '땅에 사는 자들도 그 음행의 포도주에 취하였다' 하고

'땅의 임금들도 그와 더불어 음행'했다는 표현은 땅을 다스리는 모든 최고 통치권자들이 큰 음녀와 더불어 그 음행, 곧 하나님을 대적하는 일에 동참했다는 의미이며 '**음행의 포도주에 취하였다**'는 의미는 음녀의 수장 거짓 선지자가 전하는 거짓 복음의 모든 행위에 동참하여 하나님을 대적했다는 의미이다.

붉은 빛 짐승을 탄 여자 3-4절

> **계 17:3-4** ³ 곧 성령으로 나를 데리고 '광야'로 가니라 내가 보니 '여자가 붉은 빛 짐승'을 '탔는데' 그 '짐승의 몸'에 '하나님을 모독하는 이름들이 가득'하고 '일곱 머리와 열 뿔'이 있으며 ⁴ 그 '여자는 자주 빛과 붉은 빛 옷'을 입고 '금과 보석과 진주'로 '꾸미고' '손에 금 잔'을 가졌는데 '가증한 물건'과 그의 '음행의 더러운 것들이 가득'하더라

성령께서 요한을 이끌어 광야세상로 나가 여자와, 붉은 빛 짐승과, 그의 모양과 행동을 상세하게 보이는 장면이다. 17장에서 매우 중요한 행간으로 오늘을 살며 마지막 때를 준비하는 교회가 곧 나타날 두 짐승과 그의 나라를 분별하고 짐승과 그의 나라가 마지막 때 어떤 일을 행할 것인지를 인식하게 하므로 교회가 마지막 때의 복음인 End-time의 말씀을 어떻게 이해하고 전하며 가르쳐야 할지를 깨닫게 하는 행간이 된다. 본 행간을 세분화해서 간단하게 정리하면 다음과 같다.

곧 성령으로 나를 데리고 '광야'헬) 에레모스, 버림받은, 황폐한-심판받는 세상로 가**니라 내가 보니 '여자'**음녀, 짐승의 연합체가 **'붉은 빛 짐승'**사탄, 계 12:3을 **'탔는데'**헬) 카데마이, 앉았다-권세의 통치 자리에 앉음 그 **'짐승의 몸'**에 **'하나님을 모독하는 이름들'**자신을 하나님으로 대체하는 거짓된 명칭과 수식어들이 가득하고 **'일곱 머리'**일곱 나라와 **'열 뿔'**열명의 권세자 계 17:12-13이 있으며 그 여자는 **'자주 빛**자신을 고난 받는 예수님처럼 치장하여 변장, 요 19:2, 5**과 붉은 빛'** 헬) '코키노스', 진홍색, 로마의 관습이나 복장과 연결, 마 27:28, / 자줏빛과 붉은 빛은 예수님의 고난과 통치자의 지위에 대한 유사성을 가진 권세를 의미 **'옷을 입고'**예수님의 의와 유사한 의의 모습을 가진 거짓 선지자의 교회 **'금**하나님의 교회와 유사 정체성**과 보석**성경에 나타나는 하나님과 인간의 정체성을 모방한 유사 정체성 **과 진주'**구원의 문인 교회의 정체성, 계 21:18-20, 예수님의 교회와 흡사한 다원주의 구원의 정체성을 가진 거짓선지자의 연합체를 의미**로 '꾸미고'**헬) '크뤼소오' 금으로 장식하다, 히) '하파' 덮다, 씌우다를 의미, 유사 정체성 표현 손에 **'금 잔'**헬) '포테리온' 성전예배에 사용되는 잔, 히) '코스' 시 116:13에 구원의 잔에서 한 번 사용, 구원의 포도주를 담는 유사한 진노의 잔을 들고 있는 음녀, 역시 구원의 교회가 가지는 유사 주권 묘사**을 가졌는데 '가증한 물건과 그의 음행의 더러운 것들이 가득하더라'**사람이 아닌 장소적 의미, 거짓 선지자의 통치영역.

정리해 보면 요한은 성령께 이끌려 광야로 나갔고 그곳에서 계 12:3절에 나타나는 세상의 임금, 곧 사탄의 모양인 **'붉은 빛 짐승'**을 탄 '여자'를 보게 되는데 이 '**여자** 짐승의 교회, 연합체들**의 몸에 하나님을 모독하는 이름들이 가득하다**'는 표현과 '**가증한 물건과 그의 음행의 더러운 것들이 가득하더라**'는 표현으로 알 수 있는 것은 **여자란?** '하나님을 대적하는 집단과 그 장소'이며 그곳에서 음행의 더러운 것, 곧 하나님을 대적하고 그의 백성들의 영혼을 마음대로 죽이고 멸시하며 조롱하고 우상을 섬기도록 미혹하는 모든 행위로 충만하다는 의미이다. '**붉은 빛 짐승**'은 계 12:3절을 통하여 사탄이라는 사실에 대하여 익히 알고 있다. 바로 그 사탄의 등에 올라앉은 존재에 대한 설명인데 이는 사탄의 영향력 아래서 하나 된 두 존재에 대한 표현이며 두 존재의 연합은 하나님을 모독하는 이름들이 가득하다고 표현하므로 둘의 연합이 하나님을 모독하는 데 뜻을 같이하는 관계라는 사실을 이해하도록 이끈다. 이러한 설명 이후 4절부터는 그 여자의 행위를 설명하는 '**자주 빛과 붉은 빛**'에 대하여 설명하는데 이러한 색상은 묵시 문학에서는 피와 왕에 관련된 의미로 제시되는 단어이며 동시에 어린 양 예수의 십자가 보혈의 근원적 의미를 함께 함의하고 있는 묘사이다. 이러한 묘사들이 예수님이 아닌 심판받는 적대적 세력들을 향한 표현이라면 피에 대한 두 가지 의미는 당연히 예수님의 희생의 피를 모방하는 의미이며 왕에 대한 의미 또한 만왕의 왕이신 예수님을 모방하는 묘사가 된다. 결론적으로 심판받을 대상이 '**자주 빛과 붉은 빛 옷을 입고 금과 보석과 진주로 꾸미고 손에 금잔을 가졌다**'는 묘사를 통하여 깨달아야 할 것은 여자로 묘사된 짐승의 공동체가 기독교가 가진 구원과 진리의 정체성을 흉내 내고 있는 거짓 교회라는 의미를 묘사하는 것이다. 또한 그의 손에는 금잔만 있는 것이 아니라 '**가증한 물건과 그의 음행의 더러운 것들이 가득하더라**'고 증거 하므로 그가 온갖 더러운 것들 곧 우상과 음행의 모든 것들을 가득히 담고 있는 거짓 선지자의 종교적 총본산을 설명하고 있는 것이다. 그 섬김의 공동체에 대한 은유들을 더 깊이 생각해 보면 이렇게 이해된다.

'자주 빛과 붉은 빛 옷'을 입었다는 것은 '예수 그리스도의 구원 사역에 대한 거짓된 미혹을 대변'하는 제의적 묘사이며 '금과 보석과 진주로 꾸미고 손에 금잔을 가졌다'는 묘사 역시 '거짓된 교리를 가지고 미혹하는 복제된 가짜 기독교에 대한 묘사'로 사도 요한은 땅에서 올라오는 또 다른 짐승계 13:11으로 묘사된 거짓 선지자의 교회 곧 '기독교와 유사한 교리와 교회, 그들과 함께할 종교 다원주의 연합'을 가리키는 묘사이다. 이에 대하여 계 17:16절에 나타나는 말씀과 연결되는 이해의 관점이 나타나는데 '음녀를 미워하여 망하게 하고 벌거벗게 하고 그의 살을 먹고 불로 아주 사르더라'라고 기록하고 있는 행간이다. 이 말씀은 심판의 상황 속에서 심판의 주권자 예수님이 하나님이라는 사실을 알고 공동체가 세 짐승을 배반하고 와해 되는 현상을 보일 때 짐승이 보일 행동을 설명하는 행간이다. 혹자는 음녀가 곧 거짓 선지자라 판단하지만 그렇게 말할 수 없는 이유는 거짓 선지자는 계 19:20절에서 예수님의 손에 직접 처단되기 때문이다. 그러므로 '음녀는 어떤 인물에 대한 지칭이 아니라 거짓 선지자의 통치 아래 있는 종교적 총본산과 다원주의 종교집단을 총칭하는 의미'가 된다. 결론적으로 음녀, 여자는 기독교의 탈을 쓴 공동체 곧, 거짓 선지자가 주도하는 거짓된 미혹과 짐승의 우상화에 혈안이 된 가증하고 더러운 가르침들로 가득한 그들의 다원주의 종교의 총본산을 지칭하는 표현이다.

음녀와 여자에 대한 이해를 돕는 또 다른 성경적 표현은 아가서에 있다. 아가서는 교회를 여인으로 묘사하며 예수님과 교회를 은유적으로 표현하고 있는데 계시록에서는 묵시 문학적 기법으로 영적 음란을 행하는 공동체를 향하여 '여자'라 묘사하고 있으며 본 행간에서 기독교를 교묘히 모방하여 이용하는 사탄의 전략이 드러나는 표현으로 붉은 빛 짐승을 탄 '여자'계 17:3라 이름하고 있다. 성경에서 교회를 신부아 5:1라는 은유로 나타내며 예수님을 신랑계 22:17과 남편사 54:5, 고후 11:2으로 표현하는 메타포 Metaphor-은유와 동일하다. 여자거짓 선지자의 통치 영역가 붉은 빛 짐승을 '탔다'라는 묘사는 짐승의 나라 바벨론이 붉은 용, 곧 사탄으로부터 주어진 능력과 권세로 일한다는 의미이다. 그 중심에서 일하는 '큰 음녀'는 '다원주의 공동체를 이끄는 다원주의 총본산'에 대한 묵시 문학적 묘사이다. 많은 물모든 나라, 백성,열구, 방언이라 묘사된 '세상'을 종교적으로 지배하는 곳! 현재 세계적 종교 수장의 거처! 기독교의 정체성과 가장 유사한 교회로 세워진 공동체! 그 수장이 주관하여 세울 다원주의라는 종교적 통치의 총본산을 일컫는 표현으로 인류 역사 속에서 사탄이 가장 강력하게 사용해 왔던 미혹의 도성이다. 이곳은 처음부터 '꼬불꼬불한 뱀 리워야단'사 27:1 곧 땅에서 올라오는 또 다른 짐승계13:11으로 묘사된 거짓 선지자의 통치 도성이다. 마지막 때, 이 땅의 모든 왕들은 짐승의 우상에게 절하게 하는 거짓 선지자의 종교적 총본산과 연합하여 하나님 소유의 영혼들을 사고파는 거래에 집중할 것이며 예수님의 심판으로 그들이 통곡하며 불타는 큰 음녀의 성을 보고 안타까워 할 것이다계 18장. 모든 상인으로 나타나는 세상의 권세자와 왕들은 큰 음녀의 미혹에 동조하고 짐승의 권세에 편승하여 자신들의 형통을 바라게 될 것이다. 결론적으로 많은 물 위에 앉은 '큰 음녀'는 곧 열방을 미혹하여 영혼을 무역하는 거짓 선지자의 종교적 총본산을 의미한다. 혹시 '그 아름답고 화려한 미혹의 음녀를 방문해 보셨는가?'

붉은 빛 짐승을 탄 여자, 음녀의 또 다른 이름, '어미' 5절

> **계 17:5** '그'의 '이마에 이름이 기록'되었으니 '비밀'이라, '큰 바벨론'이라, '땅의 음녀들과 가증한 것들의 어미'라 하였더라

'그'라는 인칭 대명사의 주인공은 '**큰 음녀**'를 일컫는 표현이다. 음녀의 이름이 '**비밀**'인 것은 그의 행동 방식을 나타내는 묘사인데 거짓 복음으로 모든 민족, 백성, 열국, 방언을 속이며 은밀하게 일하는 큰 음녀의 습성을 묘사하는 것이다. 18:2절이 무너지는 그를 향하여 '**큰 바벨론**'이라 하는 이유는 거짓 선지자와 더불어 미혹에 가장 앞장서는 대표 주자라는 의미이다. 큰 음녀인 다원주의 총본산은 마지막 때 땅에서 나오는 짐승을 품은 큰 바벨론으로서의 기능과 함께 세계 모든 '**다원주의 연합체의 어미**'가 되어 모든 거짓 교리를 양산하며 삼 년 반 동안 바다에서 나오는 짐승의 우상화에 진력하는 핵심 센터 역할을 할 것이며 '**음녀들**' 곧 모든 다원주의 연합체들의 '**어미**'로써 '**잉태**'와 '**출산**'과 '**양육**'의 역할을 감당할 것이다. 어미를 움직이는 주체인 마지막 때 나타나는 거짓 선지자는 현재에도 다원주의 연합의 핵심으로서 종교연합을 꿈꾸고 있으며'잉태' 종교통합을 이끌어 종교연합의 기구를 창설할 것이며'출산' 그들을 최후의 적그리스도에게로 인도하여 각종 미혹으로 사상적 추종자가 되게'양육' 하여 사탄과 짐승의 나라를 세우도록 하는 어미의 역할을 할 것이라는 묵시 문학적 표현이다.

여자와 그가 탄 일곱 머리와 열 뿔 가진 짐승의 비밀 17:6-8절

> **계 17:6-7** [6] 또 내가 보매 '이 여자'가 '성도들의 피와 예수의 증인들의 피'에 취한지라 '내가 그 여자를 보고 놀랍게 여기고 크게 놀랍게 여기니' [7] 천사가 이르되 '왜 놀랍게 여기느냐' 내가 '여자'와 '그가 탄 일곱 머리와 열 뿔 가진 짐승의 비밀'을 네게 이르리라

내가 그 여자를 보고 놀랍게 여기고 크게 놀랍게 여기니

이 행간에서 살펴야 할 관점은 두 가지의 정체에 대한 이해인데 요한

이 놀랍게 여기는 존재의 정체와 일곱 머리와 열 뿔 가진 짐승의 정체이다. 몇몇 계시록 연구자들은 요한이 보고 놀란 것이 로마 가톨릭이라고 말하지만 달리 생각하면 요한의 시대에 나타나지 않은 로마 가톨릭을 보고 놀란 것이 아니라 계시의 환상 속에 나타나는 그들의 기독교와 너무나 유사한 심볼을 보고 놀랐을 것이다. 심볼을 보고 놀라는 요한을 향해 천사는 여자의 근본 힘으로 작용하는 일곱 머리 열 뿔의 비밀에 대하여 설명해 줄 것을 알리고 있다.

짐승의 정체 8절

> 계 17:8 '네가 본 짐승'은 '전에 있었다가 지금은 없으나 장차 무저갱으로부터 올라와 멸망으로 들어갈 자'니 땅에 사는 자들로서 '창세 이후로 그 이름이 생명책에 기록되지 못한 자들'이 이전에 있었다가 지금은 없으나 '장차 나올 짐승을 보고 놀랍게' 여기리라

이 행간에 나타나는 짐승에 대한 묘사는 역사성을 근거로 설명된다. 창세 때부터 존재했던 짐승이라고 분명히 묘사한다. 그는 사탄이다. 무저갱을 거처로 삼는 짐승은 마지막 때 멸망의 유황 불 못으로 던져지는 심판으로 그의 존재는 사명을 다할 것이다 계 20:7-10. 요한이 바라 본 붉은 용, 곧 일곱 머리와 열 뿔을 가진 짐승인 사탄에 대하여 설명하고 있는 행간이다. 사탄에 대한 설명 중 첫 번째 내용은 사탄의 역사적 존재사실을 근거하는 표현이다.

전에 있었다가

창세 때 에덴에서 아담과 하와와 함께 있던 역사적 존재라는 의미이며 겔 28:13-16절이 그의 탄생과 멸망을 전하고 있다.

지금은 없으나

지옥의 사자가 된 존재 사탄의 활동 영역을 한정 짓는 표현이다. 그는 이 세상의 사람들과 접촉할 수 없도록 현재적 활동 영역은 지옥으로 한정되어 있다.

장차

요한 이후의 End-time의 시간, 곧 계 9:1-2절과 천년왕국 전 무저갱에 갇히고계 20:2-3 다시 풀려날 시간과 계 20:7-10 14 이후의 시간을 적시하는 표현이다.

무저갱으로부터 올라와

계 9:1-2, 20:7절이 증거 하는 내용은 예수님의 공중 재림이 있기 전 다섯째 천사가 나팔을 불 때 무저갱이 열릴 것이며 이때 무저갱에서 놓이는 시간을 지칭함과 동시에 천년왕국이 시작될 때 예수님은 사탄을 무저갱에 다시 감금하실 것이며 이후 계 20:7절의 증거대로 천년왕국의 끝에서 무저갱으로부터 잠시 놓일 용의 시간을 설명하는 행간이다.

멸망으로 들어갈 자

계 20:10절은 흰 보좌 심판 직전에 일어날 것임을 밝히고 있다. 이때의 멸망은 유황 불 못에 던져지는 영원한 멸망을 의미한다.

창세 이후로 그 이름이 생명책에 기록되지 못한 자들이 이전에 있었다가 지금은 없으나 '장차 나올 짐승을 보고 놀랍게' 여기리라는 표현은 인류 역사에 존재했다가 지옥으로 간 모든 자들이 그곳에서 만난 사탄을 향해 보이는 반응을 나타내는 표현이다. **"어!...? 절대적 존재가 아니었네! 우리랑 똑 같은 피조물이네! 우리가 속았다!"**라는 탄성쯤으로 이해하면 될 듯하다. 세상의 모든 자들이 하나님이라고 섬기던 존재가 하나님이 아니라 능력 없는 심판받을 피조물에 불과한 사탄이었다는 것을 알게 될 때의 놀라움일 것이다. 하나님은 사 14:9절을 통하여 그때에 심판받아 스올에 떨어질 사탄과 그곳에서 만나게 될 사탄에게 속은 인류의 만남 속에서 이루어질 사탄에 대한 평가에 대하여 이렇게 묘사하고 있다.

> [9] 아래의 '스올이 너로 말미암아 소동하여 네가 오는 것을 영접하되' 그것이 '세상의 모든 영웅을 너로 말미암아 움직이게 하며 열방의 모든 왕을 그들의 왕좌에서 일어서게' 하므로 [10] 그들은 다 네게 말하여 이르기를 '너도 우리 같이 연약하게 되었느냐 너도 우리 같이 되었느냐 하리로다' [11] '네 영화가 스올에 떨어졌음'이여 네 비파 소리까지로다 '구더기가 네 아래에 깔림이여 지렁이가 너를 덮었도다' [12] 너 아침의 아들 '계명성'이여 어찌 그리 '하늘에서 떨어졌으며 너 열국을 엎은 자여 어찌 그리 땅에 찍혔는고' 사 14:9-12

일곱 머리와 일곱 산 17:9-10절

> **계 17:9-10** [9] 지혜 있는 뜻이 여기 있으니 그 '일곱 머리'는 '여자가 앉은 일곱 산'이요 [10] 또 '일곱 왕'이라 '다섯은 망하였고' '하나는 있고' '다른 하나는 아직 이르지 아니하였으나' 이르면 반드시 '잠시 동안' 머무르리라

이 행간을 이해하기 위해서는 이 행간이 밝히는 등식인 '**일곱 머리 = 일곱 산 = 일곱 왕**'의 관계를 살펴야 한다. 일곱 머리, 일곱 산, 일곱 왕은 의미상 모두 하나를 지칭하는 표현이며 역사적으로 나타나는 일곱 나라와 그 나라의 일곱 왕을 의미한다.

여자가 앉은 일곱 산
　　여자란? 음녀, 곧 하나님을 대적하는 두 짐승과 연합하는 거짓 선지자

의 종교의 총본산을 의미하므로 여자가 앉은 '**일곱 산**'이란? 그들이 만든 교리적 기준으로 지배되는 모든 나라, 곧 마지막 때 거짓 선지자에 의해 영적으로 지배된 모든 나라와 그 나라의 왕들을 의미하는 표현이다. 성경에 나타나는 산의 의미에 대한 용례를 살피면 에돔이라는 나라를 산이라 지칭한다.

> 이르기를 주 여호와께서 이같이 말씀하시되 '세일 산아' 내가 너를 대적하여 내 손을 네 위에 펴서 네가 황무지와 공포의 **대상이 되게** 할지라 겔 35:3

다른 용례로는 천 년 후 무저갱에서 잠깐 놓인 마귀에게 미혹된 자들이 연합하여 예루살렘을 치러오는 곡을 상대하도록 예수님께서 부르실 나라를 '산'이라 묘사한다.

> 주 여호와의 말씀이니라 내가 '**내 모든 산**' 중에서 그 곡를 칠 칼을 부르리니 각 사람이 칼로 그 형제를 칠 것이며 겔 38:21

이렇듯 산은 나라와 통치자라는 두 가지의 용례로 사용되고 있다.
요한은 **일곱 산**에 대한 더 깊은 이해로 이끄는데 일곱 산에 대하여 과거와 현재와 미래의 나라로 나뉘어 설명하고 있다.

다섯은 망하였고

역사적으로 사라져간 이스라엘의 적대 국가 다섯을 지칭한다.

하나는 있고

요한의 시대에 있었던 지중해의 패권자 이스라엘의 점령 국가 로마를 의미한다.

다른 하나는 아직 이르지 아니하였으나 이르면 반드시 잠시 동안 머물 것

계 13:5절의 증거대로 하나님께서 칠 년 중 삼 년 반 동안 한시적으로 고용하여 일하게 할 아르바이트생과 그의 처소가 마지막 때 짐승과 그의 나라이다.

요한의 분류	의미하는 나라
멸망한 다섯	앗수르, 애굽, 바벨론, 바사, 헬라
현존하는 하나	로 마
아직 이르지 아니한 나라	종말에 나타날 적그리스도의 나라 바벨론(로마)

일곱째 왕, 적그리스도와 한 몸인 여덟째 왕 사탄 17:11절

계 17:11 '전에 있었다가 지금 없어진 짐승'은 '여덟째 왕'이니 '일곱 중에 속한 자'라 '그가 멸망으로' 들어 가리라

이 행간의 표현들은 매우 난해하다. 그러나 묵시 문학 기법이 주는 표현 방식에 묘한 매력을 느낄 정도의 표현이다. 요한의 계시록에 있어 심판에 대한 이해가 온전히 열리지 아니한 이유가 되는 행간이라 싶을 정도로 End-time의 전체적 이해의 전제가 있어야 해석할 수 있는 표현들이다. 결론적으로 11절이 나타내고자 하는 존재는 사탄이며 영원한 나라를 위한 이 땅 심판의 궁극적 존재로써 두 짐승의 어미와 같은 존재이다. 이 행간에 나타나는 네 가지 어휘에 대한 이해가 필요하다.

전에 있었다가 지금 없어진 짐승

17:8절에서 설명되었던 내용과 동일하다. 창세 때 에덴에서 아담과 하와와 함께 있던 역사적 존재라는 의미이며 겔 28:13-16절이 그의 탄생과

멸망을 전하고 있다.

여덟째 왕

일곱 번째 왕은 최후의 적그리스도이다. 그런데 여덟째 왕을 소개하는데 이는 창세 때부터 이 땅의 임금으로 나타나 일곱 산, 일곱 나라를 통치했던 역사적인 어둠의 왕, 사탄이다. 그는 일곱 번째 왕인 짐승에게 빙의하여 예수님을 밀어내고 다시 이 땅의 주인이 되기 위하여 마지막 시간을 헤집을 것이다. 그가 멸망으로 들어갈 사탄이라 증거 한다.

일곱 중에 속한 자

이 말은 일곱 번째 왕인 최후의 적그리스도에게 빙의되어 그의 정신을 통치하는 또 다른 왕 사탄을 지칭하며 그를 왕으로 계산하면 서열상 최고의 보이지 않는 실제적 왕이라는 의미의 표현이다.

그가 멸망으로

그는 하나님 나라의 근본적 대적자로 이 땅의 죄악을 단죄하는 이유요 근본이며 하나님 나라를 완성하고 자기 백성인 교회를 자유하게 하는데 있어 반드시 심판받아야 할 궁극적 존재이다. 사탄은 그의 나라 바벨론의 왕으로 세운 최후의 적그리스도를 지배할 왕이며 일곱 번째 잠시^삼년 반 머무를 그의 왕이라고 이해하면 될 것이다. 세상의 대통령으로 일어난 세상의 절대적 지배자 **'적그리스도에게 빙의 된 그의 왕 사탄'**을 의미한다. 두 짐승은 사탄과 혼연일체가 될 것이며 거짓 선지자와 함께 사탄의 삼위일체로 삼 년 반 동안 세상을 극심한 환난으로 이끌 인물이다. 사탄에게 빙의된 짐승은 자기의 우상을 세우도록 거짓 선지자를 종용할 것인데 이것은 곧 사탄이 자기의 우상을 만들라고 종교 전문가인 거짓 선지자에게 명령하여 그가 이 일들을 주도계 13:14-15하게 할 것이다. 이러한 짐승들의 행동에 대하여 예수님께서 다니엘서의 예언을 인용하신 것이 '**마 24:15절**'이며 다니엘서의 인용은 '**단 9:27절**'과 '**12:11절**'이며 사도 바울의 증거는 '**살후 2:4절**'이다. 네 가지의 말씀을 비교하여 분석해 보라.

> 그러므로 너희가 선지자 다니엘이 말한 바 '**멸망의 가증한 것이 거룩한 곳에 선 것**'을 보거든 (읽는 자는 깨달을진저) 마 24:15

> '**그**'가 장차 '**많은 사람들과 더불어 한 이레 동안의 언약**'을 굳게 맺고 그가 그 '**이레의 절반에 제사와 예물을 금지할 것**'이며 또 '**포악하여 가증한 것이 날개를 의지하여 설 것**'이며 또 '**이미 정한 종말까지**' 진노가 '**황폐하게 하는 자**'에게 쏟아지리라 하였느니라 하니라 단 9:27

> 매일 드리는 제사를 폐하며 '**멸망하게 할 가증한 것을 세울 때**'부터 천이백구십 일을 지낼 것이요 단 12:11

> '**그는 대적하는 자**'라 신이라고 불리는 모든 것과 숭배함을 받는 것에 대항하여 그 위에 '**자기를 높이고**' 하나님의 '**성전에 앉아 자기를 하나님**'이라고 내세우느니라 살후 2:4

　성경의 증거에 나타나는 공통분모는 최후의 적그리스도와 사탄은 하나라는 관점에 집중해야 한다. 짐승이 성전을 점령하는 것은 사실 짐승의 욕망이 아닌 사탄의 '테슈카'갈망이며 사탄은 짐승을 통하여 예수님을 배제하고 다시 이 땅의 주인이 되겠다는 야망을 두 짐승을 통하여 이루려는 것이 칠 년의 시간 동안 펼쳐지는 그들만의 도박인 것이며 하나님께서는 더 이상의 시간을 사탄에게 허락하지 않으시고 복음이 땅끝까지 전파된 시간에 독생자 그리스도 예수를 통하여 그 아들과 창세 이후 구약시대의 자기 백성과 신약시대 모든 교회에 사탄과 그에게 속한 악한 자들이 행한 대로 보응하시는 것이 심판이다.

열 뿔 이해 17:12-13절

계 17:12-13 12 네가 보던 '열 뿔은 열 왕'이니 아직 '나라를 얻지 못하였으나 다만 짐승과 더불어 임금처럼 한동안 권세'를 받으리라 13 그들이 '한 뜻을 가지고 자기의 능력과 권세를 짐승에게' 주더라

　'뿔'에 대한 성경적 의미는 '**권세**'이다. '**열 뿔**'이란? 각 자 '**권세를 가진 열 명의 왕**'이라는 분명한 의미가 부여된다. 나라는 없으나 왕과 같은 권세를 가진 권세자들을 의미하는데 이들은 마지막 때 세계 기구의 수장들이 될 것이다. 예를 들어 마지막 때 UN, IMF, WTO, WHO 등과 같은 기구의 권세자들로 그들은 한 나라의 대통령보다 강한 권세를 가지게 될 것이며 열 뿔은 곧 세계의 열 가지 기구의 수장들로 마지막 때 함께 그들의 힘을 짐승에게 줄 것이며계 17:13 다원주의 연합의 종교적 수장으로 있는 거짓 선지자와 함께 세계 정복의 꿈을 도모할 것이며 세계 대통령인 최후의 적그리스도 안에 빙의 된 사탄을 위해 일할 것이다. 빙의 되었다는 표현을 쉽게 설명하면 귀신에게 빙의되어 작두를 타는 강신무무당와 같이 사람 같지만 짐승의 본질로 일하는 동역자라 생각하면 쉽게 이해될 것이며 용의 권세를 받은 짐승은 강신무 정도와는 비교할 수 없는 강력한 초자연적 모습으로 일하게 될 것이다살후 2:4.

예수님과 교회의 최후 승리 선포 17:14절

> **계 17:14** '그들이 어린 양과 더불어 싸우려니와' 어린 양은 '만주의 주'시요 '만왕의 왕'이시므로 그들을 '이기실 터이요' 또 '그와 함께 있는 자들 곧 부르심을 받고 택하심을 받은 진실한 자들도 이기리로다'

　　세상의 모든 권세 자들과 나라의 왕들과 함께하는 최후의 적그리스도와 싸우는 예수님과 교회의 최후 승리는 필연적으로 이루어질 사실로 선포하고 있다. 교회는 휴거 되기 전 나팔 심판 앞에서 두려워할 이유가 없다. 오히려 그 시간을 즐기며 성령님을 따라 평안으로 나아가야 정상이다. 환경과 상황은 두려울 것이나 그 두려운 상황은 교회의 완전한 자유를 위한 내 편이신 예수님의 분노이며 이 시간을 허락하신 분이 하나님이라는 사실 앞에서 우리는 오직 성령님의 인도와 보호하심을 입어 변하지 않는 믿음으로 이기고 나아가야 한다. 다윗은 이 시간에 대하여 성도의 담대함을 이렇게 노래한다.

> 내가 '주를 의뢰하고 적군을 향해 달리며' 내 '하나님을 의지하고 담을 뛰어넘나이다' 시 18:29

　　성도의 온전한 믿음은 환난의 담을 하나님을 의지하고 뛰어넘는 능력에 있으므로 마지막 때의 환난과 전쟁에 있어 실제로는 만왕의 왕이신 예수님의 승리이지만 성경은 또한 부르심을 받은 택한 교회의 승리이며 곧 이기는 자로 예수님 앞에 서게 될 성도의 승리라고 선언하고 있다는 사실을 기억해야 한다.

음녀가 앉아 있는 물에 대한 이해 15절

> **계 17:15** 또 천사가 내게 말하되 네가 본 바 '음녀가 앉아 있는 물은 백성과 무리와 열국과 방언들'이니라

음녀가 앉아 있는 물은 백성과 무리와 열국과 방언들

'음녀가 앉아 있는 물'이 무엇인가?라는 질문에 대한 답을 제시하고 있다. 거짓 선지자와 연합하는 그의 교회는 각 나라와 언어가 다른 모든 족속 위에 군림하여 다스릴 것이라는 사실을 가르치는 내용이다. 이 의미는 거짓 선지자를 따르는 교회의 교리에 의한 통치가 언어가 다른 모든 나라와 백성, 족속들과 무리, 단체나 기구, 연합체 등 세상의 모든 영역을 아우를 것이라는 사실이다. 마지막 때 짐승의 영향력이 온 땅에 충만할 것은 계 13:5절에 기록된 대로 그에게 마흔두 달의 한시적 시간을 허락하셨기 때문이다. 그는 온 땅 구석구석까지 그의 영향력을 행사하며 하나님께서 허락하신 시간 동안 일하게 될 것이다.

음녀가 앉은 물 = 백성 짐승에게 속한 자, 무리 추종 집단,
열국 열방의 나라들 방언 언어가 다른 소수민족들

> **계 17:16** '열 뿔과 짐승'은 '음녀를 미워하여 망하게 하고 벌거벗게 하고 그의 살을 먹고 불로 아주 사르리라'

이 행간을 이해하려면 열 뿔과 짐승과 그의 추종자들에 대한 온전한 이해를 바탕으로 해석해야 명확한 의미 정리가 가능하다. '열 뿔'은 마지막 때 열 개 기구의 수장들이라 정의했고 이 행간의 문맥에서 '짐승'은 붉

은 빛의 짐승인 '**용**, 곧 **사탄**'을 의미하며 '**음녀**'는 거짓 선지자와 연합하는 다원주의 종교의 총본산과 연합하는 세력을 지칭하는 표현이라 정의했다. '**큰 음녀**'는 '음녀. 음녀들'계 17:5과 구분되며 '**큰 음녀**'는 역할상 '**땅의 음녀들**'작은 음녀의 '**어미**'라 증거하므로 다수의 다른 음녀들을 잉태 출산하는 자궁과 같은 기능이며 이는 다원주의 교회의 총본산이라 이해하면 된다. 열 뿔과 짐승이 음녀를 미워하여 망하게 하고 불로 사른다는 표현은 무엇일까? 음녀가 무엇인가 배신과 같은 미운짓을 한 모양이다. 이는 계 18:4절과 상관관계를 가지는 본문이다.

> 또 내가 들으니 하늘로부터 다른 음성이 나서 이르되 '**내 백성아, 거기서 나와 그의 죄에 참여하지 말고 그가 받을 재앙들을 받지 말라**' 계 18:4

음녀들 가운데는 짐승의 미혹에 속아 두 짐승의 말대로 바다 짐승을 하나님으로 알고 섬기는 자를 향하여 내 백성이라 하시는 것이며, 거기서 나오라는 것은 다원주의 종교 연합에서 나오라는 의미이다. 그의 죄란 짐승의 죄를 의미하며 그 재앙이란 짐승과 그들의 무리가 받은 유황 불 못 심판을 의미하는 것이다. 용이 적그리스도와 거짓 선지자와 열 개 기구의 수장들과 견고하게 뜻을 함께할 것이지만 '**심판의 주권자가 곧 하나님 되신 예수님**'이라는 사실을 뒤늦게 깨닫고 종교 연합의 구성원들 사이에서 배신과 이탈이 일어날 것이며 이들의 행위를 보고 분노하는 짐승이 그들을 망하게 하고 벌거벗게 하고 그의 살을 먹고 불사르는 내부의 분열로 인한 붕괴를 묘사하고 있는 행간이다.

계 17:17 '**여자**'는 땅의 '**왕들을 다스리는 큰 성**'큰성 바벨론. 계 18:2 이라

'**여자**'큰 음녀＝큰 성계 18:2의 정체가 밝혀진다. '**큰 성**'이라 묘사하는 것이 그것이다. 그러므로 '**큰 음녀와 여자**'는 인간 존재적 표현이 아니라 세계 모든 나라와 왕들을 다스리고 그들을 주장할 마지막 때의 종교 전문가 '**거짓 선지자가 다스리는 종교의 총본산**'을 지칭하는 표현이며 마지막 때 세계 종교의 총본산으로 세상 모든 음녀들의 어미 역할을 할 것이다. 17장에 나타나는 큰 음녀에 대한 설명을 도표로 정리하면 다음 표와 같다.

17장에 나타나는 "큰 음녀"에 대한 이해	
17장에 나타나는 큰 음녀에 대한 묘사들	큰 음녀, 음녀, 붉은 빛 짐승을 탄 여자, 비밀, 큰 바벨론, 땅의 음녀들과 가증한 것들의 어미, '**큰 음녀 = 여자 = 땅의 큰 성**'계 17:4-5, 18
큰 음녀 이해를 위한 부수적 전제	작은 세력들 : 큰 음녀가 아닌 작은 음녀들, 큰 성이 아닌 작은 성들, 다른 여자들, 붉은 빛 짐승, 많은 물
큰 음녀 이해의 결론	'**큰 음녀 = 큰 성 = 거짓 선지자의 도성**'계 17:18, 계 19:2을 지칭하는 표현이며, 그는 고대 바벨론의 태양신으로 역사하던 사탄의 전략에 의해 세워진 거짓 선지자의 통치본부 다원주의 종교의 본산을 지칭한다.

제 18 장

1 이 일 후에 다른 천사가 하늘에서 내려 오는 것을 보니 큰 권세를 가졌는데 그의 영광으로 땅이 환하여지더라 2 힘찬 음성으로 외쳐 이르되 무너졌도다 무너졌도다 큰 성 바벨론이여 귀신의 처소와 각종 더러운 영이 모이는 곳과 각종 더럽고 가증한 새들이 모이는 곳이 되었도다 3 그 음행의 진노의 포도주로 말미암아 만국이 무너졌으며 또 땅의 왕들이 그와 더불어 음행하였으며 땅의 상인들도 그 사치의 세력으로 치부하였도다 하더라 4 또 내가 들으니 하늘로부터 다른 음성이 나서 이르되 내 백성아, 거기서 나와 그의 죄에 참여하지 말고 그가 받을 재앙들을 받지 말라 5 그의 죄는 하늘에 사무쳤으며 하나님은 그의 불의한 일을 기억하신지라 6 그가 준 그대로 그에게 주고 그의 행위대로 갑절을 갚아 주고 그가 섞은 잔에도 갑절이나 섞어 그에게 주라 7 그가 얼마나 자기를 영화롭게 하였으며 사치하였든지 그만큼 고통과 애통함으로 갚아 주라 그가 마음에 말하기를 나는 여왕으로 앉은 자요 과부가 아니라 결단코 애통함을 당하지 아니하리라 하니 8 그러므로 하루 동안에 그 재앙들이 이르리니 곧 사망과 애통함과 흉년이라 그가 또한 불에 살라지리니 그를 심판하시는 주 하나님은 강하신 자이심이라 9 그와 함께 음행하고 사치하던 땅의 왕들이 그가 불타는 연기를 보고 위하여 울고 가슴을 치며 10 그의 고통을 무서워하여 멀리 서서 이르되 화 있도다 화 있도다 큰 성, 견고한 성 바벨론이여 한 시간에 네 심판이 이르렀다 하리로다 11 땅의 상인들이 그를 위하여 울고 애통하는 것은 다시 그들의 상품을 사는 자가 없음이라 12 그 상품은 금과 은과 보석과 진주와 세마포와 자주 옷감과 비단과 붉은 옷감이요 각종 향목과 각종 상아 그릇이요 값진 나무와 구리와 철과 대리석으로 만든 각종 그릇이요 13 계피와 향료와 향과 향유와 유향과 포도주와 감람유와 고운 밀가루와 밀이요 소와 양과 말과 수레와 종들과 사람의 영혼들이라 14 바벨론아 네 영혼이 탐하던 과일이 네게서 떠났으며 맛있는 것들과 빛난 것들이 다 없어졌으니 사람들이 결코 이것들을 다시 보지 못하리로다 15 바벨론으로 말미암아 치부한 이 상품의 상인들이 그의 고통을 무서워하여 멀리 서서 울고 애통하여 16 이르되 화 있도다 화 있도다 큰 성이여 세마포 옷과 자주 옷과 붉은 옷을 입고 금과 보석과 진주로 꾸민 것인데 17 그러한 부가 한 시간에 망하였도다 모든 선장과 각처를 다니는 선객들과 선원들과 바다에서 일하는 자들이 멀리 서서 18 그가 불타는 연기를 보고 외쳐 이르되 이 큰 성과 같은 성이 어디 있느냐 하며 19 티끌을 자기 머리에 뿌리고 울며 애통하여 외쳐 이르되 화 있도다 화 있도다 이 큰 성이여 바다에서 배 부리는 모든 자들이 너의 보배로운 상품으로 치부하였더니 한 시간에 망하였도다 20 하늘과 성도들과 사도들과 선지자들아, 그

로 말미암아 즐거워하라 하나님이 너희를 위하여 그에게 심판을 행하셨음이라 하더라 ²¹ 이에 한 힘 센 천사가 큰 맷돌 같은 돌을 들어 바다에 던져 이르되 큰 성 바벨론이 이같이 비참하게 던져져 결코 다시 보이지 아니하리로다 ²² 또 거문고 타는 자와 풍류하는 자와 퉁소 부는 자와 나팔 부는 자들의 소리가 결코 다시 네 안에서 들리지 아니하고 어떠한 세공업자든지 결코 다시 네 안에서 보이지 아니하고 또 맷돌 소리가 결코 다시 네 안에서 들리지 아니하고 ²³ 등불 빛이 결코 다시 네 안에서 비치지 아니하고 신랑과 신부의 음성이 결코 다시 네 안에서 들리지 아니하리로다 너의 상인들은 땅의 왕족들이라 네 복술로 말미암아 만국이 미혹되었도다 ²⁴ 선지자들과 성도들과 및 땅 위에서 죽임을 당한 모든 자의 피가 그 성 중에서 발견되었느니라 하더라

[18 장]

네 번째 설명, 심판받는 바벨론

18장의 시간대 : 짐승이 나라 바벨론 심판 시간

계 13:1, 11   단 9:27   계 11:15 단 12:11 욜 3:2/마 25:31-46 계 20:4-6, 사 25:6-8   계 16:1-19:11-21   계 20:7-10   계 21:1-20   계 20:11-15   계 21:21-22:5

7년 환난 / 한 이레의 언약	대접 심판	여.굴.심판	천 . 년 . 왕 . 국	흰 보좌 심판	영원한 나라
후 삼 년 반, 나팔 심판		양.염.심판			

전 삼 년 반, 두 짐승과 인 설명

⇨ 1260일   J-성전 점령   ⇨ 1260일   ⇨ 30일   ⇨ 45일   ⇨ 1000년   ⇨

⇨ 짐승 출현

일곱 나팔 마지막 지상 재림
공중 재림   주수   좌후승리
교회의 휴거   아마겟돈 전쟁 준비
증거 장막 성전   큰음녀 바벨론 심판
두 짐승 처단(19장)
사탄 ···› 무저갱(20장)

무저갱 해제
만국 미혹
예루살렘 점령

⇨ 사망의 부활   새 예루살렘
새 예루살렘   혼인 연회
혼인 연회

⇨ 하나님 나라 완성

단 9:27

18장의 개관

16장에 나타나는 대접 심판의 시간에 무너지는 거짓 선지자가 거하는 도성과 종교 연합체로 대표되는 음녀와 여자를 심판하는 17장, 그리고 그 외의 모든 적그리스도의 동조 세력으로 이루어진 그의 나라를 총칭하는 바벨론의 심판에 대한 설명으로 이루어진 18장은 서로 한 몸같이 함께 하지만 분명히 결이 다른 몸과 같은 하나다. '**거짓 선지자**'는 음녀_{종교적 본산}를 중심으로 세계 종교 연합을 이루어 평화를 외치며 인간의 생각을 사로잡아 통제할 것이며 '**적그리스도**'는 '**열 뿔**'_{나라는 없으나 권세를 가진 UN과 같은 기구의 수장들}을 중심으로 각 나라의 왕들을 미혹하여 인간 통치의 핵심인 정치, 경제, 군사 영역을 배경으로 왕들을 미혹하여 추종자로 삼는 전략으로 종교 영역과 세상 영역을 나누어 각 영역의 지배자들이 될 것이다. 특별히 계 18장이 다루는 뚜렷한 내용은 바벨론의 무역에 대한 의미가 무엇인지에 대하여 소상히 밝히고 있는데 예수님을 구주로 섬기는 교회의 모든 것에 대하여 무너뜨리고 파괴시키며 조롱하는 것을 무역이라 묘사한다. 이러한 무역이 예수님의 손에 의해 심판되고 더 이상 그 행위를 하지 못하게 되는 것에 대하여 '**네 영혼이 탐하던 과일이 떠났다**'고 묘사하고 있다_{계 18:14}.

> '바벨론아 네 영혼이 탐하던 과일이 네게서 떠났으며 맛있는 것들과 빛난 것들이 다 없어졌으니' 사람들이 결코 이것들을 다시 보지 못하리로다 계 18:14

사탄이 탐하는 열매는 교회와 성도이며 맛있는 것들은 그들이 무너뜨리기를 즐겨하는 교회의 모든 정체성이라는 것을 묵시적으로 설명하고 있는 것이다. 창 4:7절에서 가인을 넘어뜨리려는 사탄의 소원과 갈망은 곧 교회를 무너뜨리기를 원하는 갈망이며 이러한 사탄의 행위를 무너뜨리는 심판에 대한 상세한 묵시 문학적 설명이 18장이다.

큰 성 바벨론 18:1-3절

> **계 18:1-3** [1] 이 일 후에 '다른 천사'가 하늘에서 내려오는 것을 보니 '큰 권세'를 가졌는데 '그의 영광으로 땅이 환하여지더라' [2] 힘찬 음성으로 외쳐 이르되 '무너졌도다 무너졌도다 큰 성 바벨론이여' 귀신의 처소와 각종 더러운 영이 모이는 곳과 각종 더럽고 가증한 새들이 모이는 곳이 되었도다 [3] 그 '음행의 진노의 포도주로 말미암아 만국이 무너졌으며' 또 '땅의 왕들이 그와 더불어 음행'하였으며 '땅의 상인들도 그 사치의 세력으로 치부하였도다' 하더라

무너진 바벨론의 죄목을 선고하시는 심판^{주의 판결}이며 죄목은 세 가지이다. ❶ 음행의 진노의 포도주로 말미암아 만국을 무너뜨린 죄 ❷ 땅의 왕들을 미혹하여 그와 더불어 음행하도록 한 죄 ❸ 땅의 상인들도 그 사치의 세력으로 치부하게 한 죄 등이다. 이곳 큰 성 바벨론으로 인하여 세상의 수많은 하나님의 교회와 그의 백성들로 하여금 순교의 피를 흘리도록 핍박했고 나라와 왕들을 미혹하여 교회를 핍박하도록 이끌었으며, 땅의 많은 자들로 하여금 하나님의 백성들과 교회를 그들의 손에 희생 되도록 지휘한 짐승의 나라인 큰 성, 곧 다원주의 총본산 바벨론의 최후를 선포하시는 예수님의 선언을 듣고 보고 있는 요한의 증언이다. 이러한 짐승의 나라를 하나님은 반드시 무너뜨리실 것이다. 마지막 때의 음녀는 하나님의 도성과 성전을 파괴하고 하나님 백성들을 노예화한 바벨론처럼! 초대교회 시대의 로마처럼! 중세시대의 가톨릭 처럼! 그들은 자비 없이 하나님의 교회를 환난으로 이끌어 무자비한 박해를 가할 것이며 짐승의 나라를 견고하게 하기 위하여 모든 세상의 권력을 동원할 것이며 마 23:39절의 재림 예언이 성취되지 못하도록 막아설 것이다. 그 방법에 있어 하나님의 교회를 핍박하는 것으로 나타날 것이며 본 행간에서 밝히는 '**바벨론의 개념**'은 '**장소적·공간적 영역으로서의 의미**'를 분명히 드러낸다. '**귀신의 처소와 각종 더러운 영이 모이는 곳과 각종 더럽고 가증**

한 새들이 모이는 곳'이라는 증언이 그것이다. 또한 '그 음행과 진노의 포도주로 말미암아 만국이 무너졌으며'라는 표현을 통하여 그곳은 멸망하게 하는 행위를 이끄는 본부로서의 장소적 개념으로 설명하고 있는데 그곳에서 만들어지는 거짓 복음의 교육을 통하여 멸망에 이른다는 것을 알게 한다. '또 땅의 왕들이 그와 더불어 음행하였으며'라는 표현을 통하여 열국의 통치자들이 거짓 선지자의 종교적 본부로부터 나오는 가르침대로 행하는 것이 모두 진리와 무관한 사망에 이르게 하는 비진리였다는 것을 알도록 이끈다.

엑소더스 명령 18:4절

> **계 18:4** 또 내가 들으니 하늘로부터 다른 음성이 나서 이르되 '내 백성아, 거기서 나와 그의 죄에 참여하지 말고 그가 받을 재앙들을 받지 말라'

이 행간이 주는 의미는 가톨릭 교회를 향한 엑소더스대탈출를 요청하며 경고하고 있는 말씀이다. 바벨론 교회 안에 있는 그들을 향하여 영원한 죽음에 이르는 어리석음을 경고하고 그곳을 벗어나 구원으로 향하라는 경고이다. 그렇다면 천년왕국으로 들어가기 전 마지막 대접 심판이 끝나는 시점에서도 아직 구원의 가능성이 있다는 의미인가? '그러하다.' 단 한번의 기회가 남아 있다. 예수님의 재림 이후 두 번째 심판인 대접 심판이 끝날 때쯤 여호사밧 골짜기 심판욜 3:1-2 직전 온 이방 땅에서 한 사람도 남지 아니하고 돌아오는 유대인들겔 39:28, 욜 3:1이 예루살렘으로부터 흘러내리는 생수에 애통하는 회개의 세례를 받고 구원을 받아슥 13:1, 겔 47:1-12, 욜 3:18 천년왕국으로 들어가는 시간이 짧으나마 아직 기회로 남아 있는 시간대이기 때문이다. 이 시간은 천년왕국 직전에 있을 여호사밧 골짜기 심판욜 3:1-2, 곧 마태복음 25:31-46절이 말하는 양과 염소를 구분하는 시간 직전을 의미한다. 대접 심판의 끝에서 있을 것이기에 구원의 마지막 기회를 놓치지 말라 당부하시는 주님의 사랑이 나타나는 행간이다. 이러한 예수님의 엑소더스 요청은 바벨론 교회가 진리와 비진리가 섞여 선포되는 곳이며 그곳에서도 온전한 진리를 알고 구원에 이를 자가 있다는 사실에 대하여 확실히 알도록 이끄는 행간이므로 그들의 구원에 대하여 우리는 깨어 살펴야 할 것이다.

행위대로 보응하시는 하나님의 심판 원칙 18:5-6절

> **계 18:5-6** [5] '그의 죄'는 하늘에 사무쳤으며 하나님은 '그의 불의한 일'을 기억하신지라 [6] '그'가 준 그대로 그에게 주고 '그'의 행위대로 갑절을 갚아 주고 '그'가 섞은 잔에도 갑절이나 섞어 그에게 주라

'그'는 '큰 성 바벨론'을 일컫는 표현이다. 마지막 때 다원주의 종교 연합의 총본산, 거짓 선지자의 통치영역은 고대에도, 중세에도, 현대에도 너무나 많은 죄를 지은 죄의 온상이요 자궁이었기에 그의 죄가 하늘에 사무쳤다고 묘사한다. 또한 이 행간은 **하나님의 심판 원리에 대한 가르침이다**. 성경은 신, 구약성경을 통하여 분명히 밝히고 있다. 하나님의 백성들 또한 긴장하고 들어야 할 말씀인 이유는 우리의 행위는 반드시 예수님의 심판대 앞에서 드러날 것을 기억해야 하기 때문이다. '그'라고 지칭하는 인물은 마지막 때의 거짓 선지자를 품은 종교적 총본산을 의미하며 본 행간의 핵심적 의미를 담은 '섞은 잔'이란? '섞다'와 '잔'을 분리해서 해석해야 할 것인데 '섞다'라는 의미는 진리와 비진리를 혼합하다 라는 의미를 함의한 표현이며 '잔'은 '구원의 포도주'를 담아 감사하는 제의적 도구, 곧 신약시대 예수님의 피를 기념하는 성찬 예배를 의미하므로 '**섞은 잔에 대한 이해는 하나님께 예수님의 구원을 감사하며 예배할 때 선포되**

는 진리가 비진리와 섞여 선포된다는 거짓 선지자의 처소요 그의 영역인 큰 성 바벨론 심판에 대한 계시적 묘사이며 기독교의 진리에 거짓 선지자의 칙령을 섞어 모두를 진리라고 하는 그들의 행위에 초점을 맞춘 것'이다. 진리는 오직 예수님의 가르침 외에는 없음을 알고 흔들리지 말라는 교훈이다. 이러한 모든 행위에 행한 대로 갚으실 하나님을 가르치는 예레미야의 가르침이 우리의 마음을 두드린다.

> 주는 책략에 크시며 하시는 일에 능하시며 '인류의 모든 길을 주목'하시며 '그의 길과 그의 행위의 열매대로 보응'하시나이다 렘 32:19

기억하라! 하나님의 약속은 신실하시다. 그분은 인간이 아니시므로 거짓말하지 아니하신다민 23:19.

음녀에 대한 심판 18:7-8절

> 계 18:7-8 ⁷ 그가 얼마나 '자기를 영화롭게 하였으며 사치하였든지' '그만큼 고통과 애통함으로 갚아 주라' 그가 마음에 말하기를 '나는 여왕으로 앉은 자요 과부가 아니라' 결단코 애통함을 당하지 아니하리라 하니 ⁸ 그러므로 '하루 동안'에 그 재앙들이 이르리니 곧 '사망과 애통함과 흉년'이라 그가 또한 '불에 살라지리니' 그를 심판하시는 주 하나님은 강하신 자이심이라

땅에서 올라오는 또 다른 짐승인 거짓 선지자의 통치영역인 종교적 총본산, 그리고 그의 교회와 종교 연합체에 대한 심판임을 전하는 행간이다. '자기를' '그가' '나는' '그를' '여왕' '과부' 등의 인칭 대명사를 사용한 표현은 음녀인 거짓 선지자의 교회에 대한 '의인화법'이다. 마치 '성령과 신부가 말씀하시기를~'이라고 표현하는 계 22:17절과 유사한 묵

시 문학적 의인화법이라 이해하면 될 것이다. '**하루 동안**'이라는 표현은 30일의 시간 동안 대접 심판이 부어질 때 큰 성 바벨론이라 묘사된 거짓 선지자와 그의 종교적 본산이 너무나 허무하게 무너질 것에 대한 표현이다. 어린 양의 심판 앞에서 나는 여왕이요 과부가 아니라고 항변하는 그의 나라는 그의 신랑인 사탄과 함께 이 땅에서 영원히 사라질 것이요, 하루 동안에 이르는 재앙의 형태에 대하여는 사망, 애통, 흉년, 불이라 전한다.

심판의 시간에 흉년이란 먹을 것이 없는 배고픔이 아니라 그들을 배부르게 했던 영혼 무역이 황폐화 되었음을 의미하며 지진으로 인한 화재로 모든 것이 불살라질 것에 대하여 증언하고 있다. 거짓 선자자가 통치하는 종교적 본산에 대한 멸망은 단 하루 만에 이루어져 모든 부귀와 영화가 그 짧은 시간 안에 전소될 것을 보며 '강한 자로 재림하신 예수님'사40:10의 분노 앞에서 그 생명과 모습을 유지할 수 있는 것은 아무것도 없음을 교훈하고 있다. 이들을 심판하시기 위해 임하시는 예수님의 강림에 대하여 이사야서는 이렇게 전하고 있다.

보라 '여호와께서 불에 둘러싸여 강림'하시리니 그의 수레들은 회오리바람 같으리로다 그가 '혁혁한 위세로 노여움'을 나타내시며 '맹렬한 화염으로 책망'하실 것이라 사66:15

보라 주 '여호와께서 장차 강한 자로 임하실 것'이요 친히 그의 팔로 다스리실 것이라 보라 '상급이 그에게 **있고** 보응이 그의 앞에' 있으며 사40:10

불타는 바벨론의 심판을 보고 안타까워하는 짐승의 추종자들의 애통 9-11절

계 18:9-11 ⁹ 그와 함께 음행하고 사치하던 '땅의 왕들이 그가 불타는 연기를 보고 위하여 울고 가슴을 치며' ¹⁰ '그의 고통을 무서워하여' 멀리 서서 이르되 화 있도다 화 있도다 '큰 성, 견고한 성 바벨론이여' 한 시간에 네 심판이 이르렀다 하리로다 ¹¹ '땅의 상인들이 그를 위하여 울고 애통' 하는 것은 '다시 그들의 상품을 사는 자가 없음이라'

9-11절은 거짓 선지자와 함께 온갖 음행 짐승의 우상 섬김과 사치를 즐기던 땅의 왕들이 큰 성 바벨론의 심판 앞에서 울고 애통하는 모습을 그리고 있다. 이유는 더 이상 그들의 욕심과 탐심을 채울 수 없음이다. 그와 연합했던 땅의 왕들을 상인이라 표현하는 이유는 왕들의 심중이 장사를 하는 사람과 같이 경제 논리에 의거 철저한 실리와 이익을 위한 거래를 하였다고 회고한다. 하지만 멸망하는 바벨론의 모습과 거짓 선지자의 연합체와 함께 교회를 핍박하던 왕들에 대한 심층적 의미는 하나님과 하나님의 교회와 하나님의 백성들을 두고 벌이는 사탄과 그의 추종자들이 행하는 적대 행위에 대한 묘사이다. 18장을 해석할 때 이에서 벗어나는 어떠한 해석도 온전한 해석에 부합할 수 없는 것은 하나님의 심판 속에 함의된 의미를 인식하지 못함을 나타내는 것이기 때문이다.

바벨론 상인들의 거래 품목들이 나타내는 의미 12-13절

계 18:12-13 ¹² 그 '상품'은 금과 은과 보석과 진주와 세마포와 자주 옷감과 비단과 붉은 옷감이요 각종 향목과 각종 상아 그릇이요 값진 나무와 구리와 철과 대리석으로 만든 각종 그릇이요 ¹³ 계피와 향료와 향과 향유와 유향과 포도주와 감람유와 고운 밀가루와 밀이요 소와 양과 말과 수레와 종들과 사람의 영혼들이라

대단히 중요한 행간이다. '**상인으로 묘사된 짐승과 연합하는 권세자**' 들이 심판의 대상이 될 수밖에 없는 이유와 근거를 제시하는 행간이기 때문이다. **상품은 금과 은과 보석과 진주와 세마포와 자주 옷감과 비단과 붉은 옷감**이요 라는 표현을 자세히 그리고 성경적 관점에서 묵상하면 '**기독교가 가진 모든 구원의 요소들과 정체성**'에 대한 묘사라는 사실을 이해할 수 있다. 이러한 성경적 확신을 돕는 가르침은 아가서를 통하여 이해될 수 있도록 준비하셨다는 것을 알게 된다. 아가서는 예수님과 교회와의 사랑을 나타내는 동시에 교회의 정체성을 완전한 은유로 예표 하며 증거 하므로 End-time과 관련하여 적극적으로 연구되어야 할 말씀이다.

'**금, 은**'욥 23:10과 '**보석**'계 4:3, 21:18-20, 출 28:15-21은 단련된 성도의 정체성을! '**진주**'계 21:20는 구원을! '**세마포**'계 19:8는 성도의 옳은 행실을 나타내는 묘사이며 '**자주 옷감, 비단, 붉은 옷감**'은 구원과 상관된 성도의 믿음의 행위를! 각종 '**향목**'은 복음을! '**각종 상아 그릇**'은 고귀한 성도의 성품을! '**값진 나무와 구리와 철과 대리석으로 만든 그릇**'은 각종 은사로 준비되어 복음을 위한 그릇으로 쓰임 받는 성도의 정체성을 묘사하는 것인데 이 행간에서 이러한 성도들을 상품으로 거래한다는 의미는 핍박과 환난 가운데서 그들의 탐욕을 위해 제멋대로 이용하고 빼앗고 죽이고 박해하는 그들의 악한 행위는 짐승이 원하는 요구이며 이 요구대로 행하는 그들에게 보상이 따르는 것에 대하여 거래라 묘사한다. '**계피와 향료와 향과 향유와 유향**'은 모두 복음에 의해 성취되는 구원의 향기를 묘사하는 표현이며 '**아가서**'는 예수님의 십자가로 이룬 복음에 대하여 몰약과 유향으로 묘사하고 있는데 이러한 것들을 상품으로 여겨 사고파는 바벨론의 악한 상인들과 대비시켜 이러한 모든 상품들의 원래 주인으로서의 예수님을 선한 상인으로 정의하고 온 세상을 심판하시며 마지막 두 짐승을 심판하시고 천 년을 통치하실 예루살렘으로 입성하시기 위해 시온 산으로 오르시는 예수님에 대하여 너무나 아름다운 은유로 이렇게 묘사하고 있다.

'몰약과 유향과 상인의 여러 가지 향품으로 향내 풍기며' '연기 기둥처럼' '거친 들에서 오는 자'가 누구인가' 아 3:6

아가서 3장의 행간에 나타나는 이 말씀은 분명 '심판의 주체에 대한 가치와 아름다움과 그가 오시는 모습과 시간을 노래하는 묘사'이다. 예수님은 온갖 구원의 향기로 향내를 풍기며 목적지인 예루살렘를 향해가는 상인의 모습으로 나타난다. 그러나 변질된 상인, 큰 성 바벨론의 주인으로 서 있는 마지막 때의 거짓 선지자는 아름다운 상인이신 예수님의 모습을 흉내 내며 마지막 때 예수님의 신부들을 사탄의 신부로 타락시키는 역할을 하는 상인으로 나타날 것이다. 이 타락한 상인은 행한 대로 보응하시는 예수님의 법을 따라 심판을 피하지 못할 것에 대하여 가르치고 있는 것이 18장이다.

'포도주와 감람유와 고운 밀가루와 밀'이 의미하는 바를 전하고 있는데 관제의 제물로 사용되는 포도주는 예수님의 보혈을! 감람유는 성령님을! 고운 밀가루와 밀은 매일의 예배를 위해 드려지는 제물, 곧 신약교회를 나타내므로 이 행간에 나타나는 품목들이 의미하는 바는 기독교의 구원 진리를 모방하여 수많은 영혼들을 미혹하는 그들의 행위를 묘사하고 있다. '소와 양과 말과 수레와 종들과 사람의 영혼들'이 의미하는 것은 부름받은 거룩한 성도에 대한 표현으로 하나님의 사람들을 영적으로 사고파는 거래의 대상으로 삼아 영혼을 사탄에게 팔아넘기는 악한 미혹의 행위들을 설명하고 있으며 이 물품들에 대한 온전한 이해는 심판받는 큰 성 바벨론이 교회와 하나님의 백성들에게 자행했던 모든 악행들에 대한 묘사라 이해되어야 한다.

큰 성 바벨론으로 나타나는 역사적 재생 로마, 마지막 때 나타날 거짓 선지자가 종교 수장으로 다스리는 종교의 본산이 인류 역사 속에서 행하여 왔던 역사적 사실들을 고발하는 내용으로 그 행위에 대하여 '**무역**'이라 묘사한다. 무역이란 사고 파는 일을 통하여 이윤을 남기는 상거래, 곧 비즈니스를 행하듯 하나님의 교회를 그들의 소유처럼 사고 팔았다는 것을 의미하는데 바벨론의 비즈니스의 거래 항목을 살펴 '**물품이 함의하고 있는 의미**'를 살피는 것이 이 행간의 핵심이다.

[무역 물품들에 대한 의미 이해 도표]

무역물품들	무역 물품의 이름이 주는 의미	참고 성구
금	연단된 성도의 정체성에 대한 표현	욥 23:10
은	연단된 성도의 가치	잠 17:3
보석	하나님과 교회의 정체성	계 4:2-3, 계 21장
진주	하나님의 백성과 교회의 정체성	계 21:18-21
세마포	하나님 백성의 정체성	계 19:8
자주 옷감	예수님의 피 뿌림에 젖은 성도의 행실	계 19:8
비단	이스라엘 구약교회의 영광표현	겔 16:10
붉은 옷감	심판 주 예수님을 닮은 성도의 열정	계 19:13
향목	성도는 향기 나는 나무	고후 2:15, 아 4:14
상아 그릇	복음을 담은 성도의 행실, 상아	아 5:14
값진 나무	성도의 가치	사 5:7
구리, 동	불로 연단 받는 성도의 정체성	민 31:22-23
철	불로 연단 받는 성도의 정체성	민 31:22-23
대리석	성도의 믿음	마 16:18
그릇	복음을 담는 성도의 정체성	행 9:15
계피	신부의 향기	아 4:14
향료	향기 나는 복음을 위한 신부의 정체성	아 4:14
향	성도에게 나타나는 복음의 향기	고후 2:15

향유	헌신하는 성도의 정체성	마 26:7, 레 2:15
유향	성도의 정체성, 복음, 소제물	아 4:6, 마 26:28
포도주	십자가 보혈로 구원받은 성도	롬 5:9
감람유	이스라엘의 신약교회	계 6:6
고운 밀가루	연단된 성도의 정체성, 속죄 제물	겔 46:5
밀	성령으로 구원받은 성도의 정체성	레 23:15-16
소	왕 같은 제사장 성도의 정체성	벧전 2:9
양	예수님을 따르는 성도	요 10장
말	영적 전쟁을 수행하는 성도의 능력	계 19:14
수레	복음을 나르는 도구	민 7:3, 삼상 6:7
종	복음을 위한 헌신, 성도의 정체성	고후 4:5
영혼	성도의 영혼	
탐하던 과일	사탄이 탐하는 성도의 영혼, 죄의 열매	
맛있는 것 빛난 것들	죄의 열매와 거룩한 성도	
보지 못함	심판으로 인하여	

　표에 나타나는 모든 물품의 의미는 성도의 정체성에 관한 의미로 성도
와 교회를 의미하며 사탄과 적그리스도와 거짓 선지자가 원하는 바벨론
의 무역 물품은 곧 성도와 교회라는 사실을 논증해 주는 표현이다. 사탄
이 이 땅의 임금으로 인정될 때부터 그는 이 땅에서 하나님의 나라와 하
나님의 영광과 관련된 모든 것들을 향하여 저주와 정죄를 일삼았다. 이것
이 죄를 지은 아담과 하와 이후 지속되어진 인류의 역사다. 사탄은 하나
님으로부터 정죄당한 모든 분노를 세상의 모든 성도들과 교회를 향하여
쏟아내며 교회를 파괴하는 전략으로 일관했다. 아벨을 죽인 가인을 향하
여 하나님께서 하시는 말씀을 살펴보면 하나님의 백성들을 향한 사탄의
분노가 얼마나 큰지, 이러한 사탄의 행위를 바라보시는 하나님의 경계와
분노가 어떠한지를 가늠해 볼 수 있다.

가인의 제사는 하나님 앞에서 선한 제사가 아니었다. 하나님 보시기에 제물을 준비하는 과정에 있어 준비하는 심령의 문제가 있었던 것이다. 그러나 아벨의 제사를 향한 마음의 준비는 이스라엘이 형성되고 난 후 출애굽하여 가나안 땅으로 들어가기 전 율법의 원형으로 삼을 만큼 온전한 제사로 인정하시고 받으셨으나 가인의 제사는 받지 않으셨고 분노하여 얼굴을 붉히며 고개를 떨구고 있는 가인을 향한 하나님 말씀은 **'죄가 너를 원하나 너는 죄를 다스리라'**는 책망이었다. 이 경고는 **'사탄의 소원은 가인을 넘어뜨리는 것'**이라는 의미이며 오늘을 사는 하나님의 백성들을 향하여 적용한다면 **'하나님의 백성을 넘어뜨려 절망과 타락으로 이끌어 하늘의 뜻이 이 땅에서 이루어지지 못하도록 하는 것이 사탄의 유일한 갈망이요 소원'**이라는 의미이다. **사탄의 갈망과 소원이 놀랍지 아니한가?** 성도를 향한 이러한 행동은 사탄의 취미 같은 본능이라는 놀라운 사실이다. 하나님 말씀에 대한 사람의 순종이 왜 중요한 것인지, 영적 전쟁의 관점을 새삼 새롭게 하는 단어 **"테슈카**소원. 갈망**"**이다. 이정도 사탄의 분노라면 인간 역사의 임금 노릇을 하며 얼마나 많은 사람을 농락하며 지옥으로 인도할지! 얼마나 하나님의 백성에 대한 분노가 큰 것인지! 다시 한번 생각하게 한다. 태양신의 손아귀에 사로잡힌 종교의 총본산이 자행했던 핍박으로 인하여 중세 교회의 성도들이 얼마나 많은 목숨을 잃고 환난 가운데 있었는지! 야벳의 후손이며 도갈마 족속의 후예인 게르만 민족 가운데 미친 짐승과 같았던 한 인간, 히틀러라는 인물로 인하여 얼마나 많은 하나님의 백성들이 죽었는지 역사가 말해주듯 사탄은 하나님의 교회를 향하여 무자비한 폭력을 행사했으며 지금도 그 만행은 지속되고 있다. 이러한 사탄의 분노 가운데 하나님의 진노의 시간은 결정된 시간을 향해 쉼없이 나아가고 있다.

❶ 순교자의 숫자가 채워지고 계 6:9-11

❷ 순교자들의 원한에 사무친 기도의 분량이 채워질 때 계 8:3-5

❸ 그 시간은 온 땅에 끝까지 복음이 전파된 시간이며 마 24:14

❹ 이스라엘 신약교회에 십사만 사천 명의 성도가 구원 계 7장을 받게 되는 네 가지의 조건이 일치하는 그때!

하나님은 사탄의 악한 행위를 더 이상 행하지 못하도록 하시는 하나님의 진노가 심판으로 나타날 것이다. 사탄의 나라 바벨론의 무역 품목들에 나타나듯 인간 역사 속에서 교회와 성도를 향해 퍼부었던 용서받지 못할 사탄의 행위들이 모든 역사적 기독교회를 향한 핍박의 행적들이라 말할 수 있다.

바벨론의 주인인 사탄이 추구하는 궁극적 목적, 내가 하나님! 18:14절

> **계 18:14** 바벨론아 '네 영혼이 탐하던 과일'이 네게서 떠났으며 '맛있는 것들과 빛난 것들'이 다 없어졌으니 사람들이 '결코 이것들을 다시 보지 못하리로다'

하나님의 단호한 분노가 느껴지는 행간이다. 다원주의 종교지도자인 거짓 선지자! 성전에 앉아 자기를 하나님으로 선포하는 최후의 적그리스도! 그들의 주인인 사탄, 세 존재의 '**탐하는 과일**'은 곧 사탄이 탐하는 것이다. **보좌에 앉아 영혼을 지배하는 세상의 하나님이 되는 것**! 세 짐승이 탐하는 것은 곧 '하나님의 보좌'이며 그 보좌를 취하기 위한 방법이 한 이레의 절반인 후 삼 년 반에 이루어질 예루살렘 점령 사건이다. 그러나 예수님의 재림은 보좌를 탐하는 세 짐승을 영원히 심판하실 것이므로 그들과 그들의 통치 영역들이 하루 만에 허무하게 무너지는 멸망이 18장의 바벨론의 멸망이라 할 것이다.

불타는 바벨론을 향한 상인들의 애통 18:15-19절

계 18:15-19 [15] 바벨론으로 말미암아 치부한 이 상품의 상인들이 그의 고통을 무서워하여 멀리 서서 울고 애통하여 [16] 이르되 화 있도다 화 있도다 큰 성이여 '세마포 옷과 자주 옷과 붉은 옷을 입고 금과 보석과 진주로 꾸민 것'인데 [17] '그러한 부가 한 시간에 망하였도다' 모든 '선장과 각처를 다니는 선객들과 선원들과 바다에서 일하는 자들'이 멀리 서서 [18] 그가 불타는 연기를 보고 외쳐 이르되 '이 큰 성과 같은 성이 어디 있느냐' 하며 [19] 티끌을 자기 머리에 뿌리고 울며 애통하여 외쳐 이르되 화 있도다 화 있도다 이 큰 성이여 '바다에서 배 부리는 모든 자들이 너의 보배로운 상품으로 치부'하였더니 한 시간에 망하였도다

화 있도다 화 있도다 큰 성이여

'**바벨론**'은 적그리스도의 나라에 대한 총칭이며 이로 말미암아 치부^부하가 된한 자들이 불타는 '**큰 성 = 큰 음녀**'_{거짓 선지자의 종교적 총본산}의 망함을 보고 애통하는 소리이다. 큰 성이라는 표현 이면에는 작은 성들이 있다는 전제를 알 수 있게 한다. 작은 성들이란 곧 큰 성을 제외하고 짐승과 연합하는 모든 나라와 권세의 연합체를 일컫는 것인데 그 모든 것들을 총칭하는 표현이 바벨론이며 대표적 '**큰 성 바벨론**'이 거짓 선지자의 종교적 총본산을 중심으로 하는 다원주의 종교 공동체이다. 이러한 관점에서 '**18장의 핵심**'은 고대 바벨론의 태양신으로 역사했던 '사탄'에 의해 세워진 '**거짓 선지자의 통치 영역인 큰 성**'이 핵심이다. 그들만의 구원 복음으로 세상을 미혹하고 역사적 기독 교회를 핍박하고 잔해_{초대교회시대, 중세교회시대} 했던 행위에 대하여 하나님은 그들이 행한 대로 보응하시겠다던 하나님의 법을 따라 심판을 행하실 것이며 그 심판의 핵심이 바로 사탄이 세운 바벨론의 심판인 것이다. '**계 13, 17, 18장**'은 거짓 선지자의 종교적 본산을 일컬어 **큰 음녀 / 붉은 빛 짐승을 탄 여자 / 비밀 / 큰 바벨론 / 땅의 가증**

한 것들의 어미라 지칭하는데 이는 창세 때부터 하나님 나라의 대적이요 하나님의 원수인 사탄에 의해 세워진 그의 몸이라 할 수 있다. 사탄이 그 모든 것들의 근본이며 17장과 18장에서 밝히는 '**여자**'에 대한 결론은 땅의 왕들을 다스리는 '큰 성'으로 묘사된 '**거짓 선지자의 왕국이며 곧 사탄의 왕국**'이다.

세마포 옷과 자주 옷과 붉은 옷을 입고, 금과 보석과 진주로 꾸민 것

옷은 성도의 옳은 행실을 나타내는 의미라 했다계 18:10. 자주 옷과 붉은 옷은 예수 그리스도의 구속 사역을 행하는 교회의 모습을 대변하며 금과 보석, 진주는 연단 된 성도의 구원받은 정체성에 대한 묘사이다. 거짓 선지자와 그의 종교적 교회가 이러한 모습을 하고 있다는 것은 기독교를 왜곡시키는 그들 교리의 거짓된 모습을 의미한다.

너의 보배로운 상품

18:12-13절이 가르치는 것들을 의미한다. **금과 은과 보석과 진주와 세마포와 자주 옷감과 비단과 붉은 옷감이요 각종 향목과 각종 상아 그릇이요 값진 나무와 구리와 철과 대리석으로 만든 각종 그릇이요 계피와 향료와 향과 향유와 유향과 포도주와 감람유와 고운 밀가루와 밀이요 소와 양과 말과 수레와 종들과 사람의 영혼들**을 의미하는데 이것은 바로 '예수님의 몸 된 교회의 정체성'이다.

그들의 만행으로 희생된 성도들을 향한 위로의 시간, 심판!

> **계 18:20** '하늘과 성도들과 사도들과 선지자들아' 그로 말미암아 즐거워하라 '하나님이 너희를 위하여 그에게 심판을 행하셨음'이라 하더라

심판의 법이 정한 대로 교회를 박해했던 그 행위대로 갚아 주시는 시간이다. 20절 행간의 주요인물은 성도, 사도, 선지자들이다. 이들은 당연히 기뻐해야 할 심판의 수혜자들이다. 그런데 하늘은 왜 기뻐해야 할 대상에 포함되었을까?

모든 공중을 사로잡았던 권세가 사탄의 권세였기 때문이며 심판으로 인하여 그 권세가 사라지는 시간이 되었음을 선포하는 말씀이다.

모든 악행의 본거지 큰 바벨론에서 발견될 순교자들의 피 18:24절

> **계 18:24** 선지자들과 성도들과 및 '땅 위에서 죽임을 당한 모든 자의 피'가 그 '성 중에서 발견'되었느니라 하더라

땅 위에서 죽임을 당한 모든 하나님의 백성과 또 다른 이유로 죽은 자들의 피가 '그 성 중에서 발견되었다'는 의미는 '바벨론과 관련되어 죽임 당한 세상 모든 죽은 자들의 죽임을 계획한 곳이 바벨론'이라 밝히는 것이다. 심판의 대미를 장식하는 18장의 멸망하는 바벨론에 대한 마지막 평가는 '자신들의 야욕과 관련한 세상 모든 죽음을 계획하는 어둠의 처소'라는 결론에 이른다. 이는 그곳이 '모든 어둠의 진원지'라는 의미이다. 사탄의 전략적 처소가 세상에서 우리와 함께 호흡하며 기독교회와 흡사한 모습으로 현재에도 함께 호흡하며 존재한다는 사실이 놀랍지 아니한가? 주님이 다시 오실 때 이 유사한 모방의 종교를 끝장내시겠다는 명백한 의

지를 천명하시는 내용이 17-18장 이라는 사실에 대하여 온전히 깨닫게 되기를 축복하는 바이다.

17-18장의 결론

두 장에 나타나는 주요 관점은 '**존재와 영역의 하나됨**'이 강조된다는 사실이다. 사탄과 두 짐승의 존재가 적그리스도의 나라와 거짓 선지자의 통치 영역과 모두 혼합된 모습으로 표현되는 교차 병행기법으로 나타나고 있으므로 다소 혼란스러우나 여자가 앉은 '**일곱 산 = 일곱 왕**'으로 함축 정리되어 있으며 산은 나라로, 왕은 통치자로 정확한 해석의 근거를 제공한다. 또한 17-18장에서 예수님 심판의 비중이 마지막 때 잠시 머물 ^{계 13:5, 계 17:10} 짐승^{적그리스도}과 함께 '**거짓 선지자와 그의 통치 영역인 큰 음녀와 작은 음녀**'에 초점이 맞춰져 있다는 것이 핵심적 묵상 포인트다.

또한 "마지막 때 잠시 머물 적그리스도가 초점이 아니라 예수님 이후 역사 속에서 예수님의 구속과 진리의 교리를 모방하고 미혹과 영혼의 거래를 통하여 지속적으로 하나님의 교회를 교묘하게 닮은 음녀를 통하여 어지럽히는 존재인 '거짓 선지자와 그의 통치 영역인 큰 성, 세계 종교의 총본산'을 알게 하려는 의도가 진하게 함의된 장"이 17, 18장이다.

하와를 미혹하여 죄를 짓게 한 후 가인, 니므롯의 바벨과 그의 아들 담무스^{태양신 겔 8-9장}로 이어지는 고대 바벨론의 태양신인 사탄은 지금까지 자신을 이 땅의 하나님으로 인정 받으려는 끝없는 궤계로 하나님의 교회와 성도들을 박해하여 순교당하는 억울함으로 눈물을 흘리게 했던 것이다. '요한이 그들을 보고 놀라워하는 이유는 그들의 정체성을 나타내는 표식이 너무나 예수님의 교회와 유사하기 때문'이리라 추측해 볼 수 있다.

신부인 교회를 향한 17-18장의 권면

마지막 시간을 살아가는 마지막 세대인 우리가 그려야 할 삶의 디자인은 어떠해야 하며 어떻게 할까를 고민해야 할 임박한 때이다. 하나님께서 원하시는 삶의 디자인을 구상하는 지혜의 시작은! 교회를 향한 하나님의 사랑과 세상을 향한 하나님의 심판 메시지로 가득한 마지막 때의 복음 속에 녹여져 있는 아버지의 지식을 아는 것으로 가능할 것이기에 End-time의 지식에 대한 깊은 관심으로 영원히 함께하실 그 시간을 바라보며 우리의 신랑으로 다시 오실 예수님의 재림에 대한 소망을 품고 준비할 때이다.

Glory day
Community
Glory day
End-time Institute

요한계시록
제 19 장

1 이 일 후에 내가 들으니 하늘에 허다한 무리의 큰 음성 같은 것이 있어 이르되 할렐루야 구원과 영광과 능력이 우리 하나님께 있도다 2 그의 심판은 참되고 의로운지라 음행으로 땅을 더럽게 한 큰 음녀를 심판하사 자기 종들의 피를 그 음녀의 손에 갚으셨도다 하고 3 두 번째로 할렐루야 하니 그 연기가 세세토록 올라가더라 4 또 이십사 장로와 네 생물이 엎드려 보좌에 앉으신 하나님께 경배하여 이르되 아멘 할렐루야하니 5 보좌에서 음성이 나서 이르시되 하나님의 종들 곧 그를 경외하는 너희들아 작은 자나 큰 자나 다 우리 하나님께 찬송하라 하더라 6 또 내가 들으니 허다한 무리의 음성과도 같고 많은 물소리와도 같고 큰 우렛소리와도 같은 소리로 이르되 할렐루야 주 우리 하나님 곧 전능하신 이가 통치하시도다 7 우리가 즐거워하고 크게 기뻐하며 그에게 영광을 돌리세 어린 양의 혼인 기약이 이르렀고 그의 아내가 자신을 준비하였으므로 8 그에게 빛나고 깨끗한 세마포 옷을 입도록 허락하셨으니 이 세마포 옷은 성도들의 옳은 행실이로다 하더라 9 천사가 내게 말하기를 기록하라 어린 양의 혼인 잔치에 청함을 받은 자들은 복이 있도다 하고 또 내게 말하되 이것은 하나님의 참되신 말씀이라 하기로 10 내가 그 발 앞에 엎드려 경배하려 하니 그가 나에게 말하기를 나는 너와 및 예수의 증언을 받은 네 형제들과 같이 된 종이니 삼가 그리하지 말고 오직 하나님께 경배하라 예수의 증언은 예언의 영이라 하더라 11 또 내가 하늘이 열린 것을 보니 보라 백마와 그것을 탄 자가 있으니 그 이름은 충신과 진실이라 그가 공의로 심판하며 싸우더라 12 그 눈은 불꽃 같고 그 머리에는 많은 관들이 있고 또 이름 쓴 것 하나가 있으니 자기밖에 아는 자가 없고 13 또 그가 피 뿌린 옷을 입었는데 그 이름은 하나님의 말씀이라 칭하더라 14 하늘에 있는 군대들이 희고 깨끗한 세마포 옷을 입고 백마를 타고 그를 따르더라 15 그의 입에서 예리한 검이 나오니 그것으로 만국을 치겠고 친히 그들을 철장으로 다스리며 또 친히 하나님 곧 전능하신 이의 맹렬한 진노의 포도주 틀을 밟겠고 16 그 옷과 그 다리에 이름을 쓴 것이 있으니 만왕의 왕이요 만주의 주라 하였더라 17 또 내가 보니 한 천사가 태양 안에 서서 공중에 나는 모든 새를 향하여 큰 음성으로 외쳐 이르되 와서 하나님의 큰 잔치에 모여 18 왕들의 살과 장군들의 살과 장사들의 살과 말들과 그것을 탄 자들의 살과 자유인들이나 종들이나 작은 자나 큰 자나 모든 자의 살을 먹으라 하더라 19 또 내가 보매 그 짐승과 땅의 임금들과 그들의 군대들이 모여 그 말 탄 자와 그의 군대와더불어 전쟁을 일으키다가 20 짐승이 잡히고 그 앞에서 표적을 행하던 거짓 선지자도 함께 잡혔으니 이는 짐승의 표를 받고 그의 우상에게 경배하던 자들을 표적으로 미혹하던 자라 이 둘이 산 채로 유황불붙는 못에 던져지고 21 그 나머지는 말 탄 자의 입으로부터 나오는 검에 죽으매 모든 새가 그들의 살로 배불리더라

[19 장]

예수님의 지상 재림과 두 짐승의 심판

19장의 시간대 : 구원 성취 예고와 예수님의 승리와 두 짐승의 심판

계 16:1-19:11-21
계 20:7-10　계 21:11-20
계 11:15　단 12:11　욜 3:2/마 25:31-46　계 20:4-6, 사 25:6-8　계 20:11-15　계 21:21-22:5

단 9:27
계 13:1, 11

7년 환난 / 한 이레의 언약		대접 심판	여.곤.심판 / 양.염.심판	천 . 년 . 왕 . 국	흰 보좌 심판	영원한 나라
전 삼 년 반, 두 짐승과 인 심판	후 삼 년 반, 나팔 심판					
1260일	1260일	30일	45일	1000년		

짐승 출현 ⇨ Jr.성전 점령

일곱 나팔 마지막 지상 재림
공중 제림　주수　좌우 승리
교회의 휴가　아마겟돈 전쟁 준비
증가 장막 성전 큰 음녀 바벨론 심판
두 짐승 처단
사탄 … 무저갱(20장)

무저갱 해제
만국 미혹
예루살렘 침공

⇨ 사망의 부활 ⇨ 하나님 나라 완성
새 예루살렘
혼인 연회

19장의 개관

18장은 대접 심판으로 무너진 큰 성 바벨론의 심판 기사에 대한 설명이며 이어지는 19장은 '네 가지 내용'으로 이루어져 있다.

❶ 어린 양의 혼인 잔치에 대한 설명이다 7-8절.

❷ 예수님의 지상 재림과 아마겟돈 전쟁을 위해 주님을 따르는 교회가 나타난다 11-14.

❸ 심판 이후 죽은 시신을 처리하는 예수님의 방법에 대한 지혜이다 17-18절.

❹ 두 짐승에 대한 심판이 나타난다 19-21절.

'**19장에 나타나는 최후 승리에 대한 뚜렷한 네 가지 관점**'은 다음과 같다.

❶ 어린 양의 혼인 잔치에 대한 광고 7-8절

천년왕국 이후에 있을 어린 양의 혼인 잔치를 굳이 천년왕국 이전에 광고할 이유가 있을까?라고 생각할 수 있다. 그러나 하나님은 인생과는 시간 개념이 다르시다. 죄성을 가진 인간에겐 천 년이 장구한 세월이지만 하나님께는 잠시 후나 내일과 같은 정도이거나 그보다 훨씬 더 짧을 수도 있다. 아니 시간을 살아가시는 분이 아니시기에 순간과 같을 것이기 때문이다. 그렇기에 천 년 후에 있을 혼인 연회를 천 년 전의 상황인 19장에서 언급하는 것은 영원의 시간을 기뻐하시는 하나님께는 당연한 것이다. '**어린 양의 혼인 잔치에 대한 예고는 일종의 광고**'와 같다. 천년왕국의 시간 안에서는 어린 양의 혼인 연회가 열릴 수 없다. 이유는 천 년의 끝에서 열리는 완성된 하나님의 나라에서 열려야 순서적인 의미가 충족되기 때문이다. 이유는 결혼한 부부가 둘만의 시간을 갖는 완전한 기쁨의 하나 되는 시간을 위해 준비에 있어 완전해야 할 것이며 이는 죄가 없는 땅이 되어야 창세 때의 하나님 아버지의 나라가 되고고전 15:24 죄가 없어야 하나님의 임재가 이루어져 혼주이신 하나님 아버지가 함께 하시는 혼인 연회가 될 것이기 때문이다. 이 연회가 끝나면 완전한 연합의 시간, 영원히 함께하는 시간으로 들어가기에 죄와 사탄과 사망과 음부까지도 사라져야 완벽한 준비가 이루어지는 것이다. 다시 말하면 "**천년왕국의 목적은 거룩하신 하나님을 닮은 거룩한 인간으로의 변화와 이 땅의 거룩함**"이 동시에 충족되어야 가능하다는 의미다.

창세 때의 에덴에서 이러한 조건이 갖추어진 완전한 삶이 있었듯이 어린 양의 혼인 잔치는 천 년의 시간 동안 그때의 완전함을 다시 회복하는 시간이 될 것이며 그 위에서 완전함을 누리는 시간으로 들어가는 시작이 되는 것이다. 그러므로 19장의 현재는 천년왕국이 이르지도 않았고 사탄과 사망과 지옥도 그대로인 상황이며 흰 보좌 심판으로 모든 죽은 자들이 최후 심판을 받지도 않은 상태이기 때문에 어린 양의 혼인 잔치가 열릴 수 없는 것은 당연한 이치이다. 완성된 하나님의 나라의 개념은 죄의 처리가 가장 핵심이다. 죄가 남아있는 땅에서 삼위 하나님과 인간이 함께 하는 임마누엘은 불가하다. 그러므로 19:1-10절에 나타나는 혼인 잔치에 대한 예고는 천 년 이후에 있을 사건으로 하나님이 가장 기다리시는 시간을 알리는 '자막 광고'와 같다.

❷ 예수님의 지상 재림과 아마겟돈 전쟁의 최후 승리를 위해 예수님을 따르는 교회에 대한 묘사 11-14절

하늘이 열리고 백마를 탄 예수님께서 충신이며 진실이라 이름하며 이 땅에 임하셔서 마지막 전쟁을 수행하시는 장면이 사건으로 나타난다. 예수님의 모습은 심판으로 얼룩진 피 뿌린 옷을 입은 모습인데 이 모습은 이미 피를 흘리는 심판을 행하시고 오시는 중임을 알게 한다. 이때 함께 하는 자들이 14-15절에 소개되고 있는데 흰 세마포 옷을 입고 예수님처럼 백마를 탄 왕과 같은 모습으로 예수님을 따르는 영광스런 존재들로 소개되고 있음이 아름답다.

❸ 심판 이후 죽은 시신을 처리하는 예수님의 방법에 대한 지혜 17-18절

이 땅을 더럽히는 시신의 부패를 허락하지 않으시는 놀라우신 예수님의 지혜가 나타나는 행간이다. 시 49:12절에 '존귀하나 깨닫지 못하는 사람은 멸망하는 짐승 같도다'라고 가르치듯 사람으로 나서 멸망하는 짐승처럼 죽어 부패할 시신들을 가장 빠른 시간 안에 가장 깨끗하게 처리하는 하나님의 지혜는 놀랍게도 하나님의 피조물들인 짐승들이다. 마 24:28절에 나타나는 뜬금없는 주님의 가르침, '주검이 있는 곳에는 독수리들이 모일 것이니라'라는 초림 때의 가르침이 마지막 때의 가르침을 통하여 성취되는 말씀이었던 것이다. 이와 동일하게 에스겔을 통하여 이미 구약시대 예언으로 드러난 말씀이 있는데 겔 39:4, 17절의 가르침이다. 이 세 가지 말씀을 비교하며 우리를 위한 심판 계획에 대하여 일관된 신실하심을 이해하도록 이끄신다.

> 너와 네 모든 무리와 ~ 백성이 다 이스라엘 산 위에 엎드러지리라 '내가 너를 각종 사나운 새와 들짐승에게 **넘겨 먹게 하리니**' 겔 39:4

> 주 여호와께서 이같이 말씀하셨느니라 너 인자야 너는 '각종 새와 들의 각종 짐승'에게 이르기를 너희는 모여 '**오라 내가 너희를 위한 잔치 곧 이스라엘 산 위에 예비한 큰 잔치로 너희는 사방에서 모여 살을 먹으며 피를 마실지어다**' 겔 39:17

> '주검'이 있는 곳에는 '독수리들이 모일 것'이니라 마 24:28

❹ 두 짐승에 대한 심판이 나타난다 19-21절

바다에서 나와 온 세상을 도모하던 짐승, 땅에서 나와 종교 영역의 통치자로 온 세상 사람들의 혼을 사로잡고 교회를 시험하여 짐승의 우상에게 경배하도록 이끌던 거짓 선지자와 함께 영원한 유황 불 못으로 던져지는 최후 심판에 대한 기록이 오늘을 살아가는 교회에게 최후 승리를 기대하도록 이끈다. 네 가지 관점으로 나타나는 19장의 최후 승리를 끝으로 교회는 고난을 벗어나 예수님이 다스리실 천년왕국에 이를 것이다. 19장

이후 드디어 천년왕국의 시간이 시작될 것이기에 20장의 서두에 천년왕국이 언급된다. 천년왕국에 대한 설명이나 관련된 말씀들이 바다 위에 섬처럼 분명하게 분별되지 않는 이유는 믿음으로 그 시간을 기다려야 하기에 하나님은 그 말씀에 대하여 뻔하지 않은 그야말로 최고의 결론과 목적으로 삼고자 감추어둔 비밀처럼 말씀 가운데 흩어 놓으셨지만 그 시간에 대하여 의심할 정도의 빈약한 지식이 아니라 확신할 수 있는 지식으로 확연히 구별되도록 하신 것이다. 완성된 하나님 나라까지의 시간은 천 년의 시간이 소요될 것이다. 천 년의 시간과 그 시간 끝에 일어날 사건들에 대하여 성경은 어떻게 말할까? 오직 성경 속에서만 확인이 가능한 인류의 마지막 시간에 대한 모든 기록은 철저하고 세밀하게 기록하도록 이끄신 교회를 향한 하나님의 사랑과 배려이다. 하나님의 계획 안에서 두 짐승 심판계 19:19-20 이후에 이루어가실 하나님 나라의 스케줄은 다음과 같은 순서로 이루어 갈 것에 대하여 명확하게 가르친다.

[천년왕국 전, 후에 일어날 사건들에 대한 순서별 이해]

예루살렘의 적그리스도와 거짓 선지자 심판 계 19:11-21

여호사밧 골짜기 심판욜 3:1-2 = 양과 염소 심판 마 25:31-46

사탄의 무저갱 감금 계 20:1-3

천년왕국의 시작 계 20:4

천년의 끝, 곡과 마곡, 온 세상 미혹과 예루살렘 침공과 패배 겔 38-39, 계 20:7-9

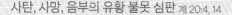

사탄, 사망, 음부의 유황 불못 심판 계 20:4, 14

흰 보좌 심판 계 20:11-14

이 땅에 내려오는 거룩한 성 새 예루살렘 계 21:1

어린 양의 혼인 연회 사 25:6-8

영원한 하나님 나라 계 21:22-22:5

● 계 19:10절 이후부터 완성된 하나님의 나라까지의 내용

두 번째 내용은 사건이다. 대접 심판의 끝나는 때 지상으로 재림하셔서 예루살렘으로 입성하신 예수님께서 두 짐승인 적그리스도와 거짓 선지자를 유황 불 못에 던지고 최후 승리를 선포하시는 장면으로 이루어져 있는 본문이다. 19장의 구체적 내용들을 살펴보자.

첫 번째 할렐루야의 의미 '큰 음녀 심판'1-2절

계 19:1-2 ¹ '이 일 후에' 내가 들으니 하늘에 허다한 무리의 큰 음성 같은 것이 있어 이르되 '**할렐루야**' 구원과 영광과 능력이 우리 하나님께 있도다 ² 그의 심판은 참되고 의로운지라 '**음행으로 땅을 더럽게 한 큰 음녀를 심판**'하사 자기 종들의 피를 그 음녀의 손에 갚으셨도다 하고

'**이 일 후에**'라는 표현은 17-18장의 음녀 심판에 대한 설명이 끝난 후

에라는 의미이다. 설명이 끝나고 난 후 두 번의 하나님을 향한 찬양이 나타나는데 **첫 번째 찬양 '할렐루야!'는 17-18장의 내용에 대한 찬양**으로 큰 **음녀를 심판하사 자기 종들의 피를 그 음녀의 손에 갚으셨기 때문이다.** 이 행간에서 기억할 것은 음녀라는 묘사는 특정 사람을 지칭하는 용어가 아니라 거짓 선지자의 도성이요! 세상 모든 음녀 교회의 어미인 큰 음녀의 도성인 **'거짓 선지자의 종교적 총본산'**이 역사 속에서 자행했던 수많은 하나님의 백성들을 순교의 제물이 되게 하고 미혹으로 교회를 떠나게 하는 영혼 무역의 중심지를 의미하는 어휘라는 사실을 이해했을 것이다. 19:1절에 나타나는 '이 일 후에'라는 표현이 그 이유를 설명하는데 18장의 심판이 큰 성 바벨론에 대한 심판이라는 의미이기 때문이며 이는 거짓 선지자의 도성인 마지막 때 다원주의 종교의 총본산을 무너뜨린 심판이라는 의미이기 때문이다.

두 번째 할렐루야의 의미 '전능하신 이의 통치' 19:3-6

계 19:3-6 [3] **'두 번째로 할렐루야'** 하니 그 연기가 세세토록 올라가더라 [4] 또 **'이십사 장로와 네 생물'**이 엎드려 보좌에 앉으신 하나님께 경배하여 이르되 아멘 할렐루야 하니 [5] **'보좌에서 음성이 나서 이르시되'** ~ 우리 하나님께 찬송하라 하더라 [6] 또 내가 들으니 **'허다한 무리의 음성과도 같고 많은 물 소리와도 같고 큰 우렛소리와도 같은 소리'**로 이르되 할렐루야 주 우리 하나님 곧 **'전능하신 이가 통치'**하시도다

두 번째 할렐루야는 이십사 장로와 네 생물의 찬양이다. 그들의 두 번째 찬양은 19장의 핵심이며 심판의 목적 성취에 대한 찬양이다. 왜냐하면 마지막 심판인 대접 심판까지 끝난 시점이므로 심판 완료에 대한 선언과 같은 찬양이기 때문이다. 6절에 함의된 내용은 **'인류의 역사 속에서 힘겨웠던 교회의 파종과 성장과 추수가 끝이 나고 예수님을 향하여 마라나타**

를 외치는 교회가 갈망했던 그 시간! 곧 신랑의 통치가 시작됨을 알리는 설레임의 찬양이기 때문'이다. 찬양의 내용 속에 이러한 기다림의 감정들이 묻어나고 있지 않은가? '허다한 무리의 음성과도 같고 많은 물소리와도 같고 큰 우렛소리와도 같은 소리'로 할렐루야 주 우리 하나님 곧 '전능하신 이가 통치'하시도다'라는 가사로 하늘의 대표 네 생물과 땅의 대표 이십사 장로의 오랜 기다림의 끝에서 터져 나오는 감격의 찬양이다. 특히 찬양 속에서 감동을 주는 것은 '많은 물소리와도 같은 음성'이라는 표현이다. 사람들에 따라 느끼는 감동이 다르겠지만 필자에게는 이 대목이 가장 감격스럽다.

'많은 물소리와도 같은 음성'의 의미는 폭포수 앞에 섰을 때 오직 물소리밖에 들리지 않는 것처럼 '우리의 찬양이' '나를 향한 하나님의 음성이' '소리 높여 외치는 우리의 간구가' 그렇게 느껴져야 한다. 아무리 외쳐도 물소리밖에 들리지 않는 폭포수 앞에 서있는 것과 같은 하나님 음성의 완전하심! 그 앞에서 압도된 피조물의 궁극적 겸손! 이것이 그의 신부인 교회와 예수님의 완벽한 하나됨이다.

오직 하나님을 찬양하는 자기 소리에 마음을 담아드리며 하나님만 사모하는 찬양, 하나님의 음성을 사모하며 피조물로서 창조주의 은총을 기다리는 의지의 끝에 들리는 하나님의 음성은 마치 폭포수 앞에서 아무리 소리를 쳐도 모든 소리가 폭포수에 앞에 서있는 것과 묻혀버리듯 우리의 찬양이 하나님의 음성에 그렇게 느껴질 수 있기를 축복하는 바이다. 우리의 소원이 갈망이 되어 그분의 보좌 앞에 전해질 때 우리의 찬송 가운데 임하시는 하나님시 22:3을 경험하게 될 것이다.

이십사 장로와 네 생물의 찬양 '전능하신 이가 통치 하시도다'

'**이십사 장로**'는 구약시대 '**열두 지파의 족장**'들과 신약시대 예수님의 '**열두 사도**'들을 의미한다. 왜냐하면 그들이 구약시대와 신약시대 하나님의 나라를 세우고 수고하며 땀 흘린 각 시대 교회를 대표하는 자들이며 일등 공로자들이기 때문이다. '**네 생물**'은 예수님 안에서 구원을 위한 하나님 나라의 사명을 감당할 수 있도록 돕는 사역의 능력이며 예수님 사역의 본성과 같은 영들이다. 그룹들이라 표현하며 그들의 모습에 대하여 밝히는 에스겔 1장과 10장의 내용은 신비한 모습으로 하나님의 일곱 영과 함께 하나님의 경륜계획을 섭리하는이루는 존재들이다. 그들의 모습은 '**사람, 사자, 독수리, 소**'의 모습으로 예수님의 사역적 정체성을 나타내는 존재들로 예수님의 사역과 일체를 이루어 그 사역을 완성하는 영이다. '**인자**, 또는 **사람**'의 모습으로 묘사되는 영은 십자가에 죽으신 인자의 사명을 완수하도록 도우는 사역적 본성의 영이며, '**사자**'는 종국적으로 천년왕국에 있어 왕의 사명을 완수하도록 도우는 사역적 본성의 영이며, '**독수리**'는 예수님의 선지자적 직분을 수행하도록 돕는 사역적 본성인 영이며, '**소**'는 예수님의 제사장적 사역을 수행하도록 돕는 사역적 본성의 영인데 이러한 사역의 본성들이 예수님의 천년왕국 통치를 예고하며 찬양하고 있다. 이들이 가장 빈번히 나타나는 성경이 바로 계시록인 이유는 그들이 예수님의 사역적 본성으로 이 땅 교회의 구원에 관여하기 때문이다. 에스겔 1장과 10장에 나타나는데 주로 하나님의 일곱 영과 함께 움직이는 사역의 동질성과 친밀함을 설명하며 그 외 계시록에 10회가 나타나 마지막 자기 백성의 구원에 있어 적극적으로 활약하는 그룹으로 나타난다. 네 생물의 존재가 특별한 것은 하나님의 보좌의 가장 근거리에서 이십사 장로와 함께 하나님을 경배하는데 있어 모든 존재의 핵심이라는 사실을 알게 하는데 이는 성부와 성자를 위해 존재하는 하늘의 대표적 존재이며 이십사 장로는 하나님을 경배하는 이 땅의 대표로 나타난다는 사실이다. 에스겔서에 나타나는 네 생물은 주로 하나님의 일곱 영과의 관계와 보좌에 앉으신 여호와와의 관계를 중심으로 나타나지만 계시록에 나타나는 네 생물과 관련된 여섯 가지 기사는 이러하다.

❶ 네 생물, 보좌 위의 하나님, 일곱 영과의 연합에 대한 소개

겔 1:4-28, 겔 10:9-17

❷ 네 생물의 존재 설명

계 4:6 '보좌 앞'에 수정과 같은 유리 바다가 있고 '보좌 가운데와 보좌 주위에 네 생물'이 있는데 앞뒤에 눈들이 가득하더라

❸ 네 생물의 존재적 이유, 경배 사명

계 4:8 '네 생물'은 각각 여섯 날개를 가졌고 그 안과 주위에는 눈들이 가득하더라 그들이 '밤낮 쉬지 않고 이르기를 거룩하다 거룩하다 거룩하다' 주 하나님 곧 전능하신 이여 전에도 계셨고 이제도 계시고 장차 오실 이시라 하고

계 7:11 모든 '천사'가 '보좌와 장로들과 네 생물의 주위'에 서 있다가 보좌 앞에 엎드려 얼굴을 대고 하나님께 '경배'하여

계 14:3 그들이 '보좌 앞과 네 생물과 장로들' 앞에서 새 노래를 부르니 땅에서 속량함을 받은 '십사만 사천 밖에는 능히 이 노래를 배울 자가 없더라'

계 5:14 네 생물이 이르되 아멘 하고 장로들은 엎드려 '경배'하더라

계 4:8 '네 생물'은 각각 여섯 날개를 가졌고 그 안과 주위에는 눈들이 가득하더라 그들이 '밤낮 쉬지 않고 이르기를 거룩하다 거룩하다 거룩하다' 주 하나님 곧 전능하신 이여 전에도 계셨고 이제도 계시고 장차 오실 이시라 하고

계 19:4 또 '이십사 장로와 네 생물'이 엎드려 보좌에 앉으신 하나님께 '경배'하여 이르되 '아멘 할렐루야' 하니

❹ 네 생물과 보좌, 어린 양, 이십사 장로, 하나님의 일곱 영과의 관계

계 5:6 내가 또 보니 '보좌와 네 생물과 장로들' 사이에 한 '어린 양'이 서 있는데 일찍이 죽임을 당한 것 같더라 '그에게' '일곱 뿔과 일곱 눈'이 있으니 이 눈들은 온 땅에 보내심을 받은 '하나님의 일곱 영'이더라

❺ 성도의 기도를 어린 양께 드리는 네 생물의 사역

계 5:8 그 두루마리를 취하시매 '네 생물과 이십사 장로들'이 그 '어린 양 앞에 엎드려' 각각 거문고와 향이 가득한 금 대접을 가졌으니 이 향은 성도의 기도들이라

❻ 네 생물의 심판 리더십

계 6:1 내가 보매 '어린 양'이 '일곱 인 중의 하나를 떼시는데' 그 때에 내가 들으니 네 생물 중의 하나가 우렛소리 같이 말하되 '오라' 하기로

계 6:6 내가 네 생물 사이로부터 나는 듯한 음성을 들으니 이르되 '한 데나리온에 밀 한 되요 한 데나리온에 보리 석 되로다 또 감람유와 포도주는 해치지 말라' 하더라

네 생물에 대한 성경의 설명이 충분하다고 할 수는 없지만 명확하다. 성경의 설명이 충분하다고 느낄 수 없는 가장 큰 이유 중 하나는 영적 존재들에 대한 이해의 방식이 유물론적 육체 이해에 근거하기 때문이다. 육은 만져지고 사라져가는 한계를 가지고 있으며 영은 우리 안에 있으나 흔쾌하게 인정할 수 있을 만한 근거나 정보가 없고 성경을 통하여 이해하더라도 유물론적 사고를 만족시킬만한 수준이 아닌 믿음의 문제이기 때문이다. 비교한다면 이차원적 사고로 사차원의 문제를 이해하려는 시도와 같다고 할 수 있을 것이다. 그러나 성도인 우리는 성경에 나타나는 말씀을 근거로 이해에 도전할 수 있으며 방법을 강구해 볼 수 있다. 바울 사도의 가르침에 의해서다.

정말 다행스럽게도 하나님의 자녀인 우리는 하나님의 피조 세계 속에서 그 비밀을 이해할 수 있도록 정보를 주셨으므로 그 영적 존재에 대한 이해의 열쇠를 찾을 수 있다는 의미이다. 바로 인간 이해를 통해서다. 인간은 육과 영으로 이루어진 존재이다. 우리의 영을 보면 하나님의 영을 이해할 수 있도록 구조되어 있다는 것을 근간으로 도전하면 된다. 하나님의 깊은 것까지도 성령께서 아신다면 고전 2:10 우리는 성령의 도우심으로 사 11:2, 요일 2:27 내가 아는 지식 그 이상을 알 수 있다는 결론이 된다. 우리의 영은 육을 지배하고 육으로는 알 수 없는 하나님을 인식한다. 하나님의 음성을 듣고, 하나님의 마음을 이해하며, 하나님의 뜻을 그분의 인도하심을 따라 이루어 간다. 이것을 통하여 인간은 영적 존재라는 것을 알게 된다. 인간은 육신을 그릇 삼아 영이 담겨있는 구조이며 예수님께서도 이 땅에 계실 때 동일한 존재로 제자들과 함께 일하셨다. 하지만 육이 없으신 성령님은 다르다. 영 안에 영이 계시는 구조이다. 인간과는 다르다. 육이 없는 영과 영이 하나로 결합한 모습으로 일하시며 또한 분리가 가능한 구조로 일하신다. 이에 대한 답이 겔 1장과 10장에 나타나는 '**네 생물과 하나님의 일곱 영의 연합 구조**'이며 그 영적 존재들은 모두가 각자가 움직이기도 하지만 철저하게 하나된 모습으로 연합하는 구조인 것이다. 이는 영적인 관점에서 '**예수님과 성령님의 연합**'이며 오늘날 '**성령님과 그의 백성과의 연합을 통하여 일하시는 방식**'이 된다. 성경적 관점에서는 사도 바울과 베드로가 성령님과 함께 사역하시는 구조와 동일하다. 흥미롭게도 이러한 관점을 설명하기 위해 어린 양과 네 생물의 분리 상태에 대한 설명이 이에 속한다. 계 5:6절이 설명의 근거이다.

> 내가 또 보니 보좌와 네 생물과 장로들 사이에 한 '어린 양'이 서 있는데 일찍이 죽임을 당한 것 같더라 그에게 '일곱 뿔과 일곱 눈'이 있으니 이 눈들은 온 땅에 보내심을 받은 '하나님의 일곱 영'이더라 계 5:6

　어린 양과 하나님의 일곱 영이라고 묘사된 성령과의 관계를 설명하고 있는 행간이다. 어린 양은 예수님의 사역적 모습이다. 이 땅에서 하나님 나라의 권세를 나타내고 예수님의 하시는 말씀 속에 성령이 역사하여 생명을 구원하는 연합 사역의 기적들을 이루셨지만 하늘의 처소에서는 구속 사역이 필요치 않다는 이유가 이 장면을 설명하는 핵심적 의미가 된다. 그러므로 하늘 처소에서는 어린 양 예수님의 역할은 없고 보좌에 앉으신 예수님의 모습과 구별되어 나타나는 것이다. 어린 양이란 예수님의 초림 때 구약시대부터 예언되었던 어린 양의 피 제사의 예표적 본체가 하나님이신 독생자이셨기에 예수님이 십자가를 지시기 위해 잠시 그 안에 자기를 두시기 위해 입으셨던 일종의 사역의 옷과 같다고 생각하면 이해가 쉬워지며 그 사역을 완성하셨기에 하늘 처소에서는 그 옷을 벗어두신 것이 계 5:6절의 설명이다. 성령 하나님 또한 어린 양 안에서 구속 사역을 함께하는 시간이 아니기에 하나님의 일곱 영이라는 본질적인 모습으로 소개되는 것인데 성령은 일곱 영이신 성령께서 이 땅에 예수님을 대신하는 하나님 된 보혜사로 임하신 모습을 육의 구조로 쉽게 설명하는 것이다. 반면 '겔 1:22-28절'은 네 생물 위에 계시는 하나님이신 예수님의 모습을 그려주고 있는데 이때는 피조 된 영적 존재인 네 생물과 하나님이신 예수님의 온전한 분리 상태를 보여주고 있다. 에스겔서와 계시록에 나타나는 네 생물에 대한 말씀을 정리하면 4가지의 이해 관점으로 정리할 수 있다.

❶ 어린 양 예수님과 하나님의 일곱 영이신 성령님과 함께 어린 양의 십자가 사역을 이루었던 사역의 본성과 능력이었으며계 5:6 ❷ 지금도 성령님과 함께 구원을 위해 일하는 영적 존재그룹, 케루브라는 사실과겔 1:4-28, ❸ 보좌 앞에서 이십사 장로와 함께 하나님과 어린 양의 경배를 주관하며 계 4:8, 7:11, 14:3, 5:14, 19:4 ❹ 교회와 성도의 기도를 어린 양께 올리며계 5:8 교회의 구원을 위해 마지막 심판을 이끄는 리더십에 대한 관점이다.

어린 양의 혼인 기약이 가까웠음을 알리는 광고 20:7-10절

계 19:7-10 ⁷ '우리가 즐거워하고 크게 기뻐하며 그에게 영광을 돌리세' '어린 양의 혼인 기약이 이르렀고' '그의 아내가 자신을 준비하였으므로' ⁸ 그에게 '빛나고 깨끗한 세마포 옷을 입도록 허락'하셨으니 이 '세마포 옷은 성도들의 옳은 행실'이로다 하더라 ⁹ 천사가 내게 말하기를 기록하라 '어린 양의 혼인 잔치에

청함을 받은 자들'은 복이 있도다 하고 또 내게 말하되 이것은 하나님의 참되신 말씀이라 하기로 [10] 내가 그 발 앞에 엎드려 경배하려 하니 그가 나에게 말하기를 나는 너와 및 예수의 증언을 받은 네 형제들과 같이 된 종이니 삼가 그리하지 말고 오직 하나님께 경배하라 '예수의 증언은 예언의 영'이라 하더라

'어린 양의 혼인 기약'이 이르렀고
그의 아내가 자신을 준비하였으므로

이 행간을 이해하는 데 있어서는 원어적 의미가 중요하다. 원어 분석을 해야할 어휘는 '**이르렀고**'이다. 헬) '**엘코마이**'에 대한 역어로 제의적 용법으로 '**신이 인간에게로 오는 것과 인간이 신에게로 가는 것**'에 대하여 사용된 단어이다. 칠십 인 역본에서는 대부분 '**가다, 도착하다, 들어가다**'를 번역했다. '**완성된 하나님 나라가 하나님과 함께 이 땅으로 오는 것, 궁극적으로 거룩한 성 새 예루살렘이 이 땅에 내려오는 것을 함의**'한다. 이 행간에서 세밀하게 살펴야 할 부분은 어린 양의 '**혼인 잔치가 이르렀고**'가 아니다. '**혼인 기약이 이르렀고**'이다. '**약속된 날짜가 가까이 왔다**'라는 의미이다. 정확하게 표현하면 '**그 약속이 성취될 시간이 이제 천년밖에 남지 않았다**'라는 의미가 된다. 하나님의 시간은 우리의 시간과는 다름을 알아야 한다. 19장의 도입부에서 밝혔듯이 하나님은 시간 속에서 살아가시는 분이 아니다. 인간은 천 년을 길다 느끼지만 하나님은 그렇지 않으시다. 그러므로 '**혼인 기약이 이르렀고**'에 대한 이해는 '**혼인 예식이 준비될 때까지**'라는 의미이며 하나님의 시간으로 이해되어야 한다. 하나님께 천 년은 바로 눈앞에 있는 듯 그 시간을 바라보신다. 그러나 인간은 천 년을 엄청난 시간으로 이해하기에 혼인 기약이 이르렀다는 표현에 대하여 코앞에 닥친 시간으로 오해할 수 있으나 성경은 천년왕국 이후 하나님의 나라가 완성되기 직전의 시간을 가리키고 있다. '**어린 양의 혼인 잔**

치'는 사탄과 사망과 음부가 유황 불못에 던져지고 천 년의 시간 동안 정결한 에덴으로 회복되어 완성된 하나님의 나라에서 영원한 나라의 시간으로 들어가기 직전에 베풀어질 것이며 그 연회가 끝나면 하나님께서 거룩한 성 새 예루살렘인 교회와 함께 영원히 거하시는 영생의 시간으로 들어가는 것이다. 계 21:22절은 어린 양의 혼인 연회가 끝나고 난 후 영원한 나라를 설명하고 있다.

> 22 '성 안에서 내가 성전을 보지 못하였으니' 이는 주 하나님 곧 '전능하신 이와 및 어린 양이 그 성전'이심이라 23 '그 성은 해나 달의 비침이 쓸 데 없으니 이는 하나님의 영광이 비치고 어린 양이 그 등불이 되심'이라 계 21:22-23

계시록 21장의 이 행간에서 '완성된 하나님 나라의 특징 두 가지'를 발견할 수 있다. ❶ 성전이 없는 이유는 전능하신 이와 어린 양이 성전이기 때문이며 ❷ 해와 달이 없는 이유 하나님의 영광이 빛이 되고 어린 양의 등불이 밝혀주기 때문이라 가르친다. 이것이 완성된 하나님의 나라가 가지는 특징이라면 오늘의 삶 속에서 성전에 대한 이해와 빛에 대한 이해가 어떠해야 할 것인지에 대한 올바른 지식을 가져야 할 것이며 궁극적으로 나타날 변화에 대한 이해를 통하여 완성되는 하나님 나라에 대한 지식을 더하여 그날을 준비해야 할 것이다.

'완성된 하나님 나라의 성전에 대한 이해'에 있어 하늘에서 내려오는 거룩한 성 새 예루살렘 안에는 성전이 없을 것인데 그 이유가 전능하신 아버지와 어린 양이 성전이기 때문이라고 가르친다. 하나님의 임재의 장소인 성전이 없다면 하나님께서 거하실 곳은 어디일까? 여기에 대한 답은 **'교회'**이다. 교회와 어린 양의 혼인 연회, 그리고 성전과 관련된 이해를 등식으로 표현한다면 이러하다.

성전 = 교회 = 처소 = 거룩한 성 새 예루살렘

어린 양의 혼인 연회는 새 하늘과 새 땅계 21:1으로 정결하게 변화된 이후 이 땅의 예루살렘에 임하는 하늘에서 준비된 교회, 곧 거룩한 성 새 예루살렘 안에서 이루어질 것이며 이곳에는 신부의 옷 흰 세마포 옷을 입지 않으면 들어갈 수 없는 곳이며 그 안에서 자격을 갖춘 모든 성도들이 교회로서 예수님과 함께 십자가 구속의 시간으로부터 준비된 포도주로 연회를 베풀고사 25:6-8 그 끝에서 영원한 하나님 나라의 안식을 선포할 것이다. 이 영광스럽고 아름다운 시간에 대하여 시편 기자는 이렇게 노래했다.

> **너희가** 양 우리에 누울 때에는 그 날개를 은으로 입히고 그 깃을 황금으로 입힌 비둘기 **같도다** 시 68:13

이 노래는 이 땅에서 살아가는 삶의 모든 순간과 인생의 끝에서 되돌아보는 삶의 소회를 완성된 하나님 나라에서의 삶으로 연결해 주는 노래이며 성도의 소망이요 갈망이다. 안식의 시간을 기다리며 예수님의 품을 그리워하는 인생의 끝자락에 서 있는 성도라면 자고 일어나 만날 그 나라를 향한 소망은 더 분명해질 것이기에 이 말씀이 주는 은혜는 더 깊은 그 나라에 대한 이해를 완성해 가도록 이끌어 준다. 완성된 하나님 나라에서의 완전한 안식! 그 시간은 시편의 노래가 거룩하게 성취되는 시간이 될 것이다. 이사야 선지자는 시편의 말씀이 성취되는 바로 그 시간! 천년왕국의 끝에서 이루어지는 거룩한 성 새 예루살렘 안에서 베풀어질 연회사 25:6에 대하여 '**시온 산**'에서라고 증거 한다. 세상에 아름답고 신비한 모습으로 하나님께서 거할만한 산들이 얼마나 많은데 왜 꼭 시온 산일까? 이 문제는 성경 신학적으로 매우 중요하며 End-time 신학에 있어 이정표의 역할을 하는 주제적 관점이기 때문이다. 이 산은 창조 때 이미 하나님의 계획 속에서 성소의 영역으로 결정된 장소시 78:54였기 때문이라고 시 78:54절은 증거 한다.

그들을 그의 '성소의 영역' 곧 그의 '오른손으로 만드신 산'으로 인도하시고 시 78:54

시온 산에 관하여는 완성된 하나님의 나라에서 상세히 다룰 내용이기에 개괄적 의미를 살펴면 ❶ 창조 때부터 하나님이 거하시는 성소의 영역으로 창조되었으며시 78:54 ❷ 아브라함과 이삭창 22장을 통하여 자기 백성의 구원을 위해 이 땅에 오셔서 죽으실 어린 양 예수의 희생을 예고했던 모리아 산이며. ❸ 가나안 족속인 여부스 족속의 땅으로 있다가 다윗 왕이 이스라엘의 염병을 멈추고 자기 백성을 구원하기 위해 제사를 드렸던 여부스 사람 아라우나의 소유로 다윗 왕이 은 50세겔을 주고 산 추수의 타작마당 이었으며삼하 24:10-25 ❹ 그곳에 솔로몬이 성전을 세우고 하나님의 이름이 이곳에 있을 것을 선포한 장소이며왕상 6장 ❺ 바벨론에서 돌아와 무너진 그곳에 다시 스룹바벨 성전을 세운 곳이며스 5:16, 슥 4:7-10 ❻ 예수님께서 십자가에 죽으심으로 아브라함과 이삭을 통해 보이셨던 예표를 성취하시고 삼일 만에 부활하셔서 인류에게 구원과 영생을 성취하신 장소마 27:33-35이며 ❼ 오순절 성령의 임재가 있었던 곳이며행 1:12-15 ❽ 다시 오실 메시아가 거하실 통치 천 년의 수도이며사 2:3 ❾ 하늘에서 내려오는 거룩한 성 새 예루살렘이 임할 장소이며사 2:2-4 ❿ 어린 양의 혼인 연회사 25:6-8 이후 자기 백성들과 영원한 시간을 함께하실 장소겔 43:7라고 성경은 가르친다. 그러므로 예수님은 재림하실 때 이곳으로 오셔서 영원히 내 발과 이름을 둘 곳이라 약속겔 43:7하셨던 시온 산이기에 그곳은 영원한 하나님의 성소시 78:54가 될 것이며 이곳에 거룩한 성 새 예루살렘이 임할 때계 21:2 어린 양의 혼인 연회를 가질 장소사 25:6-8가 될 것이라고 성경은 밝히고 있는데 이것이 하나님의 신실하심과 연결되어 그를 믿는 성도에게 온전한 신뢰를 주시는 것이다.

시온 산에 대한 모든 계획은 하나님의 경륜 안에서 이루어졌으며 앞으로도 영원히 그러할 것이다. 또한 마지막 때 시온 산이 중요한 이유 중의 하나는 그곳에서 심판하시는 예수님에 의해 모든 죄와 사망과 음부가 유황 불 못에 던져짐으로 온 세상이 정결한 땅으로 선포될 것이며 에덴으로의 회복을 이루실 통치 장소이기 때문이다. 이러한 예수님의 통치에 대하여 '사 25:7절은 모든 민족의 얼굴을 가리는 가리개와 열방 위에 덮인 덮개가 제거될 것'이라 예언한다. 이 말씀은 모든 민족과 온 세계를 주장했던 사탄의 영향력이 사라지는 것을 의미하며 천년왕국 이후 흰 보좌 심판의 시간을 의미하는 것이다. 이 시간에 있을 또 하나의 일에 대하여 '사 25:8절'이 밝히는데 '사망을 영원히 멸하실 것'이라는 계획이다. 계 20:10, 14절에 기록된 이 시간은 천 년 후 흰 보좌 심판의 시간에 이르러 성취될 것이다. 그러므로 '어린 양의 혼인 연회'는 천년왕국 이후의 시간에 있을 사건이며, 영원한 하나님의 나라가 완성되는 순간이며, 완전히 변화된 이 땅 시온 산에 있는 예루살렘과 하늘에서 내려오는 거룩한 성 새 예루살렘이 연합할 시간이다. 그 거룩한 성안에서 어린 양 예수님과 교회가 갈망하던 수천 년의 사랑의 약속이 결실을 맺을 것이다. 천년왕국의 끝 시간, 시온 산에서 천 년을 기다려온 연회가 열리는 '그 날!' 아가서의 포도원 지기!아 1:6 술람미 여인이 그토록 흠모하던 사랑하는 자!아 1:16 몰약과 유향과 온갖 구원의 향내 풍기며 거친 들에서 우리의 구원을 위해 예루살렘으로 오르시는 심판의 주권자!아 3:6 베데르산의 노루요 어린 사슴 같은 순전한 신랑아 2:17으로 신부를 향해 달려오시는 자! 몰약 산과 유향의 언덕에서 우리를 만나주시는 완전한 사랑! 그분과 함께하는 영원의 시간이 시작될 것이다.

● 혼인 연회에 대한 구체적 설명은 '그 날' 1권 '교회를 향한 하나님의 사랑' 참조

세마포 옷은 성도들의 옳은 행실

흰 세마포 옷은 이 땅의 예루살렘에 하늘에서 내려오는 거룩한 성 새 예루살렘이 임하여 어린 양의 혼인 연회가 베풀어질 때 어린 양의 신부가 입을 예복을 의미한다. 그런데 세마포 옷이 의미하는 바가 바로 '**현재적 삶이 살아내는 행실**'의 문제와 연결된다는 흥미로운 사실을 가르친다. 성도의 행실은 의롭고 거룩한 삶의 자세를 일컫는다. 여기에는 선택의 문제도 포함된다. 의의 신랑이신 예수님을 선택하느냐, 짐승인 적그리스도를 선택하느냐의 문제가 바로 의의 행실과 상관되는 것이다. 의로운 행위는 오직 어린 양 예수를 구원의 주요 의의 신랑으로 인정하고 변하지 않는 신실한 믿음으로 반응하는 것이 바로 의의 행실인 것이다. 이러한 믿음의 삶과 행위가 세마포 옷을 입을 수 있는 자격이 된다고 가르치고 있다.

천년왕국! 어린 양의 혼인 잔치에 '청함' 받은 자들을 향한 명령 19절

> **계 19:9** 천사가 내게 말하기를 '**기록하라**' 어린 양의 혼인 잔치에 '**청함을 받은 자들은 복이 있도다**' 하고 또 내게 말하되 이것은 '**하나님의 참되신 말씀**'이라 하기로

청함과 택함의 차이를 이해하는가? 당신은 청함받은 자 될 것인가? 택함받은 자 될 것인가? 이러한 질문에 답할 수 있는 묵상의 기회가 있었는가? 우리의 생각은 천년왕국의 삶이 하나님 나라의 완성 시점으로 생각한다. 본 행간의 천사가 전하는 말을 다시 한 번 Review 해보자. 본 행간에서 두 가지의 관점 ❶ **기록하라** ❷ **청함과 택함의 차이**에 대한 이해에 닿기를 바란다. 먼저 우리는 다른 성경이 가르치는 완성된 하나님 나

라를 유업으로 받는 상황에 대하여 설명하는 말씀에 귀를 기울일 필요가 있다. 신약성경에 나타나는 두 가지의 예를 들어 분석할 것이다.

❶ 기록하라!

천사가 요한에게 전하는 '**기록하라**'는 '**명령**'은 하나님의 말씀이라 전하고 있다. 하나님이 기록하라고 전하는 핵심은 '**청함**'이라는 논제이다. 청함을 기록하라고 말씀하시는 하나님의 마음과 논제의 의미를 이해하는가? 이 말씀은 권면이 아니다. 명령형의 말씀이다. 이 명령을 듣는 청중에게 청함에 대한 이해를 명령하시는 이유가 무엇일까?에 집중해야 한다. 필자는 생각해 보았다. 청함이 무엇인지! 마태복음에서 헬) '**클레토스**'는 형용사이며 '부름받은'이라는 뜻이며 사도 바울은 교회의 구성원들에 대하여 '부름받은 자들'이라는 의미의 '클레토이'라고 정의하고 있다롬 8:28, 고전 1:2. 현재 '**교회로 부름받은 우리는 부름받은 하나님의 자녀**'라는 의미이다. 그런데 이 당연한 자격에 대하여 '**나는 청함을 받은자**'라는 사실을 '**기록하라**'고 명하는 이유는 무엇일까? 마태복음에 그 열쇠가 있다. 두 개의 Episode를 살펴봄으로 이해에 이르기를 바란다.

❷ 청함과 택함의 차이

위에서 밝혔듯이 '**청함에 대한 의미**'는 '**부름받은**'이라는 의미를 가진 헬라어 형용사 '**클레토스**'라고 했다. 그런데 마태는 청함을 말하면서 그보다 '**더 완전한 초대는 택함**'에 이르는 것이라 가르친다. 택함은 헬라어 '**에클렉토스**'이며 '**정선된, 선택된**'이라는 의미를 가지는 형용사이다. 이 단어는 어원은 '**에클레고**'라는 단어로 '**골라내다**'라는 뜻인데 이는 '**고르고 골라서 선택한 것**'을 일컫는다. 파피루스에서 이 단어는 '**가장 질이 좋**

은 것들을 선택하는 것'이라는 의미를 전하고 있다. 이러한 원어적 의미를 분석해 볼 때 하나님께서 청함을 기록하라고 명령하시는 이유에 대하여 필자가 느끼는 하나님의 마음은 지금 **'너희의 현재는 청함을 받은 상태이니 택함에 이르도록 자라가라는 명령'**이라 해석된다. 이 글을 읽는 독자들은 **'나는 어떠한가?'**를 질문해야 한다. 천사가 전하는 이 명령에는 마지막 때를 살아가며 시험과 환난의 고통에 힘들어할 마지막 세대인 우리를 향한 하나님의 마음이 서려 있다. 지금 너희는 청함의 상태이니 나와 영원한 시간을 함께 하려면 시험을 이기고 택함을 받도록 자라가라고 말씀하시는 것이다. 이 행간에서도 교회를 향한 하나님의 마음을 깊이 새길 수 있기를 축복하는 바 두 가지의 에피소드를 살피며 더 깊은 하나님의 마음을 알고 그분의 사랑을 확정하며 택함을 입는 자리에까지 자라갈 수 있기를, 마음에 기록하여 완성된 하나님 나라에 이르는 신부가 되기를 갈망하시는 예수님의 존귀하신 이름으로 축복하는 바이다.

Episode 1

> ⁸ 네가 누구에게나 혼인 잔치에 '청함을 받았을 때에 높은 자리에 앉지 말라' 그렇지 않으면 너보다 더 높은 사람이 청함을 받은 경우에 ⁹ 너와 그를 청한 자가 와서 너더러 이 사람에게 자리를 내주라 하리니 그 때에 네가 부끄러워 끝자리로 가게 되리라 ¹⁰ '청함을 받았을 때에 차라리 가서 끝자리에 앉으라' 그러면 너를 청한 자가 와서 너더러 벗이여 올라 앉으라 하리니 그 때에야 함께 앉은 모든 사람 앞에서 영광이 있으리라 눅 14:8-10

계 19:9절의 행간을 설명하기에 너무나 적절한 예다. **'청함을 받은 자는 겸손하라'**는 의미의 가르침으로 **'교만한 마음을 가진 자는 잔치 집에서 망신당할 것'**이라는 의미이다. 두 번째의 에피소드와 연결하여 예수님의 가르침에 더 깊은 지식으로 인도되기를 바란다.

Episode 2

더 심각한 의미이다. 청함을 받은 자가 망신에서 끝나는 것이 아니라 예복도 입지 않고 잔치 집에 들렀다가 지옥에 가게 될 것이라는 경고이다.

이 두 가지의 에피소드에서 무엇을 발견하는가? 나의 성경 지식이 나는 청함과 택함 사이에서 택함입은 자라는 확신 가운데 살아가고 있는가? 에피소드 1을 살펴보자.

Episode1을 천년왕국의 시간으로 옮겨 생각해 보자. 천년왕국으로의 청함으로 그 시간 그곳에 있다고 영원한 생명을 얻은 것이 아니라는 사실을 깨닫게 하는 말씀이라고 인식하고 부활과 휴거의 몸이 아닌 천년왕국에서 태어난 세대는 경각심을 가지고 자신의 삶을 돌아봐야 할 주제를 던지고 있는 말씀이 된다. 그러면 마지막 시대를 살아가되 이러한 의미가 나와 상관없는 세대에게 던지는 의미는 무엇일까? 다음 세대를 향한 양육의 책임에 대한 관점이 핵심이 되는 것이다. 죽음을 경험하지 않고 예수님의 재림을 맞이하여 천년왕국으로 들어가서 살아갈 세대 가운데 휴거 되지 못하고 이 땅에 남아 표를 받지 아니하며 짐승의 우상에게 경배하지 않고 그 혹독한 환난 속에서 살아남아 여호사밧 골짜기에서 생명책에 이름이 기록되었음을 확인하고 천년왕국으로 들어가는 우리의 다음 세대가 있다면! 휴거의 재수생을 위하여! 우리는 너의 교만을 조심하고 청함 받은 자의 삶을 살아갈 수 있도록 삼가 겸손하라고 훈계해야 할 책임을 가지게 하는 예수님의 가르침이다. 예수님의 말씀은 진리이므로 변하지 않을 것이기에 천년왕국 세대와 함께 예수님을 모르고 구원받은 돌아온 유대인들과 환난 가운데서 살아남아 여호사밧 골짜기의 심판, 곧 양과 염소의 심판에서 생명책에 이름을 확인하고 천년왕국으로 들어온 예수님을 알지 못하는 자들은 육체를 가지고 천 년의 시간에 들어와 자녀를 낳으며 예수님의 율법과 복음으로 양육될 것이다. 이 교훈을 받아야 할 또 다른 세대는 천 년의 시간 안에서 휴거 되지 않고 육의 몸을 가진 자들에 의해 출생하는 천년왕국 세대를 향한 교훈이 된다. 그들에게는 예수님의 이 말씀이 절대적 지식이 되어야 할 것이다. 사 2:2-3절은 천년왕국에서 살아갈 세대를 향하여 그 시간에 예수님께서 통치하실 하나님 나라의 통치법에 대하여 가르치고 있는데 흥미로운 관점은 무언가 새로운 천년왕국의 통치법으로 다스리실 것이 아니라는 관점이다. 말일에 이어지는 천년왕국에서 있을 예수님의 통치법에 대한 이사야의 예언에 귀를 기울여 보자.

'말일'히) '하야 아하리트' 마지막, 끝, 결말, 마지막 때 에 '여호와의 전의 산'시온 산 이 '모든 산 꼭대기에 굳게 설 것'가장 돋보일 것이요 모든 작은 산 위에 뛰어나리니 '만방이 그리로 모여들 것'이라 사 2:2

많은 백성이 가며 이르기를 오라 우리가 '여호와의 산에' 오르며 야곱의 하나님의 전에 이르자 '그가 그의 길을 우리에게 가르치실 것'이라 우리가 그 길로 행하리라 하리니 이는 '율법이 시온에서'레위기에 명령된 하나님 백성이 지켜야 할 구약의 생활 통치법, 시온 산은 구약의 중심 부터 나올 것이요 '여호와의 말씀이 예루살렘에서'신약의 복음, 예루살렘은 신약 복음의 중심, 궁극적으로 거룩한 성 새 예루살렘부터 나올 것임이니라 사 2:3

이해가 되는가? 말도 안 되는 소리라고 치부하고 싶은가? 우리는 아니라고 해도 하나님은 그리하실 것이다. 우리에게 주신 하나님 나라의 통치법은 복잡하지 않을 것이며 이미 우리가 지키려고 애쓰고 있는 구약과 신약에 기록된 말씀이다. 죄의 몸을 입고 사는 지금은 이 법을 지키지 못하고 항상 범하며 살아갈 수밖에 없지만 죄의 몸을 벗고 살아가는 휴거된 몸의 상태와 휴거 되지 않았더라도 죄의 원흉인 사탄의 무저갱 감금으로 죄의 영향력이 사라진 시간에는 온전한 하나님 나라의 법에 순복할 수 있는 능력으로 채워질 것이다. 이사야의 가르침을 묵상할 때 이러한 생각은 진리가 된다.

> '거기는' '날 수가 많지 못하여 죽는 어린이와 수한이 차지 못한 노인'이 다시는 '없을 것'이라 곧 백 세에 죽는 자를 젊은이라 하겠고 '백 세가 못되어 죽는 자는 저주 받은 자'이리라 사 65:20

　두 가지 극단의 상황을 설명한다. **첫째, 사탄이 무저갱에 감금되었으므로 그의 능력인 사망이 역사하지 못할 것이며 예수님이 계시기에 사망으로부터 우리가 안전할 것이라는 두 가지의 전제 지식을 전한다. 둘째, 그러나 죽는 이가 있을 것인데 그는 저주받은 이유로 흰 보좌 심판이 천년 후에 있을 것이므로 아직 죽음이 있을 수 있다는 것이다.** 죽는다는 전제 앞에서 죽음의 근거와 기준이 무엇이냐는 질문이 있을 수 있다. 죽음의 근거와 기준이 바로 하나님 나라의 법이다. 죽음에 처하도록 판결하는 것은 형법이다. 레위기에 기록된 형법은 천년왕국의 왕이신 예수님에게서 나왔던 진리의 법이기에 변하지 않을 것을 믿어야 내 믿음의 신실함은 증명될 수 있는 것이다. 민 23:19절은 이렇게 가르친다. '**하나님은 사람이 아니시니 거짓말을 하지 않으시고 인생이 아니시니 후회가 없으시도다.**' 한 번 주신 진리의 법은 영원한 진리의 말씀이기에 믿어야 한다는 가르침과 같다.

'Episode 2가 던지는 화두'는 더욱 선명하다. 예수님께서는 당연한 하나님 나라의 법으로 가르치시는 '예복'과 '청함'과 '택함'의 주제에 대하여 우리는 심각한 문제 의식을 가지고 다루어야 한다. 이유는 오늘날 교회가 청함과 택함의 과정을 온전히 분별하지 못하고 있기 때문이다. 본 행간의 핵심 주제 세 가지는 영원한 하나님 나라에 입성하기까지의 과정을 설명하는 주제이다.

필자가 집중하는 것은 천년왕국에 이르러 예수님과 함께하는 그 시간이 완성된 하나님 나라, 영원한 하나님 나라가 아니라는 것이며 결론은 영원한 나라에 들어가는 자는 택함에 이르는 자들에게만 주어지는 특권이라는 점이다. 먼저 휴거 되지 못하고 천년왕국에 살아갈 세대들과 천년왕국에서 태어난 세대들이다. Episode 1과 Episode 2의 가르침처럼 천년왕국의 삶 속에서 영원한 나라로 들어가기 위해 하나님과 사람 앞에서 겸손하게 살아가야 한다는 것이며, 오늘을 살아가는 우리에게 두 가지의 Episode가 주는 또 다른 교훈은 내가 택함 받은 자의 삶을 살아가고 있는지에 대하여 되돌아보는 시간이 필요하다는 것이며 그렇지 못할 경우 속히 예복을 준비하는 신부의 삶으로 변화되어야 한다는 것을 깨닫는 것이다.

이 행간의 결론은 천년왕국이 영원한 나라가 아닌 것은 천 년 후에 무저갱에서 풀려난 사탄의 미혹이 발동하는 시간, 온 세계를 미혹할 때 천년왕국에 청함을 받아 천 년을 살며 양육을 받았지만 곡과 마곡과 고멜 족속과 바사와 구스와 붓처럼 예루살렘의 예수님께 도전하는 나라와 백성이 있을 것이다. 그들은 천년왕국으로의 청함은 받았으나 택함에 이르지 못하고 미혹되어 영원한 유황 불 못에 던져질 인생이 될 것이라는 성경의 가르침을 기억해야 할 것이며 오늘을 사는 교회는 이러한 천년왕국에서 있을 지식이 오늘에도 하나님의 공의 가운데 적용될 것임을 알고 나는 청함의 상태에 머물러 있는 인생은 아닌지! 어떻게 택함으로 나아가야 할 것인지를 심각하게 고민하며 눈앞에 닥친 마지막 시간을 준비해야 할 것이다. 이것이 두 가지 에피소드와 함께 이 행간에 나타나는 '**청함으로 인하여 살피게 된 택함이 주는 교훈**'이다.

아마겟돈 전쟁의 시간대 : 대접 심판 끝에서 있을 최후 전쟁

계 16:1-19:11-21

계 11:15   단 12:11   욜 3:2/마 25:31-46   계 20:4-6, 사 25:6-8   계 20:7-10   계 21:1-20

단 9:27

계 13:1, 11   계 20:11-15   계 21:21-22:5

7년 환난 / 한 이레의 언약		대접 심판	여.곡.심판 앙.염.심판	천 . 년 . 왕 . 국	흰 보좌 심판	영원한 나라
전 삼 년 반, 두 짐승과 인 심판	후 삼 년 반, 나팔 심판					
1260일	1260일	30일	45일	1000년		

⇩ 짐승 출현
⇩ Jr.성전 점령
⇩ 일곱 나팔 마지막 주수
   공중 재림
   교회의 휴거
   증거 장막 성전
⇩ 지상 재림
   아마겟돈 전쟁
   최후 승리
   큰 음녀 심판
   두 짐승 처단
   사탄…무저갱(20강)
⇩ 무저갱 해제
   만국 미혹
   예루살렘 침공
⇩ 사망의 부활
⇩ 새 예루살렘
   혼인 연회
⇩ 하나님 나라 완성

❶ 아마겟돈 전쟁 11절

> **계 19:11** 또 내가 '하늘이 열린 것'을 보니 보라 백마와 그것을 탄 자가 있으니 그 이름은 '충신과 진실이라 그가 공의로 심판하며 싸우더라'

'**하늘이 열린 것을 보니**'라는 요한의 표현은 예수님께서 아마겟돈, 곧 므깃도에서 행하실 전쟁을 위해 이 땅으로 내려오시는 예수님의 모습을 보고 있는 장면이다. 이 땅의 아마겟돈므깃도에 임하셔서 '**행한 대로 보응하리라**'는 말씀에 기록된 대로 공의로 심판하시는 것을 묘사하고 있는 행간이다. 행간의 끝에 표현된 '**싸우시더라**'는 의미는 최후 전쟁인 아마겟돈 전쟁 외에는 적용할 수 없는 동사이다. 심판의 주권자로 이 땅에 오신 예수님께서 심판하며 싸우실 일은 오직 사탄을 추종하는 심판받을 자들과의 아마겟돈 전쟁 밖에는 없다. 그러므로 19:11절의 행간에 나타나는 요한의 표현은 19:19절과 연결되어 대접 심판의 끝계 16:17, 일곱 대접에서 있을 아마겟돈 전쟁에 대한 의미라고 해석함이 마땅하다. 특별히 계 16:17절의 '**되었다**'라는 선포적 표현은 일곱 번째 대접이 부어짐으로 모든 심판이 완료 되었다라는 심판 종결 선언과 같다. 이후 아마겟돈 전쟁에서 패배한 두 짐승과 그 추종자들이 그들이 점령하고 거했던 예루살렘으로 도주해 숨을 것이며 그들을 찾아 심판하시기 위해 예루살렘으로 입성하시기 전 예루살렘 동편에 있는 감람산에서 지진을 일으켜 그 안에 거하는 자기 백성들을 피신슥 14 4-5 시키고 난 후 예루살렘으로 입성하셔서 두 짐승을 심판하시므로 그들을 유황 불 못에 던지실 것계 19:19-21이라고 요한은 증거하고 있다.

전쟁에 능하신 예수님의 모습 12-13절

계 19:12-14 ¹² 그 '눈은 불꽃 같고' 그 '머리에는 많은 관'들이 있고 또 '이름 쓴 것 하나'가 있으니 자기밖에 아는 자가 없고 ¹³ 또 그가 '피 뿌린 옷'을 입었는데 그 이름은 '하나님의 말씀'이라 칭하더라 ¹⁴ '하늘에 있는 군대들이 희고 깨끗한 세마포 옷을 입고 백마를 타고 그를 따르더라'

'눈이 불꽃 같고'라는 표현은 심판하시는 예수님의 분노에 대한 묘사이며 '머리에 많은 관'은 모든 권세에 대한 표현인데 특히 왕으로서의 권세와 권위, 위용에 대한 묘사이다. '이름 쓴 것 하나'에 대한 명확한 해석은 어려우나 많은 관이라는 해석이 권위에 대한 묘사이며 전쟁 상황에서 묘사된 예수님의 이름이라면 세상의 왕으로 일어나 예수님의 교회를 환난 가운데로 이끌었던 사탄과 두 짐승의 만행에 맞서는 이름일 수도 있을 것이며 그들을 패배로 이끌어 승리하심으로 세상의 왕을 제거하시고 만왕의 왕으로 이 땅을 다스리실 왕 중의 왕이신 '만왕의 왕'이라는 의미의 이름일 수도 있을 것이다. '피 뿌린 옷'을 입으신 예수님에 대한 묘사는 아마겟돈 전쟁으로 이미 많은 자들을 심판하시고 그들의 피가 옷에 묻어 있는 정황에 대한 묘사라는 것을 알 수 있다. 스가랴 선지자는 이러한 아마겟돈 전쟁의 상황을 이렇게 묘사한다.

'그 때'에 여호와께서 나가사 그 '이방 나라들을 치시되 이왕의 전쟁 날에 싸운 것 같이' 하시리라 슥 14:3

전쟁의 날에 싸우듯 하신 예수님의 옷에 피가 묻는 것은 당연하다. 곧이어 15절을 보면 예수님이 전쟁을 수행하시는 장면이 나타나는데 '그의 입에서 예리한 검'이 나오니 그것으로 '만국을 치겠고 친히 그들을 철장

'으로 다스리며'라는 표현으로 볼 때 피 묻은 옷에 대한 묘사는 당연히 저항하는 인생들을 처단하시는 심판에 대한 모습을 떠오르게 한다. '예수님이 입으신 피 뿌린 옷의 이름'이 흥미롭게 느껴지는데 그 이름이 '하나님의 말씀'이라고 표현한다. 이 표현은 성경적 근거를 가진 극히 신학적 표현이라 할 수 있는 이유는 피를 흘리는 심판의 근거는 바로 '말씀에 근거한 공의의 심판'이기 때문이다. 심판의 근거는 두 가지로 요약된다. 첫째, '열매로 알리라' 사 10:12, 렘 32:9, 마 7˝17, 19, 20, 눅 6:44. 둘째, '행한 대로 보응하리라' 욥 34:11시 55:19, 시 91:8, 잠 24:12, 사 3:11사 59:18, 렘 32:19, 겔 22:31, 롬 2:6 이다. 이러한 하나님의 약속은 변하지 않을 것이며 마지막 때 반드시 그렇게 행하실 것이다.

'하늘에 있는 군대들이 희고 깨끗한 세마포 옷을 입고 백마를 타고 그를 따르더라'라는 표현은 두 가지의 의미를 전달한다. 첫째, 이 행간의 서두에서 밝혔듯이 전쟁은 온 열방의 교회들과 함께하는 예수님의 마지막 전쟁인 아마겟돈 전쟁에 대한 내용이라는 것이며, 둘째는 하늘에 있는 군대란 부활한 자들과 이 땅에서 휴거 되어 예수님을 공중에서 영접하러 올라갔던 성도들을 의미한다. 이들은 아마겟돈 전쟁에서 예수님과 함께할 것이며 승리의 개가를 함께 부르게 될 것에 대하여 계 15:1-4절의 설명에서 이미 언급된 것을 기억할 것이다. 15:1절은 마지막 대접의 재앙을 가진 일곱 천사를 설명하며 하나님의 진노가 이것으로 마칠 것이라고 설명한다. 15:2절은 세상을 심판한 상황을 설명하는 '불이 섞인 유리 바다'라는 묘사와 함께 '짐승'적그리스도와 거짓 선지자 과 '그의 우상'적그리스도의 우상과 '그의 이름의 수'거짓 선지자의 수 666를 '이기고 벗어난 자들'나팔 심판의 때 = 교회의 환난의 때 = 계 13:5의 마흔두 달의 시간이 '유리 바닷가'심판이 끝난 후 유리와 같이 변한 바다 에 서서 모세의 노래와 어린 양의 노래를 부르는 장면을 소개하고 있다.

예수님의 심판 행위 묘사 15-16절

계 19:15-16 [15] '그의 입에서 예리한 검'이 나오니 또 '**친히**' 하나님 곧 전능하신 이의 맹렬한 '**진노의 포도주 틀을 밟겠고**' [16] 그 옷과 그 다리에 이름을 쓴 것이 있으니 '**만왕의 왕이요 만주의 주**'라 하였더라

'**그의 입에서 예리한 검이 나오니**'라는 표현은 예수님의 입에서 나오는 말씀으로 심판을 주도한다는 의미이다. 심판의 주권은 예수님께 있으며 심판의 실행은 천사들이라는 것을 인식하고 심판에 관한 말씀을 살핀다면 이 행간에 대한 이해는 쉬워진다. 예수님의 입에서 나오는 검은 말씀에 대한 묘사이며 이 말씀을 현실로 나타내는 존재들은 천사들이다. 예수님의 입에서 나가는 말은 곧 영이요 생명요 6:63이라고 하셨기에 예수님의 입에서 말씀하실 때 성령께서 천사를 동원하여 심판을 집행하실 것인데 마치 창조 시스템과 동일한 심판 시스템이 작동할 것이다. '**그것으로 만국을 치겠고 친히 그들을 철장으로 다스리며**'라는 표현은 아마겟돈에서 있을 전쟁을 위해 만국에서 소집된 적그리스도의 군대가 모인 상황 속에서 말씀의 검으로 만국의 군대를 치실 것이며 이때 예수님의 입에서 나가는 말이 성령이시며 동원된 천사로 하여금 예수님의 말씀대로 심판받는 그들의 피로 인해 예수님의 옷은 더러워 질 것이다. 만국을 철장으로 다스린다는 표현은 행한 대로 보응하신다는 심판의 공의를 따라 행하는 심판이라는 의미다. 로마의 병사들은 예수님을 갈대로 만든 회초리를 갖고 주님을 쳤으므로 하나님의 말씀대로 그들은 그들의 행위대로 갈대 회초리를 닮은 철 회초리로 다스리실 것이다시 2:9, 계 2:26-27.

예루살렘 입성과
땅을 더럽히는 죽은 죄인들의 시신 처리 방법 17-18절

계 19:17-18 [17] 또 내가 보니 한 천사가 태양 안에 서서 '**공중에 나는 모든 새**'를 향하여 큰 음성으로 외쳐 이르되 와서 '**하나님의 큰 잔치**'에 모여 [18] '**왕들의 살과 장군들의 살과 장사들의 살과 말들과 그것을 탄 자들의 살과 자유인들이나 종들이나 작은 자나 큰 자나 모든 자의 살을 먹으라**' 하더라

예수님께서 예루살렘으로 입성하셔서 심판하시는 장면을 묘사하는 행간이다. 이 구절에서 명확하게 설명하는 구간은 없으나 이 장면이 예루살렘 입성 후의 장면인 이유는 계 14:1절의 설명이 계 19:17절 장면의 시작점이기 때문이다.

또 내가 보니 보라 '어린 양이 시온 산에 섰고' 그와 '**함께** 십사만 사천이 서 있는데' 그들의 '이마에는 어린 양의 이름'과 그 '아버지의 이름'을 쓴 것이 있더라 계 14:1

계 14:1절의 행간은 시온 산에 선 어린 양과 십사만 사천 명의 이스라엘 신약교회가 예수님의 예루살렘 입성을 노래하는 그들의 정체를 말하는 계 14:2-3절의 장면으로 연결되며 이후 두 짐승의 심판으로 연결된다. 아마겟돈 전쟁터에서 심판을 끝내시고 예루살렘으로 도망하여 숨은 두 짐승을 심판하시기 위해 예루살렘으로 입성하셔야만 하며 거침없이 입성하시는 것이 아니라 그 안에 볼모로 잡혀있는 자기 백성을 구하시기 위해 지진을 일으켜속 14:4 성을 무너뜨리시고 도주의 길을 열어 도피시킨 후 입성하실 것인데 그때 부르는 노래와 부르는 사람들의 정체에 대하여 밝히시는 내용이 14:2-5절의 내용이다. 본 행간은 입성 후에 불 못에 던질 두 짐승을 제외한 모든 자들에 대한 심판의 방법을 소개하고 있는데 그 방법

은 새와 땅의 짐승들이다. 마태복음 24:28절에서 마지막 때에 대한 예수님의 가르침 속에 나타나는 뜬금없는 독수리에 대한 말씀의 진의가 바로 이 주제와 연결되어 있는 것이다.

계 19:17-18절의 말씀과 흡사한 내용의 또 다른 말씀이 에스겔 39:17-18절에 나타나 있다. 각종 새와 들의 각종 짐승에게 이르기를 너희는 모여 오라 내가 '**너희를 위한 잔치**' 곧 '**이스라엘 산 위에 예비한 큰 잔치**'로 너희는 사방에서 모여 살을 먹으며 피를 마실지어다라는 말씀은 시간대가 다른 두 말씀의 공통점을 이해하므로 완성될 하나님의 나라를 완성해 가시는 예수님의 지혜를 깨닫게 되기를 바란다.

계 19:17절과 겔 39:17절에 나타나는 두 말씀의 시간적 배경은 천 년의 차이가 있는 말씀이다. 계시록의 말씀은 대접 심판의 끝에서 예루살렘에 숨어 있는 패배자들인 두 짐승과 그들의 추종자들을 처단하시는 때의 사건이며 겔 38-39장의 말씀은 천년왕국 이후 곡과 마곡, 고멜 족속, 도갈마 족속 영국, 독일, 프랑스를 이루는 민족 과 바사, 구스, 붓을 미혹하여 모래와 같이 많은 군대가 예수님이 계시는 곳, 예루살렘으로 쳐들어 오지만 하늘에서 불이 내려 그들을 제압하시고계 20:8-9 그들과 협조한 그들의 땅에 있는 모든 자들까지 모두 불을 내려 죽이실 것이며겔 39:6 사탄과 사망과 음부까지 유황 불못에 던져 넣으신 후계 20:10, 14 천 년이 지나고 흰 보좌 심판을 통하여 역사 이래 죽은 모든 자들을 일으켜 흰 보좌에 앉으사 심판계 20:11-15하시므로 이 땅에서 죄와 관련된 모든 것들을 심판하시고 완전한 땅으로 거룩한 성 새 예루살렘이 임할 수 있는 환경을 완성하실 것인데 이 시점에 이르러 '**완성된 하나님 나라**'계 21장라고 표현하는 것이다. 완성된 하나님의 나라가 이를 때 하늘에서 거룩한 성 새 예루살렘이 내려올 것이며계 21:2 그 안에 들어가 완성된 하나님 나라에서 맑은 포도주로 어린 양의 신부와 '**혼인 연회**'사 25:6-8를 베푸실 것이다. 이것이 우리말 성경에 기록된 '**어린 양의 혼인 잔치**'마 22:3, 25:10이다. 완성된 하나님의 나라로 가는 길에 있어질 이러한 과정 가운데 에스겔서의 말씀은 바로 천년왕국의 끝에서 잠시 놓여질 사탄의 미혹으로 인하여 예루살렘으로 쳐들어온 곡과 마곡을 비롯한 도갈마 족속과 바사, 구스, 붓의 백성들을 불을 내려 멸절하시고계 20:8-9 그 시신을 처리하시는 하나님의 지혜를 다루는 행간이다. 멸절된 죄인들의 시신은 더운 이스라엘 지방에서는 쉽게 부패한다. 속히 시신을 처리해야 하는 상황에 대하여 하나님의 대책은 완벽하다. 바다의 모래와 같다계 20:8고 표현된 그들의 숫자를 생각할 때 그 시신을 수습하는 데 걸리는 시간은 엄청날 것이지만 예수님의 완전한 지혜는 짐승을 통하여 시신을 썩기 전에 처리할 수 있도록 온 땅의 짐승을 부르고 순식간에 먹어 치우도록 계획하신 것이다. 특히 독수리와 같은 짐승은 뼈에 붙은 모든 살점을 깨끗하게 먹어 치움으로 시신이 썩어 질병과 냄새로 인하여 천 년 동안 정결하게 만드신 에덴같이 변화된 이 땅을 더럽히지 않으시려는 예수님의 의지가 드러나는 대목이다. 에스겔은 곡과 마곡구 소련과 연방의 국가들, 도갈마독일, 영국, 프랑스를 이룬 족속, 바사이란, 구스에티오피아, 붓리비아의 미혹된 백성들이 예루살렘으로 쳐들어 와 죽은 그들을 장사하는 것에 대한 에스겔의 증언은 살점이 없고 뼈만 남은 시신을 땅에 장사하는 데 일곱 달이 걸릴 것겔 39:12 이라고 예언한다.

> 이스라엘 족속이 '일곱 달 동안'에 그들을 '매장'하여 '그 땅을 정결하게' 할 것이라 겔 39:12

이 행간에 나타나는 또 하나의 중요한 관점 하나는 '**잔치**'이다. 요한의 계시록에 나타나는 이 잔치를 어린 양의 혼인 잔치라 생각한다면 심각한 오류가 발생된다. 이 잔치는 어린 양의 혼인 잔치가 아닌 모든 짐승들을 위해 베푸시는 하나님의 사체 처리 잔치임을 성경이 명확하게 밝힌다. 짐 승들을 위한 잔치에 대하여 겔 39:17, 겔 39:19, 계 19:17, 마 24:28절이 증거 한다.

겔 39:17절에 나타나는 '너희를 위한 잔치' 곧 '이스라엘 산 위에 예 비한 큰 잔치'라는 표현은 각종 새와 들 짐승들을 의인화한 묘사이며 겔 39:17절에 **'인자야 너는 각종 새와 들의 각종 짐승에게 이르기를 너희는 모여 오라'**라고 에스겔에게 짐승들을 모으라는 명령 행간에서 나타나는 말씀이다. 이렇듯 천년왕국 전에도 예수님의 심판 후 죽은 시신들을 처리 하시는 방법은 동일하다. 이 행간을 보면서 마지막 때 성도가 가져야 할 마음은 나를 존귀하게 지으신 하나님의 창조에 대한 관점이다. 새와 들 짐승들에게 잔치의 기회를 제공하시는 예수님의 뜻은 시편 기자를 통하 여 마지막 때의 인간 군상에 대하여 깨닫도록 이끈다.

> 존귀하나 깨닫지 못하는 사람은 멸망하는 짐승 같도다 시 49:20

하나님께서는 사람을 가장 영광되고 존귀한 존재로 창조하시고 복을 주셨으나 인간은 하나님의 축복과 배려를 멸시하고 우상을 섬기며 하나 님을 떠난 것이다. 시편 49편의 이 말씀은 이러한 하나님의 사람들이 무 지의 잠에서 깨어나도록 이끄는 경책의 말씀이다.

하나님의 계획은 언제나 완전하시고 온전하시다는 것에 대하여 신뢰 하는가? 이 땅에서 우리와 함께 영원히 거하시려는 하나님의 계획은 우 리를 위한 완전하신 계획이라는 것을 알아야 한다. 뜬금없는 제언이기는 하지만 오늘날 교리 문제로 이단으로 넘어가는 무지한 자들을 보면 무엇 이 문제라 여기는가? 그들이 자신을 향한 하나님의 완전하신 계획을 안 다고 여기는가? 오늘날 교리 공부를 한 번도 하지 아니하고 수십 년을 성도라고 여기며 살다가 유사 종교에 현혹되는 경우가 얼마나 많은가? 그들의 문제는 교리에 대한 지식 유무의 문제이다. 교리를 가르칠 때 가르치는 목적에 있어 '**인간이 하나님을 섬기는 방법**'으로서의 교리를 가르치면 온전한 교리 학습이 불가능 하다는 것을 알아야 한다. '**교리를 가르치는 목적**'은 '**하나님께서 얼마나 나를 존귀하게 여기시는 지**'를 알게 하며 내가 하나님의 백성으로 어떻게 살아야 할 것에 대하여 확신하게 하여 '**스스로가 하나님께 감사하며 우러나는 성심으로 하나님께 영광을 돌려야겠다는 마음을 심어주는 교리공부**'가 되어야만 변하지 않는 신앙으로 하나님을 신뢰하며 피조물로서의 영광을 하나님께 돌리며 살아가는 성도가 될 수 있는 것이다. 나를 창조하시되 하늘의 모든 신령한 복을 허락하신 완전하신 하나님을 신뢰하는 성도로 살아갈 수 있기를 축복하는 바이다.

두 짐승 심판 19-21절

> **계 19:19-21** ¹⁹ 또 내가 보매 그 '**짐승과 땅의 임금들과 그들의 군대**'들이 모여 그 '**말 탄 자와 그의 군대와 더불어 전쟁**'을 일으키다가 ²⁰ '**짐승이 잡히고 그 앞에서 표적을 행하던 거짓 선지자도 함께 잡혔으니**' 이는 짐승의 표를 받고 그의 우상에게 경배하던 자들을 표적으로 미혹하던 자라 '**이 둘이 산 채로 유황불 붙는 못에 던져지고**' ²¹ '**그 나머지**'는 말 탄 자의 '**입으로부터 나오는 검**'에 죽으매 '**모든 새가 그의 살로 배불리더라**'

19장의 끝 장면인 이 내용은 대접 심판의 끝이며 이 땅 심판의 끝 장면이다. 드디어 이 땅에서 삼 년 반 곧 마흔두 달 동안의 일할 권세를 받고 환난을 주도하던 두 짐승의 마지막 운명이 그려진 행간이다. 이 행간에 이르기 직전의 장면에 대한 이해가 필요한데 아마겟돈 전쟁계 19:13-15이 그것이다. 예수님께서 백마를 타시고 열린 하늘을 배경으로 이 땅에 재림하셔서 흰옷 입은 정결한 군대, 곧 '**부활하고 휴거 되어 공중으로 끌어 올**

려저 예수님을 영접했던 교회를 이끄시고 아마겟돈 전쟁을 끝내실 것이며'계 19:14 '예수님의 입에서 나오는 예리한 검이라 묘사된 말씀이 명령이 되어 모든 대적들을 심판하실 것이다'계 19:15.

> '하늘에 있는 군대'들이 '희고 깨끗한 세마포 옷'을 입고 '백마를 타고 그를 따르더라'계 19:14

> 그의 '입에서 예리한 검'이 나오니 그것으로 만국을 치겠고 친히 그들을 '철장으로 다스리며' 또 친히 하나님 곧 전능하신 이의 '맹렬한 진노의 포도주 틀을 밟겠고'계 19:15

　패배한 적그리스도와 거짓 선지자를 직접 처단하실 것인데 그들의 운명은 유황 불 못에 던져질 것이라는 요한의 증거이다.

> 19 또 내가 보매 그 짐승과 땅의 임금들과 그들의 군대들이 모여 그 말 탄 자와 그의 군대와 더불어 전쟁을 일으키다가 20 '짐승이 잡히고 그 앞에서 표적을 행하던 거짓 선지자도 함께 잡혔으니' 이는 짐승의 표를 받고 그의 우상에게 경배하던 자들을 표적으로 미혹하던 자라 '이 둘이 산 채로 유황불 붙는 못에 던져지고'계 19:19-20

> 그 나머지는 '말 탄 자의 입으로부터 나오는 검에 죽으매' 모든 '새가 그들의 살로 배불리더라'계 19:21

　'말 탄 자의 입으로부터 나오는 검에 죽으매'라는 말은 예수님의 입에서 나오는 명령을 의미한다. 엡 6:17절의 가르침, 곧 '성령의 검 곧 하나님의 말씀이라'는 가르침을 근거로 예수님의 입에서 나오는 말씀이 명령이 되어 처단하시는 심판을 그리고 있으며, '모든 새가 그의 살로 배불리더라'라는 표현에 담은 의미는 겔 38-39장에 나타나는 곡과 마곡의 심판을 살펴보라. 계시록의 최후 심판과 동일한 시간과 사건을 다루고 있는 표현이라는 사실을 알게 될 것이다. 두 짐승과 함께 했던 모든 아류들 또한 심판을 피할 수 없을 것과 그들의 최후에 대한 그림은 처참할 정도인데 가혹하게도 시신들의 처리 방법은 짐승에게 먹히는 것으로 끝이 난다. 이에 대하여 성경은 존귀하나 깨닫지 못하는 사람은 멸망하는 짐승 같도다 라고 가르친다.

아마겟돈 전쟁에서 수많은 생명을 심판하시고 그들의 흘린 피가 예수님의 옷에 튀어 피 뿌린 옷으로 묘사되는 모습으로 이 땅에 임하셨고 곧바로 예루살렘으로 쳐들어가지 않으시고 예루살렘의 동편 감람산에서 지진슥 14:4으로 성벽을 무너뜨려 볼모로 잡혀있는 자기 백성들을 도피하게 하신 후 십자가를 지시기 전 예루살렘을 바라보시며 마 23:39절에 예수님 자신의 입으로 예언하셨던 것을 성취하실 것이다. 자기 백성의 손에 의해 십자가에 달리실 것을 아시는 예수님의 섭섭하고 아리는 감정이 묻어나는 예언! **"찬송하리로다 주의 이름으로 오시는이여 할 때까지 나를 보지 못하리라"**마 23:39라는 십사만 사천 명의 예루살렘 입성 환영 찬송을 들어야만 구원을 위해 예루살렘 성으로 들어가시겠다는 그 말씀을 성취하실 것이다. 그리고 계 19:20-21절의 기록대로 짐승과 거짓 선지자를 함께 잡아 결박하시고 그들은 유황 불 못에 던지실 것이며 남은 악의 동역자들을 짐승의 먹이로 주시고 천년왕국 전의 모든 심판과 전쟁을 종료하실 것이다. 천년왕국의 시작과 함께 사로잡혀 갔던 자기 백성들이 다시 예루살렘으로 돌아오는 때 여호사밧 골짜기에 만국을 불러모아 각기 행한 대로 심판하실 것인데욜 3:1-2 이 땅에 살아남은 모든 백성들이 양과 염소로 구분되어 행한 대로 심판받을 것이며마 25:32-33 양으로 구분된 우편의 자기 백성들에게는 상주시는 시간이 될 것이다. 이것이 천년왕국 시작 전 세상 심판의 끝이며 남아있는 마귀와 사망과 지옥에 대한 심판은 천 년 후에계 20:10, 14 있을 것인데 그 때는 천 년 동안 이 땅에 태어난 수많은 인류의 알곡과 쭉정이의 구별을 위해 무저갱에 갇힌 사탄을 잠시 놓으실 것이며 사탄의 미혹을 따르는 자들과 추종자들을 심판하시고 죽은 자들을 일으켜 흰 보좌에서 심판을 끝으로 육체를 가진 인류의 심판은 끝이 날 것이며 그 후는 어린 양의 혼인 연회를 거쳐 성경에 기록된 온전한 안식의 시간으로 들어가는 영원한 나라가 시작될 것이다.

두 짐승의 심판에 대한 기사

적그리스도와 거짓 선지자의 운명은 '산채로 유황 불 못에 던져진다'고 요한이 증거하고 있다계 19:20. 두 짐승에 대한 심판에 대하여 이사야 선지자는 이렇게 증거 한다.

> '그 날'에 여호와께서 그의 견고하고 크고 강한 칼로 '날랜 뱀 리워야단' 곧 '꼬불꼬불한 뱀 리워야단'을 벌하시며 '바다에 있는 용'을 죽이시리라 사 27:1

'날랜 뱀'이라는 번역 가운데 '날랜'에 해당하는 히브리어는 '바리아흐'이며 '도망하는'을 뜻하는 형용사이다. 그는 인류 최후의 아마겟돈 전쟁에서 패하여 도망할 자이며 예수님의 손에서 심판받을 땅을 황폐하게 할 자, 바다에서 나오는 짐승인 최후의 적그리스도를 가리킨다. 욥기서는 '그의 입김으로 하늘을 맑게 하시고 손으로 날렵한 뱀을 무찌르시나니'욥 26:13 라는 묘사를 통하여 예수님의 손에 심판받을 '날렵한' 뱀으로 묘사되어 있는데 '날렵하다'는 단어 역시 히브리어로 '바리아흐'이며 이사야의 표현과 동일한 원어적 의미를 갖는다. 이는 계 13:1절이 증거 하는 온 세상의 주권자로 등장할 자, 곧 계 13:1절에 나타나는 '바다에서 니오는 짐승적그리스도'을 의미하는 것이다.

'꼬불꼬불한 뱀'이라는 번역 가운데 '꼬불꼬불'에 해당하는 히브리어는 '아칼로톤'이며 '비틀어진 꾸부러진'이라는 뜻이다. 계 13:1절의 바다에서 나오는 짐승의 우상을 만들어 놓고 섬기라고 강요하며 불 복종시 몇이든 모두 죽일 것에 대하여 미혹하는 계 13:14-18절의 그 주인공! 그는 계 13:14-15절이 증거 하는 땅에서 나오는 짐승, 곧 거짓 선지자이며 마지막 때 최후의 적그리스도의 종교 전문가이며 마지막 때 음녀의 도성 큰 성 바벨론의 주인이며 종교 다원주의 연합의 수장, 마지막 때 다원주의 공동체에서 나타날 수많은 음녀들의 어미, 그는 땅의 영혼들을 미혹하여 짐승의 우상에게 경배하게 할 거짓 선지자임을 알고 그 시간에 나타날 그를 경계해야 한다.

'리워야단' : 날랜 뱀도 꼬불꼬불한 뱀도 모두 그 이름이 '리워야단'이다. 계시록의 두 짐승을 일컫는 표현으로 모두 히) '리우야탄'이며 '큰 수생동물'이라고 번역하는데 이는 세상을 배경으로 돋보이는 영향력을 행사할 짐승을 의미하는 묘사이다, 곧 세상의 주권자로 등장할 바다 짐승과 땅에서 나오는 짐승이라고 묘사된 그, 곧 땅이 근원인 사람 창 3:23을 영적 권세인 종교적 권세로 통치하는 두 주권자를 일컫는다.

그 이름에 있어 계 13:1절에 나타나는 '바다에서 나오는 짐승'은 마지막 때 심판받을 바벨론의 왕으로 일어날 최후의 적그리스도를 의미하며 스가랴 선지자의 예언 속에 등장하는 '에바 속에 앉은 한 여인' 슥 5:7과 동일 인물이다. 천사가 에바를 들어 시날 땅으로 가져다 놓고 '집을 지어 준공하면 그곳에 거할 것' 슥 5:10-11이라 증거 한다. 이 증거는 장차 시날 땅에 세워질 그의 통치본부 바벨론을 예언하고 있는데 그 때의 시날 땅과 바벨론이란 짐승의 모든 통치영역을 일컬어 표현하는 의미가 될 것이다. 흥미롭게도 시날 땅은 계 16:1절에 나타나는 유브라데 강과 티그리스 강 사이에 위치하며 하나님께서 아마겟돈 전쟁을 위하여 동방의 왕들을 불러 모으실 때 이 강을 말리고 건너오도록 하실 것이라는 말씀이 성취될 그 강 옆에 위치해 있는 땅이다. 역사적으로 이 땅은 창 10:10절에 나타나는 가인의 후손 니므롯이 하나님께 반항하며 바벨탑을 쌓은 곳이 시날 땅이다창 11:2. 단 1:2절에 의하면 느부갓네살은 이곳으로 하나님의 전의 기구들을 약탈하여 시날로 옮겼으며 사 11:11절에서는 '천년왕국의 시간에는 이스라엘 백성이 시날 땅으로부터 나와 모여들 것이라 전하고 있는데 이는 마지막 때의 짐승이 한 이레의 평화조약을 맺고 그 시간의 절반인 삼 년 반 만에 조약을 폐기하고 성전을 점령할 때슥 14:2, 이스라엘의 백성들을 앗수르 현제 이라크 티그리스 서쪽 산 기슭에 위치했던 나라, 애굽 현재의 이집트, 바드로스 현재의 이집트 상부지역 구스 현재의 에티오피아 엘람 현재 이란고원의 남부지역에 있었던 나라, 렘 25:25은 그들을 하나님의 진노의 쓴 잔을 마시게 될 민족으로 나타낸다 시날 바벨론이 시작된 땅 하맛 다메섹 북쪽 땅, 현재의 시리아 땅과 바다 섬들 다른 대륙, 다른 먼 나라로 팔아넘긴 그 백성들을 의미한다. 천사가 에바를 들어 시날 땅 바벨탑의 진원지, 바벨론으로 옮겨 놓는다는 의미는 시대를 넘어 End-time의 그는 바벨론을 일으킬 '마지막 때의 왕, 날랜 뱀, 바다에서 나오는 짐승계 13:1인 최후의 적그리스도'를 의미하며 그의 동역자인 땅에서 나오는 짐승은 모든 종교적 권세를 이용하여 땅흙에서 난 사람들을 영적으로 조종할 마지막 때의 종교적 수장, 세상의 모든 종교를 통합하여 종교 연합을 이룰 종교 전문가, 거짓 선지자를 일컫는다.

'바다에 있는 용'은 사탄을 의미한다. 계 12:3절은 붉은 짐승에 대하여 증거 하는데 이는 바다에서 나오는 짐승과 땅에서 나오는 짐승이 가진 권세의 근본, 곧 사탄 마귀를 의미한다. 이사야 선지자는 예수님께서 이루실 마지막 심판 곧 '흰 보좌 심판'에 대한 내용을 예언 하고 있는 것이다. 이 셋은 사탄이 삼위일체이며 하나님과 어린 양과 성령의 삼위일체와 동일한 모방 구조를 가진다. 사탄은 지혜가 없는 전략적 모방의 대가이며 창의성이 없는 전략의 대가이므로 창조 때의 미혹과 지금의 미혹이 여전히 변화가 없다. 그러나 현대 사회에서도 여전히 그의 전략에 속는 이유는 인간의 자유의지를 미혹하기에는 충분하다는 사실에 집중해야 한다.

'사 27:1절 말씀의 결론'은 날랜 뱀 리워야단은 바다에서 나오는 짐승인 적그리스도를, 꼬불꼬불한 뱀 리워야단은 땅에서 나오는 짐승 거짓 선지자를, 바다의 용은 사탄을 의미하며 마지막 때 예수님이 공의로 심판받을 세 짐승을 가리키는 묵시 문학적 표현이다. 8장부터 19장까지의 구성은 세상을 향한 심판과 심판 설명으로 가득 차 있다. 구원받을 교회와는 상관이 없는 내용이라 할 수 있지만 심판의 장을 알지 못한다면 하나님의 진노가 얼마나 두렵고 무서운 것인지를 알지 못할 것이므로 세상을 향한 하나님의 심판은 교회에게 더 큰 하나님의 구원의 은혜를 감사하는 지식으로 인식될 것이다. 요한의 계시록에 나타나는 구원과 심판에 관한 지식들을 전하는 '6설 6사' 프레임 가운데 8-19장의 행간에 나타나는 '4사 3설' 구조는 다음과 같다.

❶ 8-9장 / 나팔 심판 '**사건**'

❷ 10장 - 11:14절 / 재림 사건에 대한 '**설명**'

❸ 11:15 - 19절 / 예수님의 공중 재림 '**사건**'

❹ 12장 - 15:8절 / 대접 심판을 앞두고 돌아보는 교회 역사와 짐승의 정체, 마지막 수확과 대접 심판의 징조인 하늘에 열리는 증거 장막

성전에 대한 '**설명**'

❺ 16장 / 대접 심판 '**사건**'

❻ 17장 / 16장에서 심판받은 큰 음녀의 근원 사탄에 대한 '**설명**'

❼ 18장 / 큰 성, 17:18, 18:2절과 모든 적그리스도의 나라 바벨론의 패망에 대한 '**설명**'

❽ 19:1-10 / 전능하신 하나님의 통치 선포, 어린 양의 혼인 기약 선포, 성도가 입을 신부의 옷을 허락하심옳은 행실로 구원받은 휴거 성도 한정에 대한 '**설명**'

❾ 19:11-21 / 예수님의 지상 재림과 아마겟돈 전쟁 종식, 두 짐승의 심판 '**사건**'

계 17-19 장에 나타나는 심판 대상 리스트

- 붉은 용 – 사탄
- 바다에서 나오는 짐승 – **적그리스도** 바다에서 나오는 짐승, 계 13:1
- 땅에서 나오는 짐승 – **거짓 선지자** 땅에서 나오는 짐승, 계 13:11
- 사탄에 의해 세워진 가장 강력한 나라 예수님 시대의 로마, 재생 로마 계 13:3
- 큰 음녀=여자=큰 성=큰 성 바벨론 – **거짓 선지자의 도성** 계 17:1, 3, 18, 18:2
- 음녀가 앉아 있는 물-**백성** 거짓 선지자의 백성과 **무리** 종교 연합와 **열국** 연합하는 나라과 방언 언어가 다른 족속들 계17:15

◈ 8-19장의 핵심 문제 ◈

8–9장

1. 나팔 심판의 시작을 알리는 8:3-5절의 기도가 하나님의 심판 계획과 어떤 관계가 있는지에 대한 설명으로 바른 것은?

    ① 심판 실행의 명령이다.   ② 심판 실행의 목적이다.
    ③ 심판 시작의 동력이다.   ④ 심판을 위한 목표이다.

2. 9장에 나타나는 황충 이해에 대한 설명으로 옳지 않은 것을 고르시오.

    ① 황충은 지옥에서 올라오는 영을 의미한다.
    ② 황충의 정체는 농작물을 황폐화시키는 메뚜기에 대한 묵시 문학적 표현이다.
    ③ 말들과 그 위에 탄 자들이라는 표현의 의미는 짐승과 무저갱의 영들과의 연합을 의미한다.
    ④ 황충을 탄 자는 지옥에서 올라오는 사망의 영과 연합한 두 짐승이다.

3. 황충의 꼬리에 대한 성경적 근거는 무엇이며 의미하는 바를 설명하라.

    성경적 근거 : ....
    꼬리의 의미 : ....

10–11:14절

4. 계 10:14절의 의미를 말씀을 받는 오늘을 살아가는 마지막 세대를 향한 예수님의 말씀으로 재해석 한다면!

....

5. 11장에 나타나는 두 증인의 정체인 두 감람나무와 두 촛대에 대하여 설명하라.

두 감람 나무 ....
두 촛대 ....

1-5 ANSWER

1. ❸   2. ❷

3. 사 9:15 그 머리는 곧 장로와 존귀한 자요 그 꼬리는 곧 거짓말을 가르치는 선지자라
   마지막 때 땅에서 나오는 짐승 계 13:1 으로 나타날 거짓 선지자

4. 요한이 기록으로 남긴 계시록 심판의 메시지를 마지막 때 백성과 나라와 방언과 임금에게 가르치고 전하라

5. 두 감람나무 : 이스라엘의 구약교회와 신약교회,
   두 촛대 : 이스라엘의 신약교회와 이방의 신약교회,
   두 증인 : 이스라엘 두 교회 가운데 신약교회의 대표 1인과 이방의 신약교회 대표 1인

11:15 - 19절

6. 계 11:15-19절에 나타나는 예수님의 재림이 소극적 표현으로 느껴지는 이유에 대하여 가장 합당한 설명은?

① 계 10:7의 증거대로 재림은 선지자들에게 전하신 비밀이기 때문
② 공중 재림과 지상 재림의 두 단계 중 공중 재림의 단계이기 때문
③ 일곱 나팔이 불릴 때는 하나님의 성전만 열리는 시간이기 때문
④ 재림은 실제적 사건이 아니라 하나님의 영의 임재이기 때문

7. 12장 전체에 대한 설명으로 옳은 것은?

　① 이스라엘과 용의 정체성에 대한 설명이다.

　② 환난의 시간에 있을 피할 곳에 대한 설명이다.

　③ 인류를 향한 심판을 앞두고 회고하는 이스라엘 교회의 역사Review이다.

　④ 용과 여자와 아이에 대한 애증 관계를 설명한다.

16장, 진노의 일곱 대접

8. 계 16:8절에 나타나는 넷째 대접의 심판에서 해가 권세를 받아 불로 사람을 태운다는 의미를 설명하라.

_____

_____

9. 계 16:12-16절은 마지막 전쟁인 아마겟돈 전쟁에 대하여 밝히고 있다. 이 전쟁의 시작과 종결에 대하여 계 16:12-21절과 19:11-21절 묵상의 결론은 무엇인가?

　① 여섯째 천사가 대접을 큰 강 유브라데에 쏟고 난 후이다.

　② 일곱 번째 대접을 공중에 쏟을 때.

　③ 개구리 같은 저주의 영이 사탄인 용의 입과 짐승의 입과 거짓 선지자의 입에서 나올 때.

　④ 일곱 번째 대접으로 땅에 큰 지진과 큰 성 바벨론의 심판이 있을 때.

6-9 ANSWER

6. ❷　7. ❸

8. 기후변화가 점점 증가 되어 넷째 대접이 부어지는 시간 지구에 미치는 태양의 온도가 최고점에 이를 때 인간의 생명이 해를 당하는 심판의 시간을 의미한다.

9. ❹

10. 17장에 나타나는 존재와 세력들을 정리하여 설명해 보라.

- 큰 음녀 :
- 여자가 탄 붉은 빛 짐승 :
- 땅의 음녀들 :
- 전에 있었다가 지금은 없으나 무저갱으로부터 올라와 멸망으로 들어갈 자 :
- 일곱 머리 :
- 일곱 산 :

11. 18장에 나타나는 바벨론에 대한 올바른 설명이 아닌 것은?

① 거짓 선지자의 도성, 종교적 총본산을 의미한다.
② 일곱 머리와 동일한 의미이다.
③ 스스로 여왕이라 일컫는 의인화 된 바벨론계 18:7.
④ '거기서'라는 표현으로 장소를 일컫는다계 18:4.

12. 계 19:14절에 나타나는 표현은 어떤 상황에 대한 설명인가?
계 19:14절 하늘에 있는 군대들이 희고 깨끗한 세마포 옷을 입고 백마를 타고 그를 따르더라

① 대접 심판을 위해 나아가는 교회를 나타내는 표현이다.
② 재림하시는 예수님을 따르는 표현이다.
③ 아마겟돈 전쟁을 위해 예수님을 따르는 교회에 대한 묘사이다.
④ 예수님을 따라 혼인 예식을 위해 나아가는 자들의 모습이다.

13. 계 19:17절에 나타나는 '하나님의 큰 잔치'는 무엇을 설명하는가?

① 어린 양의 혼인잔치를 의미한다.
② 심판받아 죽은 자들의 시신으로 배 불리는 짐승들을 위한 잔치를 의미
한다.
③ 예수님의 예루살렘 입성 축하 잔치를 의미한다.
④ 땅의 짐승들과 하늘의 새들과 함께하는 천년왕국의 잔치를 의미한다.

10–13번 ANSWER

● 음녀 = 여자 = 큰 성 = 바벨론 = 바티칸 시국
● 용 = 사탄
● 가톨릭 교회를 중심한 종교연합의 무리들
● 사탄
● 사탄이 지배했던 고대로부터 중세까지의 일곱 나라와 왕들
● 일곱 나라
11. ❷   12. ❸   13. ❷

7년 End-time/마지막 시간의 시작부터
Eternal time/영원한 시간까지 계획된
하나님의 15가지 Schedule/스케줄

'7E15S'

글로리 데이 앤 타임 연구소

'7E15S'

칠 년 평화조약의 세상 영웅, 짐승의 출현부터 영원한 하나님 나라에 이르는
15가지 하나님의 계획을 세분화시켜 순차적으로 나열하면 다음과 같다.

짐승 출현 단 9:27

짐승의 유대인 성전 점령 살후 2:4

나팔 심판 계 8-9장

예수님의 공중 재림, 부활과 휴거 계 11:15-19, 살전 4:16, 17

대접 심판 계 16장

예수님의 지상 재림과 아마겟돈 전쟁 계 19:11-21

유대인의 귀환과 회개, 세례와 구원 겔 39:27-28, 욜 3:1, 슥 12:10-11, 13:1

여호사밧 골짜기 심판과 사탄 감금 욜 3:2, 마 25:31-46, 계 20:1-3

천년왕국 계 20:4, 사 25:6-8

사탄의 무저갱 출소, 미혹, 예루살렘 침공 계 20:1, 7, 계 20:8, 겔 38-39장

사탄, 사망, 음부에 대한 불못 심판 계 20:10

흰 보좌 심판 계 20:11-15

새 하늘과 새 땅에 임하는 거룩한 성 새 예루살렘 계 21:1, 계 9-10절

새 예루살렘 성 안에서 베풀어질 어린 양의 혼인 연회 사 25:6-8

완성된 하나님 나라 계 22:1-5

'7E15S'란?

7년 End-time 종말의 시간으로부터 Eternal time 영원한 나라에 이르기까지 15가지 하나님의 Schedule 계획을 의미하며 '7E15S'는 지금까지 교회가 확신하지 못했던 하나님의 계획을 인지하므로 성경이 밝히 증거하는 교회의 산 소망이 될 것이다. 7E15S의 지식은 새롭게 만들어진 예언이나 지식이 아니다. 창조 이래 성경을 통하여 끊임없이 강조되어 왔지만 인식되지 못하였던 하나님의 광고였다. 그러나 감추어졌던 End-time의 지식이 열리는 세대가 되었고 이 시간을 아는 성도는 영원한 나라에 이르기까지의 산 소망을 가지고 두 짐승이 주도하는 마흔 두달의 시험계 13:5 과 환난의 시간을 오직 신랑이신 예수님을 기다리며 인내할 수 있을 것이며 모든 환난을 이기는 동력으로 삼을 수 있을 것이다.

7년이란? 예수님의 재림과 관련된 시간인데 7년의 시작 시점이 중요하다. 예수님 재림의 기준이 될 것이기 때문이다. 그 기준은 놀랍게도 심판받을 짐승, 곧 적그리스도의 출현을 기준으로 삼으셨다. 왜 적그리스도라 일컬어질 짐승을 기준으로 삼으셨을까? 이유는 예수님의 재림은 자기 백성을 구원하시기 위하여 그 짐승과 마귀를 심판하러 오시는 시간이기 때문이다. 그가 나타나는 시간을 기준으로 정확히 7년 후, 나팔 심판 중 마지막 일곱 번째 나팔이 울릴 때 이 땅으로 오셔서 온 땅과 교회를 시험하는 두 짐승을 심판하실 것이며계 19:19 사탄을 결박하여 무저갱에 가두시고 천년 동안 봉인하실 것이다계 20:1-3. 그리고 천 년이 지난 후 봉인이 해제되고계 20:7 예수님의 심판 계획에 따라 잠시 이 땅에 놓이게 될 것인데계 20:3 그 때부터 세상을 다시 시끄러워지고 영원한 나라로 들어가기 전, 곧 흰 보좌 심판의 시간 직전 사탄은 사망과 음부, 곧 지옥과 함께 유황 불 못에 던져질 것이다계 20:10, 14. 그리고 이 땅에는 죄의 근원인 사탄과 그의 능력인 사망과 그의 통치 영역인 지옥이 영원히 사라지고 정결해진 이 땅의 예루살렘과 거룩한 성 새 예루살렘이 내려와 연합할 때 그 안에서 어린 양의 혼인 연회가 베풀어지고 곧바로 영원한 나라로 들어가게 되는 하나님의 계획들이 실행될 것이다. 짐승의 출현으로부터 영원한 하나님의 나라가 시작되는 그 시간까지 일어날 15가지 하나님의 스케줄을 '7E15S'라 한다. 성경에 나타나 있는 15가지 스케줄에 대한 성경적 정당성 이해는 이러하다.

'7E15S'의 성경적 정당성 이해

15가지 주요 사건
주요 사건으로 인한 세계적 현상들에 관한 성경의 논증

1. 짐승의 출현 단 9:27

중동 평화를 위한 7년 조약의 체결사 28:18, 단 9:27 난세의 영웅 출현 최후의 적그리스도

7년의 기간 중 '전 삼 년 반'1260일의 시작, '세계적 평안의 때' 교회에게는 해산의 고통이 증가하는 시간'마 24:4-6, 24:24, 살전 5:3, 사 66:7-9, 딤전 2:15, 계 12:2

2. 짐승의 유대인성전 점령 살후 2:4

세계 질서와 권력의 재편, 세계적 혼란, 짐승의 야욕 점화단 12:11

7년의 중간 '멸망의 가증한 것이 서는 때'마 24:15 이며 바다에서 나오는 짐승에게 주어진 '마흔두 달 동안의 권세가 실행되는 시간대'계 13:5이며 '짐승의 우상화를 위한 강압적 미혹과 표의 강요'계 13:14-15가 이루어질 시간으로 '교회의 시험 시간'마 24:7-14

3. 나팔 심판 계 8-9장

후 삼 년 반의 시작 시점 '짐승의 성전 점령 ~ 예수님의 공중 재림까지' 삼 년 반의 기간 안에 일어날 심판의 시간 단 12:11

후 삼 년 반의 시간부터 공중 재림까지 삼 년 반의 시간 안에서 여섯 번

의 나팔 심판이 있을 것이며 일곱 번째는 재림 나팔이다 계 11:15-18.

4. 예수님의 공중 재림, 부활, 휴거 계 11:15-19, 살전 4:16, 17

일곱 번째 나팔이 불려지는 시간, 세계적 동시다발 현상 교회의 휴거

살전 4:16-17.
온 지구촌의 인류에게 자기를 빛으로 나타내시며 운행 마 24:29-31 하시는 메시아 모습을 본 유대인의 귀환이 시작되는 시간이다 사 10:20-23, 겔 29:27-28, 미 5:3.

5. 대접 심판 계 16장

30일 동안의 심판의 시간 단 12:11 일곱째 대접에 바벨론이 무너지는 시간 계 16:17-21, 18장
일곱 대접이 부어지는 순간까지 유대인의 귀환이 계속될 것이며 여섯 번째 대접이 부어질 때 아마겟돈 전쟁이 준비되고 계 16:12-14 일곱 대접이 부어질 때 바벨론의 멸망과 함께 아마겟돈 전쟁이 종식될 것이다 계 16:17-21.

6. 예수님의 지상 재림과 아마겟돈 전쟁 계 19:11-21

아마겟돈 전쟁 종식의 시간 계 19:11-16, 예수님의 예루살렘 입성 시간 마 23:39, 사 52:8, 두 짐승이 처단되는 시간 계 19:19-21
'유대인의 귀환과 구원' 욜 3:1, '요단강 물 세례' 슥 12:10, 13:1, 욜 3:18, '여호사밧 골짜기 심판' 욜 3:2, 3:12 = '양과 염소 심판' 마 25:31-46, '사탄의 무저갱 감금' 계 20:1-3 이 이루어질 것이다.

7. 유대인의 귀환과 회개, 세례, 구원 겔 39:27-28, 욜 3:1, 슥 12:10-11, 13:1

유대인들의 귀환은 겔 39:27-28, 욜 3:1-2절의 약속대로 성취될 것이다. 이 시간은 천년왕국 직전의 시간대가 될 것이며 여호사밧 골짜기 심판 욜 3:2, 곧 양과 염소 심판 마 25:41-46 직전에 예루살렘에 도착하여 성전에서 흘러내리는 생수에 회개의 세례를 받고 욜 3:18 천년왕국으로 들어갈 것이다 슥 12:10-11, 13:1.

8. 여호사밧 골짜기 심판과 사탄 감금 욜 3:2, 마 25:31-46, 계 20:1-3

천년왕국 시작직전 만국을 모으고 심판하는 시간욜 3:1-2. 마태복음은 양과 염소 심판으로 표현마 25:31-46. 이 심판의 시간에는 사탄을 천 년 동안 무저갱에 감금하시는 시간이다계 20:1-3.

9. 천년왕국 계 20:4, 사 25:6-8

성경은 천년왕국의 장소는 시온 산이며사 25:6-8, 거기서의 수한은 나무의 수한인 천 년을 산다사 65:20고 가르친다. 휴거 된 몸과 휴거 되지 못한 몸이 함께 살아가는 시간 레위기의 형법과 신약의 복음으로 천 년이 통치될 것이다사 2:3.

예수님이 왕으로 다스리시는 천년왕국계 20:4, 사 2:2-3 **'천년왕국 시간 속에서의 삶의 모습들'**사 2:2-3, 사 3:4-6, 사 4:5, 사 11:6-9. 사 40:10-11, 사 62:4-5, 사 65:20-22, 사 66:22-23, 슥 14:16-18

10. 사탄의 무저갱 출소, 미혹, 예루살렘 침공 계 20:1, 7, 계 20:8, 겔 38, 39장

천년왕국의 끝, 잠시 놓인 사탄의 미혹, 곡과 마곡의 미혹된 연합군의 예루살렘 침공겔 38-39장, **'사탄 심판'**계 20:10 **'미혹된 나라들 심판'** / 곡과 마곡구 소련 연방 국가들, **도갈마 족속**독일, 프랑스, 영국을 이룬 민족, **바사**이란, **구스**에티오피아, **붓**리비아

11. 사탄, 사망, 음부에 대한 불못 심판 계 20:10

천 년 후 잠시 놓인 마귀는 곡과 마곡을 미혹하여 예루살렘으로 쳐들어올 것이며 미혹의 사명을 끝으로 영원한 불못으로 던져질 것. 이때 사망과 음부도 함께 던져질 것이다계 20:7-14 .

12. 흰 보좌 심판 계 20:11-15

죽은 자들을 향한 사망의 부활과 영원한 불못 심판계 20:13-15
영원한 하나님의 처소 거룩한 성 새 예루살렘의 이 땅 임재를 위한 마지막 땅의 정결법 집행 시간, 온 세상의 정결시간이 될 것이다.

13. 새 하늘과 새 땅에 임하는 거룩한 성 새 예루살렘 계 21:1, 9~10

창세의 에덴으로 회복된 환경에계 21:1 하늘에서 내려오는 거룩한 성 새 예루살렘 계 21:9-10.

거룩하신 하나님이 거하실 영원한 처소의 조건, 어린 양의 혼인 연회가 열릴 수 있는 조건, 새 예루살렘 성이 임할 수 있는 조건은 죄, 사망, 지옥이 사라진 조건이 이루어져야만 가능해진다. 이러한 환경은 궁극적으로 창세 때 아담과 하와가 죄를 짓기 전의 시간으로 돌아가야 함을 의미한다.

14. 새 예루살렘 성 안에서 베풀어질 어린 양의 혼인 연회 사 25:6-8

천 년 동안 준비된 맑은 포도주로 시온 산의 어린 양의 혼인 연회 시작 사 25:6.

이 시간에는 모든 나라와 민족의 죄가 사라진 시간이 될 것이며사 25:7, 사망을 영원히 멸하신 흰 보좌 심판 이후의 시간사 25:8이 될 것이다. 이 사야를 통하여 이 시간에 대하여 이렇게 가르치신다.

⁶ 만군의 여호와께서 이 산에서 만민을 위하여 기름진 것과 오래 저장하였던 포도주로 연회를 베푸시리니 곧 골수가 가득한 기름진 것과 오래 저장하였던 맑은 포도주로 하실 것이며 ⁷ 또 이 산에서 모든 민족의 얼굴을 가린 가리개와 열방 위에 덮인 덮개를 제하시며 ⁸ 사망을 영원히 멸하실 것이라 주 여호와께서 모든 얼굴에서 눈물을 씻기시며 자기 백성의 수치를 온 천하에서 제하시리라 여호와께서 이같이 말씀하셨느니라 사 25:6-8

15. 영원한 하나님 나라 계 22:1-5, 완성된 하나님 나라

어린 양의 혼인 연회의 시간부터 인류의 역사가 끝나고 영원한 하나님의 나라가 시작된다. 이것이 완성된 하나님의 나라이다.

성경으로 논증되는 하나님 아버지의 "7E15S"는 '7년의 시작으로부터 영원한 하나님 나라가 이루어질 때까지 일어날 15가지 계획'들이며 전 지구적으로 일어날 실제적이며 사회적 현상들이 될 것이다. 예수님의 움직임들을 모든 성경 속에서 스케줄화하여 나타내고 있는 이유는? 이러한 사건들과 상황들 앞에서 하나님의 백성으로서의 지식을 가진 자들이 사탄과 두 짐승에 의해 휘몰아치는 광풍과 같은 미혹의 시험과 환난 가운데서도 소망을 잃지 않도록 인도하시는 하나님의 사랑이며 오직 신랑이신 예수님을 기다리는 교회를 향하여 가르쳤던 고전 15:22-26절에 기록된 사도 바울의 가르침 곧, 예수님의 최종적 비전이었던 '죄가 사라지고 에덴으로 회복된 이 땅을 하나님 아버지께 바치는 그 날'을 위해 오늘을 온전히 살며 천년왕국을 준비하는 세대로 일으키시기 위함이다. 초대교회 시대부터 '예수님과 모든 사도들의 비전이요 소망이었던 완성된 하나님의 나라!' 그 마지막 세대의 주자인 우리는 고전 15:24절의 궁극적 의미를 온전히 새기고 시험과 환난의 시간을 준비하며 End-time 지식으로 온전히 준비되는 거룩하고 존귀한 신부인 교회로 일어서야 하기 때문이다. 이러한 은혜와 결단이 있기를 축복하는 바이다.

'예수님의 최후 비전'

고전 15:22-26절 ²² 아담 안에서 모든 사람이 죽은 것 같이 그리스도 안에서 모든 사람이 삶을 얻으리라 ²³ 그러나 각각 자기 차례대로 되리니 먼저는 첫 열매인 그리스도요 다음에는 그가 강림하실 때에 그리스도에게 속한 자요 ²⁴ '**그 후에는 마지막이니 그가 모든 통치와 모든 권세와 능력을 멸하시고 나라를 아버지 하나님께 바칠 때**'라 ²⁵ 그가 '모든 원수를 그 발 아래에 둘 때까지' 흰 보좌심판 반드시 왕 노릇 하시리니 ²⁶ '맨 나중에 멸망 받을 원수는 사망'계 20:10, 14 이니라

복음주의 교회의 형성 과정

현재 열방의 복음주의 교회의 번성에는 수많은 사건과 일들과 사람들의 헌신과 희생과 피가 녹여져 있다. 마지막 때를 바라보는 시간! 인류의 교회는 지난 과거를 돌아보며 어떤 과정을 통하여 교회가 형성되고 발전되어 왔는지에 대한 이해와 함께 다가올 마지막 시간을 준비하는 지혜가 필요하다. 유기적 생명을 가진 하나님의 나라를 구현하는 교회는 어떻게 세워지며 어떻게 성장하는가? 이는 교회 역사를 돌아보면 볼 수 있는 화가의 그림과 같이 뚜렷하다.

하나님의 주권적 선택, 이스라엘의 구약교회

이스라엘은 출애굽을 시작으로 교회로서 하나님의 은혜를 경험하며 하나님 나라로서 기능을 시작하므로 성경은 이를 '광야교회'에클레시아 엔 호 에레모스라 이름한다행 7:38. 이는 하나님의 약속을 따라창 16:15 430년 동안 물들었던 세상적 가치와 사고를 벗어버리고 하나님 나라를 향하는 온전한 믿음의 시작이었기 때문이며 시내산의 율법을 통하여 하나님의 법을 가진 언약 백성으로서 온전한 하나님 나라가 된다.

예수님의 초림으로 인한 메시아 교회

예수님의 이 땅에 오심은 이 땅에 신약 교회를 세우시고 우리를 구원하시기 위함이었으며 제자를 양육하여 더 많은 사람들을 세워 하나님의 나라를 견고히 하고 자신이 흘리신 피로 정결한 신부의 교회를 온 땅에 세우시고행 20:28 종말에 이 땅을 완전하게 하여 아버지 하나님께 드리기 위한고전 15:24 선교적 부르심을 이루는 순종의 임마누엘 교회이다.

이스라엘의 신약교회 태동

예수님은 신약의 인물이 아니시다. 신약시대를 열어가시기 위한 구약교회의 끝에 오신 예언된 메시아다. 그분의 사명은 새로운 구원의 언약을 세워 성령으로 신약의 교회를 세우심으로 하나님께서 계획하신 영원한 하나님 나라를 준비하시는 사명이었으며 이 모든 아버지의 계획과 사명은 오직 사랑으로만 가능한 하나님의 행위로 이 땅에 자신의 피를 뿌려 정결하게 하는 십자가의 희생으로만 가능한 사명이었다.

십자가에서 이루신 예수님의 '순교적 희생'

'요 20:21절'의 말씀은 예수님께서 이 땅에 오신 이유와 정체성을 설명하는 가르침이다.

'아버지께서 나를 보내신 것 같이 나도 너희를 보내노라' 이 말씀처럼 주님은 하나님 나라를 세우시기 위해 이 땅에 파송되어 순교하신 선교사였다. 그분의 거룩한 희생은 이 땅을 정결한 피로 거룩하게 하는 사랑의 섬김이었다. 예수님의 희생은 하나님 나라를 위함이며 교회의 정체성이라 말할 수 있다. 이후 정결한 교회를 세우기 위한 사도들의 순교가 있었고, 온 세계에 하나님의 교회를 세우기 위한 사도들의 순교와 스데반의 순교, 그리고 중세 로마 가톨릭에 의한 신약교회의 순교, 우리나라의 일제 강점기 수많은 성도의 순교까지 교회의 번성은 순교의 피를 통하여 세워지는 희생의 나라이다.

오순절 성령의 강림과 신약교회 출산

예수님의 시대에도 성령님은 예수님 사역의 동반자로 이 땅에서 함께하셨던 하나님이시다. 그런데 왜 그분을 오순절에 임하신 성령이라고 표현할까? 성령님은 예수님의 구속 사역을 완성하시기 위해 아버지께서 파송하신 두 번째 보혜사이시다. 예수님께서 승천하시고 난 후 일곱 이레를 지나고 50일째 되는 오순절기의 의미를 성취하는 성령의 강림이 이루어졌다. 그분이 오순절에 자기를 나타내신 이유는 예수님의 승천 이후 자기 백성을 고아와 같이 버려두지 않기 위해 보혜사의 직분을 대신할 하나님으로 오신 것이며 이 땅에 육의 몸이 아닌 영으로 온 땅에 교회를 세울 수 있도록 물리적 제어를 받지 않고 일하시기 위함이다. 예수님의 십자가 구원에 대한 성령의 인치심의 사역은 온 세계에 하나님의 나라를 선포하고 이 땅에 있을 모든 하나님의 백성들을 찾아 구원하시기 위함이다. 이 시점이 신약교회 시대의 시작 시점이며 이스라엘과 이방 구원에 있어 차별이 없어지는 시점이다. 이에 대하여 사도 바울은 에베소서를 통하여 이렇게 가르친다.

[12] 그 때에 너희는 그리스도 밖에 있었고 이스라엘 나라 밖의 사람이라 약속의 언약들에 대하여는 외인이요 세상에서 소망이 없고 하나님도 없는 자이더니 [13] 이제는 전에 멀리 있던 너희가 그리스도 예수 안에서 그리스도의 피로 가까워졌느니라 [14] 그는 우리의 화평이신지라 둘로 하나를 만드사 원수 된 것 곧 중간에 막힌 담을 자기 육체로 허시고 [15] 법조문으로 된 계명의 율법을 폐하셨으니 이는 이 둘로 자기 안에서 한 새 사람을 지어 화평하게 하시고 [16] 또 십자가로 이 둘을 한 몸으로

하나님과 화목하게 하려 하심이라 원수 된 것을 십자가로 소멸하시고 [17] 또 오셔서 먼 데 있는 너희에게 평안을 전하시고 가까운 데 있는 자들에게 평안을 전하셨으니 [18] 이는 그로 말미암아 우리 둘이 한 성령 안에서 아버지께 나아감을 얻게 하려 하심이라 [19] 그러므로 이제부터 너희는 외인도 아니요 나그네도 아니요 오직 성도들과 동일한 시민이요 하나님의 권속이라 엡 2:12-19

사도적 교회와 사도들의 '순교'

사도적 교회란? 예수님의 승천 이후의 시간부터 예루살렘교회가 온 땅으로 흩어져 세우는 중세 이전의 초대교회를 일컫는 표현이다. 중세의 교회는 로마 가톨릭으로 대변되지만 이는 초대교회의 정통성과는 무관한 특별한 변종의 교회임을 알아야 한다. 콘스탄틴 대제의 절박한 전쟁의 위기 속에서 개인적 서원으로 로마에 세워진 가톨릭 교회가 사도들의 순교의 피로 세워진 신약교회와는 아무런 연관성이 없다는 것을 분명히 인식해야 한다. 기독교의 가장 큰 특징은 부활과 영생이며 이 두 가지를 마음에 받아들이고 이것을 이루신 예수님을 구원자로 고백하여 믿는 믿음이 곧 기독교의 본질이며 특징이다. 이에서 벗어난 것은 기독교의 정체성이 아니므로 구원이 없기에 기독교라 할 수 없다. 사탄은 전략적으로 로마 가톨릭교회를 세웠다고 할 수 있다. 중세의 역사는 로마 제국을 기독교 제국으로 변화시키는 개종의 과정을 분명하게 설명한다. 예수 그리스도가 이루신 십자가 구원의 은혜를 고백함으로 교회가 세워지는 것이 아니라 세금, 곡식, 직업 등과 같은 삶의 풍요와 혜택을 통하여 개종하도록 법적, 사회 제도적 방법으로 세워진 것이 로마 가톨릭 교회의 시작이다. 이는 마지막 때에 나타날 두 짐승의 방법으로 먹을 것, 마실 것, 입을 것으로 표와 우상 경배를 종용할 마지막 때의 장면과 오버랩 된다는 사실이 놀랍지 않은가? 창조 시대의 하와를 미혹하는 방법과 동일하다. 그러나 교회는 삶 속에서 절대적 필요인 먹는 것, 입는 것, 마시는 것으로 이루는 것이 아니다. 이러한 육신의 생명을 유지하는 성경의 가르침은 '그 나라와 의'를 대안으로 제시한다. 예수님과 사도 바울의 가르침을 살피면 쉽게 이해할 수 있다.

예수님의 가르침
[31] '그러므로 염려하여 이르기를 무엇을 먹을까 무엇을 마실까 무엇을 입을까 하지 말라 [32] 이는 다 이방인들이 구하는 것이라 너희 하늘 아버지께서 이 모든 것이 너희에게 있어야 할 줄을 아시느니라 [33] 그러므로 너희는 먼저 그의 나라와 의를 구하라 그리하면 이 모든 것을 너희에게 더

하시리라 마 6:31-33

사도 바울의 가르침

'하나님의 나라는 먹는 것과 마시는 것이 아니요 오직 성령 안에 있는 의
와 평강과 희락'이라롬 14:17고 경고한다. 마지막 때 성도는 먹는 것, 마
시는 것, 입는 문제에 대하여 하나님이 모든 것을 아시기에 이 문제는 기
도하는 제목이 될 수 없음을 알고 먼저 그 나라와 의를 구하는 본질적 삶
을 살아 내는데 집중해야 할 현재적 삶과 마지막 때의 삶을 조명하고 있
는 말씀이라는 사실을 깨달아야 할 것이다.

로마의 가톨릭 교회와 초대교회가 다른 점은 유대인들을 중심한 초대교
회를 인정하지 않았던 당시 로마 가톨릭 또한 문제가 된다. 그들은 초대
교회의 절기의 전통이나 믿음을 경시하며 무시하고 자신들의 때와 장소
와 절기적 개념들을 재정립하여 하나님 나라의 법과 정통성을 태양신을
섬기는 때와 절기와 정통성으로 재정립한 것이다. 진리는 변할 수 없고
변해서도 안된다. 이스라엘의 전통과 풍습은 하나님 나라의 계획과 성취
를 동시에 이루어가는 하나님의 시간표이다. 이는 곧 하나님 나라의 법
과 정통성인데 그것을 부인하고 그들의 태양신 사상 위에 교회를 세우겠
다고 선언하고 실행한 것이다. 그들만의 세상적 논리요 자만이며 오만이
다. 교회라 일컫는 무리들은 예수 그리스도를 구주로 영접한 무리가 아
니라 삶의 필요들에 미혹되어 표와 짐승의 우상에게 절하는 자들이 나
는 거룩한 성도라 자칭하는 자들의 무리가 될 것이다. 이 무리를 보시는
하나님께서 과연 그들의 정체성을 교회로 인정하실까? 그들 교회의 머
리인 종교 수장이 하달하는 칙령이 말씀의 권위와 동일한 교리에 대하여
거룩한 말씀이라 인정하실까? 구원은 개인적인 것이다. 그 안에서도 삼
위일체 하나님을 믿고 오직 예수님만 나의 구원자 되심을 고백하는 자가
있을 것이기에 계 18:4절의 부르심을 알게 하는 것이다.

스데반의 '순교'와 예루살렘 교회의 흩어짐

예수님의 몸 된 교회의 번성은 반드시 섬김과 희생의 대가를 지불해야
한다. 이유는 사탄의 방해 때문이다. 사탄은 자신의 소유이던 영혼을 쉽
게 내어주려 하지 않는 것은 당연하다. 자신의 나라가 무너지기 때문이
다. 그러므로 하나님의 백성들이 하나님의 나라를 세우기 위해서는 사탄
과의 일전이 불가피하며 이것을 영적 전쟁이라 한다. 하나님의 백성들은
영적 전쟁의 승리를 통하여서만 하나님의 나라를 넓힐 수 있는 것이다.
성령의 강림하심으로 예루살렘의 신약교회는 실로 엄청난 부흥을 이루

었다고 전해진다. 약 20만의 성도가 예수님께로 돌아왔다고 주장하는 사람이 있을 정도로 교회는 평안으로 가득하며 자기의 것을 팔아 가난한 자들과 나누는 선행이 일상이 되는 불가능한 일들이 말씀 안에서 현실이 되는 놀라운 부흥의 나라가 되어가고 있었던 것이다. 그런데 성령께서는 이러한 교회의 '구심력'적 능력에 제동을 거시고 이 능력이 '원심력'으로 작용하도록 부흥의 물고를 이방으로 행하도록 인도하신 것이 스데반의 순교다행 7-8장. 하나님의 율법을 완성하는 길은 오직 사랑임을 깨닫지 못한 율법의 맹종자, 학문의 천재, 사울의 등장은 충격을 넘어 이스라엘 공동체의 원수로 살았고 하나님은 그를 변화시켜 예루살렘 교회를 온 지중해 연안, 곧 유럽 전역에 흩으시며 그곳에 교회를 세우고 복음을 전하도록 인도하셨으며 흩어진 그들을 찾아다니며 교회를 세우는 선교사로 율법에 미친 사울을 부르셔서 이방의 사도로서 섬김과 희생의 피를 뿌리는 선교사로 부르셨다는 것 또한 놀라운 표적 중 하나이다. 성령께서 보혜사로 이 땅 교회를 세우시고 돌보시는 이유이다. 성령의 권능을 받아 땅 끝까지 이르는 사명의 삶을 살아가도록 부름받은 교회를 향한 예수님의 설레임은 십자가의 고통을 주저하지 않으셨던 동력이며 성령님을 이 땅의 보혜사로 결정하신 하나님의 뜻이었던 것이다.

이방의 신약교회 출현과 번성

사도들의 순교의 피가 초석이 된 초대교회! 번성할 신약교회를 향한 초대교회의 해산의 고통은 예루살렘교회의 번성과 현재의 모든 이방교회 번성을 이루는 근간이 되었다. 돌아보는 신약교회의 순간순간마다 뿌려졌던 희생의 피는 이 땅에 하나님의 나라를 확장해 나아가는 동력이요 능력이며 하나님의 비전을 위한 향기가 되었다. 그 사명의 끝 시간인 우리가 사는 이 시대! 이제 그 사명의 완수를 위해 마지막 때의 지식으로 온전히 준비되어야 할 때이다.

End-time의 교회

우리와 함께 살아가는 다음 세대가 End-time을 살아낼 마지막 세대가 될 것이라 예측 할 수 있다. 이들의 사명은 영원한 하나님의 나라를 위해 마지막 사명을 감당해야 하는 세대이기에 더욱 온전하고 강력한 무장이 필요한 세대이다. 마지막 추수를 위해 예수님의 마음으로 준비되어야 할 세대이다. 겔 8-9장에 나타나는 바벨론의 신인 태양신을 하나님의 성전에서 지성소를 등지고 섬기던 25명의 이스라엘 대표들과 태양신의 이름인 담무스를 위해 애곡하는 여인들과 하나님의 존귀한 피조물인 인간이 자신을 비하하며 태양신에게 인간의 호흡조차 더러운 것이라며 코 앞에 향기나는 나뭇가지를 두고 경배하는 이스라엘을 향한 진노의 기사는 가히 충격적이다. 이스라엘의 타락을 두고 기도하는 신실한 자들의 이마에 인을 치고 이마에 인침이 없는 자들을 죽이되 성전에서부터 시작할 것이며 노인 세대부터 죽이라는 하나님의 명령 속에 드러나는 하나님의 마음은 부모 세대의 책임을 다하지 못했다는 것을 책망하시는 강한 불만의 표시라는 것을 오늘의 부모 세대 또한 깨달아야 하며 바벨론의 태양신을 음란히 섬긴 그들을 향해 그 신의 나라 바벨론의 노예가 되어 70년을 살아야 했던 그 교훈의 아이러니를 잊지 말아야 할 것이다. 마지막 때를 살아가야 할 세대를 향한 온전한 지식의 양육, 지금의 부모 세대가 감당해야 할 마지막 사명이다.

ETernal-time의 교회

하나님과 함께하는 영원의 시간이 시작된다. 이 시간에 대하여 성경은 영생이라고 표현한다. 영원한 하나님 나라가 완성되는 시간이다.

에필로그

권의 부주제인 '세상을 향한 하나님의 심판'은 1권의 주제인 하나님의 사랑을 성취시키는 방법으로서의 과정이 나타나 있으나 심판 속에서 나타나는 하나님의 사랑을 깨닫도록 이끄신다. 그러나 교회는 1권에 집중하여 그 사랑을 깨닫는 은혜의 발견이 더 중요하다. 1권에 나타나는 '교회를 향한 하나님의 사랑'은 7년 End-time 평화조약으로부터 완성된 하나님 나라에 이르기까지 진행될 15가지 하나님의 Schedule이 그 핵심이다. 이 계획을 설명하는 '7E15S'는 교회가 희미하고 선명하게 보지 못하던 목적과 소망에 대한 지식이다. 교회는 하나님의 마음과 그분의 계획과 약속에 대한 지식이 없으면 망한다호 4:6. 이 의미의 근간에는 강력한 사탄의 미혹이 전제되어 있다. 먹는 것과 마시는 것과 입는 것에 대한 모든 주권마 6:25-33이 하나님께 있고 먼저 그 나라와 의를 구하는 자에게는 기도하지 않아도 필요를 아시고 공급하실 것에 대한 믿음으로 필요에 대한 염려를 내려놓는 훈련이 되지 아니하면 필요를 충족시켜 주겠노라 미혹하며 매매 기능을 짐승의 표에 부가하여 마지막 때 교회의 삶을 압박할 때 굶주림과 목마름에 대한 염려 속에서 예수님을 버리는 배교를 선택할 수밖에 없을 것이다.

그러므로 내 모든 것! 곧 생명까지도 하나님의 주권임을 인정하고 죽음이라는 선택적 위협 앞에서도 잠시 후 현실이 될 부활에 대한 신앙으로 무장하여 내 생명을 하나님께 맡기겠다는 두려움 없는 담대함으로 무장되기 위해 '7E15S'의 End-time 지식이 필요한 것이다. 이 지식이 주는 유익은 1권의 부주제인 '교회를 향한 하나님의 사랑'을 온전히 이해하므로 염려와 근심, 두려움을 하나님의 사랑 안에서 녹여낼 수 있는 능력으로 구비하여 최종적 승리의 시간으로 자신을 이끄는 믿음의 열매를 맺게 할 것이다.

신부인 교회의 소망! 시온 산의 거룩한 성 새 예루살렘에서 이루어질 어린 양의 혼인 연회에 대한 이사야 선지자의 예언적 선포는 이러하다.

> 6 만군의 여호와께서 '이 산에서' '만민을 위하여' 기름진 것과 오래 저장하였던 '포도주로 연회를 베푸시리니' 곧 골수가 가득한 기름진 것과 오래 저장하였던 맑은 포도주로 하실 것이며 7 또 '이 산에서' 모든 민족의 얼굴을 가린 '가리개' 와 열방 위에 덮인 '덮개'를 '제하시며'

> 8 '사망을 영원히 멸하실 것'이라 주 여호와께서 '모든 얼굴에서 눈물을 씻기시 며' '자기 백성의 수치를 온 천하에서 제하시리라' 여호와께서 이같이 말씀하셨 느니라 사 25:6-8

이것이 교회의 산 소망이다. 교회는 이 소망을 붙들고 현재를 살아가야 하며 이 소망을 붙들고 놓지 않을 때 영원한 시간이 확정되는 것이다. 기억하라! 마지막 시간이 가까워질수록 이 소망을 지키기기 이려워질 것이기에 그때가 임박한 지금! 속히 믿음의 근력을 키워야 한다는 것을!

2권에 나타나는 '세상을 향한 하나님의 심판'에 대한 지식은 마지막 때인 오늘날의 교회가 어떤 마음으로 지금의 때를 바라보아야 하며, 견고한 믿음의 결단으로 최종 소망의 시간을 준비해야 할 것에 대하여 고민하게 할 것이며, 기름을 준비하는 다섯 처녀의 의미를 End-time의 관점으로 인식하고 성령이 충만한 교회로 믿음의 삶을 살아가도록 힘쓰게 할 것이다. 그런데! 이러한 마지막 때의 지식을 공급하는 생수의 근원을 송두리째 틀어막고 있는 장애물이 있다. '말씀을 연구조차 하지 못하도록 오해하게 하는 사탄의 전략으로 인한 교회 리더의 의식' 문제이다. 사탄은 2000년 동안 계시록의 지식을 덮어 자신을 유효하게 방어할 수 있었으나 하나님은 더 이상 덮어두기를 원하지 않으신다. 그때가 임박했기 때문이다. 사탄이 교회로 하여금 마지막 복음에 무관심하도록 자기방어의 기재로 사용했던 예수님의 가르침은 마 24:36절이다.

> 그러나 그 '**날**'과 그 '**때**'는 아무도 모르나니 하늘의 천사들도, 아들도 모르고 오직 **아버지만 아시느니라** 마 24:36

'날'은 헬) '헤메라'이다. ❶ 낮day light ❷ 하루 종일full of day, 24시간 ❸ 주간의 한 날day of the week을 의미한다. 곧, '예수님의 재림과 심판이 몇 일부터야?'라는 질문을 만드는 용례이다.

'때'는 헬) '호라'이며, 시간hour 때time, 시점point of time을 의미한다. 이 단어는 하나님이 결정하신 '예수님의 재림과 심판이 그날 몇 시부터지?'라는 질문을 만드는 용례이다.

그러므로 '날과 때'는 '어느 날 어느 시' 곧 '몇 일 몇 시'라고 콕 집어 '이 시간이야'라고 말할 수 있는 순간을 가리키는 단어의 용례를 가진다. 이러한 두 단어를 이해하므로 깨달아야 할 바는 재림과 심판에 대한 정확한 '날짜와 시간'에 대하여는 아버지의 결정이다'라는 의미를 '아버지만 아시는 계시록의 지식을 굳이 연구하고 가르쳐야 하나?'라고 말한다면 심각한 직무 유기이다. 원어의 의미가 과연 '아버지만 아시니 연구하지 않아도 된다'는 가르침이라 해석되는지 분별하라! 요한의 계시에 대하여 '분명한 사명감으로 섬기는 교회를 깨워야 할 그날이 임박한 세대'이다.

계 10:11 그가 내게 말하기를 '네가 많은 백성과 나라와 방언과 임금에게 다시 **예언하여야 하리라 하더라**' 세대를 따라 요한의 계시를 선포해야 할 책임과 사명